Geschichte des Nicht-Essens

Historische Zeitschrift // Beihefte (Neue Folge)

BEIHEFT 73

HERAUSGEGEBEN VON

ANDREAS FAHRMEIR UND HARTMUT LEPPIN

Norman Aselmeyer, Veronika Settele
(Hrsg.)

Geschichte des Nicht-Essens

Verzicht, Vermeidung und Verweigerung in der Moderne

DE GRUYTER
OLDENBOURG

Bibliografische Information der Deutschen Nationalbibliothek
Die Deutsche Nationalbibliothek verzeichnet diese Publikation
in der Deutschen Nationalbibliografie; detaillierte bibliografische Daten
sind im Internet über <http://dnb.d-nb.de> abrufbar.

Library of Congress Control Number: 2018945001

Dieses Papier ist alterungsbeständig nach DIN/ISO 9706.

Gestaltung: Katja v. Ruville, Frankfurt a. M.
Satz: Roland Schmid, mediaventa, München
Druck und Bindung: Franz X. Stückle Druck und Verlag e.K., Ettenheim

ISBN 978-3-11-057119-6
E-ISBN (PDF) 978-3-11-057413-5
E-ISBN (EPUB) 978-3-11-057144-8

Inhalt

III. Sinnsysteme

Nicht-Essen

Gesundheit, Ernährung und Gesellschaft seit 1850

von Veronika Settele und Norman Aselmeyer

Non-Eating: Health, Food, and Society since 1850

Today, we mostly talk about food in the negative. How did it happen that food, contrary to its physiological function, is perceived as a threat to health and non-eating a salvation? Nutrition and diet saw a revolutionary change in the late nineteenth century. Historians have, however, not paid much attention to the fact that this change has had a significant impact on non-eating practices. Since 1850, the availability of food has improved to such an extent that non-eating has been able to acquire a socio-cultural function that went beyond religious fasting and food taboos. As a result, societies began to organize themselves on the basis of non-eating. This introductory essay makes a case for studying practices of non-eating in the modern age as palpable yardsticks for social order. The different forms of food avoidance being discussed in this special issue shed light on aspects of self-responsibility, public regulation, and construction of meaning for individuals and communities at large, and thus allow historians to decipher and examine processes of change in societies.

Nicht-Essen ist ein sozialer Code. Als Umkehr der elementarsten Notwendigkeit menschlichen Daseins, des Essens, ist das Nicht-Essen ein existenzieller Akt und damit sozial bedeutungsvoll. Seine Verknüpfung im komplexen Gewebe von Gemeinschaften verleiht ihm eine Tiefensemantik, die politisch, ökonomisch, religiös, kulturell und medizinisch konturiert ist. Die Ausprägungen des Nicht-Essens changieren zwischen ausgeliefertem Mangel einerseits und verkörperlichtem Widerstand andererseits. Der doppelte Boden, die leibliche und semiotische Seite, macht Nicht-Essen aufschlussreich für die Geschichtswissenschaft: Nicht-Essen markiert sowohl soziale Problemlagen und Konflikte als auch sich wandelnde Weltbilder und kulturelle Befindlichkeiten. Auf einer übergeordneten Ebene sind gesellschaftliche Debatten um das Nicht-Essen, deren Dynamik durch neue wie alte Medien verstärkt wird, für eine historische Gesellschaftsanalyse erkenntnisreich. Die Beanstandung der Mangelversorgung mit Lebensmitteln in der DDR, die sich am Ende der 1980er Jahre als legitime Systemkritik etabliert hatte, die mediale Erfindung des modernen Humanitarismus während der Hungerkrise der 1840er Jahre oder die gegenwärtige Flut an Ernährungstrends, die zu wichtigen Identitätsproduzenten emporgestiegen sind, stellen markante Kristallisationspunkte gesellschaftlicher Ordnung und Orga-

DOI 10.1515/9783110574135-001

nisation dar, in denen sich soziale Veränderungen manifestieren.[1] Über das historische Studium des Nicht-Essens, so die These dieses Bandes, lassen sich Gesellschaften und Kulturen im Wandel deshalb besonders gut untersuchen.

Nicht-Essen ist ein schwieriger Begriff.[2] Wir verstehen darunter sowohl erzwungenen als auch freiwilligen Verzicht auf Nahrung, und zwar auf bestimmte Nahrungsmittel und auf Essen überhaupt. Historisch gehört beides zusammen. Dass Nicht-Essen vordringlich mit freiwilligem Nahrungsverzicht assoziiert wird, ist ein junges und räumlich begrenztes Phänomen. Die letzten 150 Jahre raten an, Mangel und Verzicht als parallel und miteinander verwobene Phänomene zu betrachten, die sich gegenseitig Bedeutung verleihen. Als soziokulturelle Praxis umfasst Nicht-Essen damit Phänomene wie Hungersnot und Nahrungsmangel, Hungerstreik, Diäten, Essstörungen, Ernährungstabus, Vegetarismus, die Bio-Kultur und eine Vielzahl weiterer Formen, für die der Verzicht auf Nahrungsmittel von gesellschaftlicher Bedeutung ist. Eine enggefasste Definition ist angesichts der Reichweite der Phänomene problematisch. Im Alltag ist Nicht-Essen erst einmal unsichtbar; es lässt sich nicht trennscharf von Essen abgrenzen. Wer isst, isst immer (bestimmte Dinge) zugleich nicht. Ebenso ist nicht jeder Verzicht sozial bedeutungsvoll. Greifbar wird das Nicht-Essen dennoch über zwei immanente Eigenschaften. Nicht-Essen ist erstens eine rationale Praxis: Essen ist Gewohnheit und Alltagsroutine, Nicht-Essen hingegen macht aus der Ernährung eine reflektierte Handlung. Wer sich vegan ernährt, muss auswählen, planen und kompensieren; wer in Mangelzeiten nicht hungern will, muss vorsorgen und rationieren. Der Essensverzicht löst so das Essen aus seiner Selbstverständlichkeit, ordnet die Nahrungsaufnahme einem selbst gesteckten Ziel oder einem besonderen Umstand unter und forciert damit eine Rationalisierung des Alltäglichen. Zweitens ist Nicht-Essen eine kommunikative Praxis: Es erlangt nur Bedeutung in seiner öffentlichen Performanz, weshalb der moderne Mensch sein Nicht-Essen im Dialog mit anderen überhaupt erst etabliert. Neben dem individuellen Akt des Fastens und Verzichtens steht so eine soziale Botschaft: Hungerrevolten artikulieren den Wunsch nach moralischen Wirtschaftsordnun-

1 Vgl. *Lutz Niethammer*, Glasnost privat 1987, in: ders./Alexander von Plato/Dorothee Wierling, Die volkseigene Erfahrung. Eine Archäologie des Lebens in der Industrieprovinz der DDR. Berlin 1991, 9–73, hier 38ff.; *James Vernon*, Hunger. A Modern History. Cambridge/London 2007, 17–40; *Andreas Reckwitz*, Die Gesellschaft der Singularitäten. Zum Strukturwandel der Moderne. Berlin 2017, insbes. 309–314.

2 Siehe beispielsweise den Versuch einer Systematisierung bei *Monika Setzwein*, Zur Soziologie des Essens. Tabu, Verbot, Vermeidung. Opladen 1997.

gen, Hungerstreikende deuten auf politische Anliegen hin, Diäthaltende interagieren mit Vorstellungen gesunder und schöner Körper, europäische Kolonialisten und Kolonialistinnen unterstreichen die Höherwertigkeit der eigenen Kultur durch die Ablehnung fremder Speisen. Nicht-Essen spricht – und macht so Konfliktlinien wahrnehmbar.[3]

Nicht-Essen ist ein hilfreicher Sensor: Die verschiedenen Spielarten des Nicht-Essens hält zusammen, dass sie in der Moderne Ausdruck von soziokulturellen Problemlagen und Veränderungen sind. Im Unterschied zu vormodernem religiösen Fasten oder Nahrungstabus ist weniger das Transzendente der Bezugsrahmen des modernen Essensverzichts als das Selbst und die Gesellschaft.[4] Hinter dem Verzicht auf Essen und Trinken stehen soziale Fragen aller Art, die es zu entschlüsseln gilt. Die Geschichte des Nicht-Essens eignet sich deshalb, Gesundheitsvorstellungen und Sozialordnungen in ihrer Historizität pointiert zu erfassen. Je stärker sich im Verlauf des 19. Jahrhunderts die Versorgungslage verbesserte und die Verwissenschaftlichung der Ernährung den Blick auf Nahrung und Körper veränderte, desto mehr entfaltete Nicht-Essen eine die Gesellschaften ordnende Funktion.

Organisieren lässt sich das breite Spektrum von Verzicht, Vermeidung und Verweigerung seit 1850 in einem dreidimensionalen Koordinatensystem: Die erste Achse verläuft zwischen freiwillig und erzwungen, die zweite entlang der Pole gesundheitsfördernd und existenzgefährdend und die dritte bildet das Spektrum von individuell bis kollektiv ab. Die Diät ist herkömmlicherweise freiwillig, gesundheitsfördernd und individuell. Unterversorgung und Mangel sind unfreiwillig, existenzgefährdend und kollektiv. Der politische Hungerstreik ist freiwillig, gefährdet aber Gesundheit und körperliche Unversehrtheit. Staatliche Lebensmittelregulierung schließlich beschränkt die Freiheit des Konsums bestimmter Nahrungs- und Genussmittel in der Absicht, die Gesundheit von Individuen und Gesellschaft zu fördern. Ernährungspräferenzen, religiöse Tabus und Vegetarismus rangieren weniger eindeutig zwischen den genannten Polen und können doch mit ihrer Hilfe verortet werden. Sie sind freiwillige Praktiken des Nicht-Essens, bei denen zusätzliche mora-

---

3 Siehe u. a. *Eva Barlösius*, Soziologie des Essens. Eine sozial- und kulturwissenschaftliche Einführung in die Ernährungsforschung. 3. Aufl. Weinheim/Basel 2016.

4 Siehe *Caroline Walker Bynum*, Holy Feast and Holy Fast. The Religious Significance of Food to Medieval Women. Berkeley 1987, 298; *Lilian R. Furst*, The Order of (Non) Eating, in: Medical Humanities Review 2, 1988, 14–22. Heute hat das Feuilleton den Essensverzicht als Pseudoreligion ausgemacht, so beispielsweise *Susanne Schäfer*, Was darf ich noch essen? Ernährung wird zur Ersatzreligion, in: Die Zeit, 4.2.2016, 27 f.

lische und soziale Werte neben die Gesundheit treten, allen voran ästhetisierte Schlankheit und die ethisch begründete Sorge um Tier und Umwelt.

Das vorliegende Heft erprobt Nicht-Essen als gesellschaftsgeschichtlichen Zugang. Dass die Geschichte des Nicht-Essens noch nicht geschrieben ist, verwundert umso mehr, weil einzelne Studien den Wert von Formen des Essensverzichts als Perspektive auf die Gesellschafts- und Kulturgeschichte der Moderne bereits aufgezeigt haben. So konnten zuletzt Arbeiten zur vegetarischen und nicht-industriellen Ernährung, zum Hunger oder zur Nahrungsmittelregulierung seit 1850 herausstellen, wie ein solcher Zugriff hilft, gesellschaftlichen, ökonomischen und kulturellen Wandel im Lebensalltag und auf der Weltbühne zugleich aufzuspüren.[5] Diese Einleitung unternimmt den Versuch, Nicht-Essen als aussagekräftige soziale Praxis und als somit zugleich fruchtbare historische Perspektive auf die Moderne zu plausibilisieren. Sie verfolgt dabei drei Anliegen: Im ersten Abschnitt beleuchtet sie exemplarisch zwei Nahrungsmittelrevolten in Berlin, die in ihrer Gegenüberstellung die Bedeutungsverschiebung hin zum Nicht-Essen als sozial bedeutungsvolle Handlung verdeutlichen. Anschließend, im zweiten Teil, verortet sie dieses Unternehmen in der internationalen Forschungslandschaft der „Food History", bevor sie im dritten Teil die Beiträge des Hefts organisiert und vorstellt.

I. Nicht-Essen in der Moderne: Gradmesser sozialer Ordnung

Während individuelles Nicht-Essen dazu geeignet ist, den einzelnen Menschen in der Gesellschaft zu verorten, besitzt Nicht-Essen als kollektiver Akt revolutionäre Sprengkraft. Hungerrevolten haben vom Beginn der Moderne bis in die jüngste Vergangenheit, zuletzt in Venezuela oder während des Arabischen Frühlings, politische Ordnungen ins Wanken gebracht.[6] Sie dienten, so Jürgen Kocka, „als Treibsatz, manchmal Auslöser und Beschleuniger, oft als unterschwellige Strömung in den

---

5 Speziell für die deutsche Geschichte: *Corinna Treitel*, Eating Nature in Modern Germany. Food, Agriculture and Environment, c. 1870 to 2000. Cambridge 2017; *Alice Weinreb*, Modern Hungers. Food and Power and Twentieth-Century Germany. Oxford 2017; *Vera Hierholzer*, Nahrung nach Norm. Regulierung von Nahrungsmittelqualität in der Industrialisierung 1871–1914. (Kritische Studien zur Geschichtswissenschaft, Bd. 190.) Göttingen 2010.

6 Wilhelm Roscher, Historiker und Zeitgenosse der 1848er Revolution, bemerkte in der Mitte des 19. Jahrhunderts, dass von der Nahrungsnot eine „große politische Gefahr" ausgehe, dass sie gar häufig die gro-

Umstürzen der Zeit".[7] Diese radikale Auswirkung des Nicht-Essens für die soziale und politische Ordnung wird in der Subsistenzkrise der 1840er Jahre greifbar, die auf ganz Europa ihre Schatten warf.[8] In Berlin mündete die Hungerkrise in die „Kartoffelrevolution". Am 21. und 22. April 1847 entwickelten sich in der preußischen Hauptstadt mehrere kleine Marktkrawalle zu stadtweiten Unruhen. Angesichts eines Nahrungskostenanteils von 50 bis 80 Prozent des Einkommens einfacher Arbeiterfamilien ließen abermalige Preissteigerungen bei Grundnahrungsmitteln die Stimmung am Berliner Gendarmenmarkt explosiv kippen. Anfängliche Schimpftiraden schlugen um in Handgreiflichkeiten und schließlich in Zerstörungswillen und Raubzüge im ganzen Stadtgebiet, die erst durch das Militär beendet werden konnten.[9]

Obgleich Hunger als Massenerscheinung die krasseste Ausprägung des Nicht-Essens darstellt, sind die freiwilligen wie unfreiwilligen Variationen des Nicht-Essens stets soziale Artikulationsformen. Nahrungstabus als stillere Variante des Nicht-Essens sind als Projektionen religiöser oder kultureller Ordnung ebenfalls in hohem Maße sozial umkämpft. Zur Linderung der Not sollte während der „Hungrigen Vierziger" des 19. Jahrhunderts auf Surrogate ausgewichen werden. Pferdefleisch, bis dahin in vielen Landesteilen tabuisiert, wurde von offizieller Hand als kostengünstige, schmackhafte und gesunde Fleischalternative für das einfache Volk in Deutschland beworben.[10] Allerdings fand das Fleisch unter der Bevölkerung kaum Zuspruch. Der Konsum von Pferdefleisch galt als schändlich, entehrend und ungesund.[11] Das Beispiel des Hungerjahrs 1847 verdeutlicht damit, dass die Verknüpfung von Ernäh-

---

ßen Revolutionen vorbereitet habe: *Wilhelm Roscher*, Ueber Kornhandel und Theuerungspolitik. 3. Aufl. Stuttgart/Tübingen 1852, 65.

7 *Jürgen Kocka*, Hunger, Ungleichheit und Protest. Historische Befunde. Heidelberg 2016, 13.

8 Vgl. *Eric Vanhaute/Richard Paping/Cormac Ó Gráda*, The European Subsistence Crisis of 1845–1850. A Comparative Perspective, in: dies. (Eds.), When the Potato Failed. Causes and Effects of the ‚Last' European Subsistence Crisis, 1845–1850. Turnhout 2007, 15–40.

9 *Manfred Gailus*, Straße und Brot. Sozialer Protest in den deutschen Staaten unter besonderer Berücksichtigung Preußens 1847–1849. Göttingen 1990, 304–327; *Hans Jürgen Teuteberg*, Studien zur Volksernährung unter sozial- und wirtschaftsgeschichtlichen Aspekten, in: ders./Günter Wiegelmann, Der Wandel der Nahrungsgewohnheiten unter dem Einfluß der Industrialisierung. Göttingen 1972, 13–221, hier 85.

10 So beispielsweise *Ignaz Perner*, Bericht über den Genuß des Pferdefleisches. München 1847.

11 *Frederick J. Simoons*, Eat not this Flesh. Food Avoidances from Prehistory to the Present. 2nd Ed. Madison 1994; *Mary Douglas*, Reinheit und Gefährdung. Eine Studie zu Vorstellungen von Verunreinigung und Tabu. Berlin 1985.

rung und Gesundheit bereits hier, an der Schwelle zur Moderne, über den simplen biologischen Zusammenhang ausreichender Ernährung als Voraussetzung allen Gesundseins hinausging. Wie das Pferdefleischtabu dokumentiert, bestimmte nicht ausschließlich die Verfügbarkeit, sondern auch die Vorstellung von Gesundheit und Prestige, was nicht gegessen wurde.

Als empirisches Beispiel markieren die Hungersnot von 1847 und der ihr folgende Aufstand den Ausgangspunkt unserer Überlegungen: Als Signalpunkt des alten Ernährungsregimes lassen sich mit seiner Hilfe die seit Mitte des 19. Jahrhunderts eintretenden Veränderungsprozesse verdeutlichen. Dies gelingt umso besser, wenn er einem späteren Berliner Aufstand, der „Fleischrevolte" im Wedding 1912, gegenübergestellt wird. Der Hungeraufstand alten Typs von 1847 und der Lebensmittelaufstand neuen Typs von 1912 bilden zentrale Stationen einer „ernährungshistorischen Sattelzeit", die den Übergang von Unter- zu einer allmählichen Vollversorgung versinnbildlicht.[12] Die zwischen den beiden Berliner Aufständen zurückgelegte Entwicklung lässt den allmählichen Bedeutungswandel des Nicht-Essens hervortreten.

Im Herbst 1912 spitzte sich die Ernährungssituation erneut zu. Schlechte Futterernten, der Rückgang des Imports von Futtergerste aus Russland und der Ausbruch der Maul- und Klauenseuche ließen die Fleischpreise in die Höhe schnellen. Um der Bevölkerung dennoch bezahlbaren Fleischkonsum zu ermöglichen, nutzte der Berliner Magistrat die von der Reichsleitung geschaffene Ausnahme, Tiere im nahegelegenen Warschau günstig schlachten zu lassen und zu Selbstkosten in Berlin zu verkaufen.[13] Bei Marktöffnung am frühen Morgen des 23. Oktober stürmten mehrere tausend Frauen zu den Fleischständen. Die Berliner Fleischer weigerten sich jedoch, das aus Warschau eingetroffene Fleisch zu verkaufen. Tumult brach aus, die Frauen plünderten die Verkaufsstände und rissen das Fleisch an sich. Nachdem die Polizei die Markthallen geräumt hatte, nahm die aufgebrachte Menge die umliegenden Fleischerläden ins Visier und tobte dort. Der vorgesehene Verkauf des „russi-

12 Der Begriff der „ernährungshistorischen Sattelzeit" geht auf Paul Nolte zurück, vgl. *Malte Fischer*, Tagungsbericht: Du bist, was du nicht isst! Gesundheit und Ernährung seit 1850, 27.2.2016, Berlin, in: H-Soz-Kult, 23.4.2016, www.hsozkult.de/conferencereport/id/tagungsberichte-6497.

13 Zum Folgenden vgl. *Thomas Lindenberger*, Die Fleischrevolte am Wedding. Lebensmittelversorgung und Politik in Berlin am Vorabend des Ersten Weltkriegs, in: Manfred Gailus/Heinrich Volkmann (Hrsg.), Der Kampf um das tägliche Brot. Nahrungsmangel, Versorgungspolitik und Protest 1770–1990. Opladen 1994, 282–304, hier 283.

schen Fleisches" lief erst an, als die städtische Polizei den Zugang zur Markthalle regelte.

Zeitgenössische Beobachter brachten die Fleischrevolte im Wedding mit der früheren Kartoffelrevolution in Verbindung und lasen die Ausschreitungen im Wedding schnell unter den revolutionären Vorzeichen der früheren Krawalle.[14] Allerdings wies trotz der gültig gebliebenen Dynamik des Aufstandes die Fleischrevolte im späten Kaiserreich deutlich über die frühere existenzielle Interessenpolitik hinaus. Statt der unmittelbaren Bedürfnisse der Aufständischen hatte die Revolte im Wedding ihre Ursache in einer vorherigen Politisierung der Ernährung.[15] Inzwischen war es nicht mehr Hunger, sondern Fleischnot, die den Aufstand hervorrief. Fleisch stand wie kein anderes Lebensmittel für die Erhöhung des Lebensstandards besonders der Arbeiterschaft in den vorangegangenen Jahrzehnten.[16] Die Entwicklung war in der Tat beachtlich: Um 1850 aßen und tranken die Armen Ersatzkaffee, Branntwein, Kartoffeln und Brot; um 1900 war diese Palette ergänzt worden um Fleisch, Wurst, Käse, Gemüse und Bier. Insgesamt hatte sich der jährliche Fleischkonsum in Deutschland zwischen 1850 und 1900 von 22 kg auf 47 kg pro Kopf mehr als verdoppelt.[17]

Der Aufstieg des Fleischs, dessen emotionaler Wert sich in diesem Konflikt artikulierte, war kein Zufall. Eine neue Ernährungslehre, in deren Zentrum das Eiweiß stand, hatte Fleisch seit der Mitte des 19. Jahrhunderts zur Schlüsselkomponente der individuellen und nationalen Leistungsfähigkeit werden lassen.[18] „In der Menschenwelt [...] fördert die proteinreiche Nahrung, die Fleischkost des Europäers, muthige, widerstandsfähige, unermüdlich thätige Charaktere", lauteten die ersten

14 Die Vossische Zeitung kommentierte 1912: Die „Vorgänge, die in der Berliner Geschichte unter dem Namen der ‚Kartoffelrevolution' bekanntgeworden sind, scheinen für die jetzigen Tumulte vorbildlich gewesen zu sein", Fleischrevolte – Kartoffelrevolte, in: Vossische Zeitung, 26.10.1912 (Morgenausgabe), Erste Beilage, S. 5.

15 Vgl. *Lindenberger*, Fleischrevolte (wie Anm. 13), 303.

16 Vgl. *Christoph Nonn*, Fleischteuerungsprotest und Parteipolitik im Rheinland und im Reich 1905–1919, in: Gailus/Volkmann (Hrsg.), Der Kampf um das tägliche Brot (wie Anm. 13), 305–315, hier 306.

17 Siehe *Moritz Theodor William Bromme*, Lebensgeschichte eines modernen Fabrikarbeiters. Jena/Leipzig 1905, 105; *Heinz-Gerhard Haupt*, Konsum und Handel. Europa im 19. und 20. Jahrhundert. Göttingen 2003, 31–37; auch *Jakob Tanner*, Fabrikmahlzeit. Ernährungswissenschaft, Industriearbeit und Volksernährung in der Schweiz. Zürich 1999, Kap. 3.

18 Der Erfolg des Fleisches als Grundnahrungsmittel geht u. a. auf Justus von Liebig zurück, der zusammen mit Carl von Voit in der Mitte des 19. Jahrhunderts das Protein zum Kraftstoff des arbeitenden Körpers erhoben hatte, vgl. *William H. Brock*, Justus von Liebig. The Chemical Gatekeeper. Cambridge 1997.

Sätze der Statistik des Deutschen Zollvereins 1868.[19] Ob und wie viel Fleisch der menschliche Körper braucht, war und blieb jedoch umstritten. Im selben Jahr, 1868, sah sich Rudolf Virchow bereits gezwungen, seine Ernährungslehre gegen die „Vegetarianer" zu verteidigen, die gerade im Nicht-Essen von Fleisch ihr Heil erkannten.[20] Allzu viel praktischen Erfolg hatte der frühe deutsche Vegetarismus nicht; der Idee des Fleischverzichts aus gesundheitlichen und zugleich ethischen Gründen hatte er jedoch fruchtbaren Boden bereitet. Etwa einhundert Jahre später, um 1970, entwickelte sich eine neue Protestwelle gegen den Fleischkonsum. Was bis dahin als prestigeträchtig und gesundheitsfördernd galt, wurde nun, aufgrund seiner industriellen Produktionsbedingungen, zum Risikofaktor für Gesundheit, Umwelt und Tierwohl.[21]

Kartoffelrevolution und Fleischrevolte markieren mit ihren jeweils verschiedenen Hintergründen einen Umbruch der Ernährungs- und Gesundheitsrealität und zugleich der Ernährungs- und Gesundheitsvorstellungen. Die Verschiebungen zwischen Kartoffel- und Fleischrevolte in Deutschland zeigen, inwiefern sich die Bedeutung des Nicht-Essens seit 1850 als Ausdruck sozialer Ordnung veränderte. Diesem Umbruch liegen Prozesse zugrunde, die das Fundament der hier diskutierten Geschichte des Nicht-Essens bilden. Es handelt sich um, erstens, *Industrialisierung* und *Globalisierung*, zweitens, die *Herausbildung moderner Staatlichkeit* und, drittens, *Subjektivierung*. Industrialisierte Nahrungsmittelherstellung und globaler Lebensmittelhandel, Ernährungssteuerung als Aufgabenbereich staatlicher Gesundheitspolitik und eine neue Bedeutung des Essens für das Selbst prägten Gesellschaften und ihr Verhältnis zum Nicht-Essen in der Moderne – ohne jedoch universelle Gültigkeit zu beanspruchen. Obgleich die Entwicklungen weltweit zu beobachten sind, vollzogen sie sich von Region zu Region mit unterschiedlicher Geschwindigkeit, ungleichen Ausprägungen und anderen Konsequenzen.

(a) *Industrialisierung* und *Globalisierung*: Beide Prozesse vergrößerten Menge und Breite der verfügbaren Lebensmittel und rückten so das Nicht-Essen stärker in den Vordergrund. Die industrielle Herstellung von Nahrungsmitteln wie Mehl, Brot,

---

19 *Georg von Viehbahn*, Statistik des zollvereinten und nördlichen Deutschlands. Dritter und letzter Teil: Thierzucht, Gewerbe, politische Organisation. Berlin 1868, 1.

20 *Eduard Baltzer*, Die natürliche Lebensweise. Der Weg zu Gesundheit und sozialem Heil (Dritter Theil. Briefe an Virchow über dessen Schrift „Nahrungs- und Genußmittel"). Nordhausen 1868, 3.

21 Vgl. *Detlef Briesen*, Das gesunde Leben. Ernährung und Gesundheit seit dem 18. Jahrhundert. Frankfurt am Main/New York 2010, 275.

Fleisch, Milch und Schokolade und der allmähliche Austausch von natürlichen Inhaltsstoffen durch Substitute führten zusammen mit neuen Techniken der Haltbarmachung und Verpackung (wie Kühlmaschinen und Konservendosen) zu größerer Verfügbarkeit und niedrigerem Preis und damit erst einmal zu einer größeren Bandbreite dessen, was gegessen werden konnte.[22] Liebigs Fleischextrakt machte beispielsweise Versorgungsunsicherheiten auf Expeditionen und in Kriegen wett und wurde so zu einem „unentbehrlichen Treibstoff der modernen europäischen Welteroberung".[23] Paradoxerweise ging die industrielle Produktion zugleich mit einer Reduzierung der Vielfalt heimischer Produkte einher, weil weniger ertragreiche Sorten und Arten ihren Platz in der agrarischen Massenproduktion verloren. Ausreichend vorhandene Grundnahrungsmittel verstetigten außerdem kulturelle Absetzbewegungen. Die Durchsetzung einer *haute cuisine*, die Entstehung des Restaurants (vor allem außerhalb Frankreichs) und sich wandelnde Ernährungstrends waren Gegenbewegungen zur sozialen Nivellierung der neuen Ernährungssituation, die vor allem darin bestanden, das Übliche und Gewöhnliche zu vermeiden. Schließlich beförderte die Industrialisierung der Nahrungsmittelproduktion das Nicht-Essen noch in einer weiteren Hinsicht, die das Verhältnis zwischen Konsument und Nahrung in der Moderne kennzeichnen sollte: Die Lebensmittelindustrie und der entstehende großräumigere Lebensmittelhandel rüttelten am Verhältnis zwischen Konsumentin und einverleibtem Produkt, da herkömmliches Verbraucherwissen nicht mehr griff.[24] Nicht zufällig gewannen deshalb ebenfalls am Ende des 19. Jahr-

---

22 Zu den wissenschaftlichen Etappen der industriellen Nahrungsmittelherstellung siehe: *Hans Jürgen Teuteberg*, Unsere tägliche Kost. Geschichte und regionale Prägung. 2. Aufl. Münster 1986, Kap. „Die Begründung der Ernährungsindustrie", 291–302; *Gavin Weightman*, The Industrial Revolutionaries. The Making of the Modern World 1776–1914. New York 2007; *Yves Segers/Jan Bieleman/Erik Buyst* (Eds.), Exploring the Food Chain. Food Production and Food Processing in Western Europe, 1850–1990. Turnhout 2009.

23 *Jürgen Osterhammel*, Forschungsreise und Kolonialprogramm. Ferdinand von Richthofen und die Erschließung Chinas im 19. Jahrhundert, in: Archiv für Kulturgeschichte 69, 1987, 150–195, hier 173. Zum Fleischextrakt siehe *Jürgen Teuteberg*, Die Rolle des Fleischextrakts für die Ernährungswissenschaften und den Aufstieg der Suppenindustrie. Kleine Geschichte der Fleischbrühe. Stuttgart 1990.

24 Vgl. *Hierholzer*, Nahrung nach Norm (wie Anm. 5), 24. Siehe auch *Pierre Antoine Dessaux*, Chemical Expertise and Food Market Regulation in Belle Epoque France, in: History and Theory 23, 2007, 351–368; *Anne Hardy*, Food, Hygiene, and the Laboratory. A Short History of Food Poisoning in Britain, circa 1850–1950, in: Social History of Medicine 12, 1999, 293–311.

hunderts alternative Ernährungskonzepte der Lebensreformbewegung an Boden, die das Heil im Nicht-Essen industriell produzierter Kost sahen.[25]

Zusammen mit der industriellen Herstellung von Nahrungsmitteln vergrößerte der Ausbau von Transportmöglichkeiten über nationale Grenzen und imperialistische Ausbeutungen die Auswahl an Lebensmitteln. Nicht nur Futtermittel für Nutztiere wurden zunehmend nach Europa importiert, sondern auch Lebensmittel für den menschlichen Verzehr.[26] Das war nicht durchweg neu für das 19. Jahrhundert; die Einführung neuer Produkte wie Kartoffel, Mais und Tabak sowie der Handel mit Gewürzen und Zucker ist seit dem 16. Jahrhundert bedeutend und ein Resultat des intensivierten Schiffsverkehrs zwischen den Kontinenten. Im 19. Jahrhundert aber erreichte der weltweite Handel eine neue Dimension.[27] Insbesondere die Jahre zwischen 1870 und 1914 markierten den Durchbruch eines international integrierten Lebensmittelmarktes, auf dem nun zusätzlich zu Getreide, Reis und Wein auch verderblichere Waren wie Fleisch, Fisch und Gemüse über die Meere hinweg zu kompetitiven Preisen gehandelt wurden und das Warenangebot in Europa verbreiterten.[28] 1913 machten Nahrungsmittel 27 Prozent des gesamten Welthandels aus.[29]

Hunger allerdings war damit keine Erscheinung der Vergangenheit. Krisen, Kriege und Verteilungsungleichheiten machten ununterbrochen deutlich, dass die Er-

---

25 Zur Lebensreform gibt es eine umfangreiche Literatur, siehe u. a. *Eva Barlösius*, Naturgemäße Lebensführung. Zur Geschichte der Lebensreform um die Jahrhundertwende. Frankfurt am Main 1997; *Florentine Fritzen*, „Gesünder Leben". Die Lebensreformbewegung im 20. Jahrhundert. Stuttgart 2006; *Wolfgang R. Krabbe*, Gesellschaftsveränderung durch Lebensreform. Strukturmerkmale einer sozialreformerischen Bewegung im Deutschland der Industrialisierungsperiode. Göttingen 1974. Für den weiteren deutschen Kontext siehe insbes. *Thomas Rohkrämer*, Eine andere Moderne? Zivilisationskritik, Natur und Technik in Deutschland 1880–1933. Paderborn 1999.

26 Vgl. *Uwe Spiekermann*, Basis der Konsumgesellschaft. Entstehung und Entwicklung des modernen Kleinhandels in Deutschland 1850–1914. München 1999, 509.

27 Vgl. *Alexander Nützenadel/Frank Trentmann*, Introduction. Mapping Food and Globalization, in: dies. (Eds.), Food and Globalization. Consumption, Markets and Politics in the Modern World. Oxford/New York 2008, 1–18, hier 5.

28 Ebd. 4, sowie *Alexander Nützenadel*, A Green International? Food Markets and Transnational Politics, c. 1850–1914, in: ders./Trentmann (Eds.), Food and Globalization (wie Anm. 27), 153–171, hier 153.

29 *Ronald Findlay/Kevin H. O'Rourke*, Commodity Market Integration, 1500–2000, in: Michael D. Bordo/Alan M. Taylor/Jeffrey G. Williamson (Eds.), Globalization in Historical Perspective. Chicago/London 2003, 13–64, hier 42; siehe auch *Giovanni Federico*, Feeding the World. An Economic History of Agriculture, 1800–2000. Princeton 2005.

nährung in der Moderne einer kontinuierlichen Spannung zwischen „needs" und „wants" unterliegt.[30]

(b) *Herausbildung moderner Staatlichkeit*: Im 19. Jahrhundert entstand der moderne Staat, dessen Durchsetzung mit einer allmählichen Ausweitung seiner Tätigkeiten einherging.[31] Die Ernährung der Menschen wurde insbesondere von drei Bereichen der öffentlichen Verwaltung tangiert: von dem sich langsam etablierenden Gesundheitswesen, von der Wohlfahrtsstaatlichkeit seit Ende des Jahrhunderts und von einer stärker regulierten und modernisierten Agrarwirtschaft. In seinen Untersuchungen zum Hungertyphus in Oberschlesien 1847/48 hatte Virchow die sozialen und politischen Voraussetzungen des Gesundseins hervorgehoben und aufgrund der großen Verelendung noch das Eingreifen des Staates gefordert.[32] Dagegen bekannte Reichskanzler Bethmann Hollweg während der Fleischkrise 1912 selbstredend, dass „die Staatsregierung die Pflicht habe, helfend einzugreifen".[33] Eng verknüpft mit der wissenschaftlichen Erforschung von Nahrungsmitteln und deren Auswirkungen auf den menschlichen Körper war eine optimale und gesunde Versorgung der Bevölkerung zum Gegenstand staatlicher Verantwortung und dadurch auch Vehikel größerer Steuerungstätigkeit geworden.

Ausschlaggebend für diese Entwicklung war die neu gewonnene Überzeugung, dass das Gemeinwesen für die Gesundheit und Wohlfahrt der Gemeinschaft zu sorgen habe. Diese Vorsorge des Staates war doppelt konnotiert: Sie bot zum einen eine größere Sicherheit, indem sich die öffentliche Hand für eine ausreichende und gesunde Versorgung aller mittels Suppenküchen, Versicherungen oder der Hygienegesetzgebung engagierte. Die Lebensmittelregulierung setzte vor allem nach Verunreinigungsskandalen und Krankheitsfällen ein. Trichinenerkrankungen bewirkten in den 1860er Jahren die Einführung der verpflichtenden Fleischbeschau und die

30 Vgl. *Frank Trentmann/Femming Just*, Introduction, in: dies. (Eds.), Food and Conflict in Europe in the Age of Two World Wars. Basingstoke 2006, 1–12, hier 2.

31 Siehe zur modernen Staatlichkeit *Wolfgang Reinhard*, Geschichte des modernen Staates. Von den Anfängen bis zur Gegenwart. München 2007; *Lutz Raphael*, Recht und Ordnung. Herrschaft durch Verwaltung im 19. Jahrhundert. Frankfurt am Main 2000; zuletzt *Jörg Ganzenmüller/Tatjana Tönsmeyer* (Hrsg.), Vom Vorrücken des Staates in die Fläche. Ein europäisches Phänomen des langen 19. Jahrhunderts. Köln/Weimar/Wien 2016.

32 *Rudolf Virchow*, Mittheilungen über die in Oberschlesien herrschende Typhus-Epidemie. Berlin 1848, 162–182.

33 Zit. nach: Die Regierung und die Fleischnot, in: Vossische Zeitung, 26.10.1912 (Morgenausgabe), 2 f., hier 3.

Einrichtung kommunaler Schlachthöfe.[34] In anderen europäischen Ländern, aber vor allem auch den USA, breitete sich eng verknüpft mit der Verwissenschaftlichung der Ernährung eine staatliche Steuerung in Form von Gesetzen und Kampagnen aus, die sich auf die Herstellung und auch den Konsum von Nahrungsmitteln bezogen.[35] Zum anderen unterwarf die neue staatliche Vorsorgetätigkeit den Einzelnen größerer Kontrolle, indem der Staat seine Angebote an die Mitwirkung der Menschen band. Dieser unter dem Begriff der Disziplinierung diskutierte Prozess gewährte dem Staat durch ein System aus Ärzten, Krankenkassen und Gesundheitsämtern größeren Zugriff auf die Körper der Individuen.[36] Die „Alkholfrage" war nur eines der vielen Problemfelder des 19. und frühen 20. Jahrhunderts, die mittels staatlicher Steuerung – im Fall des Alkohols entweder wie in Deutschland über eine Branntweinsteuer oder wie in den USA über eine zeitweise verfassungsrechtliche Prohibition – eingegrenzt werden sollten.[37]

In Kriegszeiten wird die Steuerungstätigkeit des Staates besonders sichtbar. Während der Weltkriege verwalteten die kriegführenden Staaten das Nicht-Essen mit einer stärkeren Kontrolle und vermehrten Eingriffen in die Ernährung: Die Ausschaltung des Marktes, die Rationierung von Lebensmitteln und der Ausbau von öffentlichen Gaststätten sollten die Versorgung der Bevölkerung sicherstellen.[38] Überhaupt zeichneten sich die Steuerungsbemühungen der Systeme und Ideologien des

---

34 Vgl. *Susanne Schindler-Reinisch* (Hrsg.), Eine Stadt in der Stadt. Berlin-Central-Viehhof. Berlin 1996; *Dorothee Brantz*, Animal Bodies, Human Health, and the Reform of Slaughterhouses in Nineteenth-Century Berlin, in: Paula Young Lee (Ed.), Meat, Modernity, and the Rise of the Slaughterhouse. Durham 2008, 71–85.

35 Vgl. *Rüdiger Graf*, Wahrheit im Dschungel von Literatur, Wissenschaft und Politik. Upton Sinclairs „The Jungle" und die Reform der Lebensmittelkontrolle in den USA der „Progressive Era", in: HZ 301, 2015, 63–93; *Helen Zoe Veit*, Modern Food, Moral Food. Self-Control, Science and the Rise of Modern American Eating in the Early Twentieth Century. Chapel Hill 2013, insbes. Kap. 1.

36 Vgl. *Michel Foucault*, Die Geburt der Sozialmedizin (1977), in: ders., Schriften in vier Bänden. Dits et Ecrits. Bd. 3: 1976–1979. Hrsg. v. Daniel Defert u. François Edwald. Frankfurt am Main 2003, 272–298; *Ute Frevert*, Krankheit als politisches Problem 1770–1880. Soziale Unterschichten in Preußen zwischen medizinischer Polizei und staatlicher Sozialversicherung. Göttingen 1984; *Gerd Göckenjan*, Kurieren und Staat machen. Gesundheit und Medizin in der bürgerlichen Welt. Frankfurt am Main 1985.

37 Vgl. *Hasso Spode*, Die Macht der Trunkenheit. Kultur- und Sozialgeschichte des Alkohols in Deutschland. Opladen 1993; *Thomas Welskopp*, Amerikas große Ernüchterung. Eine Kulturgeschichte der Prohibition. Paderborn 2010.

38 Siehe *Ina Zweiniger-Bargielowska/Rachel Duffett/Alain Drouard* (Eds.), Food and War in Twentieth Century Europe. Surrey 2011; *Trentmann/Just* (Eds.), Food and Conflict (wie Anm. 30).

20. Jahrhunderts auf den Tellern der Bürgerinnen und Bürger ab. Die Autarkiebemühungen des faschistischen Italiens und des nationalsozialistischen Deutschlands sowie die Kollektivierung der sowjetischen Agrarwirtschaft unter Stalin schränkten die Lebensmittelauswahl stark ein oder führten wie im Fall der Ukraine gar zu einer gravierenden Hungersnot.[39] Schließlich sollte mit der UN-Menschenrechtscharta (1948) das Recht auf eine angemessene Ernährung völkerrechtlich verankert werden; ihre Umsetzung stellt bis heute allerdings eine große Herausforderung dar.[40]

(c) *Subjektivierung*: Die Ernährung ist nicht nur in die Verantwortung des modernen Staates übergegangen, sondern wurde zugleich relevant für das Subjekt. Nicht-Essen, als Medium der Ein- und Ausgrenzung, war stets sozial bedeutungsvoll.[41] Der Unterschied zwischen dem Aufstand gegen die Lebensmittelteuerung 1847 und dem durch die Fleischnot 1912 ausgelösten Tumult zeigt eine neue Bedeutung der Ernährung für die eigene Identität. Fleisch zu essen hatte sich vom unmittelbaren physiologischen Bedürfnis gelöst und war zu einem sozialen und kulturellen Marker geworden. Parallel grenzten sich um die Jahrhundertwende bürgerliche Lebensreformer gerade durch den Fleischverzicht vom Rest der Gesellschaft ab. Unter einer verbesserten Versorgungslage verschob sich die Bedeutung der sozialen Distinktion qua Ernährung hin zum Nicht-Essen. Nicht-Essen wurde eine Praxis der körperlichen und geistigen Subjektwerdung. Der Hungerkünstler, der um die Jahrhundertwende auf den Jahrmärkten Europas die Menschen mit seinem Schauhungern faszinierte, ist nur der krasseste Ausdruck dieser neuen Erscheinung.[42] Dem modernen Essensverzicht lag ein ästhetisches und zugleich ethisches Bemühen zugrunde: Ein neues Körperbewusstsein qualifizierte die Korpulenz als unschön und ungesund ab und verhalf Schlankheits- und Fastenkuren zu einem durch die Not- und Krisenzeiten nur unterbrochenen Aufstieg im 20. Jahrhundert.[43]

---

39 Siehe u.a. *Anne Applebaum*, Red Famine. Stalin's War on Ukraine. London 2017; *Gesine Gerhard*, Nazi Hunger Politics. A History of Food in the Third Reich. Lanham 2015; *Lizzie Collingham*, The Taste of War. World War II and the Battle for Food. New York 2012; *Carol Helstosky*, Garlic and Oil. Politics and Food in Italy. London 2004. Aufschlussreich auch *Frank Trentmann*, Coping with Shortage. The Problem of Food Security and Global Visions of Coordination, c. 1890s–1950, in: ders./Just (Eds.), Food and Conflict (wie Anm. 30), 13–47.

40 Vgl. *D. John Shaw*, World Food Security. A History Since 1945. Basingstoke 2007.

41 Siehe beispielsweise *Mary Douglas* (Ed.), Food in the Social Order. New York 1984.

42 Dazu *Peter Payer*, Hungerkünstler. Eine verschwundene Attraktion. Wien 2002.

43 Dazu beispielsweise *Pascal Eitler/Jens Elberfeld* (Hrsg.), Zeitgeschichte des Selbst. Therapeutisierung –

Die drei in groben Zügen vorgestellten Prozesse waren entscheidend dafür, dass sich Nicht-Essen als gesellschaftlich aussagekräftige Praxis in der Moderne etablieren konnte: Industrialisierung und Globalisierung hatten bis zu Beginn des Ersten Weltkrieges die Lebensmittelmenge zuerst in Westeuropa, dann allmählich auch andernorts derart vergrößert, dass potentiell alle Menschen ausreichend versorgt werden konnten. Knappheit und Hungerkrisen waren nun nicht mehr allgemeines Zeichen von Armut und periodisch wiederkehrendem Mangel, sondern Ausdruck von agrarischen oder kriegsbedingten Krisen, von Fehlplanung oder von Versorgungsungerechtigkeit. Die Forschung hat den Wandel zu ausreichender Versorgung als „Ernährungsrevolution" bezeichnet.[44] Die neue Situation räumte dem Nicht-Essen in der Moderne eine veränderte Rolle ein: Durch Versorgungsstabilität und Überversorgung rückte das Nicht-Essen neben das Essen ins Zentrum der individuellen und kollektiven Ernährung. Bei einer grundsätzlich ausreichenden Lebensmittelmenge sticht freiwilliger oder erzwungener Essensverzicht, sowohl beim Einzelnen als auch bei ganzen Gesellschaften, heraus und wird erklärungsbedürftig. Ob kulturelle Distinktionsbemühung, moralische Orientierung, politischer Protest oder Folge von Lebensmittelspekulationen, Formen des Nicht-Essens verweisen auf Veränderungen im Organisationsgefüge von und zwischen Gesellschaften.

Die beiden vorgestellten Berliner Revolten von 1847 und 1912 markieren exemplarisch Eckpunkte einer ernährungshistorischen Sattelzeit, bei der der vorliegende Band seinen Ausgang nimmt. Mit ihnen befinden wir uns im Übergang von Unterversorgung zu allmählicher Vollversorgung bei anhaltender Versorgungsungleichheit im globalen Maßstab. Die Frage nach sozialen Formen des Nicht-Essens erlaubt, moderne Ordnungen von Gesellschaften zu entschlüsseln: Nicht-Essen berührt dabei das Verhältnis der Geschlechter ebenso wie jenes sozialer Schichten, urbaner und ländlicher Räume und ethnischer Gruppen. Vegetarismus entfaltete bei Frauen nicht die gleiche Wirkung wie bei Männern[45]; Kalorienzählen sollte der Arbeiterschaft Sparsamkeit vermitteln[46], und das Meiden von lokalem Essen stabilisierte die

---

Politisierung – Emotionalisierung. Bielefeld 2015; *Hans-Jürgen Teuteberg*, Homo edens. Reflexionen zu einer neuen Kulturgeschichte des Essens, in: HZ 265, 1997, 1–28, 15 f.

44 *Hans Jürgen Teuteberg*, Die Ernährungsrevolution im Neunzehnten Jahrhundert, in: Heidi Ringhand (Hrsg.), Damit wir leben können. Eine Dokumentation der Ernährungswirtschaft. Bielefeld 1985, 10–60; *Jeffrey M. Pilcher*, Food in World History. New York/London 2006, Kap. 6.

45 Siehe den Beitrag von Maren Möhring in diesem Band.

46 Siehe den Beitrag von Nina Mackert in diesem Band.

Identität europäischer Kolonisierender in Afrika[47]. Darüber hinaus sind mit dem Nicht-Essen staatliche Ordnungsvorstellungen verhandelt worden: Für den modernen Staat, der sich als Garant von Fürsorge und Sicherheit seiner Bürger und Bürgerinnen verstand, stellten hungerstreikende Anarchistinnen in seinen Gefängnissen einen bedrohlichen Angriff dar.[48] Über Körper und Lebensweise von Menschen konnte praktisches Nicht-Essen die Sozialordnung sowohl aufrechterhalten als auch herausfordern: Hatte Hunger seine Ursache nicht länger in der Höhe des Einkommens, sondern in unökonomischer Ernährung, dann konnte Nicht-Essen die soziale Schichtung sogar zementieren[49]; spiritueller Fleischverzicht wurde durch die ihm zugeschriebene gesundheitsfördernde Wirkung zum gesellschaftlichen Reformprojekt[50], während gesundheitspolitische Entscheidungen zum Spielfeld wissenschaftlicher Glaubenskriege avancierten[51]; fehlte staatliche Regulierung, vergrößerte die Industrialisierung der Lebensmittelproduktion die Wissensasymmetrien zwischen Produzent und Verbraucher (zulasten von Letzterem)[52] und konnte doch andernorts gerade dadurch emanzipatorisches Potential entfalten[53]. Seit Mitte des 19. Jahrhunderts ordnen Praktiken des Nicht-Essens so das Verhältnis einzelner Menschen zueinander, das Zusammenleben innerhalb von Gemeinschaften und die Beziehungen von Ländern untereinander.

II. Verschenkte Potentiale: (Nicht-) Essen und die Geschichtswissenschaft

Friedrich Nietzsche, der Freigeist und scharfe Kritiker seiner Zeit, hatte ein ausgeprägtes Faible für die Ernährung. An ihr hänge nicht weniger als das „Heil der Menschheit". Sein Interesse war auch persönlicher Natur: Schon in frühen Jahren hatte Nietzsche einen Schuldigen für die Beschwerden seines zerrütteten Körpers ausgemacht: die deutsche Küche. Was habe sie nicht alles auf dem Gewissen, klagte

47 Siehe den Beitrag von Diana Natermann in diesem Band.
48 Siehe den Beitrag von Maximilian Buschmann in diesem Band.
49 Siehe den Beitrag von Nina Mackert in diesem Band.
50 Siehe den Beitrag von Julia Hauser in diesem Band.
51 Siehe den Beitrag von Uwe Spiekermann in diesem Band.
52 Siehe den Beitrag von Lutz Häfner in diesem Band.
53 Siehe den Beitrag von Cornelia Reiher in diesem Band.

er in seiner philosophischen Autobiografie „Ecce homo“. Sie zeichne sich aus durch einen „vollkommenen Mangel an Vernunft“: viel zu schwer und gänzlich unverdaulich. In Kürze: Die deutsche Küche sei ihm zutiefst zuwider. Er selbst und der deutsche Geist habe sich an ihr krank gegessen.[54]

Bis heute stehen der deutsche Geist und seine Küche auf Kriegsfuß. Die „Food History“ führt hierzulande ein klägliches Nischendasein. Dabei kann die historische Beschäftigung mit der Ernährung in Deutschland auf eine lange und beeindruckende Geschichte zurückblicken.[55] Bereits seit Mitte des 19. Jahrhunderts haben Historiker wie Karl Lamprecht und Georg Ludwig Kriegk, Volkskundler wie Wilhelm Mannhardt und Moritz Heyne, vor allem aber Wirtschaftshistoriker und Ökonomen wie Wilhelm Abel und Gustav Schmoller sich mit Fragen der Ernährung auseinandergesetzt. Der Durchbruch gelang in den 1970er Jahren mit dem Siegeszug der Sozialgeschichte. Mit dem Ziel, die Geschichte von der Gesellschaft her neu zu interpretieren, war auch gemeint, die eigene Gegenwart kritisch zu begleiten. Der Welthunger der Zeit, zuerst in Afrika, aber auch die in Erinnerung gebliebene kriegsbedingte Mangelversorgung in Europa, später die gravierenden Hungersnöte in Bengalen, in China und Biafra, richteten den Blick auf Ernährung und Verteilungsungleichheiten in und zwischen Gesellschaften.[56] Überhaupt schien die tägliche Nahrungszufuhr eine aufschlussreiche Messgröße zu sein, um das Zusammenwirken von Demographie, Volksgesundheit, Lohnarbeit und sozialer Ungleichheit im industriellen Zeitalter zu studieren.[57] Die vergleichsweise gute Datenlage von quantitativen Ernährungsstudien und anderen Sozialstatistiken aus dem Kaiserreich half zusätzlich, die Ernährung als zentralen Indikator für den durchschnittlichen Lebensstandard zu etablieren; sie konnten zudem nutzbar gemacht werden, um allgemeine Preisentwicklungen, die Differenzierung zwischen Land und Stadt,

54 *Friedrich Nietzsche*, Sämtliche Werke. Kritische Studienausgabe. Hrsg. v. Giorgio Colli u. Mazzino Montinari. Neuausgabe. München 1999, vor allem Bd. 5 (Jenseits von Gut und Böse) und 6 (Ecce homo). Zu Nietzsches Philosophie der Ernährung vgl. *Harald Lemke*, Ethik des Essens. Eine Einführung in die Gastrosophie. Berlin 2007, 405–434.

55 Zum Folgenden vgl. *Hans Jürgen Teuteberg*, The Diet as an Object of Historical Analysis in Germany, in: ders. (Ed.), European Food History. A Research Review. Leicester/London/New York 1992, 109–128.

56 Siehe zu den genannten Hungerkrisen vor allem *Weinreb*, Modern Hungers (wie Anm. 5); *Felix Wemheuer*, Der Große Hunger. Hungersnöte unter Stalin und Mao. Berlin 2012; *Janam Mukherjee*, Hungry Bengal. War, Famine and the End of Empire. Oxford 2015; *Lasse Heerten*, The Biafran War and Postcolonial Humanitarianism. Spectacles of Suffering. Cambridge 2017.

57 Einschlägig hier vor allem die Arbeiten von *Thomas McKeown*, *Arthur E. Imhof* und *Reinhard Spree*.

die Verdichtung der Landwirtschaft und das rapide Wachstum der Industrieproduktion, die Protestkultur und revolutionäre Aufstände in den Blick zu bekommen. So konnte Hans Jürgen Teuteberg gegen die landläufige Verelendungstheorie der deutschen Arbeiterschaft argumentieren, dass die Industrialisierung allmählich eine „Demokratisierung der Nahrungsbefriedigung" bewerkstelligte, die das Bevölkerungswachstum des 19. Jahrhunderts überhaupt ermöglichte.[58] Nicht-Essen als Mangelversorgung der arbeitenden Bevölkerung trat in solchen Arbeiten als Teil der sozialen Frage in Erscheinung, die sich in einer höheren Krankheitsanfälligkeit und Mortalitätsrate niederschlug.[59]

Impulsgeber dieser Forschung waren die Arbeiten der Annales-Schule in Frankreich. Dort hatten deren führende Vertreter, allen voran Fernand Braudel und Marc Bloch, seit 1961 unter dem Schlagwort *vie matérielle* die Ernährungsforschung zu einer akademischen Notwendigkeit erklärt.[60] Begründet wurde die Wahl mit der Bedeutung des Essens als sozioökonomische Lebensbedingung. Robert Philippe argumentierte: „L'histoire alimentaire sous-tend toute l'histoire des hommes."[61] Was die Annales-Vertreter anfangs allerdings unter Ernährung verstanden, war allein deren biologische und ökonomische Komponente. Spätestens seit Mitte der 1980er Jahre wurde dieser quantifizierende Ansatz durch Historiker und Historikerinnen der Annales-Schule selbst, allen voran Jean-Louis Flandrin, aber auch durch den Einfluss französischer Denker wie Roland Barthes, Claude Lévi-Strauss und Pierre Bourdieu, schließlich auf Mentalität und Kultur des Essens und Trinkens ausgeweitet. Hier wurde freiwilliges Nicht-Essen erstmals als historischer Untersuchungsgegenstand erkannt.[62]

---

58 *Teuteberg*, Studien zur Volksernährung (wie Anm. 9), insbes. 133–162; beim Buch von Teuteberg und Wiegelmann handelt es sich um die Pionierstudie der Ernährungsforschung in Deutschland. Siehe zur sozialhistorischen Forschung insgesamt *Uwe Spiekermann*, Nahrung und Ernährung im Industriezeitalter. Ein Rückblick auf 25 Jahre historisch-ethnologischer Ernährungsforschung (1972–1996), in: Andreas Bodenstedt / Susanne Loos / Ulrich Oltersdorf u. a. (Hrsg.), Materialien zur Ermittlung von Ernährungsverhalten. Karlsruhe 1997, 35–73.

59 Siehe *Reinhard Spree*, Soziale Ungleichheit vor Krankheit und Tod. Zur Sozialgeschichte des Gesundheitsbereichs im Deutschen Kaiserreich. Göttingen 1981.

60 Vgl. *Fernand Braudel*, Vie matérielle et comportements biologiques, in: Annales 16, 1961, 545–549; *ders.*, Histoire de la vie matérielle, in: Annales 16, 1961, 723–728.

61 *Robert Philippe*, Commençons par l'histoire de l'alimentation, in: Annales 16, 1961, 549–552, hier 551.

62 Siehe *Jean-Louis Flandrin*, Le goût et la nécessité. Sur l'usage des graisses dans les cuisines d'Europe occidentale (XIVe–XVIIe siècle), in: Annales 38, 1983, 369–401; *ders.*, Pour une histoire du goût, in: L'Histoire

In Deutschland wurde diese Weiterentwicklung wenig zur Kenntnis genommen. Peter Schöttler liest in der verhaltenen Rezeption der Annales-Schule hierzulande ein „tiefes anti-französisches Ressentiment" auf Seiten einiger deutscher Sozialhistoriker.[63] Dass für die historische Sozialwissenschaft der Rhein eine größere Grenze war als der Ärmelkanal oder der Atlantik, hob Hartmut Kaelble bereits in den 1980er Jahren hervor.[64] Der relative deutsche Rückstand in der Geschichte des Essens lässt sich aber nicht ausschließlich mit den kulturellen Barrieren zwischen Deutschland und Frankreich erklären, vor allem weil amerikanische Historiker und Historikerinnen, zu denen man in Deutschland ein besonders enges Verhältnis pflegte, die französischen Arbeiten seit den 1980er Jahren eifrig studierten. Die Persistenz sozialhistorischer Fragestellungen liegt erstens an einer spezifischen historiografischen Tradition und den zeithistorischen Umständen: Die Wiedervereinigung 1990, die sich zur Zeit des kulturwissenschaftlichen Umschwungs ereignete, bot für die Zeitgeschichte wenig Anlass zur essenshistorischen Nabelschau. Zweitens hat die Sozialgeschichte kulturhistorische Aspekte des Essens wie Geschmack, Zeremoniell und Distinktion als Luxusphänomene gesellschaftlicher Eliten klassifiziert und damit als begrenzt relevant für eine Gesellschaftsgeschichte erachtet[65] – zu Unrecht, wie jüngere Untersuchungen zu Geschmack und Distinktion innerhalb der Unterschichten zeigen.[66] Schließlich, drittens, hat Deutschland keine vergleichbare nationale Küche entwickelt wie beispielsweise Frankreich. Es wurde deshalb wenig Identifikations- und Erkenntnispotential mit der Ernährung verbunden.

In der deutschsprachigen Geschichtswissenschaft wird weiterhin eine klassische *Geschichte der Ernährung* betrieben, die auf Produktion, Versorgung und Konsum sowie unternehmerische Aktivität schaut und das Thema eher strukturgeschichtlich

---

3, 1986, 108–110; *ders.*, La distinction par le goût, in: Philippe Ariès / Georges Duby (Eds.), Histoire de la vie privée. Vol. 3. Paris 1986, 266–309; *Roland Barthes*, Pour une psycho-sociologie de l'alimentation contemporaine, in: Annales 16, 1961, 977–986; *Claude Lévi-Strauss*, Le cru et le cuit. Paris 1964; *Pierre Bourdieu*, La distinction. Critique sociale du jugement. Paris 1979.

63 *Peter Schöttler*, Die „Annales"-Historiker und die deutsche Geschichtswissenschaft. Tübingen 2015, 36 (Anm. 28) und 39 (Anm. 40).

64 *Hartmut Kaelble*, Sozialgeschichte in Frankreich und der Bundesrepublik. Annales gegen historische Sozialwissenschaften?, in: Geschichte und Gesellschaft 13, 1987, 77–93.

65 So argumentiert beispielsweise *Paul Freedman*, A New History of Cuisine, in: ders. (Ed.), Food. The History of Taste. Berkeley / Los Angeles 2007, 7–33, hier 7.

66 Siehe *Jeffrey M. Pilcher*, The Embodied Imagination in Recent Writings on Food History, in: American Historical Review 121, 2016, 861–887, hier 867.

angeht.[67] Die Integration der Ernährung in die allgemeine Geschichte, wie sie Thomas Nipperdey in seiner „Deutschen Geschichte" vorgezeichnet hat, ist bis heute ein Ausnahmefall.[68] Auffällig für die deutschsprachige Geschichtsschreibung ist allerdings eine ausgeprägte Affinität zur Geschichte von Getränken: Schon früh entstanden sozialhistorische Studien zu Alkoholika und Abstinenzbewegungen, industrie- und konsumhistorische Analysen zum Mineralwasser sowie regionalhistorische Arbeiten zum Weinanbau. Mit der Barista-Kultur und dem Durchbruch der Globalgeschichte wechselte das Interesse zum Kaffee, in dessen Folge besonders gelungene Untersuchungen entstanden.[69] Diese Arbeiten sind Teil einer sich gerade formierenden „Food History" in Deutschland, die sich dem Essen und Trinken in kultur- und globalhistorischer Perspektive zuwendet.[70] Ihre Anfänge gehen auf wenige Pionierarbeiten zurück: Wegweisend waren insbesondere Wolfgang Schivelbusch mit seiner bereits 1980 erschienen Geschichte der Genussmittel und Maren Möhrings 2012 veröffentlichte Arbeit zur ausländischen Gastronomie in Deutschland.[71]

---

67 Siehe u. a. *Karl-Peter Ellerbrock*, Geschichte der deutschen Nahrungs- und Genußmittelindustrie 1750–1914. Stuttgart 1993; *Spiekermann*, Basis der Konsumgesellschaft (wie Anm. 26); *Haupt*, Konsum und Handel (wie Anm. 17); *Christoph M. Merki*, Zucker gegen Saccharin. Zur Geschichte der künstlichen Süßstoffe. Frankfurt am Main 1993; *Angelika Epple*, Das Unternehmen Stollwerck. Eine Mikrogeschichte der Globalisierung. Frankfurt am Main 2010.

68 Vgl. *Thomas Nipperdey*, Deutsche Geschichte 1800–1918. 3 Bde. München 2013.

69 Zur Geschichte des Kaffees siehe u. a. *Julia Laura Rischbieter*, Mikro-Ökonomie der Globalisierung. Kaffee, Kaufleute und Konsumenten im Kaiserreich 1870–1914. Köln/Weimar/Wien 2011; *Christof Dejung*, Die Fäden des globalen Marktes. Eine Sozial- und Kulturgeschichte des Welthandels am Beispiel der Handelsfirma Gebrüder Volkart 1851–1999. Köln/Weimar/Wien 2013; *Christiane Berth*, Biografien und Netzwerke im Kaffeehandel zwischen Deutschland und Zentralamerika 1920–1959. Hamburg 2014; *Ruben Quaas*, Fair Trade. Eine global-lokale Geschichte am Beispiel des Kaffees. Köln/Weimar/Wien 2015; *Monika Sigmund*, Genuss als Politikum. Kaffeekonsum in beiden deutschen Staaten. Berlin/München/Boston 2015; *Christiane Berth/Dorothee Wierling/Volker Wünderich* (Hrsg.), Kaffeewelten. Historische Perspektiven auf eine globale Ware im 20. Jahrhundert. Göttingen 2015.

70 *Uwe Spiekermann*, Künstliche Kost. Ernährung in Deutschland, 1840 bis heute. Göttingen 2018; *Joachim Drews*, Die „Nazi-Bohne". Anbau, Verwendung und Auswirkung der Sojabohne im Deutschen Reich und Südosteuropa (1933–1945). Münster 2004; *Patrice G. Poutrus*, Die Erfindung des Goldbroilers. Über den Zusammenhang zwischen Herrschaftssicherung und Konsumentwicklung in der DDR. Köln/Weimar/Wien 2002; *Nina Mackert/Jürgen Martschukat* (Eds.), Fat Agency. Themenheft von Body Politics 3, 2015; *Maren Möhring/Alexander Nützenadel* (Hrsg.), Ernährung im Zeitalter der Globalisierung. Themenheft von Comparativ 3, 2007; *Nützenadel/Trentmann*, Food and Globalization (wie Anm. 27); *Hans Jürgen Teuteberg/Gerhard Neumann/Alois Wierlacher* (Hrsg.), Essen und kulturelle Identität. Europäische Perspektiven. Berlin 1997.

71 *Wolfgang Schivelbusch*, Das Paradies, der Geschmack und die Vernunft. Eine Geschichte der Genuss-

Die Diskrepanz zwischen der deutschsprachigen auf der einen und der angelsächsischen und französischen Forschung auf der anderen Seite ist dennoch weiterhin auffallend. Seit den 1980er Jahren, einhergehend mit der aufblühenden Kultur- und Alltagsgeschichte und einem erweiterten Fokus auf materielle Kultur, symbolische Ordnungen und soziale Praxis, auf Repräsentationen und globale Vernetzungen, erlebte die internationale „Food History" einen rasanten Aufstieg und enormen Reputationsgewinn.[72] Der Durchbruch der Essensgeschichte seit der Jahrtausendwende ist allerdings mit dem Übergang der Forschungshegemonie von Frankreich in die angloamerikanische Welt verbunden. Die Gründe dafür sind vielfältig: Die französischen Arbeiten zur Essensgeschichte sind frühzeitig ins Englische übersetzt worden. Bereits 1979 erschien eine Auswahl übersetzter Aufsätze der Annales-Schule zur Geschichte von Essen und Trinken.[73] Ausschlaggebend waren zudem herausragende Einzelstudien englischsprachiger Autoren, die das Potential des Gegenstands für die allgemeine Geschichte offenlegten und schnell zu internationalen Referenzpunkten einer neuen Essensgeschichte wurden. Nennenswert sind insbesondere Alfred Crosbys „The Columbian Exchange", Janet Poppendiecks „Breadlines Knee Deep in Wheat", Warren Belascos „Appetite for Change" und, wahrscheinlich am einflussreichsten, „Sweetness and Power" von Sidney Mintz.[74] Nicht zu unterschätzen sind außerdem etliche populärwissenschaftliche Publikationen, die mit folkloristischen Themen das Interesse einer breiten Öffentlichkeit bedienten und schnell zu Kassenschlagern wurden.[75]

Der Boom der Essensgeschichte ist tatsächlich in erster Linie eine Antwort auf die gesellschaftliche Nachfrage. Aus dieser gegenwartsorientierten Bewegung ent-

---

mittel. München 1980; *Maren Möhring*, Fremdes Essen. Die Geschichte der ausländischen Gastronomie in der Bundesrepublik Deutschland. München 2012.

72 Vgl. *Amy Bentley*, Sustenance, Abundance, and the Place of Food in U. S. Histories, in: Kyri W. Claflin/Peter Scholliers (Eds.), Writing Food History. A Global Perspective. London/New York 2012, 72–86. Wegweisend für die neue „Food History" war vor allem *Jean-Louis Flandrin/Massimo Montanari* (Eds.), Histoire de l'alimentation. Paris 1996.

73 *Robert Forster/Orest Ranum* (Eds.), Food and Drink in History. (Selections from the Annales, Vol. 5.) Baltimore/London 1979.

74 *Alfred Crosby*, The Columbian Exchange. Biological and Cultural Consequences of 1492. Westport 1972; *Janet Poppendieck*, Breadlines Knee Deep in Wheat. Food Assistance in the Great Depression. New Brunswick 1986; *Warren Belasco*, Appetite for Change. How the Counterculture Took on the Food Industry. Ithaca 1989; *Sidney Mintz*, Sweetness and Power. The Place of Sugar in Modern History. New York 1985.

75 Siehe *Bentley*, Sustenance (wie Anm. 72), 77–83.

sprang die kritische Masse junger Historikerinnen und Historiker, die dem Feld zu seinem Aufstieg verhalfen.[76] Aus dem Zusammenwirken dieser Gründe rückte die „Food History" in der angloamerikanischen Wissenschaft vom Rand ins Zentrum historischer Forschung. Ausweis dafür sind die Vielzahl neugeschaffener Studiengänge, Institute und Lehrstühle, die gewachsene Anzahl eigenständiger Zeitschriften und die gerade in den letzten Jahren sprunghaft angestiegene Zahl an Handbüchern und Enzyklopädien, die Gewähr bieten für die schiere Menge an gesichertem Wissen.[77] Die digitale „Food Bibliography" verzeichnet zur Geschichte des Essens mittlerweile mehr als 20000 akademische Titel in acht Sprachen.[78]

Der Zeitgeist bestimmt nicht nur die Nachfrage, sondern auch die akademische Beschäftigung mit dem Essen. Gegenwartsnahe Problemfelder zeichnen die Themenwahl in den verschiedenen Weltteilen vor: die besondere Bedeutung der Überversorgung in den USA, die Untersuchungen von Unterversorgung und Ungleichheit in Afrika und die Veröffentlichungen zu Austausch und Identität in Europa.[79] Der französische Historiker Florent Quellier sieht die aktuell Obsession mit dem Essen durch „Ernährungsängste und eine Identitätskrise" hervorgerufen.[80] Beide As-

---

76 Vgl. *Pilcher*, The Embodied Imagination (wie Anm. 66), 861.

77 Einen umfangreichen Überblick über Studiengänge, Kurse, Organisationen und Zeitschriften bietet *Ken Albala* (Ed.), The SAGE Encyclopedia of Food Issues. Vol. 3. Los Angeles 2015, 1503–1508. Zu den weiteren zentralen Handbüchern und Enzyklopädien zählen: *Carol Helstosky* (Ed.), The Routledge History of Food. London/New York 2015; *Paul Freedman/Joyce E. Chaplin/Ken Albala* (Eds.), Food in Time and Place. The American Historical Association Companion to Food History. Oakland 2014; *Jeffrey M. Pilcher* (Ed.), The Oxford Handbook of Food History. Oxford 2012; *Kenneth F. Kiple/Kriemhild Coneè Ornelas* (Eds.), The Cambridge World History of Food. 2 Vols. Cambridge 2000; *Anne Murcott/Warren Belasco/Peter Jackson* (Eds.), The Handbook of Food Research. London/New York 2013; *Alan Davidson* (Ed.), The Oxford Companion to Food. 3rd Ed. Oxford 2014; *Solomon H. Katz/William Woys Weaver* (Eds.), Encyclopedia of Food and Culture. 2 Vols. New York 2003; *Andrew F. Smith* (Ed.), The Oxford Encyclopedia of Food and Drink in America. 2nd Ed. New York 2013.

78 The Food Bibliography, http://www.foodbibliography.eu. Siehe auch *Karin Becker*, Introduction. Un bilan thématique et méthodologique de la recherche actuelle sur l'histoire de l'alimentation, in: Food & History 10, 2013, 9–25.

79 Siehe *Claflin/Scholliers*, Writing Food History (wie Anm. 72).

80 *Florent Quellier*, La table des Français. Une histoire culturelle (XVe – début XIXe siècle). Rennes/Tours 2007, 11. Siehe zu den genannten Aspekten *Christoph Klotter*, Identitätsbildung über Essen. Ein Essay über „normale" und alternative Esser. Wiesbaden 2016; *Jakob Tanner*, Die Ambivalenz der Nahrung. Gift und Genuss aus der Sicht der Kultur- und der Naturwissenschaften, in: Gerhard Neumann/Alois Wierlacher/Rainer Wild (Hrsg.), Essen und Lebensqualität. Natur- und kulturwissenschaftliche Perspektive. Frankfurt am Main 2001, 175–199; *Warren Belasco*, Food. The Key Concepts. Oxford/New York 2008.

pekte spiegeln sich insbesondere in Arbeiten, die gegenwärtig brisante Formen des Nicht-Essens thematisieren: Beispielhaft sind die Hinwendung zu vegetarischer Ernährung und Biokost (Corinna Treitels „Eating Nature"), der Aufschwung von Lebensmittelunverträglichkeiten (Matthew Smiths „Another Person's Poison"), die Politik gesundheitsorientierter Ernährung (Charlotte Biltekoffs „Eating Right in America") oder Schönheits- und Schlankheitsmoden (Peter N. Stearns' „Fat History").[81] Verzicht, Vermeidung und Hunger sind Teil von Arbeiten zur (nationalen) Identitätspolitik, zu Esskrankheiten und Gesundheitsökonomien, zu Tabus, zur Geschichte kolonialer Gewalt und Dekolonisierung, zur Globalisierung und, nach wie vor, zu Krisen und Krieg.[82]

Der vorliegende Band beabsichtigt nicht, verlorenen Boden gutzumachen. Vielmehr knüpfen die versammelten Beiträge an die internationale Forschungslandschaft an und beleuchten Aspekte, die selbst in Ländern mit avancierter „Food History" bisher wenig beachtet sind. So ist die Geschichte des Nicht-Essens als eigenständiger Zugriff auf die Geschichte der Moderne bis heute ein blinder Fleck. Forschungspraktisch kamen und kommen Formen des Nicht-Essens nur als Teil einer Krisen- und Kriegsgeschichte in das Blickfeld, wobei ihre Einordnung als Ausnahme und Nebenerscheinung dem Nicht-Essen als Zugriff kaum größere Aufmerksamkeit zuteil werden ließ.[83] Die Konzeptualisierung von Nicht-Essen geht in die-

---

81 *Treitel*, Eating Nature (wie Anm. 5); *Matthew Smith*, Another Person's Poison. A History of Food Allergy. New York 2015; *Charlotte Biltekoff*, Eating Right in America. The Cultural Politics of Food and Health. Durham/London 2013; *Peter N. Stearns*, Fat History. Bodies and Beauty in the Modern West. New York/London 2012.

82 Aus der Vielzahl der Studien seien genannt: *Simoons*, Eat not this Flesh (wie Anm. 11); *Alan F. Wilt*, Food for War. Agriculture and Rearmament in Britain before the Second World War. New York 2001; *Adam Shprintzen*, The Vegetarian Crusade. The Rise of an American Reform Movement, 1817–1921. Chapel Hill 2013; *Doris Witt*, Black Hunger. Food and the Politics of U.S. Identity. New York/Oxford 1999; *Alison Bashford*, Global Population. History, Geopolitics, and Life on Earth. New York 2014; *Amy L. S. Staples*, The Birth of Development. How the World Bank, Food and Agriculture Organization, and World Health Organization Changed the World, 1945–1965. Kent 2006; *Joan Jacobs Brumberg*, Fasting Girls. The Emergence of Anorexia Nervosa as a Modern Disease. Cambridge 1988; *Sabine Merta*, Wege und Irrwege zum modernen Schlankheitskult. Diätkost und Körperkultur als Suche nach neuen Lebensstilformen 1880–1930. Wiesbaden 2003; *Walter Vandereycken/Ron van Deth/Rolf Meermann*, Hungerkünstler, Fastenwunder, Magersucht. Eine Kulturgeschichte der Eßstörungen. Zülpich 1990.

83 So beispielsweise bei *Trentmann/Just* (Eds.), Food and Conflict (wie Anm. 30); *Zweiniger-Bargielowska/Duffett/Drouard*, Food and War (wie Anm. 38); *Paul Brassley/Yves Segers/Leen Van Molle* (Eds.), War, Agriculture, and Food. Rural Europe from the 1930s to the 1950s. New York/London 2012; *Gerhard*, Nazi Hunger Politics (wie Anm. 39).

sem Band deshalb deutlich über Mangelzeiten hinaus. Gerade das Nicht-Essen in Form von freiwilligem Verzicht, Vermeidung und Verweigerung offenbart Konfliktlinien und Transformationsprozesse in modernen Gesellschaften. Diese werden in den westlichen Industrieländern aufgrund der positiven Ernährungssituation spätestens seit der zweiten Hälfte des 20. Jahrhunderts besonders augenfällig. Die Geschichte des Nicht-Essens bietet der Geschichtswissenschaft damit ein neues Instrument, sowohl die Veränderung der Ernährungssituation in der „Sattelzeit" differenzierter zu analysieren als auch kulturelle und soziale Wandlungen in der Moderne zu untersuchen. Zwischen Essen und Nicht-Essen verläuft eine Linie, anhand derer die soziale Organisation vergangener Gesellschaften beschrieben werden kann.

III. Selbstverantwortung – Steuerung – Sinnsysteme: Zu den Beiträgen des Bandes

Die zehn vorliegenden Beiträge machen Nicht-Essen als Zugriff für verschiedene historische Kontexte und Themen produktiv. Die Aufsätze reichen zeitlich von der zweiten Hälfte des 19. Jahrhunderts bis in unsere Gegenwart, setzen allerdings klare Schwerpunkte. Sie bilden Nicht-Essen in der Moderne episodenhaft ab und erreichen ihre Grenzen dort, wo die Forschung bereits vorangeschritten ist, nämlich in der Behandlung von Hunger, Mangelverwaltung und Landwirtschaftspolitik in Kriegs- und Krisenzeiten. Einen zeitlichen Schwerpunkt bildet die letzte Jahrhundertwende und die Zeit vor dem Ersten Weltkrieg, eine Zeit also, die auch in diesem Fall als dynamischer „Aufbruch in die Moderne" gilt und einen ausgeprägten sozialhistorischen Umbruch markiert.[84]

Wiederkehrende Akteure in den hier versammelten Geschichten des Nicht-Essens sind staatliche Ernährungsplaner und Wissenschaftler, aber auch einzelne Bürgerinnen und Bürger. Sie fanden im Nicht-Essen eine Ausdrucksform für ihre individuellen Ziele, die jedoch weit über ihre Körper hinauswiesen. Die Themen hinter dem Nicht-Essen umfassten die Sorge vor Umweltzerstörung ebenso wie politi-

84 Vgl. *Paul Nolte*, 1900. Das Ende des 19. und der Beginn des 20. Jahrhunderts in sozialgeschichtlicher Perspektive, in: Geschichte in Wissenschaft und Unterricht 47, 1996, 281–300; *August Nitschke/Gerhard A. Ritter/Detlef J. K. Peukert/Rüdiger vom Bruch* (Hrsg.), Jahrhundertwende. Der Aufbruch in die Moderne 1880–1930. 2 Bde. Reinbek 1990.

schen Protest und ethische Motive, aber sie liefen doch meistens hinaus auf eine Steigerung der individuellen und nationalen Leistungsfähigkeit. Gesundheit ist deshalb der thematische Schirm, der über den hier versammelten Beiträgen aufgespannt werden kann und das Verhältnis von Ernährung und Gesellschaft in der Moderne am stärksten gezeichnet hat. Drei Dimensionen organisieren die hier versammelten Beiträge und bringen sie miteinander ins Gespräch. Sie lassen sich unter den Schlagworten Selbstverantwortung, Steuerung und Sinnsysteme fassen.

In der zweiten Hälfte des 19. Jahrhunderts bildete sich in den bürgerlichen Schichten der alten und neuen Industriestaaten eine individuelle Verantwortung für eine gesunde und leistungssteigernde Ernährung durch Auswahl und Verzicht heraus, die seit den 1960er Jahren, als sich der Staat von paternalistischen Ernährungsvorgaben entfernte und sich mündige Bürgerinnen und Bürger auf breiter Basis für die eigene wie die allgemeine ‚gute' und ‚richtige' Ernährungsweise engagierten, in den Industriestaaten flächendeckend wurde. Die ersten drei Beiträge des Bandes zeigen, wie und warum Nicht-Essen zu dieser Praktik der Selbstverantwortung geworden ist. Über die Pflicht zur Gesundheit, so erklärt *Maren Möhring* anhand von Fleischkonsum und der exemplarischen Körperbuchführung des Lebensreformers Richard Ungewitter, begann die Ernährung um 1900 überzugehen in den Zuständigkeitsbereich des Einzelnen und markierte seither seine Position innerhalb der Gesellschaft. Von nun an nährten Lebensmittel den Körper nicht mehr vorbehaltlos, sondern konnten ihm – im schlimmsten Fall – auch schaden. Nicht nur ein Zuviel an Essen, auch das falsche Essen bedrohte die Gesundheit und damit den eigenen Beitrag zum Gemeinwohl. Die Fähigkeit zum Nicht-Essen, die diesen frühen Protagonisten nach zu gering in der Gesellschaft ausgeprägt war und die sie deshalb zu verbreiten versuchten, sollte in der Moderne über die Gesundheit und über die Position in der Gesellschaft entscheiden.

Christa Spreizers Beitrag stellt die Aktivitäten der Sozialreformerin Hedwig Heyl in sein Zentrum und schließt damit an das um die nationale Leistungsfähigkeit besorgte deutsche Bürgertum an. Spreizer allerdings erweitert die kulturelle Distinktionskraft des Nicht-Essens über die Klassengrenzen hinweg, indem sie der Bedeutungsverschiebung nachgeht, die der Erste Weltkrieg mit sich brachte. Bis 1914 war bewusstes Nicht-Essen Ausdruck bürgerlicher Achtsamkeit: Die Frau trat als Hauswirtschafterin mit nationalem Status in Erscheinung, ihr Nicht-Essen war Teil einer rational gebildeten Identität. Damit grenzte sie sich von der Arbeiterschaft ab, die sich gesundheitlich und ökonomisch falsch ernährte. Nach Kriegsausbruch änderte sich die Bedeutung des Nicht-Essens dahin gehend, dass es in der verknappten Lebensmittelsituation zu einer Distinktionsquelle für alle Frauen wurde, die ihre klassenübergreifende patriotische Solidarität ausdrücken wollten.

Cornelia Reiher ruft uns die anhaltende Ambivalenz moderner Nahrungsproduktion in Erinnerung, wenn im Japan der 1960er bis 1980er Jahre – und damit in einer Zeit der Vollversorgung – das Ziel einer sicheren Ernährung Bürgerinnen und Bürger erneut politisch aktiv werden ließ. Der großflächige Einsatz starker Agrarpestizide hatte die Produktivität der japanischen Landwirtschaft in die Höhe schnellen lassen, aber zugleich das Gesundheitsrisiko der so erzeugten Lebensmittel erhöht. Nicht-Essen avancierte erneut zur Gesundheitsstrategie. Um die mit Pestiziden kontaminierten Lebensmittel zu vermeiden und dennoch wohlversorgt zu bleiben, schlossen sich Bürgerinnen und Bürger eigenständig zusammen, um alternative Anbau- und Vertriebsmethoden entstehen zu lassen. Selbstverantwortliches Nicht-Essen tritt hier als subversive Praxis in Erscheinung.

Das Pendant zur individuellen Verantwortung war die staatliche Steuerung. Vier Beiträge beleuchten die Veränderung von Rolle, Aufgabe und Verständnis des Staates in Ernährungsfragen und dessen Limitationen. *Lutz Häfner* rückt anhand von Lebensmittelkonsum, Lebensmittelhygiene und Verbraucherschutz im russischen Zarenreich vor dem Ersten Weltkrieg die materielle Wirklichkeit der Ernährung in den Blick, die für den übergroßen Teil der Bevölkerung äußerst unbefriedigend war. Verfälschung und Verunreinigung, aber auch Vertuschung von verdorbenen Lebensmitteln trieben verstärkt durch die Industrialisierung der Nahrungsproduktion ihr Unwesen und machten den Lebensmittelkonsum gefährlich. Staatliche Regulierung der Nahrungsmittel war notwendig geworden, hinkte den Finessen der Hersteller jedoch stets hinterher. Häfner untersucht, wie dieser Regulierungsprozess im Spannungsfeld widerstreitender Interessen verlief und welche Bedingungen erfüllt sein mussten, damit Nicht-Essen zu einer Option werden konnte. Die Fälschung von Lebensmitteln zur Gewinnsteigerung war kein ausschließlich modernes Phänomen; neu war allerdings, dass sie zum Gegenstand einer internationalen Presseöffentlichkeit geworden war. Diese breite öffentliche Debatte war es letztendlich, der die Nahrungsregulierung als neue staatliche Aufgabe in Zeiten moderner Nahrungsproduktion, -kommerzialisierung und -distribution voranbrachte.

Auch bei *Maximilian Buschmann* war es die internationale Presseöffentlichkeit, die dem Nicht-Essen eine neue Dimension im modernen Staat eröffnete: Buschmann zeichnet nach, wie der Hungerstreik zu einer politischen Protestform im frühen 20. Jahrhundert in den USA wurde. Um den umfassendsten Nahrungsverzicht überhaupt als rationale Praxis strategisch einsetzen zu können, war erstens die Entpathologisierung des Nicht-Essens nötig, zweitens die Inanspruchnahme von politischen Gefangenen des russischen Zarenreichs als medienvermittelte Vorbilder der US-amerikanischen Anarchistinnen und Anarchisten und drittens die Fürsorgepflicht des modernen Staates, auch für die Insassen seiner Gefängnisse. Diese Faktoren bildeten die Voraussetzung dafür, dass im Nicht-Essen um die Ordnung der Gesellschaft gerungen werden konnte.

In anderen Regionen der Welt war auch zwanzig Jahre später noch die physiologische Versorgung der Bevölkerung erstrangig. Für Brasilien in der Vargas-Ära (1930–1945) zeigt *Sören Brinkmann*, wie die Modernisierung mittels Ernährung zu einem staatlichen Emanzipationsprojekt wurde. Die Idee der Machbarkeit nationaler Leistungsfähigkeit durch ausreichende Ernährung war entscheidend in einem Land, dem ein wissenschaftlich begründeter Rassismus jahrhundertelang seine Entwicklungsfähigkeit abgesprochen hatte. Wo eine defizitäre und unausgewogene Ernährung der Bevölkerung als Ursache für den entwicklungspolitischen Rückstand angesehen wurde, konnte der Bau von Kuhställen zum Modernisierungsprojekt werden. Beispielhaft zeigt Brinkmann, dass die brasilianischen Ernährungsplaner in der Milch, aufgrund ihrer gesundheitlichen Bedeutung, die Lösung der genannten Probleme sahen. Damit wirft Brinkmann ein anderes Licht auf die Moderne: Modernisierung wird hier zum staatlichen Ernährungsprojekt.

Uwe Spiekermann setzt bei einem einzelnen Nährstoff, dem Jod, empirisch an, um abstrakte Vorstellungen von Essen, Nicht-Essen und Gesundheit zu erden. Jod, als in den 1920er Jahren entdecktes unsichtbares Spurenelement mit, wenn im Mangel oder Überfluss vorhanden, gravierenden physiologischen Folgen, wurde im 20. Jahrhundert zum Gegenstand staatlicher Regulierung. Deutschland sticht dabei international hervor, weil es sich den in den anderen westlichen Staaten seit den 1930er Jahren einsetzenden Prophylaxemaßnahmen lange nicht anschloss und noch in den 1990er Jahren beachtliche Raten an Jodmangelkrankheiten zu verzeichnen hatte. Spiekermann geht dieser Verspätung auf den Grund und beleuchtet Auseinandersetzungen innerhalb des Expertensystems der Medizin ebenso wie dessen Verflochtenheit mit staatlichen Maßnahmen.

Die Geschichte vom Essen und Nicht-Essen in der Moderne kann insgesamt erzählt werden als eine Geschichte sich wandelnder Vorstellungen von der ‚richtigen' Ernährung. Drei Beiträge des Hefts adressieren deshalb die Sinnsysteme, die dem

Nicht-Essen seine kulturelle Bedeutung erst verliehen. *Diana M. Natermann* untersucht die Essgewohnheiten deutscher, belgischer und schwedischer Kolonisierender im Kongofreistaat und in Deutsch-Ostafrika zwischen 1884 und 1914. Mit der Ausnahme leistungssteigernder lokaler Getränke hielten die Europäerinnen und Europäer Abstand von afrikanischem Essen, wodurch sie, so Natermann, zum einen ihre vermeintliche zivilisatorische Überlegenheit ausdrückten und zum anderen eine spezifisch weiße Identität konstruierten. Das Nicht-Essen von lokaler Nahrung und die Ablehnung afrikanischer Esskultur waren Ausdruck eines rassistischen Überlegenheitsempfindens. Der tägliche Aufwand, europäische Essgewohnheiten auch in Afrika beizubehalten, diente der Aufrechterhaltung der kolonialen Differenz.

Julia Hausers Blick auf die wechselseitige Verflechtung vegetarischer Ideen zwischen Indien und Großbritannien offenbart die Komplexität des Moralsystems rund um den Fleischverzicht. Gesundheit war in Europa und Indien eine Begründung für den Vegetarismus, jedoch nie die einzige. Es ging um eine jeweils ganzheitliche körperliche und moralische Erneuerung der Gesellschaft zugleich. In der kolonialen Situation Indiens avancierte der Fleischverzicht zur politischen Bühne: In Europa düngte er Überlegenheitsfantasien, indem er die Kolonisierung der wegen ihres Fleischverzichts unterlegenen Inderinnen und Inder anriet; in Indien hingegen wurde gerade der selbstbewusste Vegetarismus zur überlegenen Lebensweise erhoben, der die wegen ihres Fleischkonsums moralisch unterlegenen Kolonisatoren früher oder später zu Fall bringen würde.

Nina Mackert schließt den Aufsatzteil des Bandes mit der Analyse jenes Sinnsystems ab, das unser heutiges Verhältnis zum Essen beeinflusst wie kein anderes. Mackert zeichnet die Entstehungsgeschichte der Kalorie unter Ernährungswissenschaftlern in den USA am Ende des 19. Jahrhunderts nach und beleuchtet ihre anschließende Erfolgsgeschichte als soziales Ordnungsinstrument: Als neue, numerische und deshalb objektiv wirkende Maßeinheit für den Energiegehalt von Lebensmitteln erlaubte die Kalorie, das Verhältnis von Körper, Arbeit und Produktivität zu quantifizieren. Diente das neue Instrument zunächst vorwiegend dazu, ärmeren Schichten die ‚richtige' Ernährung zu vermitteln, griff die Kalorie in den folgenden Jahrzehnten weiter aus und avancierte in Form von Kalorienzählen zu einer beliebten Diätmethode innerhalb der weißen Mittelklasse.

IV. Nicht-Essen und Geschichte: ein Angebot

In einer kurzen Bilanz zum Stand der Ernährungsgeschichte schrieb Hans Jürgen Teuteberg vor mehr als zwanzig Jahren, dass „die Entwicklung der menschlichen Ernährung, worüber geschwätzige und mit Anekdoten angefüllte ‚Kulturgeschichten' sowie die vielen unübersichtlichen Einzelstudien nicht hinwegtäuschen dürfen, auf große Strecken hin noch unerforscht" ist. Die Folge sei, so Teuteberg weiter, dass „es von Legenden über die Geschichte der täglichen Kost [wimmle], die ein Autor vom anderen immer wieder abschreibt".[85] Ein heutiges Resümee der Ernährungsforschung würde keineswegs so schwarzmalerisch ausfallen, sondern eher euphorisch. Denn obgleich die „Food History" in den deutschsprachigen Ländern gerade erst Fuß fasst, werden Forschungsleistungen der Geschichtswissenschaft selten noch in den Grenzen nationaler Errungenschaften gemessen. Der Boom der Essensgeschichte in den USA und Großbritannien zeigt eindrucksvoll, wie lebendig, vielfältig und innovativ der Forschungsgegenstand Essen und Trinken sein kann und wie dabei zugleich ein gewinnbringender Dialog mit der Öffentlichkeit gelingt. Die Früchte dieses Erfolgs ernten Historiker und Historikerinnen auch andernorts, weil sich der Bezugsrahmen historischer Forschung wesentlich internationalisiert hat.

Gleichwohl bleibt es unerlässlich, die Ergebnisse auf nationaler oder regionaler Ebene zu kommunizieren. Das gilt nicht nur, weil es auch hierzulande längst einen Heißhunger auf Essensgeschichten gibt, sondern auch, weil die rasant wachsende Populärliteratur und das trendaffine Feuilleton entzauberte Essensmythen unreflektiert weiterspinnen. Dieses Heft versteht sich deshalb als ein Angebot – in doppelter Form: Zum einen bietet es ein Forum, das Auskunft gibt über den gegenwärtigen Stand der „Food History" hierzulande und darüber hinaus. Es soll Anknüpfungspunkt zum Weiterlesen und Weiterforschen sein. Zum anderen bietet es mit dem Nicht-Essen einen neuen Zugriff auf die Geschichte der Ernährung an. Damit möchte das Heft über feuilletonistische Diagnosen hinausgehen und ein historisch informiertes Gespräch über Verzicht, Vermeidung und Verweigerung von Essen anstoßen. Die hier versammelten zehn Beiträge zeigen, dass Nicht-Essen seit der zweiten Hälfte des 19. Jahrhunderts hindeutet auf Verschiebungen von Klassen- und Geschlechtergrenzen, von ethnischer In- und Exklusion und von kulturellen Gewohn-

85 *Hans Jürgen Teuteberg*, Ernährung und Gesundheit im historischen Rückblick, in: Helmut Hilpert/Caspar Wenk/Walter J. Ziegler (Hrsg.), Ernährung und Gesundheit. Davos 1989, 102–117, hier 102.

heiten und Glaubenssätzen. Nicht-Essen ist ein lesbarer Gradmesser von sozialen Konfigurationen und eignet sich deshalb besonders gut für die Historisierung von Gesellschaften.

I. Selbstverantwortung

Essen als Selbsttechnik

Gesundheitsorientierte Ernährung um 1900

von Maren Möhring

Eating as a Technology of the Self: Health-Oriented Nutrition around the Year 1900

The close linkage of nutrition and health since the mid-nineteenth century led to new forms of self-regulation that are highly relevant to a genealogy of contemporary societies and their modes of subjectivation. The first part of this essay will present – with reference to the current debates about obesity – some general deliberations on the link between health and nutrition. The second part will focus on the example of life-reformer Richard Ungewitter (1869–1958) and his nutritional practices to analyze the interplay of scientification, regulation and subjectivation processes.

Wie teuer „dicke Menschen das Gesundheitssystem" zu stehen kämen, ließ das Nachrichtenmagazin „Focus" seine Leserschaft im Jahre 2012 wissen.[1] 2016 berichtete die „Welt", dass Übergewichtige das deutsche Gesundheitssystem so stark wie noch nie belasteten.[2] Aussagen wie diese machen deutlich, dass Dicksein nicht nur als individuelles, sondern als gesellschaftliches Problem begriffen wird. Nicht nur der Einzelne setze sich einem erhöhten Gesundheitsrisiko aus; auch die Gesellschaft werde durch dicke Menschen (mindestens finanziell) geschädigt – so lautet der Tenor. Es gibt, so scheint es, eindeutig gute und schlechte, richtige und falsche Körper. Der Körper im Allgemeinen und seine sichtbaren Konturen im Besonderen werden demnach hochgradig moralisiert. Welches sind die historischen und gegenwärtigen Bedingungen dieser alltäglichen Normierung und Moralisierung von Körpern? Welche historisch-spezifischen Bewertungssysteme sind für die Beurteilung von Körpern relevant?[3] Welche Rolle spielt dabei die Ernährung?

Ernährung und Essen zielen nicht bloß auf eine adäquate Versorgung des Körpers

1 Focus, 23.10.2012, http://www.focus.de/finanzen/versicherungen/krankenversicherung/krankheitskosten-in-deutschland-so-teuer-kommen-dicke-menschen-das-gesundheitssystem_aid_844652.html (28.4.2017).

2 Die Welt, 27.7.2016, https://www.welt.de/wirtschaft/article157345132/So-viel-kostet-die-Deutschen-ihr-Uebergewicht.html (28.4.2017).

3 Die „Hauptaufgabe der Kritik" besteht nach Butler nicht darin, ihre Gegenstände zu bewerten, sondern „das System der Bewertung selbst heraus[zu]arbeiten"; *Judith Butler*, Was ist Kritik? Ein Essay über Fou-

DOI 10.1515/9783110574135-002

mit Nährstoffen, sondern sie berühren das Verhältnis von Subjekt und Gesellschaft im Kern.[4] Die gegenwärtige Problematisierung von Übergewicht und ungesunder Ernährung geht einher mit einer breiten Begeisterung für Health Food und Fitnessprogramme. Was als Gegensatz erscheint, markiert letztlich die Spannweite einer soziokulturellen Ordnung, die um ein leistungsfähiges, selbstverantwortlich handelndes und gesundes, kurzum: *erfolgreiches* Subjekt kreist. Damit ist weit mehr gemeint als allein ökonomische Produktivität. Auch wenn in kapitalistischen Gesellschaften Gesundheit vielfach mit Arbeitsfähigkeit gleichgesetzt wird, geht die Verknüpfung von Gesundheit und Leistungsfähigkeit doch weit darüber hinaus und umfasst auch Fortpflanzungsfähigkeit, Militärtauglichkeit oder staatsbürgerliche Befähigung – kurzum: ein ganzes Arsenal an Fähigkeiten beziehungsweise Befähigungen.

Ein erfolgreiches Subjekt ist also nicht nur produktiv im Sinne von ‚arbeitsfähig', sondern zum Beispiel auch ein selbstverantwortlich handelnder Konsument (oder eine Konsumentin). Und genau hier werden die nicht zu vereinbarenden Normen offensichtlich, an denen sich das Subjekt ausrichten soll: Konsumgesellschaften basieren auf der Ermunterung zum ausgiebigen (hedonistischen) Konsumieren und also auch dazu, Nahrungsmittel zu konsumieren, zu essen, auch *viel* zu essen.[5] Gleichzeitig gilt es aber, dem ‚Zuviel' selbstdiszipliniert Einhalt zu gebieten. Diese Widersprüche, die der kapitalistischen Logik inhärent sind, lassen sich nicht nur auf abstrakter Ebene feststellen. Diese Widersprüche werden auch *verkörpert*: So weisen neuere Analysen von Essstörungen darauf hin, dass z. B. Bulimie genau diesen *double bind* zur Darstellung bringt, die Spannung zwischen Konsumexzess und disziplinierter, produktiver Lebensführung ausagiert.[6] Die Geschichte der Körper und des Selbst ist, so gesehen, immer auch eine Geschichte der politischen Ökonomie, aber

caults Tugend, in: Rahel Jaeggi/Tilo Wesche (Hrsg.), Was ist Kritik? 3. Aufl. Frankfurt am Main 2013, 221–246, hier 225.

4 So eine der zentralen Thesen des von Olaf von dem Knesebeck, Jürgen Martschukat, Paula-Irene Villa und mir geleiteten Verbundprojekts „Ernährung, Gesundheit und soziale Ordnung in der Moderne: Deutschland und USA im Vergleich", das seit Oktober 2015 von der Volkswagen-Stiftung im Rahmen der Förderlinie „Schlüsselthemen in Wissenschaft und Gesellschaft" finanziert wird. Siehe http://www.ego.soziologie.uni-muenchen.de (28.4.2017).

5 Zur „compulsion to eat" in sogenannten Wohlstandsgesellschaften siehe *Ben Fine*, The Political Economy of Diet, Health and Food Policy. New York 1998, 49.

6 Vgl. *Julie Guthman/Melanie DuPuis*, Embodying Neoliberalism: Economy, Culture, and the Politics of Fat, in: Environment and Planning D 24, 2006, 427–448, hier 442.

ohne dabei die Geschichte von Körpern oder Subjekten ökonomistisch zu verkürzen. Am Zusammenhang von Verwissenschaftlichung, Regulierung und Subjektivierung ist meines Erachtens nicht allein interessant, wie gesellschaftliche Gesundheitspolitiken sich veränderten, sondern wie sich historisch fundiert über Körperpolitiken und Politiken des Selbst nachdenken lässt. Ausgehend von der Beobachtung, dass derzeit eine „Suche nach einem neuen gesellschaftlichen Leitnarrativ – eben jenem des ‚richtigen Essens' –"[7] stattfindet, versucht dieser Beitrag, einen historischen Baustein für eine Genealogie dieser neuartigen Bedeutung des Essverhaltens zu liefern.

Eine historische Perspektive bewahrt davor, die gegenwärtig enge Kopplung von Ernährung und Gesundheit vorschnell als überzeitlich und allgemeingültig anzusehen. Eine maßgebliche Rolle für den aktuellen Zusammenhang von Gesundheit und Ernährung (bezogen auf die Übergewichtsdebatte) spielt das in den späten 1940er Jahren in den USA entwickelte und in den 1960er Jahren nach West- wie Ostdeutschland transferierte Risikofaktorenmodell, das anhand statistischer Verfahren eine zuvor unbekannte Bandbreite an sogenannten Risikofaktoren für Herzkreislauferkrankungen identifizierte. Unter diesen kam Ernährungspraktiken ein zentraler Stellenwert zu.[8] Fettes Essen respektive ein hoher Cholesterinspiegel wurde als ein solcher zentraler Risikofaktor bestimmt, Prävention zur handlungsleitenden Maxime. Prävention als vorbeugendes Handeln basiert, wie unter anderem Ulrich Bröckling herausgestellt hat, darauf, dass man einen bestimmten „Ausschnitt aus der Wirklichkeit herauslöst und Zusammenhänge zwischen gegenwärtigen Phänomenen [einem hohen Cholesterinspiegel] und künftigen Ereignissen [...] [Herzinfarkt] postuliert".[9] Voraussetzung für vorbeugendes Handeln im modernen Sinne ist eine systematische Wissensproduktion – in unserem Fall die Generierung medizinischen und ernährungswissenschaftlichen Wissens. Am Beispiel von Ernährung und Gesundheit lässt sich die „Verwissenschaftlichung des Sozialen" (Lutz Raphael) seit dem späten 19. Jahrhundert prägnant aufzeigen und in ihren Effekten auf das Alltagsleben nachzeichnen.

7 *Lina Franken/Gunther Hirschfelder*, Politik mit Messer und Gabel. Ideologisiertes Essen zwischen Selbstoptimierung und Weltverbesserung, in: Historische Sozialkunde 46/4, 2016, 21–24, hier 22.

8 *Robert A. Aronowitz*, Making Sense of Illness. Science, Society, and Disease. Cambridge 1998.

9 *Ulrich Bröckling*, Vorbeugen ist besser... Zur Soziologie der Prävention, in: Behemoth. A Journal on Civilisation 1, 2008, 38–48, hier 39.

Anders als die Gefahr, die der Umwelt zugerechnet wird, werden Risiken, so Luhmanns Unterscheidung, als „Folge eigenen Handelns“ begriffen und fallen damit in die Verantwortung des Einzelnen.[10] Die Sprache der Risikofaktoren hat somit eine neue Form der Moralisierung des Verhaltens geschaffen, das nicht mehr an ethischen oder religiösen Grundsätzen, sondern an scheinbar objektiven Risikolagen und ihrer individuell zu verantwortenden Vermeidung auszurichten ist.[11] Auf dem Gebiet der Ernährung haben wir es auch insofern mit individualisierter Prävention zu tun, als die einzelnen Menschen – zumindest in den sogenannten Überflussgesellschaften – selbst darüber entscheiden, was sie wann und in welchen Mengen essen. Dass diese Wahlfreiheit durch die jeweils zur Verfügung stehenden ökonomischen Ressourcen und historisch bedingte unterschiedliche Konsummöglichkeiten und -fähigkeiten beschränkt wird, gerät dabei allerdings leicht aus dem Blick. Auch wenn die Prävention beim Individuum ansetzt, bleibt sie durch ihre Orientierung an bestimmten Normalwerten doch immer an die Bevölkerung rückgebunden.[12] Dieses spezifische Verhältnis von Subjekt und Gesellschaft auf dem Feld der Ernährung historisch bis in die Gegenwart hinein genauer zu ergründen, stellt ein Desiderat der geschichtswissenschaftlichen Forschung zum Nexus von Gesundheit und Ernährung dar. Ziel dieses Textes ist es, für eine solche Perspektivierung einige Anregungen zu liefern. Die Zeit um 1900 ist hierfür ein wichtiger Ausgangspunkt, weil sich in der zweiten Hälfte des 19. Jahrhunderts im Kontext vegetarischer und ernährungswissenschaftlicher Reformbewegungen zum einen neue Formen der Problematisierung der Ernährung entwickelten und zum anderen stark auf Selbstverantwortung setzende Umgangsweisen mit dem eigenen Körper zunehmend relevant wurden. In diesem Sinne kann die Zeit um 1900 als wichtige Inkubationsphase für moderne Formen der Subjektivierung verstanden werden, die auf Responsibilisierung abzielten und für die der eigene Körper und die Sorge um diesen an Bedeutung gewannen.[13]

Wenn es einer Kultur- und Gesellschaftsgeschichte darum geht – und darum sollte es ihr meines Erachtens nach gehen – das scheinbar Natürliche und Selbstverständliche zu problematisieren, dann bedeutet das auch, eine der am wenigsten kri-

10 Ebd. 40.

11 Vgl. *Kathleen Lebesco*, Fat Panic and the New Morality, in: Jonathan M. Metzl/Anna Kirkland (Eds.), Against Health. How Health Became the New Morality. New York 2010, 72–82, hier 72.

12 *Bröckling*, Vorbeugen (wie Anm. 9), 44.

13 Vgl. *Maren Möhring*, Die Regierung der Körper. „Gouvernementalität“ und „Techniken des Selbst“, in: Zeithistorische Forschungen 3/2, 2006, 284–290.

tisch beäugten Normen genauer zu betrachten, das heißt: Gesundheit als Norm zu hinterfragen. „To hell with health" – so hieß eine Vortragsreihe von Ivan Illich in den 1980er Jahren, in der er gängige Gesundheitsvorstellungen dafür kritisierte, dass sie ein unerreichbares Ideal postulierten und keinen Raum für Leiden, Altern oder Sterben ließen.[14]

Sicherlich kann es nicht darum gehen, Gesundheit rundweg abzulehnen (diese Haltung wäre Ausdruck einer äußerst privilegierten Position). Sehr wohl aber muss über vergangene und gegenwärtige Konzeptualisierungen von Gesundheit und die moralischen und politischen Implikationen der Gesundheitsorientierung nachgedacht werden. Die herrschenden Gesundheitsdiskurse fällen Urteile über gute und schlechte Lebensführung und entscheiden mit über die gesellschaftliche Positionierung von Menschen.[15] Im Kampf gegen das Fett, in dem die ‚Unvernunft' insbesondere der Unterschichten und von Teilen der migrantischen Bevölkerung bezüglich ihrer Ernährung und gesamten Lebensführung angeprangert wird, werden Rassismus und Klassismus auf neue Art formuliert und sagbar.[16]

Den heutigen Debatten um Übergewicht liegt eine spezifische Körpermessung respektive Berechnung zugrunde, der Body-Mass-Index: Gewicht durch Körpergröße im Quadrat ergibt den BMI. Ab einem Body-Mass-Index von 25 gilt eine Person als übergewichtig, ab 30 als adipös.[17] Der BMI ist sehr umstritten, weil er Statur, Fettverteilungsmuster, Geschlecht etc. einer Person nicht einbezieht. Diese auch medizinischen Einwände interessieren hier nur am Rande. Tatsächlich interessant ist die Macht der ermittelten Zahlen, ist die Ansicht, dass diese Messungen in der Lage scheinen, uns eine Wahrheit über die vermessenen Körper zu enthüllen[18] – eine Wahrheit, die ganz praktische Konsequenzen haben kann, zum Beispiel die Verweigerung der Verbeamtung als Professor oder Professorin.

---

14 *Jonathan M. Metzl*, Introduction. Why Against Health?, in: ders./Kirkland (Eds.), Against Health (wie Anm. 11), 1–11, hier 5.

15 *John Coveney*, Food, Morals and Meaning. The Pleasure and Anxiety of Eating. New York 2000.

16 Vgl. *Michelle Herndon*, Collateral Damage from Friendly Fire? Race, Nation, Class and the „War on Obesity", in: Social Semiotics 15/2, 2005, 127–141, hier 135. Statt offensichtlicher sozialer Teilungen sind liberale Demokratien „von unmerklichen Praktiken der wertenden und abwertenden Identifikationen geprägt"; *Martin Saar*, Genealogische Kritik, in: Jaeggi/Wesche (Hrsg.), Kritik (wie Anm. 3), 247–265, hier 263.

17 Dass der BMI Übergewicht produziert, ist insofern ganz wörtlich zu nehmen, als mit der Herabsetzung des Richtwerts für Übergewicht von 29 auf 25 im Jahre 1999 auf einen Schlag Millionen Menschen übergewichtig wurden.

18 *Bethan Evans/Rachel Colls*, Measuring Fatness, Governing Bodies. The Spatialities of the Body Mass In-

Dass es qua BMI ermittelte sogenannte Fettleibige gibt, die auch nach aktuellen medizinischen Vorstellungen als gesund gelten, wird kaum diskutiert. In der medialen Öffentlichkeit gewinnen stattdessen moralische Diskurse die Oberhand: Dicke Körper werden nicht nur als Abweichung von ästhetischen Normen begriffen, sondern stehen für mangelnde Kontrolle und für die Unfähigkeit von Menschen, selbstdiszipliniert und selbstverantwortlich ihre Gesundheit und Leistungsfähigkeit zu kultivieren und darüber die gesellschaftliche Ordnung zu stabilisieren. Ernährung und Gesundheit spiegeln damit nicht nur soziale Ungleichheit wider; vielmehr haben sie einen bedeutenden Anteil an der Gestaltung, an der Materialisierung und Verfestigung sozialer Ungleichheit.[19]

Dass das eigene Fett auch ganz anders erfahren werden könnte, scheint überhaupt keine Option mehr zu sein. Ein Blick auf die Etymologie von „fett“ zeigt, dass dieses Wort einst gleichbedeutend mit „wohlgeformt, schön“ war, aber – wie das verwandte Wort „feist“ – eine dramatische Geschichte der Abwertung hinter sich hat.[20]

Fett hat eine Geschichte. Und nicht nur Körperfett, sondern Körper insgesamt sowie die Art und Weise, wie sie gelesen werden, sind historisch, verändern sich und orientieren sich an kulturell und historisch spezifischen Normen. Die geschichtliche Variabilität von Körper- und Ernährungsnormen zeigt sich nicht zuletzt auch in der sich wandelnden Bewertung von konsumierten Fetten, insbesondere tierischen Fetten. Seit Mitte des 20. Jahrhunderts wird ein hoher Fleischkonsum mit den sogenannten Zivilisationskrankheiten in Verbindung gebracht; tierisches Fett gilt als zu vermeidender Risikofaktor. Im 19. Jahrhundert hingegen war Fleisch gänzlich anders konnotiert: Fleischkonsum wurde als gesundheitsfördernd und leistungssteigernd propagiert. Ein hoher Fleischkonsum und eine gewisse Körperfülle standen gleichermaßen für Gesundheit, Erfolg und Wohlstand. Sie symbolisierten Leistungsfähigkeit und waren damit höchst erstrebenswert. Genau diese Zuschreibung aber sollte sich spätestens in der zweiten Hälfte des 20. Jahrhunderts in westlichen (Wohlstands-)Gesellschaften in ihr Gegenteil verkehren: Viele tierische Fette zu

dex (BMI) in Anti-Obesity Politics, in: Antipode. A Radical Journal in Geography 41/5, 2009, 1051–1083, hier 1052.

19 *Tae Jun Kim/Nina Marie Rösler/Olaf von dem Knesebeck*, Causation or Selection. Examining the Relation between Education and Overweight/Obesity in Prospective Observational Studies. A Meta-Analysis, in: Obesity Review 18/6, 2017, 660–672.

20 Kluge. Etymologisches Wörterbuch der deutschen Sprache. Bearb. v. Elmar Seebold. 24., durchges. und erw. Aufl. Berlin/New York 2002, 288 u. 284.

sich zu nehmen wurde als eine der Ursachen für Übergewicht identifiziert, und Körperfett wie ein hoher Fleischkonsum galten fortan als dysfunktional und leistungsmindernd. Die Geschichte der Abwertung von Fleischkonsum und Körperfett aber lässt sich nicht einfach als geradlinige historische (Fort-)Entwicklung erzählen, sondern ist vielmehr ein beredtes Beispiel für eine Konfliktgeschichte, in der verschiedene Akteursgruppen um medizinische und ernährungswissenschaftliche Deutungshoheit rangen und dabei immer auch – bis heute – ästhetische Körpernormen mitverhandelten.

Am Beispiel der um 1900 auf breiter Front ausgetragenen Ernährungskontroverse zwischen Verfechtern (und Verfechterinnen) des Fleischkonsums auf der einen Seite und des Vegetarismus auf der anderen Seite möchte ich die bisher angestellten Überlegungen konkretisieren und das gerade heute wieder relevante Nicht-Essen von Fleisch zum Gegenstand der Analyse machen. Ich werde unter anderem Elemente einer Geschichte der wissenschaftsbasierten Quantifizierung des Körpers vorstellen – einer Quantifizierung, auf der letztlich die enge Kopplung von Leistungsfähigkeit an die Ernährung bzw. an bestimmte Ernährungsformen basiert. Die anschließende Analyse der Ernährungs- und Körperpraktiken eines in jeder Hinsicht besonders aktiven Vegetariers und Lebensreformers, nämlich Richard Ungewitters, zu Beginn des 20. Jahrhunderts dient dann zum einen der Veranschaulichung dieser Vorgänge; zum anderen rücken damit Selbstpraktiken und die Frage der Subjektivierung über Ernährung und Gesundheit ins Zentrum der Betrachtung.

I. Fleisch (nicht) essen

Dass Fleisch noch um 1900 als zentraler und nicht zu ersetzender Energielieferant galt, hing maßgeblich mit der einflussreichen Eiweißtheorie des Chemikers Justus von Liebig (1803–1875) zusammen. Diese führte zu einer Ernährungslehre, die sich allein für den Eiweißgehalt und die Energiemenge eines Nahrungsmittels interessierte.[21] Tierisches Eiweiß war für Liebig und mit ihm für die dominanten Lebensmittelchemiker und Ernährungswissenschaftler des 19. Jahrhunderts der

21 Vgl. *Albert Wirz*, „Schwaches zwingt Starkes". Ernährungsreform und Geschlechterordnung, in: Hans Jürgen Teuteberg/Gerhard Neumann/Alois Wierlacher (Hrsg.), Essen und kulturelle Identität. Europäische Perspektiven. (Kulturthema Essen, Bd. 2.) Berlin 1997, 438–455, hier 438.

„wichtigste Baustoff für Gewebe und Blut", der „Garant von Kraft und Gesundheit".[22] Der berühmte Fleischextrakt von Liebig, ein Rindfleischkonzentrat, das er seit den 1860er Jahren in Uruguay herstellen ließ und weltweit verkaufte, sollte als Nährmittel der ärmeren Bevölkerung dienen. Dafür war der Fleischextrakt aber deutlich zu teuer, so dass er (neben seiner Verwendung in bürgerlichen Haushalten) in der Truppenverpflegung zur Erhöhung der Schlagkraft und damit – wie viele neue Erfindungen nicht nur auf dem Gebiet der Ernährung – zunächst einmal militärisch eingesetzt wurde.[23]

Die enge Verzahnung von Fleischkonsum und Leistungsfähigkeit stellt ein Charakteristikum der modernen Ernährungslehren dar, die sich seit den 1830er Jahren besonders in Deutschland und den USA entwickelten.[24] In diesem Zusammenhang ist zum einen das Auftauchen einer neuen Kategorie von Bedeutung: der Kalorie. Die Kalorie sollte die in der Nahrung enthaltene und die vom Körper benötigte Energiemenge messbar machen – und ist damit ein Paradebeispiel für den Versuch, Ernährung, die Effekte von Nahrung auf den Körper und damit letztlich auch den Körper selbst quantifizierbar zu machen.[25]

Zudem wurde seit dem ausgehenden 19. Jahrhundert damit begonnen, auch das Körpergewicht zu erfassen und das sogenannte „Normalgewicht" statistisch zu ermitteln.[26] Bis etwa 1900 hatte nur eine ausgeprägte Dickleibigkeit die Aufmerksamkeit der medizinischen Wissenschaft auf sich gezogen; das änderte sich im 20. Jahrhundert, als mittels des Normalgewichts nun potentiell die gesamte Bevölkerung zum Gegenstand des medizinischen Blicks wurde. Über die nun allgemeine Problematisierung des Körpergewichts erfolgte eine zunehmende Ausrichtung der Individuen am Normalgewicht, das sich von einem ermittelten Ist-Zustand schnell zu

---

22 *Justus von Liebig*, zit. nach ebd. 439.

23 Vgl. *Hans Jürgen Teuteberg*, Die Rolle des Fleischextrakts für die Ernährungswissenschaften und den Aufstieg der Suppenindustrie. Kleine Geschichte der Fleischbrühe. Stuttgart 1990.

24 Vgl. *Maren Möhring*, Fleischkonsum und Leistungskörper. Ein Rückblick auf die Zeit um 1900, in: Rundschau für Fleischhygiene und Lebensmittelüberwachung 8, 2015, 306.

25 Siehe dazu auch den Beitrag von *Nina Mackert* in diesem Band.

26 Das Maß als einstmals moralische Kategorie wurde zu einer quantifizierbaren Größe. Vgl. *Nathalie Baumann*, „Sonnenlichtnahrung" versus gutbürgerliche Fleischeslust. Die „richtige" Ernährung im Spannungsfeld von Ernährungswissenschaft, Körpervermessung und Lebensreformbewegung im schweizerischen Raum zwischen 1890 und 1930, in: Schweizerische Zeitschrift für Geschichte 58/3, 2008, 298–317, hier 306.

einem erstrebenswerten Soll-Wert entwickelte.[27] Den Abstand des eigenen Gewichts zum Normalgewicht regelmäßig zu überprüfen und an der Annäherung an dieses Normalgewicht zu arbeiten, indem man die Ernährung umstellte und sich sportlich betätigte, wurde zu einer dem Individuum in zunehmendem Maße übertragenen Aufgabe. Minutiös ausgearbeitete Speise- und Trainingspläne gewannen für die Verfolgung dieses Ziels an Bedeutung. Zudem hielten Personenwaagen seit dem späten 19. Jahrhundert an Bahnhöfen, in Schwimmhallen, aber auch in die Privathaushalte Einzug.[28] Die Waage ist ein Gerät, das nicht einfach nur instrumentell genutzt wird, sondern das im Kollektiv mit dem sich wiegenden Menschen etwas Neues hervorbringt: sein Körpergewicht, das durch die Waage als vermeintlich neutrale Instanz Objektivität beansprucht. Wichtig ist mir an dieser Stelle, dass die Waage – als Ding – einen Unterschied macht, indem sie bestimmte Handlungsmöglichkeiten vorgibt und eine Veränderung des Verhältnisses des Subjekts zu seinem Körper bewirkt.[29] Der Akt des Wiegens ist keineswegs eine neutrale Technik. Das Messen des Körpergewichts ist mehr als nur eine abstrakte Form, den Körper zu repräsentieren; es interveniert an und im Körper, an und im Subjekt. Es macht – über die Verzahnung von Repräsentation und Konstitution des Gegenstandes ‚Körpergewicht' – auf die Verschränkungen von Diskurs und Materialität aufmerksam, die (nicht nur) für die Körpergeschichte, sondern auch für die Geschichtswissenschaft insgesamt von großem Interesse sind.[30]

Aber zurück zu den Fleischpropheten des 19. Jahrhunderts. Diese befanden, dass eine ausreichende Kalorienzufuhr nur durch Fleischkost möglich sei, nicht aber durch Gemüse erzielt werden könne, von dem man nicht zu bewältigende Massen

27 Vgl. ebd.

28 Vgl. *Sabina Merta*, Wege und Irrwege zum modernen Schlankheitskult. Diätkost und Körperkultur als Suche nach neuen Lebensstilformen 1880–1930. Stuttgart 2003, 307.

29 Diese Sicht auf die Dinge orientiert sich an der Akteur-Netzwerk-Theorie (ANT), die sich als „Aufhebung der klassischen (nicht zuletzt handlungstheoretischen) Dualismen" verstehen lässt; *Marc Rölli*, Dinge im Kollektiv. Zur Differenz phänomenologischer und ANTistischer Denkansätze, in: Zeitschrift für Kultur- und Medienforschung 2, 2012, 135–149, hier 137.

30 Die aktuellen Debatten um den „New Materialism" stellen einen in der ‚allgemeinen' Geschichtswissenschaft noch zu wenig beachteten Versuch dar, einen *material turn* zu vollziehen, ohne die Einsicht in die diskursive Konstitution von Gesellschaften aufzugeben. Siehe exemplarisch *Karen Barad*, Posthumanist Performativity. Toward an Understanding of How Matter Comes to Matter, in: Signs. Journal of Women in Culture and Society 28/3, 2003, 801–831.

essen müsse, um ausreichend Energie aufzunehmen.[31] Der herausgehobene Stellenwert des Fleisches als bedeutsames materielles wie symbolisches Gut und, mehr noch, als Signum der modernen westlichen Industriegesellschaften, wird in zeitgenössischen Äußerungen etwa bei Ernst Haeckel deutlich, der „viel Rindfleisch" mit „viel Gehirn-Differenzierung, viel Freiheit, viel Kultur" identifizierte.[32] Vegetarische Ernährung hingegen galt als „Diät der versklavten, stagnierenden und unterworfenen Rassen, eine fleischreiche Diät hingegen" als „Diät von fortschrittlichen und erobernden Geschlechtern".[33] Diese Ansicht stellte nicht nur eine dominante europäische und US-amerikanische Eigenwahrnehmung dar, die eine große Zahl anderer Kulturen und ihre Ernährungsordnungen zumindest implizit abwertete.[34] Sie prägte auch über den Westen hinaus Selbst- wie Fremdwahrnehmungen. Viele Hindus in Britisch-Indien etwa sahen, wie Parama Roy dargelegt hat, in der Fleischkost, dem *beef eating*, der Briten (und Britinnen) einen Grund für ihre Weltmachtstellung. Fleisch zu essen, galt Angehörigen der indischen Elite als überlegene, *moderne* und ‚zivilisierte' Form der Ernährung.[35] Fleischkost galt um 1900 also weithin als Nahrung der Mächtigen – und damit immer auch des Mannes. Die symbolische Ebene, die Fleischkonsum mit Herrschaft und Prestige assoziierte, und der faktisch sehr ungleiche Zugang zu Fleisch waren (und sind) dabei untrennbar miteinander verbunden.

Das Interesse der indischen Elite für das vermeintlich überlegene britische *beef eating* war aber nur die eine Seite der Medaille. Umgekehrt blickte die sich im 19. Jahrhundert konstituierende vegetarische Bewegung Großbritanniens (und, weniger prononciert, auch diejenige Deutschlands) nach Indien, um sich über vegetarische Lebensweisen zu informieren und bestimmte Elemente der dortigen Ernährungslehren zu adaptieren.[36] Die europäische Ernährungs- und Gesundheitsgeschichte ist

---

31 Vgl. *Baumann*, „Sonnenlichtnahrung" (wie Anm. 26), 438.

32 *Ernst Haeckel*, zit. nach *Wirz*, „Schwaches zwingt Starkes" (wie Anm. 21), 455.

33 So der New Yorker Arzt *Woods Hutchinson*, Instinct and Health. New York 1909, 46 f., zit. nach ebd.

34 Zu der in der Betonung der Bedeutung tierischer Eiweiße angelegten Missachtung der Ernährungsgeschichten anderer (vegetarischer) Gesellschaften siehe *Carol J. Adams*, The Sexual Politics of Meat. A Feminist-Vegetarian Critical Theory. New York 1990. Zu kolonialen Abwertungsstrategien auf dem Gebiet der Esskultur siehe den Beitrag von *Diana M. Natermann* in diesem Band.

35 *Parama Roy*, Alimentary Tracts. Appetites, Aversions, and the Postcolonial. Durham/London 2010, 8.

36 Zur globalen Dimension der vegetarischen Bewegung siehe das Forschungsprojekt von *Julia Hauser*, Kassel, die an einer Verflechtungsgeschichte des Vegetarismus im 19. und 20. Jahrhundert arbeitet, sowie ihren Beitrag in diesem Band.

ohne diese Bezüge zu außereuropäischen Regionen nicht zu verstehen, und zwar in zweierlei Hinsicht: Zum einen zeitigten gerade auf dem Gebiet der Ernährung Nahrungsmittelimporte und kulinarische Transfers bereits in der Frühen Neuzeit ihre Wirkung, indem sie die europäischen Ess- und Konsumpraktiken nachhaltig veränderten.[37] Zum anderen setzte seit dem späten 19. Jahrhundert nicht zuletzt im Zuge der Industrialisierung der Nahrungsmittelproduktion eine verstärkte Suche nach alternativen Ernährungsweisen ein, die sich häufig auf andere Weltregionen und ihre Esskulturen bezog. Dass Fleisch ein lebenswichtiger Kraftspender sei, war zwar um 1900 eine sehr verbreitete Ansicht – unumstritten war sie aber keineswegs.

Gegen Ende des 19. Jahrhunderts mehrten sich die Stimmen von Ernährungsreformern und -reformerinnen, die eine fettarme und (zumindest teilweise) vegetarische Ernährung propagierten. Der Schweizer Ernährungsreformer und Erfinder des Müslis, Max Bircher-Benner (1867–1939), etwa hielt Fleisch und das in ihm enthaltene tierische Eiweiß für „schwarzrußende Kohle, unter der die Öfen und Kamine [als die er Körper imaginierte] leiden" würden. Dagegen würden die von ihm favorisierten Kohlenhydrate „mit leuchtender, heißer Flamme brennen"; Rohkost als höchstes Gut verglich er mit bekömmlicher „Sonnenlichtnahrung".[38] In dem von ihm betriebenen Sanatorium „Lebendige Kraft" am Zürichberg wurden die Patienten und Patientinnen, unter ihnen Thomas Mann, entsprechend versorgt.

Der Körper wurde zeitgenössisch, nicht nur von Bircher-Benner, als Brennofen bzw. (thermodynamische) Dampfmaschine verstanden[39]:

> „Wie eine Dampfmaschine durch Zuführung von Heizmaterial Wärme und Kraft entwickelt, indem durch *Verbrennung* der Kohle, die auf Vereinigung

37 Für den Zucker zeigt dies nach wie vor eindrücklich *Sidney W. Mintz*, Die süße Macht. Kulturgeschichte des Zuckers. Frankfurt am Main/New York 2007; zu späteren Phasen der Globalisierung der Ernährung siehe *Maren Möhring/Alexander Nützenadel* (Hrsg.), Ernährung im Zeitalter der Globalisierung. (Comparativ. Zeitschrift für Globalgeschichte und vergleichende Gesellschaftsforschung, H. 3.) Leipzig 2007.

38 *Maximilian Bircher-Benner*, Fragen des Lebens und der Gesundheit. Zürich 1937, 37, zit. nach *Wirz*, „Schwaches zwingt Starkes" (wie Anm. 21), 448. Bircher-Benners Konzept der „Sonnenlichtnahrung", das sich auf einen Ausspruch des Chemikers und Philosophen (Friedrich) Wilhelm Ostwald bezieht („Wir essen in den Pflanzen Sonnenenergie"), wurde auch von anderen Lebensreformern vertreten: „In den Pflanzen geniessen wir unmittelbar aufgespeicherte Sonnenenergie, in den tierischen Nahrungsmitteln nur solche mittelbarer Natur. Geht man also von dem Standpunkt aus, dass alle Nahrung nur Energiespannung vermitteln soll, wie sie die Chemiker Ostwald und van't Hoff vertreten, so muss man Pflanzennahrung fordern"; *Heinrich Pudor*, Nackt-Kultur. Berlin 1906, Bd. 1, 38.

39 *Philipp Sarasin/Jakob Tanner* (Hrsg.), Physiologie und industrielle Gesellschaft. Studien zur Verwissenschaftlichung des Körpers im 19. und 20. Jahrhundert. Frankfurt am Main 1998.

> mit Sauerstoff beruht, Wärme durch Abgabe dieser auf das Wasser Dampf als treibende Kraft erzeugt wird, so geschieht es auch ähnlich in unserem Körper. Die täglich zugeführte Nahrung ‚verbrennt' unter Mithilfe des Sauerstoffes im Blute, wodurch *Wärme* entwickelt wird, die ein Haupterfordernis zur Erhaltung unseres Lebens ist."[40]

Auch wenn sich die Ernährungsreform gegen das tierische Eiweiß aussprach, hielt sie nichtsdestotrotz an der auch in der hegemonialen Ernährungswissenschaft definierten Zweckbestimmung der Ernährung fest, nämlich einer (gesellschaftlich für notwendig erachteten) möglichst hohen Wärmeproduktion und körperlichen Leistung.[41]

Fleischlose Ernährung wurde zwar auch um 1900 bereits darüber begründet, dass auf diese Weise Tiere verschont würden.[42] Um aber zeitgenössisch gehört zu werden, reichte das Tierschutzargument, das sich schnell als Sentimentalität diskreditieren ließ, nicht aus – auch den Vegetariern und Vegetarierinnen selbst nicht. Es galt, die Höherwertigkeit einer fleischlosen Kost bezüglich der körperlichen Leistungsfähigkeit herauszustellen. Das geschah unter anderem durch die zu Beginn des 20. Jahrhunderts sehr beliebten Wettkämpfe zwischen Vegetariern und Fleisch-

---

40 *Richard Ungewitter*, Diätetische Ketzereien. Die Eiweißtheorie mit ihren Folgen, als Krankheitsursache, und ihre wissenschaftlich begründete Verabschiedung. Stuttgart 1908, 3. Zur Differenz zwischen einem stofflichen und einem energetischen Konzept von Nahrung und der daraus resultierenden Nichtkompatibilität von Eiweißdogma und Thermodynamik siehe *Jakob Tanner*, Fabrikmahlzeit. Ernährungswissenschaft, Industriearbeit und Volksernährung in der Schweiz, 1890–1950. Zürich 1999, 72.

41 Die Ernährungsfrage war dabei auch eng mit der Thematik des Blutdrucks verbunden. Eine „falsche üppige Ernährung" führe nämlich zu einem erhöhten Blutdruck beziehungsweise allgemein zu einer „mangelhafte(n) Gefäßdruckregulierung"; *Richard Ungewitter*, Kultur und Nacktheit. Eine Forderung von Richard Ungewitter. Stuttgart 1911, 90; *Heinrich Lahmann*, Die wichtigsten Kapitel der natürlichen (physikalisch-diätetischen) Heilweise. 5. Aufl. der „Physiatrischen Blätter". Stuttgart 1906, 7. Als Dampfmaschine war der Körper wie jeder Dampfkessel von Überdruck und Explosionen bedroht. Blutdruckmessungen waren seit den 1890er Jahren möglich (zunächst des Arteriendrucks, ab 1910 auch des Venendrucks); trotz aller Kritik an der naturwissenschaftlichen Medizin stießen sie – wie auch die Erfassung des Körpergewichts – in der Lebensreformbewegung auf Akzeptanz. Auch im medizinkritischen Bereich fand demnach eine „freiwillige Sozialisation in die *metrische Kultur*" statt, *Eberhard Wolff*, Metrische Exaktheit und qualitative Genauigkeit im Alltag. Kommentar, in: Volker Hess (Hrsg.), Die Normierung der Gesundheit. Messende Verfahren der Medizin als kulturelle Praktik um 1900. (Abhandlungen zur Geschichte der Medizin und der Naturwissenschaften, Bd. 82.) Husum 1997, 137–143, hier 139.

42 Basierte der britische Vegetarismus stark auf Tierschutzargumenten, zeichnete sich der deutsche durch einen deutlicheren Fokus auf Gesundheit aus; so *Julia Twigg*, Modern Asceticism and Contemporary Body Culture, in: Evert Peeters/Leen Van Molle/Kaat Wils (Eds.), Beyond Pleasure. Cultures of Modern Asceticism. New York/Oxford 2011, 227–244, hier 231.

essern vor allem im Dauerlauf. Die vegetarischen Läufer trugen auf ihren Trikots den Schriftzug „Vegetarier", und ihre Erfolge wurden in den Reformzeitschriften ausführlich gewürdigt. So gewann zum Beispiel Karl Mann, Kaufmann und Herausgeber der Körperkultur-Zeitschrift „Kraft und Schönheit", 1902 den 202 km langen Marsch von Dresden nach Berlin, für den er 26 Stunden und 58 Minuten benötigte. „Auch die nächsten fünf Plätze wurden von Vegetariern belegt [...]. Erst dann folgten die Gemischtesser."[43] Karl Mann hatte mit seiner Teilnahme am Wettbewerb „den Beweis erbringen" wollen, dass mit Hilfe seiner, wie er sie nannte, Früchtediät (er verzichtete auch auf Milchprodukte) ein „wirklich maximaler Grad körperlicher Tüchtigkeit erreicht werden" könne.[44] Die vegetarische Bewegung wollte mit diesen Wettkämpfen beweisen, dass „nicht die Fleischnahrung, sondern die Produkte des Pflanzenreiches die Kraftspender für den menschlichen Körper darstellen" – und auf diese Weise die Liebig'sche Eiweißtheorie widerlegen und den Verzicht auf Fleisch popularisieren.[45]

Als Gegenbewegung gegen etablierte ernährungswissenschaftliche Lehrmeinungen entwickelte die Ernährungsreform durchaus andere Ernährungskonzepte; indem sie aber die durch eine bestimmte Nahrung erzielte Leistungsfähigkeit zum zentralen Gradmesser für die Güte der Nahrung (wie für Gesundheit und Fitness generell) machte, partizipierte sie nicht nur am ernährungswissenschaftlichen Diskursfeld, sondern teilte zentrale Prämissen mit ihren Gegnern und Gegnerinnen. Gesundheit und Fitness wurden auch seitens der ernährungsreformerischen und vegetarischen Bewegung an Kraft und Effizienz gemessen und als notwendige Gegenmittel gegen die diagnostizierte Degeneration betrachtet. Das lateinische *vegetare* wurde von Eduard Baltzer, einem der Begründer des organisierten Vegetarismus in Deutschland, mit „stark, gesund, kräftig leben" übersetzt.[46] Moderne Esskultur

---

43 *Ungewitter*, Diätetische Ketzereien (wie Anm. 40), 204.

44 *Karl Mann*, in: Kraft und Schönheit 1902, zit. nach ebd.

45 Ebd. 207.

46 Zit. nach *Daniel Siemens*, „Wahre Tugend mit Beefsteaks unvereinbar". Diskurse um Ethik und Ästhetik im deutschen Vegetarismus, 1880–1940, in: Jens Elberfeld/Marcus Otto (Hrsg.), Das schöne Selbst. Zur Genealogie des modernen Subjekts zwischen Ethik und Ästhetik. Bielefeld 2009, 133–168, hier 148. Die Bezeichnung Vegetarismus leitet sich also nicht von den verzehrten Vegetabilien, sondern von *vegetus* (latein. gesund) ab und verweist damit auf die Zentralität des hygienischen Gedankens im Vegetarismus; so bereits *Wolfgang R. Krabbe*, Gesellschaftsveränderung durch Lebensreform. Strukturmerkmale einer sozialreformerischen Bewegung im Deutschland der Industrialisierungsperiode. (Studien zum Wandel von Gesellschaft und Bildung im Neunzehnten Jahrhundert, Bd. 9.) Göttingen 1974, 59.

und moderne Gegen-Esskultur waren demnach von denselben Rationalitäten geleitet. Auffällig ist aber – und das macht die Ernährungsreform um 1900 so interessant –, dass sie noch prononcierter als die Schulmedizin und die Ernährungswissenschaft auf die Selbstverantwortung des Einzelnen abhob – und ihn damit auch gegenüber etablierten Autoritäten ermächtigte, allerdings um den Preis permanenter Selbstbeobachtung und Arbeit am Selbst. Gesundheit sei machbar und Krankheit selbstverschuldet, lautete das Credo.[47] Man müsse, so ließen die Reformzeitschriften verlauten, täglich Zeit aufbringen, um sich der „Pflege seines Körpers und seiner Gesundheit [zu] widmen".[48] Zeitressourcen dieser Art waren sozial sehr ungleich verteilt und weisen die Lebensreform als letztlich bürgerliche Bewegung aus.

Im Folgenden soll nun ein Protagonist der Reformbestrebungen um 1900 mit seinen alltäglichen Ernährungs- und Gesundheitspraktiken vorgestellt werden, die als Körperpraktiken immer auch Subjektivierungspraktiken sind und uns als solche Aufschluss über historische Subjektformationen geben können.

II. Richard Ungewitter (1868–1958) und seine Arbeit am Selbst

Richard Ungewitter war Ernährungsreformer, Nichtraucher und Alkoholabstinenzler, Anhänger der Naturheilkunde, Impfgegner, Nudist und erklärter Antisemit. Er war zudem ein Vielschreiber und hat zahllose Abhandlungen über Ernährung, Freikörperkultur, Hanteltraining und Körperpflege verfasst, von denen viele von ihm selbst und seinen körperlich-gesundheitlichen Fortschritten handeln. Zunächst Gärtner, dann Inhaber einer Brotbäckerei, konnte Ungewitter seinen Lebensunterhalt zunehmend durch seine Publikationstätigkeit bestreiten, bot aber auch naturheilkundliche und magnetische Kuren an und betrieb zeitweise ein Reform-

47 Aus dieser diskursiven Kopplung von Krankheit und Schuld erklärt sich auch die naturheilkundliche Absage an Impfungen: Der Mensch lasse sich nicht durch eine „Einspritzung gesund machen. Man darf nicht vergessen: Die körperliche Krankheit ist eine Folge einer sittlichen Krankheit. Die körperliche Gesundheit ist ebenso bedingt durch die sittliche Gesundheit, wie die sittliche Gesundheit durch die körperliche bedingt ist"; *Heinrich Pudor*, Kaiser Wilhelm II. und Rembrandt als Erzieher. 2., verm. Aufl. Dresden 1891, 30.

48 Erste Ausgabe der Zeitschrift Körperkultur von 1906, zit. nach *Siemens*, „Wahre Tugend" (wie Anm. 46), 134.

Versandhaus.[49] In einem 1905 erschienen Aufsatz mit dem Titel „Was energisch durchgeführte vernünftige Leibeszucht zu leisten vermag" beschreibt er sich selbst als „Bureau-Arbeiter", der wegen seiner „bewegungslosen Beschäftigung [...] keinerlei nennenswerte Muskelbildung" aufweise. Dank eines „energisch durchgeführten" Hanteltrainings nach dem System Sandow, das damals auch professionelle Athleten nutzten, aber sei ein „Umschwung" eingetreten, der seinem Körper „ein strafferes Gefüge" beschert habe.[50]

Um die Erfolge bei der Körperformung zu demonstrieren und sich mit anderen auch ästhetisch zu messen, wurden im Umfeld der Lebensreform und der Körperkultur um 1900 nicht nur Wettbewerbe im Dauerlauf, sondern auch Schönheitskonkurrenzen durchgeführt, die zu erkennen geben, wie stark sich hier Schlankheit als neues Ideal bereits etabliert hatte.[51] Die zunehmende Abwertung der Leibesfülle aber blieb nicht unwidersprochen. Wettkämpfe um die Auszeichnung, der dickste Mann zu sein, fanden ebenfalls statt und suchten (mehr oder weniger deutlich), andere Lesarten des dicken Körpers im Umlauf zu halten – Lesarten, die am Körperumfang Macht und Status festmachten und damit typisch für Gesellschaften waren (und teils noch immer sind), in denen Mangel statt Überfluss an Nahrungsmitteln dominierte.[52]

Ungewitter jedenfalls gehörte zu jenen bürgerlichen Schichten, die um 1900 begannen, freiwilligen Verzicht bezüglich der Menge und Zusammensetzung der Nahrung zu üben. Denn Hanteltraining nach Sandow bildete nur einen Teil des umfangreichen Programms, das man als engagierter Lebensreformer vor gut hundert Jahren

49 Vgl. *Ewald Engelhardt*, Richard Ungewitter bei Vollendung seines sechzigsten Lebensjahres, in: Licht-Luft-Leben 24, 1928, 129f.

50 *Richard Ungewitter*, Was energisch durchgeführte vernünftige Leibeszucht zu leisten vermag, in: Kraft und Schönheit 5, 1905, 137–142, 138f. Eugen Sandow (1867–1925), eigentlich Friedrich Wilhelm Müller, war eine zentrale Figur der Körperkultur- und Kraftsportszene um 1900. Siehe dazu unter anderem *Bernd Wedemeyer*, Der neue Mensch. Körperkultur im Kaiserreich und in der Weimarer Republik. Würzburg 2006.

51 Siehe „Die drei Sieger der Körperschönheitskonkurrenz in Leipzig", in: Kraft und Schönheit 4, 1904, 303.

52 Signifikanterweise habe ich keine Beispiele für ähnliche Konkurrenzen unter dicken Frauen gefunden. Für die USA siehe *Nina Mackert*, „I want to be a fat man / and with the fat men stand". U.S.-Amerikanische Fat Men's Clubs und die Bedeutungen von Körperfett in den Dekaden um 1900, in: Body Politics 2/3, 2014, 215–243.

Abb. 1: „Bei geistiger Arbeit zu Hause". Quelle: *Richard Ungewitter,* Die Nacktheit in entwicklungsgeschichtlicher, gesundheitlicher, moralischer und künstlerischer Beleuchtung. Stuttgart 1907, 30.

zu absolvieren hatte.[53] Auch der Ernährung kam eine Schlüsselrolle zu. Entsprechend ausführlich schildert Ungewitter seinen im Jahre 1902 vollzogenen Übergang vom „‚Gemischtesser' zum ‚gekochten Vegetarier'".[54] Den Weg dorthin beschreibt er genau: Zunächst hatte er „anstatt täglich, nur zwei- bis dreimal wöchentlich Fleisch" gegessen. Danach aß er höchstens noch einmal die Woche Fleisch, bald nur noch alle vier Wochen:

> „Dann griff ich höchstens noch einige Male zu, wenn meine Frau Gänsebraten oder dergleichen Leckerbissen hatte; und nicht lange, so war ich Vegetarier geworden, d.h. ich aß die Suppe, das Gemüse, die Mehlspeisen usw., während meine Frau noch eine Zeitlang das in besonderem Topfe für sich allein zubereitete Fleisch genoß."[55]

Wir haben es hier mit einer zunächst ungewöhnlich erscheinenden Konstellation zu tun. Denn üblicherweise aß der Mann im Haushalt das meiste oder (in ärmeren Haushalten) das einzige Fleisch, das auf den Teller kam. Albert Wirz hat darauf hingewiesen, dass die Ernährungsreform gerade mit ihrer Absage an Fleisch nicht nur die hegemoniale Ernährungsordnung in Frage stellte, sondern mit ihr auch die Geschlechterordnung. Dem Versuch der vegetarischen Bewegung, das als weiblich und schwächlich verschriene Gemüse zu rehabilitieren, wurde auch daher zeitgenössisch mit viel Spott begegnet. Vegetarier waren mit Bezeichnungen wie „Kohlrabiapostel" oder „Himbeersaftstudenten" konfrontiert.[56]

In jedem Fall lässt sich die Ernährungsreform als eine durchaus intensive Suche nach einer anderen Ernährungsordnung verstehen – und damit auch nach einer anderen Art, die Ernährung zu ordnen und Ernährung und soziale Ordnung in Relation zu setzen. Auch wenn die Ernährungsreform durchaus gängige kulinarische Hierarchien in Frage stellte, so wurde eines, wie gesagt, doch nicht in Frage gestellt: die Orientierung an körperlicher Arbeits- und Leistungsfähigkeit. Seine Umstellung auf vegetarische Ernährung habe, so wurde Ungewitter nicht müde zu betonen, zu einer außerordentlichen Hebung des Stoffwechsels und zu neuer Kraft geführt. Zur

---

53 Ausführlicher zur gymnastischen Körperbildung Ungewitters und der Rolle der Fotografie in diesem Zusammenhang siehe *Maren Möhring*, Nacktheit und Sichtbarkeit, in: Jürgen Martschukat (Hrsg.), Geschichte schreiben mit Foucault. Frankfurt am Main/New York 2002, 151–169, hier 166f.

54 *Ungewitter*, Leibeszucht (wie Anm. 50), 138.

55 *Ungewitter*, Diätetische Ketzereien (wie Anm. 40), 213.

56 Zu den „Kohlrabiaposteln" siehe *Ulrich Linse*, Barfüßige Propheten. Erlöser der zwanziger Jahre. Berlin 1983.

Selbstversicherung, aber auch als Vorbild für andere fügte Ungewitter einem seiner Bücher, den „Diätetischen Ketzereien", in denen er Liebigs Eiweißtheorie zu widerlegen sucht, einen genauen Speiseplan bei, in dem er die genaue Menge an verzehrten Lebensmitteln aufführte, nicht jedoch die Kalorienzahl. Damals war die Kalorie in Deutschland noch nicht so weit popularisiert und die Kalorienmenge von Nahrungsmitteln noch nicht im Detail bekannt, als dass sie die Lebensführung des Einzelnen schon hätte umfassend prägen können. Aber gemessen und berechnet wurde trotzdem. Zumal sich Ungewitter unter anderem an der sogenannten Haig'schen Diät orientierte, die darauf ausgerichtet war, einen Überschuss an Harnstoff zu vermeiden. Ungewitter errechnete, dass seine tägliche Kost etwa 30 Gramm Harnstoff liefere, was „bei einem Manne von mittlerem Gewicht 0,50 g per Kilogramm" Gewicht ausmache – nach Haig der exakt richtige Wert.[57]

Zwei Jahre später, 1904, wurde Ungewitter zum Rohkostesser und ernährte sich nach eigenen Angaben insbesondere von „ungekochte[r] Milch". Neben Milch verzehrte Ungewitter „frisches Obst, Nüsse und Rosinen" sowie „Simonsbrot mit Nußbutter (nach Dr. Kellog [sic])".[58] Beim Simonsbrot handelt es sich um ein dunkles Roggen- oder Weizenvollkornbrot; bei der Nussbutter um einen Brotaufstrich aus zerdrückten Haselnüssen, Mandeln und Erdnüssen, den John Harvey Kellogg, Begründer des berühmten naturheilkundlichen Battle Creek Sanatoriums in Michigan und Erfinder der Cornflakes, entwickelt hatte und erfolgreich vermarktete. Ungewitter konnte also bereits auf kommerziell hergestellte vegetarische Lebensmittel zurückgreifen, um seinen Ernährungsplan umzusetzen.[59]

Wenn man mit Claude Lévi-Strauss Kochen als Kulturtechnik versteht, die aus dem, was als Natur gilt, etwas Kulturelles macht[60], dann stellt der Übergang Ungewitters vom „gekochten Vegetarier" zum Rohkostesser eine wichtige Zäsur dar. Mit

57 *Ungewitter*, Diätetische Ketzereien (wie Anm. 40), 162 u. 159.

58 *Ungewitter*, Leibeszucht (wie Anm. 50), 139.

59 Auch Leckereien wie die Lahmann'sche Nährsalzschokolade hatte der Reform-Fachhandel zu bieten. Zur Geschichte der Reformwarenwirtschaft, die in ihren Organisations-, Kommunikations- und Vertriebsformen auf Modernität setzte, siehe *Florentine Fritzen*, Gesünder leben. Die Lebensreformbewegung im 20. Jahrhundert. Stuttgart 2006. Abgesehen von Honig und Joghurt waren die meisten Produkte vermutlich vegan; so *dies.*, Gemüseheilige. Eine Geschichte des veganen Lebens. Stuttgart 2016, 47.

60 *Claude Lévi-Strauss*, Mythologica I. Das Rohe und das Gekochte. Frankfurt am Main 2000.

der Rohkost kam Ungewitter dem lebensreformerischen Ideal einer möglichst naturnahen Lebensweise vermeintlich näher, galt Rohkost doch als ‚Urnahrung'.[61]

Das Ausprobieren verschiedener Ernährungsformen, wie es sich bei Ungewitter exemplarisch beobachten lässt, stellt ein Experimentieren mit dem eigenen Körper dar; diese Form des Selbst-Experiments als moderne Form der Subjektkonstitution wäre noch genauer und in komparativer Perspektive auszuloten. Zum (Ernährungs-)Experiment jedenfalls gehört nicht nur die kontrollierte Zufuhr bestimmter Nahrungsmittel oder bestimmter Mengen eines Nahrungsmittels; auch die Aufzeichnung stellt einen integralen Teil dieser Praxis dar. Ungewitters Arbeit am Selbst umfasste ein breites Register an Praktiken, von der besonderen Diät über die körperlichen Exerzitien bis hin zu unterschiedlichen Aufschreibetechniken. Die tabellarischen, aber auch tagebuchähnlichen Aufzeichnungen nahm Ungewitter, wie er selbst schreibt, „im Adamskostüm" an seinem Schreibtisch vor[62] – wohl um auch noch bei der Niederschrift den Körper weiter abzuhärten.

Was an Ungewitters Aufzeichnungen für die historische Analyse interessant ist, ist, *erstens*, die Akribie, mit der er seine Nahrungsmittelzufuhr festhält, sie berechnet und auf sein Körpergewicht bezieht. Man könnte diese Akribie als Ausdruck einer untergründigen Unruhe interpretieren, die den zugeführten Lebensmitteln eine große, durchaus auch beängstigende Macht zuspricht. Sie nähren den Körper nicht nur; sie können ihm – in der falschen Dosierung etwa – auch schaden. Diese Sorge um die zugeführten Substanzen hängt nicht zuletzt mit der Kommerzialisierung und Industrialisierung der Nahrung zusammen, die zu einem Nicht-Wissen und einer Verunsicherung auf Seiten der Konsumenten und Konsumentinnen bezüglich der Inhaltsstoffe der Nahrung geführt hat.[63] Aber auch über diese historisch-spezifischen, verstärkenden Faktoren hinaus werden Substanzen, die die Körpergrenze überschreiten und ins Innere aufgenommen werden, häufig als suspekt emp-

61 Vgl. *Judith Baumgartner*, Ernährungsreform. Antwort auf Industrialisierung und Ernährungswandel. Ernährungsreform als Teil der Lebensreformbewegung am Beispiel der Siedlung und des Unternehmens Eden seit 1893. (Europäische Hochschulschriften, Rh. 3: Geschichte und ihre Hilfswissenschaften, Bd. 535.) Frankfurt am Main 1992, 79.

62 *Ungewitter*, Diätetische Ketzereien (wie Anm. 40), 214.

63 Siehe *Vera Hierholzer*, Nahrung nach Norm. Regulierung von Nahrungsmittelqualität in der Industrialisierung 1871–1914. Göttingen 2011. Zur Lebensmittelhygiene im Zarenreich vor 1914 siehe den Beitrag von *Lutz Häfner* in diesem Band; zur Lebensmittelsicherheit im heutigen Japan siehe den Beitrag von *Cornelia Reiher* in diesem Band.

funden. Essen gehört nicht zuletzt daher „zu jenen Lebensgebieten [...], die stark sozial geregelt und institutionalisiert sind".[64]

Zweitens scheint diese Form der intensiven und dazu noch veröffentlichten, für ein Publikum bestimmten Form der Selbstbeobachtung und -modellierung ein männliches Privileg gewesen zu sein. Prinzipientreue und auch Versagung sind Attribute, die Ungewitter sich in seinen Schilderungen mindestens implizit zuschreibt und die ihn als selbstdiszipliniertes und kontrolliertes *männliches* Subjekt ausweisen.[65] Auch sein Vegetarismus lässt sich als Versuch lesen, sich an der zeitgenössischen Neuformulierung bürgerlicher Männlichkeit zu beteiligen und diese unter anderem über die Ablehnung der proletarischen Fleischverehrung zu bewerkstelligen.[66]

Ungewitters Frau hingegen hat noch länger Gänsebraten zubereitet und auch verzehrt – und mit dem Kochen an einer weiblich kodierten Kulturtechnik festgehalten, bis sich das Rohkostessen im Hause Ungewitter durchgesetzt hatte. Sie scheint die Entwicklung ihres Mannes zum Vegetarier und Rohkostesser nur begleitet zu haben; sie schließt sich seiner Ernährungsweise zwar letztlich an, ohne aber für sich eine vergleichbare selbstgewählte und konsequent umgesetzte Disziplin beanspruchen zu können. Da vegetarische Ernährung tendenziell eh als weiblich galt, konnte der Verzicht auf Fleisch bei Frauen nicht dieselbe Distinktionskraft entfalten wie bei Männern. Nicht nur, *was* nicht gegessen wird, spielt also für eine Untersuchung des Nicht-Essens eine Rolle, sondern auch *wer* (und aus welchen Gründen) nicht isst.

Drittens machen Ungewitters Aufzeichnungen deutlich, dass Subjektivierung auf Selbst-Objektivierung beruht, wie Ungewitter sie in Form schriftlicher Berichte, Tabellen und Selbstporträts, also über unterschiedlichste Medien, vornimmt. Die Veränderung der Körperform durch Hanteltraining und fettarme Ernährung ließ sich (scheinbar) fotografisch belegen; das Medium der Fotografie galt um 1900 als „unmittelbare Wiedergabe der Natur".[67] Die Vielzahl an Selbstporträts deutet auf

64 *Eva Barlösius*, Soziologie des Essens. Eine sozial- und kulturwissenschaftliche Einführung in die Ernährungsforschung. Weinheim/München 1999, 45.

65 Siehe dazu auch den Beitrag von *Christa Spreizer* in diesem Band.

66 Zur „emblematischen Qualität" des Fleisches bei den Werktätigen, das für „männliche Stärke" und „harte Arbeit" stand, siehe *Tanner*, Fabrikmahlzeit (wie Anm. 40), 456.

67 *Gustav Fritsch*, Die Gestalt des Menschen. Mit Benutzung der Werke von E. Harless und C. Schmidt. Für Künstler und Anthropologen dargestellt. Stuttgart 1899, VII.

die große Befriedigung hin, die Ungewitter ob seiner erzielten Körperform wohl empfand – oder aber sie deutet auf die Notwendigkeit hin, diesen Erfolg permanent sich selbst und anderen vorführen zu müssen und dadurch zu verifizieren. Die vielfältigen Formen der Erfassung des Körpers (über Zahlen, Umschreibungen und fotografische Visualisierung) zeigen die Bandbreite der Objektivierung des eigenen Körpers an. Anders als bei den zeitgleich in der Ethnologie und Rassenanthropologie vorgenommenen Körpervermessungen von Nicht-Europäern und -Europäerinnen ist Ungewitter selbst Regisseur dieser Verfahren. Ungewitter macht sich zum (modernen) Subjekt, und zwar im doppelten Wortsinn von *subiectum*: als Unterwerfendes und als Unterworfenes. Zudem macht er sich mit seinen Selbstporträts und Messungen – und das freut natürlich die Historikerin – zu einem gut dokumentierten Fall.

III. Fazit

Das Programm, das Ungewitter täglich absolvierte, kann verschiedene Aspekte des Nexus von Gesundheit und Ernährung und ihrer Rolle für moderne soziale Ordnungen verdeutlichen: Es dient als Beleg dafür, dass gesunde Ernährung seit der zweiten Hälfte des 19. Jahrhunderts zunehmend ins Zentrum gesellschaftlicher, aber auch individueller Bestrebungen gerückt ist. Zudem wird bei Ungewitter und den meisten Lebensreformern und -reformerinnen deutlich, dass der Imperativ der gesunden Ernährung zunächst einmal Bedeutung in den (neuen) Mittelschichten erlangte; in anderen Bevölkerungsgruppen, aber auch in anderen Regionen waren die Ernährungsweisen weiterhin vor allem ökonomisch und/oder religiös bestimmt. Ungewitters Programm zeigt darüber hinaus, dass in der Arbeit an der eigenen Fitness Ernährung mit anderen Körperpraktiken verschränkt war (und noch immer ist). Dennoch lässt sich meines Erachtens gerade über die Alltagspraxis des Essens die Herstellung von Selbstverständnissen und Selbstverhältnissen eingehend analysieren – nicht zuletzt, weil die Nahrungsaufnahme als Überschreitung von Körpergrenzen die Frage nach dem Selbst und seinem Verhältnis zur Umwelt in besonders prägnanter Weise stellt. Ungewitters Aufzeichnungen machen außerdem deutlich, dass keineswegs (nur) von einem Zwang zur Arbeit am Selbst gesprochen werden kann: Seine Fruchtdiät, so lässt er seine Leserschaft wissen, befähige nicht nur zu „dauernden körperlichen und geistigen Höchstarbeitsleistungen“, sondern erzeuge auch „vollkommenes Wohlbefinden und höchsten Lebensgenuß".[68] Sich gesund zu ernähren, kann also durchaus den Wünschen des Subjekts entsprechen, Spaß machen und zur Selbstermächtigung beitragen – und bleibt trotzdem in regulierende Muster eingebunden.[69] Nicht zuletzt scheinen Ungewitters Selbstpraktiken von einem unerschütterlichen Glauben an die Machbarkeit von Gesundheit getragen zu sein.

Die Fokussierung individueller Verantwortung und Handlungsmacht bezüglich der eigenen Gesunderhaltung – nicht nur bei Ungewitter, sondern auch in heutigen Gesundheitsdebatten – verkennt, dass wir nicht die vollständige Kontrolle über unsere Gesundheit haben. Sie verkennt, dass wir auch in unserer Körperlichkeit abhängig von anderen und „von einer uns stützenden [...] Welt" sind, wie es Judith Butler in einem Text über körperliche Verletzbarkeit jüngst formuliert hat.[70] Verletzbarkeit auf andere Weise in den Blick zu nehmen als es eine kategorische Trennung von Gesundheit und Krankheit erlaubt, haben sich auch Teile der Medizinsoziologie zur Aufgabe gemacht, die seit einiger Zeit ein Konzept von *temporarily abled bodies* (temporär befähigten Körpern) diskutieren. Dieses Konzept soll deutlich machen, dass Körper nicht ‚an sich' gesund oder krank beziehungsweise ‚behindert' sind, sondern immer nur zeitweise und je nach Lebensphase dieses oder jenes ‚können'.[71] Wir sind alle auch hin und wieder oder dauerhaft krank; Altern bedeutet auch, bestimmte Fähigkeiten zunehmend zu verlieren (und vielleicht andere zu gewinnen). Hier wird also eine kategorische Trennung zugunsten eines verzeitlichten Kontinuums von Krankheit respektive Behinderung und Gesundheit aufgegeben. Was eine solche Perspektive, die nicht zwangsläufig eine grundsätzliche Hinterfragung der Norm ‚Gesundheit' beinhalten muss, leistet, ist die Betonung der Prekarität von Körperzuständen und die Betonung dessen, was sich dem Subjekt möglicherweise entzieht. Und auch das ist etwas, das für die Analyse von Subjektivierungsweisen von Bedeutung ist.

---

68 *Ungewitter*, Diätetische Ketzereien (wie Anm. 40), 216.

69 Zur Enthaltsamkeit nicht als Gegensatz, sondern als „eine bestimmte Praxis der Lust selbst" siehe *Judith Butler*, Was ist Kritik (wie Anm. 3), 229.

70 *Judith Butler*, Körperliche Verletzbarkeit. Bündnisse und Street Politics, in: WestEnd. Neue Zeitschrift für Sozialforschung 11/1, 2014, 3–24, hier 13.

71 Siehe zu dieser Thematik *Tobin Siebers*, In the Name of Pain, in: Metzl/Kirkland (Eds.), Against Health (wie Anm. 11), 183–194, hier 191.

Von der Hausfrau zum Hindenburg der Küche

Hedwig Heyl, rationale Ernährung und moderne bürgerliche Frauenidentität

von Christa Spreizer

From *Hausfrau* to *Hindenburg of the Kitchen*: Hedwig Heyl, Rational Nutrition and Modern Bourgeois Female Identity

This article looks at the topic of „not eating“ in relation to German women's modernizing identities during the Wilhelmine period using the works and institutional initiatives of the industrialist and feminist philanthropist Hedwig Heyl as an example. Heyl played a leading role in moderate bourgeois women's organizations, in the rationalization of the domestic sciences, and in national nutritional policy during the struggle for women's suffrage. The article highlights how the strategic positioning of „not eating“, as expressed in her works and those of her circle, evolved from a rational idea of the class-conscious bourgeois woman in the prewar period, to a symbol of classless female solidarity and political unity during World War I.

Während der ersten Welle der deutschen Frauenbewegung, als Frauen durch private und konfessionelle Wohltätigkeitsvereine verstärkt Einfluss auf die Gesundheit und das Wohlergehen der Familie erhielten, suchten sie auch eine größere Anerkennung als wichtige Akteure im Bildungswesen, in der Wirtschaft sowie in sozialen und politischen Institutionen des Landes. Dieser Artikel untersucht einen spezifisch weiblichen Zugriff auf die Ernährung als eine Quelle der modernen Identität. Genauer gesagt geht es um die Art und Weise, wie rationale Ernährung bzw. das „Nicht-Essen“ mit der Entwicklung der modernen weiblichen Identität verbunden war. Am Beispiel von Hedwig Heyl (geborene Crüsemann, 1850–1934), einer führenden bürgerlichen Sozialreformerin, Industriellen und Philanthropin, die als Gründerin der modernen Hauswirtschaftslehre angesehen werden kann, untersuche ich, wie rationale Ernährung und die gleichzeitige Professionalisierung der Hauswirtschaftslehre die politische Entwicklung bürgerlicher Frauenidentität vor und während des Ersten Weltkriegs beeinflussten. Für Heyl, wie für andere Befürworterinnen des gemäßigten Flügels der bürgerlichen Frauenbewegung, waren die Verwissenschaftlichung und Rationalisierung der Ernährung und Fürsorge eine besondere Kulturaufgabe der bürgerlichen Frau, die sich um soziale Verantwortung und gesellschaft-

DOI 10.1515/9783110574135-003

lichen Machtzuwachs gemäß ihrer sozialen Stellung bemühte.[1] Zusammenfassend schreibt Lora Wildenthal in „German Women for Empire" über Heyls Initiativen:

> „Heyl believed that if the public grasped the scientific principles, hygienic importance, and economic value of housework, women's real importance to the nation would be appreciated. The image of the individual household as a small-scale version of the national economy was not just a metaphor for Heyl; it was literal truth."[2]

Ich werde mich hauptsächlich auf Heyls Leitung der Koch- und Haushaltsschule im Pestalozzi-Fröbel-Haus (1885–1897), ihr Kochbuch „Das ABC der Küche" (1885–1938?) und auf Veranstaltungen und Schriften aus dem Umfeld der Mitglieder des einflussreichen Deutschen Lyceum-Clubs, den Heyl jahrelang leitete, beziehen. Einer der Höhepunkte der vom Club ins Leben gerufenen Initiativen war die äußerst erfolgreiche Ausstellung „Die Frau in Haus und Beruf" im Jahr 1912. Hier wurden u. a. Sozialarbeit und Hauswirtschaftslehre als spezifisch weibliche Dienstleistungen gefeiert, die die Stellung der bürgerlichen Frau in vielen Bereichen der Nation förderten. Während des Krieges stand die Soziale Kommission des Lyceum-Clubs im Mittelpunkt der gemeinsamen Bemühungen zwischen Berliner Bürgerbehörden und Frauenorganisationen, das Nahrungsmittelverteilungsnetz der Hauptstadt zu regeln. Am Beispiel von Heyl werde ich vor allem der Frage nachgehen, wie das Nicht-Essen sich von einer rationalen Idee der klassenbewussten bürgerlichen Frau in der Vorkriegszeit zu einem Zeichen freiwilliger klassenloser weiblicher Solidarität während des Krieges entwickelte. Das traditionelle Rollenverständnis der bürgerlichen Hausfrau wurde durch das Bild der national und politisch engagierten Bürgerin des 20. Jahrhunderts ersetzt. Die Einstellung zur rationalen Ernährung mit Schwerpunkt auf dem Nicht-Essen in den Schriften und Tätigkeiten Heyls sowie ihres Umfeldes bietet meines Erachtens einen geeigneten Ansatz, um die Frage aus einem anderen Blickwinkel zu stellen, nämlich inwiefern liberal-bürgerliche Fraueninitiativen zu einer positiven weiblichen politischen Identität beitrugen, die jedoch auch Ambivalenzen der Moderne aufweist.[3] Heyls außerordentliche Fähigkeiten und ihre aktive Anteilnahme auf dem Gebiet der Sozialhilfe und der Ernäh-

---

1 *Christoph Sachße*, Mütterlichkeit Als Beruf. Sozialarbeit, Sozialreform und Frauenbewegung. Frankfurt am Main 1994, 135 f.

2 *Lora Wildenthal*, German Women for Empire 1884–1945. Durham 2001, 157.

3 Belinda Davis z. B. betont die Rolle der Arbeiterfrauenvereine in dieser Hinsicht und wertet die Rolle der bürgerlichen Frauenvereine ab. Siehe *Belinda Davis*, Geschlecht und Konsum. Rolle und Bild der Konsu-

rungs- und Verbraucherpolitik vor und während des Krieges waren so sehr gefragt, dass man sie als „Mutter von Berlin“ und „Hindenburg der Küche“ feierte.[4]

I. „Geistige Mütterlichkeit“, rationale Ernährung und das Nicht-Essen als Bestätigung der verankerten Klassengrenzen vor dem Ersten Weltkrieg

Hedwig Heyl wurde in Bremen in das linksliberale Wirtschaftsbürgertum geboren; ihr Vater war Mitbegründer und erster Direktor der Bremer Schifffahrtsgesellschaft Norddeutscher Lloyd. Ihre Schulzeit in der von Henriette Schrader-Breymann (1827–1899) gegründeten Mädchenschule in Neu-Watzum, deren erzieherische Ausrichtung stark von den Prinzipien Friedrich Fröbels (1782–1852) beeinflusst war, prägte sie stark.[5] Fröbel war der Großonkel Schrader-Breymanns und Begründer des Kindergartens und der parallel dazu verwirklichten Idee der Mütter- und Kindergärtnerinnenausbildung. Seine idealistisch-romantisch geprägte Pädagogik, deutlich dargelegt in „Die Menschenerziehung“ (1826), erkannte die Notwendigkeit der Frauenbildung für die Erziehung des Menschengeschlechts und die kulturelle Erneuerung des Volks. Wie Ann Taylor Allen schreibt, „the aim of all education, he asserted, was ‚the training of the human race‘ to create a new form of order based not, as previously, on force and authority, but on the free commitment of the individual to the community“.[6] Schrader-Breymanns Philosophie der „geistigen Mütterlichkeit“ ging allerdings weit über die physische Mutterschaft hinaus. Durch christliche Werte und wahre „Hausmütterlichkeit“, d. h. Interesse und Sympathie für den Einzelnen innerhalb einer immer unpersönlicheren staatlichen Bürokratie, sollten Frauen sowohl Einfluss innerhalb der Familie als auch der Gemeinschaft gewinnen, ohne ihre familiäre Rolle einzuschränken.[7] Durch Partizipation im Bildungssystem

---

mentin in den Verbraucherprotesten des Ersten Weltkriegs, in: Archiv für Sozialgeschichte 38, 1998, 119–139.

4 Siehe „Germany Hails Hedwig Heyl, Hindenburg of the Kitchen, at 80“, in: New York Times, 5. Mai 1930.

5 Siehe *Hedwig Heyl*, Aus meinem Leben. Berlin 1925, 1–8.

6 *Ann Taylor Allen*, Feminism and Motherhood in Germany, 1800–1914. New Brunswick 1991, 38.

7 Schrader-Breymann „knüpfte an Fröbels ursprüngliche Ideen an und entwickelte diese zu einem eigenständigen System der Frauenarbeit und der weiblichen Persönlichkeitsbildung fort“; *Christoph Sachße / Florian Tennstedt*, Die Geistige Mütterlichkeit in der Geschichte sozialer Ausbildung, in: Adrian Kniel (Hrsg.), Sozialpädagogik im Wandel. Kassel 1984, 79–91, hier 81.

und in der Sozialfürsorge sollten sie die Fehlentwicklungen der patriarchalischen Gesellschaft korrigieren und auch einen neuen Status erreichen, der ihren sozialen Bestrebungen entsprach. Durch diese transformative Frauenbildung sollten Frauen ihre Geschlechterrolle erweitern können, ohne tradierte Vorstellungen von Geschlechterordnung und -differenz zu destabilisieren. Schrader-Breymanns Schülerinnen wurden ständig auf ihre persönliche Verantwortung innerhalb der Familie und der Gemeinschaft aufmerksam gemacht.

Heyl, die als „Neu-Watzums bekannteste Schülerin" bezeichnet wurde[8], griff die Idee der Mütterlichkeitsbildung von Seiten der Ernährungsreform und Hygienereform auf. Wie andere Leiterinnen der bürgerlichen Frauenbewegung, etwa die liberale Sozialreformerin Alice Solomon (1872–1948), die die Verwissenschaftlichung der Sozialarbeit einführte, und die bürgerliche Pädagogin und Feministin Helene Lange (1848–1930), die neue Zugänge zur Frauenbildung eröffnete, formuliert sie die „geistige Mütterlichkeit" zu einem überzeugenden politischen Konzept und weiblichen Emanzipationsideal aus. Heyl kann wohl als ein Paradebeispiel des „geistige Mütterlichkeit"-Flügels des „Bunds deutscher Frauenvereine" (BDF) dienen, der Dachorganisation der bürgerlichen Frauenbewegung. Wie unter anderen Ann Taylor Allen gezeigt hat, versuchte dieser Zweig der komplexen deutschen Frauenbewegung durch soziales Engagement eine neue, proaktive weibliche Identität in der Moderne zu sichern. Wie Allen zusammenfasst, „twentieth-century feminists increasingly advocated ‚spiritual motherhood' in the context, not of gentle persuasion or of self-effacing philanthropy, but of the struggle for political and economic equality".[9]

Die liberale Betonung der bewussten und systematischen Ausbildung einer neuen Generation von Bürgerinnen bestand darin, eine erweiterte Rolle für bürgerliche Frauen innerhalb bestehender gesellschaftlicher Strukturen einzufordern,

8 *Gabriele Reuter*, Vom Kinde zum Menschen. Die Geschichte meiner Jugend. Berlin 1921, 197–198. In ihrer 1925 geschriebenen Autobiografie schreibt Heyl über ihre Bewunderung für Fröbel, seine Ideen „hatten meine ganze Jugend durchzogen, besonders weil sie mir ein Programm für die Frau und Mutter zu geben schienen [...], er zeigte, wie keine Wissenschaft, keine Kunst der Frau verschlossen bleiben soll, da sie ja alle als Erzeugnisse von Menschen dazu dienen, ihn zu verstehen, und wie kein Studium der Frau unweiblich sein kann, sobald es zum tieferen liebevolleren Verständnis des Nächsten führt". *Heyl*, Aus meinem Leben (wie Anm. 5), 25.

9 *Ann Taylor Allen*, Spiritual Motherhood. German Feminists and the Kindergarten Movement, 1848–1911, in: History of Education Quarterly 22, 1982, 319–339, hier 337.

eine Rolle, die durch die Arbeiterbewegung und das Eindringen des Staates in Angelegenheiten des Familienlebens in Gefahr gebracht wurde. Wie Fröbel und seine Großnichte Schrader-Breymann sah auch Heyl die Familie als einen von der Tyrannei der Mehrheit bedrohten Rückzugsort des Individualismus an.[10] Bismarcks ‚Top-down'-Ansatz für die nationale Sozialpolitik, mit dem er den Forderungen der Arbeiterklasse entgegenwirken wollte, indem er progressive soziale Reformen über den Staat anbot, war ein Anathema für Heyl und ihren liberalen Kreis, deren Haltung mit dem ökonomischen und intellektuellen Individualismus des liberalen Bürgertums in Einklang stand.[11] Soziale Reformen, die von Bismarck initiiert wurden, wie die Krankenversicherung der Arbeiter (1883) und das Unfallversicherungsgesetz (1884), untergruben das Mandat der Verantwortung des Einzelnen innerhalb der Gemeinschaft (was auch den Anspruch einer höheren Berufung der philanthropischen Oberschicht gefährdete). Bürgerlich-liberale Initiativen wie die von Schrader-Breymann und Heyl dienten als Bollwerk gegen Eingriffe des Staates in Bereiche des Bürgertums, die sich auf Verantwortung des Einzelnen gegenüber der Familie und Gemeinschaft statt staatliche Alimentierung und Abhängigkeit stützten.[12] Sie müssen auch im Kontext einer Interessenpolitik gesehen werden, in deren Rahmen verschiedene gesellschaftliche Vereinigungen und Gruppierungen, wie beispielsweise Unternehmer, Bauernvereine und Landwirtschaftskammern, für die Mängel des Bismarck'schen Sozialstaates „in die Bresche" springen mussten.[13]

1. Die Haushaltsschule des Pestalozzi-Fröbel-Hauses und „Das ABC der Küche"

Nach ihrer Heirat mit dem Fabrikbesitzer Georg Heyl im Jahre 1868 trat Hedwig Heyl in einen einflussreichen Kreis liberaler Reformer in Berlin ein, zu dem auch ihre ehemalige Lehrerin Schrader-Breymann und Lange gehörten; die preußische Königsfamilie, Kronprinz und Kronprinzessin Friedrich, zählten auch zu diesem

---

10 Siehe ebd. 331 f.

11 Heyl schreibt: „Ich hatte das Zwangsversicherungsgesetz sehr mißtrauisch angesehen – denn seit der Alters- und Invaliditätsversicherung hatte ich die Abnahme des Interesses der Arbeitgeber in der Fürsorge der Arbeiter beobachtet, und zudem zweifelte ich an der unter allen Umständen wirkbar werdenden Praxis." *Heyl*, Aus meinem Leben (wie Anm. 5), 21 f.

12 *Allen*, Feminism and Motherhood in Germany (wie Anm. 6), 112, 121–126.

13 *Vera Hierholzer*, Nahrung nach Norm. Regulierung von Nahrungsmittelqualität in der Industrialisierung 1871–1914. (Kritische Studien zur Geschichtswissenschaft, Bd. 190.) Göttingen 2010, 276–283, Zitat 282.

Kreis. Deren Tochter Victoria wurde später eine der ersten Schülerinnen, die Heyls Kochkurse im Pestalozzi-Fröbel-Haus besuchte. Heyls erste sozialreformerische Initiativen fanden in den 1870er Jahren im Umfeld der Familienfabrik in Berlin-Charlottenburg statt, wo sie Schrader-Breymanns Theorien in die Praxis umsetzte. Sie bemerkte schon früh die zersetzenden Folgen der Industrialisierung sowie auch die Veränderung der Hygiene- und Ernährungsgewohnheiten der Arbeiterfamilien in der Chemie- und Farbfabrik ihres Mannes. Eine hohe Säuglingssterblichkeit, aus Geld- und Zeitmangel schlecht gewählte und zubereitete Mahlzeiten sowie die Vernachlässigung der Gesundheit und Alkoholismus waren einige der einschlägigen Probleme der Arbeiterfamilien. Diese Herausforderungen wurden durch die rapide Entwicklung der Nahrungsindustrie verschärft, da die Arbeiterfrau und ihre Familie jetzt Opfer von Lebensmittelverfälschungen werden konnten.[14] Heyl gründete einen Fröbel-Kindergarten, ein Jugendzentrum und eine Fabrikkantine zur Verbesserung der Arbeiterernährung (die auch dem Ziel diente, Fabrikarbeiter davon abzuhalten, mittags Schnaps zu trinken). Sie richtete auch Koch- und Kindererziehungskurse ein.[15]

Danach setzte Heyl sich auf breiterer Ebene dafür ein, die Rolle der Bürgerin in der Sozialreform neu zu definieren. Ihre Initiativen sollten als einige der frühesten Anstrengungen gesehen werden, die von verschiedenen Sozialfürsorgeinteressen zur Verbesserung der Frauenausbildung unternommen wurden.[16] Unter anderem gründete sie mit Schrader-Breymann 1884 den Berliner Verein für Volkserziehung. Sie wurde besonders in bürgerlichen Wohlfahrtsorganisationen tätig, die starke Bindungen zum Allgemeinen Deutschen Frauenverein (ADF) und zum Bund Deutscher Frauenvereine (BDF) hatten, u.a. dem Verband zur Förderung hauswirtschaftlicher Frauenbildung, dem Verband Deutscher Hausfrauenvereine und dem Deutschen Hausfrauen-Bund. Auf Einladung der Kronprinzessin Friedrich, einer wichtigen Unterstützerin der Frauenbildung und Sozialreform, richtete sie 1885 die Koch- und

14 Heyl erinnerte sich später folgendermaßen an diese Zeit: „[...] sah ich doch täglich die Unzulänglichkeit der Volksfrau – und mit Betrübnis die Fabrikmädchen ohne eine Ahnung von Hauswirtschaft ein Leben beginnen, das die Volksfamilie einfach unglücklich machen mußte, wenn sie sie so unvorbereitet gründeten." *Heyl*, Aus meinem Leben (wie Anm. 5), 35.

15 Ebd. 28.

16 „Seit den 1880er Jahren diskutierten verschiedene Interessenverbände und gesellschaftliche Gruppierungen über die Verbesserung der Frauenausbildung, die als zu oberflächlich, kurz und wenig praxisorientiert empfunden wurde." *Hierholzer*, Nahrung nach Norm (wie Anm. 13), 281.

Haushaltsschule des Pestalozzi-Fröbel-Hauses ein, die sich auf die neuesten ernährungswissenschaftlichen Forschungen stützen sollte. Ihren Schülerinnen wurde die folgende Pflicht auferlegt:

> „Tue in der Häuslichkeit und in der Küche nichts, was nicht auf wissenschaftlichen Gesetzen beruht, so dass man den Grund kennt, warum gerade so wie gelehrt verfahren wird. Die Beobachtung der Gesetze in der Praxis geben an einem praktischen Beispiel die Grundlage zu einer Reihe von andern praktischen Möglichkeiten.“[17]

Heyl erkannte, dass es keinerlei Vorbild für die Unterrichtsmaterialien und Klassen gab, die sie sich für das Pestalozzi-Fröbel-Haus vorstellte und die die Frauen benötigten, um ihre hauswirtschaftlichen Rollen im Zeitalter der Industrialisierung neu zu erlernen, um damit zur Entwicklung der Nation beizutragen.[18] Trotz der zunehmenden Zahl von Publikationen über die Kochkunst seit den 1850er Jahren befand Heyl, dass diese Fachbücher ohne Ausnahme ernährungsphysiologisch wertlos waren und keines von ihnen Informationen über Landwirtschaft, Chemie, Physiologie und Hygiene in ein übergreifendes Ganzes zusammengeführt hatte.[19] Die pädagogischen Materialien, die sie in Absprache mit Ärzten, Chemikern und anderen Fachleuten kreierte, wurden die Grundlage für ihre Kurse und für den erstmals 1885 veröffentlichten Band „Das ABC der Küche“. Das Kochbuch stützte sich auf seinerzeit aktuelle Forschungsergebnisse und beinhaltete theoretische und praktische Informationen, die für bürgerliche und Arbeiterhaushalte eine Grundlage boten, den eigenen Haushalt selbsttätig handhaben zu können. Das Buch verfügt über Kapitel, die die Grundlagen der Biologie, verschiedene Kochmethoden, die Verwendung moderner Geräte, Kücheneinrichtung, Küchenhygiene usw. behandeln. Rezepte mit aktuellen Preisen und abwechslungsreiche Wochenpläne wurden für die ernährungsbewusste Konsumentin beigefügt. Heyls Bemühungen waren Teil einer Welle von neuen Kochbüchern, die den Hausfrauen im Industriezeitalter helfen sollten. Vera Hierholzer bemerkt dazu:

> „Da sich die Anforderungen an die Hausfrauentätigkeit aufgrund der Industrialisierung und der veränderten Familienstrukturen deutlich verschoben

---

17 *Hedwig Heyl*, Wie bildet die Großstadt für hauswirtschaftliche Berufe aus?, in: Eliza Ichenhaeuser (Hrsg.), Was die Frau von Berlin wissen muss. Berlin [1913], 223–230, hier 224.

18 *Heyl*, Aus meinem Leben (wie Anm. 5), 33.

19 Über die historische Entwicklung von Kochpublikationen im späten 19. Jahrhundert siehe *Hierholzer*, Nahrung nach Norm (wie Anm. 13), 272–276.

hatten, wurde die Wissensweitergabe von Generation zu Generation aber ohnehin nicht mehr als ausreichend erachtet. Die Einübung der Hausfrauenrolle wurde immer mehr als lernbares Buchwissen verstanden und damit stärker abhängig von äußeren Einflussnahmen."[20]

Heyls Kochbuch ist ein gutes Beispiel dafür, wie im „engen Zusammenhang der Aufklärung über Nahrungsmittelverfälschungen [...] steuernd auf die Ernährungs- und Konsumgewohnheiten der Bevölkerung" eingewirkt werden konnte.[21]

Im Lauf ihrer Karriere schrieb Heyl mehr als ein Dutzend Kochbücher sowie viele Artikel über Ernährungs- und Hauswirtschaftsreform, die darauf zielten, die Frau durch eine rationale Hauswirtschaftslehre als proaktive Bürgerin auszubilden. Ähnlich wie Max Rubner und dessen Ausführungen über das ‚irrationale' Berliner Fleischsandwich aus den 1880er Jahren, in denen der Ernährungswissenschaftler und Physiologe über die grobe Ineffizienz der geliebten Berliner Fast-Food-Mahlzeit berichtete, erkannte Heyl die Wichtigkeit von rationaler Ernährung im Industriezeitalter und ihre Auswirkungen auf das nationale Wohlergehen, wie sie in der Einleitung zu ihrem Kochbuch schrieb:

> „Das alte Wort von der Nahrung: ‚der Mensch ist das, was er ißt', hat sich als wahr erwiesen und muß uns im gewissen Sinne eine Richtschnur bleiben. Je mehr geistige und körperliche Arbeit vom Menschen verlangt wird, desto mehr muß die Wissenschaft darauf dringen, die Sache der Ernährung gründlich und verständig betrieben zu sehen, dass die ganze Gesundheit späterer Geschlechter fast vorwiegend auf richtiger Ernährung der jetzigen Menschen beruht."[22]

Wie Rubner hob Heyl besonders die strategische Bedeutung der rationalen Ernährung hervor, um soziale Konflikte mit friedlichen Mitteln zu überwinden.[23] Fröbels Idee der „Vermittlung der Gegensätze", also die Wiederherstellung der ursprünglichen Einheit von äußerer Natur und Geist, spielte auch eine wesentliche

---

20 Ebd. 276–277.

21 Ebd. 275.

22 *Hedwig Heyl*, Das ABC der Küche. Berlin 1913, 4.

23 Corinna Treitel schreibt in Bezug auf Rubners Einstellung zur Reduzierung von sozialen Konflikten: „[...] the best way to head off social conflict was not through political or socio-economic change but by changing the environment and behavior of urban workers themselves [...]. Rubner emphasized [...] that with rational management undertaken by the state in concert with scientific experts such as himself, national efficiency could be maximized and social conflict minimized". *Corinna Treitel*, Max Rubner and the Biopolitics of Rational Nutrition, in: Central European History 41, 2008, 1–25, hier 16.

Rolle in Heyls Vorstellungen von der Erziehung von Mädchen und Frauen zur rationalen Ernährung. Dies traf auf gesellschaftlicher Ebene zu, wo „die bürgerliche Frau aufgerufen [wurde], die Gegensätze zwischen den sozialen Klassen in direktem persönlichen Kontakt mit den Schwestern der unteren Volksschichten zu überbrücken und so an der Herstellung des ‚Volksganzen' zu wirken".[24] Dadurch würde die Frau ihre sich neu entfaltende Vermittlerrolle erfolgreich ausüben.[25]

Heyl war besonders stolz auf ihre Vermittlerrolle im Fröbel'schen Sinne, nämlich Mädchen und Frauen aus verschiedenen Gesellschaftsschichten zusammenzubringen. So besuchten zum Beispiel ihre eigenen Kinder die Fabrikschule, und junge Mädchen und Frauen verschiedener sozialer Schichten besuchten ihre Koch- und Haushaltsschule im Pestalozzi-Fröbel-Haus. Ihr Kochbuch beinhaltete gesunde, nahrhafte und abwechslungsreiche Rezepte, die sich in Haushalten verschiedener sozialer Klassen des Industriezeitalters schnell und einfach zubereiten ließen. Aber aus ihren Rezepten und Kochkursen über das, „was man isst" und „was man nicht isst", lassen sich auch die inhärenten klassenbasierten Vorurteile der Zeit ersehen, und es wird deutlich, dass ihre wissenschaftlichen Ernährungsreformen, die die Entwicklung beruflicher Qualifikationen für bürgerliche Frauen förderten, auch im Dienst der Aufrechterhaltung der politischen und sozialen Strukturen des wilhelminischen Staates standen.

Das Nicht-Essen von Speisen, die nicht der eigenen Klasse entsprachen, war implizit in Heyls Kursen und Büchern über Ernährungsreform präsent. Zum Beispiel gibt es Rezeptideen für ein „tägliches Mittagessen", ein „Familien-Mittagessen oder Diner" und „feines Mittagessen". Farbeinsätze heben die ästhetische Präsentation von luxuriösen Mahlzeiten für die Oberschicht hervor.[26] Heyl erzählte gern, wie sie ihre königliche Schülerin Prinzessin Victoria habe überreden können, den Kopf eines lebenden Fisches abzuschneiden. Es ging hauptsächlich darum, ihren Schülerinnen (und deren Eltern) zu zeigen, dass solche Hausarbeit sozialverträglich war. Aber während der gleichen Lektion für die Prinzessin zeigte Heyl, wie das Grundnahrungsmittel Reis jeweils „im Volke, im gehobenen Bürgerstand, in der Luxusküche" vorbereitet wird.[27]

---

24 *Sachße/Tennstedt*, Die Geistige Mütterlichkeit (wie Anm. 7), 84.

25 *Helmut Heiland*, Fröbelforschung heute. Aufsätze 1990–2002. Würzburg 2003, 142.

26 *Heyl*, Das ABC der Küche (wie Anm. 22), 828–836, 846 f.

27 *Heyl*, Aus meinem Leben (wie Anm. 5), 34.

Kochkurse und Kochdemonstrationen im Pestalozzi-Fröbel-Haus unterstrichen diese Unterteilung in soziale Schichten. Jungen Frauen wurden eine Reihe von Werten eingetrichtert, sich noch stärker als verantwortungsvolle ‚Mütter' zu engagieren und das traditionelle Gesellschaftsgefüge zu festigen. Schülerinnen aus der Arbeiterklasse wurden als arbeitsfähige Köchinnen und bessere Mütter ausgebildet, während bürgerliche Frauen als Hauswirtschaftslehrerinnen zertifiziert wurden, um die an der Schule gelernten Lehren zu praktizieren und damit dem neuen professionalisierten Status der bürgerlichen Frauen anzugehören. Während die Unter- und Mittelklassen für sehr praktische Zwecke geschult wurden, besuchte die zukünftige Dame des Hauses Heyls Haushaltsseminare, um eine geduldige Lehrerin ihrer häuslichen Hilfe zu werden. Wie Heyl in einem Artikel über hauswirtschaftliche Berufe in Berlin berichtet, findet man

> „im Pestalozzi-Fröbelhaus [...] vorwiegend die Töchter höherer Schichten im Seminar, in der Haushaltungsschule und in Einzelkursen gibt die Klasse der Bürgertöchter auch diesen Schulung. [...] Das angehende Dienstmädchen ist mit 14–16 Jahren in einem Tageskursus zu finden."[28]

Selbstverständlich ist es zweifelhaft, ob die Arbeiterklassen diese Lehren in Büchern und Kursen wie denen von Heyl in ihre tägliche Routine einbinden konnten. Wie Hierholzer berichtet:

> „Für die Haushalte der Unterschichten waren die modernen Anforderungen im Bereich der Hygiene – und dies gilt wohl auch für die Auswahl der Nahrungsmittel – so unrealistisch, dass sie letztlich nur ein Gefühl eigenen Versagens zeitigen konnten."[29]

Heyl bemerkte zwar mit Stolz, dass die Schule im Laufe ihrer zwölfjährigen Führung (1885–1897) über 1500 Schülerinnen zählte und als Vorbild für Hauswirtschaftsschulen in zahlreichen deutschen Großstädten diente, doch wenn man diese Zahlen gegen Deutschlands großen Bedarf aufrechnet, Familien im industriellen Zeitalter im Hinblick auf Gesundheit und richtige Ernährung zu erziehen, erscheint die Zahl der Schülerinnen eher bescheiden und weitgehend unzulänglich, was Heyl auch später zugab:

> „Natürlich kann [der hauswirtschaftliche Unterricht] nur einen Bruchteil davon bieten, was besser ist wie nichts. Die breiten Massen wären wohl kaum in

28 *Heyl*, Wie bildet die Großstadt (wie Anm. 17), 225f.

29 *Hierholzer*, Nahrung nach Norm (wie Anm. 13), 287.

den bis jetzt in Berlin gegebenen hauswirtschaftlichen Bildungsanstalten unterzubringen, und es wird noch für lange Zeit ein Problem bleiben, wie der hauswirtschaftliche Unterricht obligatorisch an die Mädchen aller Kreise heranzubringen ist, obgleich die vorhandenen Anstalten noch lange nicht genug ausgenutzt werden."[30]

Heyl war aber fest von ihrer hauswirtschaftlichen Strategie überzeugt, die als Sprungbrett für die deutsche Frau dienen sollte, sie zu prominenteren Rollen in der Gesellschaft zu befähigen. Sie sagte voraus,

> „dass die hauswirtschaftliche Bildung die angeborenen Eigenschaften der Frau auf das glückliche entwickelt und dieser die Treppe zur Entwicklung höherer Intelligenz bauen. Selbstredend soll, nachdem diese Stufe durch die verstandene, praktische Arbeit gefordert ist, diese selbst zum Kunstwerk aufsteigen, und jene Unabhängigkeit von der Technik zeigen, welche es anscheinend mühelos entstehen läßt."[31]

Die häusliche Arbeit sollte nicht als Lohnarbeit angesehen werden, sondern als kollaboratives Kunstwerk, an dem alle Klassen teilnahmen.[32] Auf diese Weise sollten Frauen ihre wirtschaftlich bedingten sozialen Unterschiede überwinden und sich auf ihre übergreifende „Mütterlichkeit" konzentrieren, um kompetentere Mütter und Bürgerinnen zu werden und die Gesundheit und „die Erhöhung des Volksvermögens" zu sichern.[33] Die bürgerliche hauswirtschaftliche Identität wurde zwar an patriarchalische Normen und Praktiken gebunden, aber auch an die Akzeptanz und Bestätigung der verankerten Klassengrenzen. In vielerlei Hinsicht müssen Heyls „Das ABC der Küche" und ihre Koch- und Haushaltskurse im Rahmen eines Kontinuums von progressiven bürgerlichen Sozialhilfeprojekten gesehen werden, die explizite politische Ansprüche vermieden, aber deutlich darauf ausgerichtet waren, soziale Konflikte zu unterdrücken und klassenspezifische Grenzziehungen aufrecht zu erhalten, wie sich aus den vorherigen Beispielen zum Nicht-Essen zeigt.

---

30 *Heyl*, Wie bildet die Großstadt (wie Anm. 17), 228.

31 Ebd. 229 f.

32 „Die Glieder des Hauswesens treten, jedes von der Wichtigkeit seiner Arbeitsleistung überzeugt, in ein menschlich ganz anderes Verhältnis zueinander und haben natürlich nicht mehr das Gefühl, für Lohn zu arbeiten, sondern an einem Kunstwerk, das in Wirklichkeit jedes Hauswesen sein muss, mit Interesse mitzuarbeiten." *Heyl*, Aus meinem Leben (wie Anm. 5), 110.

33 *Heyl*, Wie bildet die Großstadt (wie Anm. 17), 230. Siehe auch *Allen*, Feminism and Motherhood in Germany (wie Anm. 6), 12 f.

Abb. 1: Die Eröffnung des Lyceum-Club, Potsdamerstr. 118b. Quelle: Berliner Leben 11, 1905, 13.

2. Der Deutsche Lyceum-Club und die Ausstellung „Die Frau in Haus und Beruf": Konsumerziehung und Betonung sozialer Ungleichheit

Die Stratifizierung der modernen Gesellschaft über die Ernährung spielte weiterhin eine bedeutende Rolle, als die moderne weibliche Identität enger mit den sozialen (statt familiären) Aufgaben der Frau und ihrem sozialen Status in Verbindung kam. Diese Verbindung zwischen einer proaktiven bürgerlichen Frauenidentität und rationaler Ernährung, die im Rahmen der Professionalisierung und Verwissenschaftlichung der Hauswirtschaftslehre stattfand, rückt eindeutig in den Fokus, wenn man das Profil und die Aktivitäten des Deutschen Lyceum-Clubs betrachtet, die Heyl jahrelang in besonderer Weise prägte. Für diesen Abschnitt werde ich mich in erster Linie auf die große und umfassende Ausstellung „Die Frau in Haus und Beruf" aus dem Jahr 1912 konzentrieren, die unter anderem die Komplementarität einer modernen weiblichen Identität unter Einbeziehung von rationalem Konsum und Ernährung im Alltag in den Vordergrund stellte.

Der Deutsche Lyceum-Club, der 1905 nach dem Vorbild des Londoner Lyceum-Clubs (gegründet 1904) unter der Leitung von Hedwig Heyl und Gräfin Helene Harrach (1877–1961) ins Leben gerufen wurde, entwickelte sich schnell zu einem wichtigen Bezugspunkt bürgerlicher Frauenclubkultur, die sich im Rahmen der Frauenbewegung hauptsächlich auf Sozialreform, Eherechte, beruflichen Aufstieg und Frauenwahlrecht konzentrierte. Der Deutsche Lyceum-Club zählte viele der führenden bürgerlichen Feministinnen der Zeit zu seinen Mitgliedern, wie Helene Lange, Alice Salomon, Gertrud Bäumer, Marie Stritt, Lily Braun, Minna Cauer, Marie-Elisabeth Lüders und Marie von Bunsen. Berlins erfolgreichste Künstlerinnen, Intellektuelle und Wissenschaftlerinnen, wie die Romanautorin Gabriele Reuter und die Künstlerin Käthe Kollwitz, waren auch dabei. Wie der Londoner Club vernetzten sich die Mitglieder auf lokaler, nationaler und internationaler Ebene, um für die Mitglieder ihres jeweiligen Landes ein Forum anzubieten und sie in ihren professionellen Leistungen zu unterstützen. Mitglieder bemühten sich auch, gleichgesinnte Frauen in anderen Ländern anzusprechen. Wie Constance Smedley, Gründerin des Londoner Clubs, meinte, war der Internationalismus des Clubs eine noch wirksamere Kraft, Fraueninteressen zu fördern als der Feminismus allein: „The idea of a world union [...] and especially a world union of the articulate thinkers representative of their nations, made a wider appeal than that of feminism alone."[34] Schwesterclubs wurden auch in Paris (1906) und Florenz (1908) gegründet. In den 1920er Jahren gab es Lyceum-Clubs in dreizehn Ländern auf drei Kontinenten.

In Berlin stammten die etwa eintausend Mitglieder weitgehend aus dem gehobenen Bürgertum und mussten signifikante professionelle Leistungen aufweisen, um in den Club aufgenommen zu werden. Verschiedene Kommissionen organisierten Vorträge, Ausstellungen, Empfänge, musikalische Abende, politische und kulturelle Diskussionen und initiierten soziale Wohlfahrtsprojekte, die sich auch für größere Verantwortung und Einfluss der Frauen in der Gesellschaft einsetzten. Als überparteilich und interkonfessionell organisierte Veranstaltungen sprachen sie das gesamte bürgerliche Spektrum an. Auf Vorschlag Smedleys wurde auch eine Soziale Kommission in Berlin eingeführt, um zwischen unterschiedlichen Künstler-, Intellektuellen- und Sozialreformgruppen eine Brücke zu schlagen.[35] Diese Kommission, die zuerst unter der Leitung von Gräfin Luise von der Gröben stand, wurde später über

34 *Constance Smedley*, Crusaders. The Reminiscences of Constance Smedley. London 1929, 117.

35 Ebd. 120.

mehrere Jahre von Heyl betreut. Hauswirtschaftliche Frauenbildung, Konsumerziehung und soziale Wohlfahrtsinitiativen waren besondere Schwerpunkte. Besonders während des Ersten Weltkriegs stand die Soziale Kommission im Mittelpunkt der Kooperation zwischen Berliner Bürgerbehörden und Frauenorganisationen.

Die äußerst erfolgreiche Ausstellung „Die Frau in Haus und Beruf" war der Höhepunkt der Bemühungen des Deutschen Lyceum-Clubs und Heyls, den zahlreichen Errungenschaften der bürgerlichen Frauenbewegung eine öffentliche Darstellung zu verleihen.[36] Sie fand vom 24. Februar bis 23. März 1912 in den Ausstellungshallen im Berliner Zoologischen Garten statt. Der Deutsche Frauenkongress, der von der Dachorganisation Bund Deutscher Frauenvereine (BDF) ausgerichtet wurde, erfolgte in Verbindung mit der Ausstellung vom 27. Februar bis 2. März 1912. Die Entscheidung, alle Veranstaltungen unter einem Dach zu kombinieren, erinnerte die Besucher ständig an die Wechselwirkung zwischen Konsum und politischer Verantwortung. Der Kongress und die Ausstellung wurden laut Lange, der damaligen Präsidentin des ADF, „zum erstenmal in der Geschichte der Frauenbewegung" eingerichtet, sie boten „ein ganz neues Forum" und wirkten im Sinne „eine[r] Ausweitung unserer Bewegung". Über die Arbeit der Sozialen Kommission zu informieren, war einer der Schwerpunkte der Ausstellung; den deutschen Frauen (die überwiegende Mehrheit der halben Million Besucher waren Frauen) sollte ihr kollektives Potenzial für die Verbesserung ihres Geschlechts und der Nation vor Augen geführt werden. Die Ausweitung der Macht der „geistigen Mütterlichkeit" wurde in vielen Sphären der deutschen Gesellschaft hervorgehoben. Lange fuhr in ihrem Artikel fort:

> „[...] so wird das Ganze schließlich zeigen, wie weit sich über der Mannigfaltigkeit der geistigen, sozialen, beruflichen und politischen Interessen doch eine Einheit aufbaut: der gemeinsame Wunsch der Frauen, ihren neuen Aufgaben im Volksleben an jeder Stelle gerecht zu werden, wohin sie durch Lebensstellung und Weltanschauung sich berufen sehen."[37]

---

36 Teile dieser Analyse über die Ausstellung erschienen erstmals auf Englisch in: *Christa Spreizer*, Who's That Lady in the Window? Department Store Aesthetics and the 1912 Berlin Exhibition „Die Frau in Haus und Beruf", in: Godela Weiss-Sussex/Ulrike Zitzlsperger (Hrsg.), Konsum und Imagination. Das Warenhaus und die Moderne in Film und Literatur. London 2015, 125–143. Zur Geschichte dieser Veranstaltungen siehe auch *Gudrun M. König*, Konsumkultur. Inszenierte Warenwelt um 1900. Wien/Köln/Weimar 2009, 217–301; *Despina Stratigakos*, A Women's Berlin. Building the Modern City. Minneapolis 2008, 97–136.

37 *Helene Lange*, Ausstellung und Kongress Die Frau in Haus und Beruf, in: Die Frau 19, 1912, 300–303, hier 303.

Dies sollte die Grundlage für die Ausweitung der Frauenberufe in der ganzen Nation legen und zu einem größeren Einfluss der Frauen auf allen Ebenen der deutschen Gesellschaft führen. Wie Gudrun König anmerkt:

> „Die Argumentation mit Dingen, Waren, Statistiken und die Explikation des Schauwertes exponierte auch den Anspruch auf kulturelle Teilhabe. Gegenüber dem Vortrag wie dem Text schuf die Ausstellung die Möglichkeit einer gemeinsamen, öffentlichen Erlebniszone."[38]

Heyl zufolge sollte die Ausstellung auch der männlichen Kritik am Dilettantismus der Frauenarbeit begegnen und deren Status heben.[39]

„Die Frau in Haus und Beruf" zeigte die realen und die erwünschten Machtverhältnisse der bürgerlichen Frauenbewegung auf sowie auch ihre zugrundeliegende Voreingenommenheit in Bezug auf sozialen Status und Konsumerziehung. Die Designerinnen Elisabeth von Hahn, Fia Wille, Lilly Reich und Else Oppler-Legband, die starke Bindungen zum Deutschen Werkbund, dem Lyceum-Club und dem Kaufhaus Wertheim hatten, wurden beauftragt, die Gestaltung der beiden Haupthallen zu planen.[40] In der Ausstellung wurde Geschmackserziehung als Konsumerziehung verstanden und Hauswirtschaft im Dienste professioneller Ziele umgesetzt, wie Gudrun König anmerkt:

> „Die gebildete Frau war nicht nur literarisch, musikalisch und künstlerisch bewandert, sie war auch konsumorientiert. Aber nicht im Sinne eines vordergründigen ‚born to shop', sondern eines notwendigen ‚learn to shop', also eine Anpassung an die moderne Form der Bereitstellung von Lebensmitteln über den Markt, aber auch als Ausdruck, Beruf- und Hausarbeit zu koordinieren, auf ‚schnell' verarbeitbare Lebensmittel zuzugreifen und die Hausarbeitszeit der Berufsarbeitszeit anzupassen."[41]

Allerdings konzentrierte sich Halle I mit einem von Wertheim inspirierten architektonischen Design auf die professionelle Frau der oberen Mittelklasse. Die Hauptattraktion war die „Große Wohnung", in der Frauen in den Bereichen Ge-

---

38 *König*, Konsumkultur (wie Anm. 36), 274.

39 *Hedwig Heyl*, Die Ausstellung „Die Frau in Haus und Beruf", in: Die Woche 14/4, 1912, 129–131, hier 129. Siehe auch *Heyl*, Aus meinem Leben (wie Anm. 5), 127.

40 Siehe *König*, Konsumkultur (wie Anm. 36), 75. Eine detaillierte Beschreibung der beiden Haupthallen findet man in: *Lyceum-Club*, Ausstellung „Die Frau in Haus und Beruf" unter dem Allerhöchsten Protektorat Ihrer Majestät der Kaiserin und Königin. Mit einem Plan der Ausstellung. Berlin 1912.

41 *König*, Konsumkultur (wie Anm. 36), 274.

Abb. 2: Blick in Halle 1 der Ausstellung „Die Frau in Haus und Beruf". Quelle: Illustrirte Zeitung, 7.3.1912, 448

schichte, Literatur, Musik, Bildende Künste, Sport und Körperkultur in einem luxuriösen architektonischen Rahmenwerk gefeiert wurden. Das elegant ausgestattete Esszimmer, der einzige visuelle Hinweis auf Ernährung in Halle I, lässt auf die Geschmacksrichtung der Dame des Hauses schließen. Im Obergeschoss von Halle I ging es um soziale Beratung, Erziehung und Betreuung, um Formen der Sozialarbeit, die auf die Erziehung der bürgerlichen Frau zur sozialen Verantwortung im In- und Ausland zielten.

Erdgeschoss und Obergeschoss von Halle II hingegen wurden gemäß einer traditionellen Fachmessenästhetik entworfen, die die Theorien der „geistigen Mütterlichkeit" in Bezug auf eine klassenspezifische bürgerliche Frauenidentität in der hauswirtschaftlichen Praxis verdeutlichte. Die Errungenschaften von Heyls Sozialer Kommission wurden besonders hervorgehoben. Die wesentlich bescheideneren Lebensbedingungen und professionellen Bestrebungen der unteren und mittleren Schichten wurden weitgehend aus der Sicht des philanthropischen Großbürgertums gezeigt. Live-Demonstrationen unterstrichen die Produktionskapazitäten der

Frauen in Industrie- und Agrarwirtschaft und vor allem in der Hauswirtschaft. Unterstützt von neuesten wissenschaftlichen Erkenntnissen wurden Frauen hier als Mütter, Produzentinnen und rationale Konsumentinnen gezeigt. Vorführungen von neuen Gesundheits-, Hygiene- und Hauspraktiken im privaten und beruflichen Bereich waren eng an ihre mütterliche Identität gekoppelt. Ein Schwerpunkt zeigte die bürgerliche Frau im Bereich ihrer vermeintlichen Kernverantwortung, „in einer Haushaltungsschule mit bürgerlicher Wohnung". Diese „bürgerliche" bzw. Dienstwohnung für die Direktorin und zwei Lehrerinnen sollte „das Bild eines lebensvollen Arbeitsgebiet[s] [...] geben, wie der Unterricht es braucht".[42] Innerhalb der Wohnung wurde praktischer Unterricht in der Benutzung von Haushaltsgegenständen und Küchengeräten erteilt und Informationsmaterial zu Hauswirtschaftsschulen in ganz Deutschland gezeigt. Im Erdgeschoss konnten die Besucher auch Karrieremöglichkeiten in institutionellen Bereichen wie Schul- und Krankenhausküchen erkunden. Bezeichnenderweise scheint keiner der Räume in Halle II Verweise auf Aspekte der Hochkultur enthalten zu haben. Ein Lesesaal für Jugendliteratur stellte Märchen, Legenden und andere Kinderbücher aus, aber auch dort wurde deutlich gemacht, dass diese Bibliothek Kindern den Zugang zu Dingen geben sollte, die die Familie der unteren Schichten „niemals gegeben hat, auch nicht geben konnte, denn die Familie kann ihren Kindern mit wenigen Ausnahmen nur das eigene Kulturniveau übermitteln".[43]

Ein Ausstellungsraum in Halle II enthielt eine alkoholfreie Gaststube und beschrieb die Anti-Alkohol-Propagandainitiativen der Abstinenzbewegung in Deutschland. Hier wurde insbesondere die Arbeit von Heyl und Gustel Lucas hervorgehoben, die 1902 mit Unterstützung des Berliner Vereins für Volksstuben den Berliner Verein für Kaffeestuben und Erfrischungskarren gegründet hatten, um Männer eine alkoholfreie Lebensweise zu ermöglichen und dadurch auf die Verbesserung familiärer und sozialer Zustände einzuwirken. Die Botschaft des „Nicht-Trinkens", die anscheinend nur auf Männer ausgerichtet war, wurde auch in klassenspezifischer Weise erteilt. Die Erfrischungskarren „sollten der daselbst beruflich verkehrenden arbeitenden Bevölkerung dienen"; separate Karren wurden auch für wohlhabendere Kreise zur Verfügung gestellt.[44] Hier wurde das Nicht-Trinken als ein notwendiges

---

42 *Lyceum-Club*, Ausstellung (wie Anm. 40), 77.

43 Ebd. 114.

44 Ebd. 98.

gesellschaftliches Korrektiv präsentiert, das nur über rationale Hauswirtschaft erreichbar sei. Sobald Arbeiterfrauen als rationale Konsumentinnen ausgebildet würden, werde laut Heyl

> „auch der Alkohol und Tabakmißbrauch langsam aufhören, denn wo die Frau spart, wird der Mann nicht vergeuden dürfen, und das Ziel der Bestrebung, die Frau durch gute Hauswirtschaft besser wie bisher auszurüsten und dadurch die Volksfamilie gesunden zu lassen, erreicht sein.“[45]

Die soziale und politische Funktion von Ernährungs- und Sozialreform bestätigte weiterhin die Beibehaltung der Klassendifferenz. Wohltätige Sozialinitiativen betrafen vorrangig die als ‚irrational‘ apostrophierten Ernährungsgewohnheiten der Arbeiterklasse. Besonders Arbeiterinnen, die gleichzeitig dem Druck von Zeitzwängen und schlechtem Arbeitslohn sowie den Anforderungen der Kinderpflege und Hauswirtschaft ausgesetzt waren, wurden kaum als proaktive, mündige Individuen dargestellt. Bürgerliche Frauenvereine und Fürsorgeinitiativen waren sehr gut vertreten, es wurden jedoch keine sozialdemokratischen Initiativen erwähnt, wie die Konsumgenossenschaften, in denen die Arbeiterklasse selbstbewusst und aktiv in der Rolle mündiger Konsumentinnen agierte.[46] In vielerlei Hinsicht korrelierte die Darstellung der Arbeiterklasse mit dem Stereotyp des Verbrauchers der Vorkriegszeit, der in öffentlichen Debatten immer wieder als „der irrationale, indifferente und nach möglichst billigen Nahrungsmitteln Ausschau haltende Verbraucher“ apostrophiert wurde.[47]

Auch in Bezug auf die deutsche Außenpolitik wurden rationale Ernährung und Hauswirtschaftslehre als wirksame Mittel dargestellt, politische Handlungsfähigkeit für bürgerliche Frauen zu gewinnen. So wie Heyl sich rationale Ernährung und Nicht-Essen (bzw. Nicht-Trinken) zur Bestätigung von Klassenhierarchie und sozialem Status in Bezug auf Deutschlands Innenpolitik vorstellte, erkannte sie auch die Nützlichkeit ihrer Hauswirtschaftslehre im Dienste der deutschen Kolonialpolitik, die durch Hierarchie und Rassentrennung gekennzeichnet war. In den drei Räumen „Die Frau in den Kolonien“ wurden Frauen aller Stände aufgefordert, sich „für die kolonialen Fragen zu interessieren und die Frauenfrage in den Koloni-

45 *Heyl*, Wie bildet die Großstadt (wie Anm. 17), 230.

46 Siehe *Davis*, Geschlecht und Konsum (wie Anm. 3), 121; *Hierholzer*, Nahrung nach Norm (wie Anm. 13), 302–319.

47 Ebd. 320.

en tatkräftig zu fördern".[48] Heyl, als Leiterin des Frauenbunds der Deutschen Kolonialgesellschaft (1910–1920), dessen Leistungen prominent dargestellt wurden, war gerade dabei, koloniale Versionen ihrer Schulen und Hauswirtschaftskurse in Deutsch Südwest-Afrika einzuführen.[49] Ihrer Meinung nach waren Deutschlands Kolonien erst vollständig ‚deutsch', wenn auch die deutsche Hauswirtschaft dort Wurzeln schlug. Durch ihre hauswirtschaftliche Identität konnten Frauen Einfluss ausüben und „der Zivilisation drüben eine Burg [...] sein". Zum Beispiel erinnerte Heyl sich später mit Stolz an die Erfolge des Frauenbunds in Lüderitzbucht im heutigen Namibia, „einen notwendigen Kindergarten und eine Nähschule einzurichten, da man die weißen Kinder so viel als möglich dem Einfluß der Farbigen zu entziehen wünschte".[50] Heyls Anstrengungen in diesem Bereich verdeutlichen, wie die patriotische Begeisterung des Frauenbunds die gleichen klassenbasierten Traditionen und Vorurteile der männlichen Mitglieder der Kolonialgesellschaft vertrat. So bemerkte auch Roger Chickering, „the symbols and slogans of patriotism could serve as vehicles to broaden or solidify the claims of German women to public roles".[51]

Für Kritiker wie den sozialistischen Journalisten Alfons Goldschmidt (1879–1940) vermittelte die Ausstellung den Eindruck kultureller Hegemonie und der Legitimität liberaler Gesinnung. Laut Goldschmidt spielte die Ausstellung die Mündigkeit der Arbeiterklasse herunter und war ein weiteres Beispiel für deren Unterdrückung. Soziale Missstände beispielsweise seien durch die ungleichgewichtige Behandlung der sozialen Schichten verschoben und nicht aufgehoben worden. Schuld sei daran nicht in erster Linie die männlich dominierte preußische Gesellschaft, sondern vielmehr die verpönte ‚Berliner Dame':

> „Die Berliner Veranstaltung ‚Die Frau in Haus und Beruf' ist eine Arroganz und eine Verkennung. Nicht die Frau zeigt hier Entwicklungsnotwendigkeiten, die Dame paradiert mit Dingen und Dingelchen, die nicht viel mehr als ein Geschmacksprädikat verdienen. [...] Von der Organisation, dem Kummer

---

48 *Lyceum-Club*, Ausstellung (wie Anm. 40), 104–108, hier 104.

49 *Wildenthal*, German Women (wie Anm. 2), 162.

50 *Heyl*, Aus meinem Leben (wie Anm. 5), 84. Siehe auch *Wildenthal*, German Women (wie Anm. 2), 156–171.

51 *Roger Chickering*, ‚Casting Their Gaze More Broadly'. Women's Patriotic Activism in Imperial Germany, in: Past & Present 118, 1988, 156–185, hier 185.

der Schwangeren, der stillen Arbeitsnot der Verschämten, dem Ringen um politische Mitbestimmung, von alledem nichts!"[52]

Auch im Programm des Frauenkongresses fehlte die Darstellung der politischen Perspektiven von Frauen, die außerhalb bürgerlicher Klasseninteressen standen. Zum Beispiel wurden radikale Feministinnen wie Helene Stöcker und der Bund für Mutterschutz und Sexualreform von der Teilnahme an der Ausstellung und am Frauenkongress ausgeschlossen. Sozialdemokratische Frauenvereine waren auch nicht präsent, obwohl die Veranstaltungen kurz nach der Reichstagswahl stattfanden, in der die SPD als eindeutiger Wahlsieger hervortrat. Das sei, laut Lange, ausschließlich ihre eigene Schuld:

> „Von der äußersten Rechten bis zur Linken stand alles in der mächtigen Heerschau beisammen – bis auf die sozialdemokratischen Frauenorganisationen. (Diese hatten von den ihnen für solche Fälle zu Gebote stehenden Alternativen – sich entweder zu beschweren, dass sie nicht zur Beteiligung aufgefordert waren, oder die erfolgte Aufforderung zu ignorieren – für die Ausstellung die erste, für den Kongress die zweite gewählt.)"[53]

Im Gegensatz zu diesen kritischen Stimmen, die die andauernden Spannungen zwischen bürgerlichen und sozialdemokratischen Frauenvereinen verdeutlichen, lobte Heyl ihrerseits, dass die Frauenwelt noch nie eine solche Solidarität gezeigt habe wie auf der Ausstellung. Frauen müssten nun die Gelegenheit nutzen und sich „gegenseitig stüzen [sic] und helfen und nach und nach das weibliche Geschlecht zu einem dem männlichen Geschlecht anerkannt ebenbürtigen Kulturfaktor heranreifen lassen".[54] Der nationalistisch und gesellschaftlich konservative Ton der Ausstellung wurde in dem allerletzten Ausstellungsraum von Halle I nochmals betont. Im Raum „Bildnisse hervorragender Frauen der Vergangenheit" wurden „Mütter berühmter Männer" (darunter auch Bismarcks Mutter, Luise Wilhelmine von Bismarck) gefeiert, die ihre Söhne zur kulturellen und politischen Größe erzogen hätten.[55] Es wurde klar, dass bürgerliche Frauen innerhalb bestehender nationaler und politischer Strukturen ihren hausmütterlichen Dienst leisten sollten, anstatt politische Strukturen in Frage zu stellen oder sogar umzustürzen. Kaiserin Auguste Victoria war offizielle Schirmherrin der Ausstellung, und die höchsten Beamten der

52 *Alfons Goldschmidt*, Die Damenausstellung, in: März 6, Januar–März 1912, 394–396, hier 394f.

53 *Helene Lange*, Der Deutsche Frauenkongress, in: Die Frau 19, 1912, 400–406, hier 400.

54 *Hedwig Heyl*, Kundgebung, in: Deutscher Lyceum-Club [Bulletin] 8, Juni 1912, 381.

55 *Lyceum-Club*, Ausstellung (wie Anm. 40), 261.

preußischen Regierung nahmen an der Eröffnung im Reichskanzlerpalais teil, ein Ereignis, das eine „Sympathiekundgebung für unsere deutsche Frauenbewegung" war, wie Lange stolz bemerkte.[56] Ein breites Spektrum der nationalen Presse widmete der Ausstellung und den anschließenden Veranstaltungen positive und unterstützende Kritiken, darunter die linksgerichtete Frankfurter Zeitung und die konservative Neue Preussische Zeitung.[57] Presseberichte erwähnten stolz den besonderen „deutschen Ton" der öffentlichen Veranstaltungen, ein Zeichen, dass Frauen eng mit staatlichen Interessen identifiziert wurden. Die Ausstellung war ein öffentlicher Erfolg für den Club und die Frauenbewegung.

Sowohl in der Ausstellung als auch auf dem anschließenden Frauenkongress zeichneten sich Umrisse einer professionellen Verselbständigung der bürgerlichen Frau und eine neue moderne Identität durch selbstverantwortliche Tätigkeit auf vielen Ebenen der deutschen Wirtschaft und Politik ab, die ihren Schwerpunkt in der Fortbildung der Frau in Sachen Hauswirtschaft und Konsumerziehung hatte. Diese Sensibilisierungs- und Informationskampagne des Lyceum-Clubs hinsichtlich einer neuen modernen Frauenidentität trug dazu bei, ihre Präsenz im deutschen gesellschaftlichen und politischen Leben zu stärken. Die Veranstaltungen des Clubs setzten höchstwahrscheinlich zusätzliche Impulse für die massive politische Unterstützung des Frauenwahlrechts in den Massendemonstrationen, die im Mai 1912 in Berlin und anderen deutschen Städten stattfanden. Trotz aller Betonung wissenschaftlicher und rationaler Aspekte während der erfolgreichen Veranstaltungen lässt sich jedoch nicht leugnen, dass sie auch auf tiefe politische Spaltungen innerhalb der Gesellschaft und der Frauenbewegung verwies. Die Führungsrolle der Frauen in Bezug auf die Verwissenschaftlichung der Ernährung und auf die Ziele moderner weiblicher Individualisierung und Emanzipation blieb immerhin an die bürgerliche Frau gekoppelt.

---

56 *Lange*, Der Deutsche Frauenkongress (wie Anm. 53), 405.

57 Siehe „Zum Frauenkongreß", in: Die Frau 19/7, April 1912, 436–438.

II. Nicht-Essen als Mittel zur Vergewisserung der politischen Identität. Der Lyceum-Club und der Aufbau einer klassenlosen Frauenidentität während des Ersten Weltkriegs

In Veranstaltungen des Lyceum-Clubs vor dem Krieg bezweckte Heyls Konzept der Ernährungs- und Hauswirtschaftsreform die Ausgrenzung sozialer Schichten in der Entwicklung einer positiven, mündigen bürgerlichen Frauenidentität. Die angespannten Beziehungen innerhalb der Frauenbewegung in Bezug auf die soziale und politische Funktion von Ernährungs- und Sozialreform änderten sich jedoch erheblich nach Kriegsausbruch, als klar wurde, dass bald alle Ebenen der Gesellschaft mit einer extremen Nahrungsmittelknappheit konfrontiert werden würden. Der Eltzbacher Kommission[58], deren Mitglied Heyl war, fiel nun die Aufgabe zu, das gesamte Nahrungsmittelverteilungsnetz Deutschlands zu regeln.[59] Trotz der Meinungsverschiedenheiten der Vorkriegszeit wurde das leitende Prinzip der „geistigen Mütterlichkeit“ auch von den Sozialdemokratinnen unterstützt, propagiert und als legitime Autorität anerkannt.[60] Zur gleichen Zeit setzte sich seit den Auswirkungen des Reichsvereinsgesetzes von 1908 in bürgerlichen Frauenvereinen verstärkt eine allgemeine Tendenz nach rechts fort. Dementsprechend stellte die Dachorganisation BDF seit Kriegsbeginn „keineswegs ein offensives, feministisches Protestpotential dar, sondern eher eine staatstragende Kraft“, was schon während der Ausstellung 1912 zu sehen war.[61] Man kann diese wachsende Solidarität zwischen bürgerlichen und sozialdemokratischen Frauenvereinen, die zu einer einheitlicheren politischen

58 *Paul Eltzbach* (Hrsg.), Die deutsche Volksernährung und der englische Aushungerungsplan. Eine Denkschrift. Berlin 1914.

59 Treitel bemerkt: „[...] prewar rational nutrition had been focused on the irrational eating habits of the urban poor. During the war, in contrast, rational nutrition evolved onto a grander scale, becoming an effort to regulate the nation's entire food system – including its producers, middlemen, and consumers of all classes – so as to guarantee peak national performance.“ *Treitel*, Max Rubner (wie Anm. 23), 20.

60 „Mit der Integration der sozialdemokratischen Frauen in den kommunalen Apparat der Kriegsfürsorge, mit dem generellen Bedeutungszuwachs kommunaler Sozialpolitik während des Krieges wurde Problemen der Wohlfahrtspflege auch in der [sozialdemokratischen] Partei verstärkte Bedeutung beigemessen.“ *Sachße*, Mütterlichkeit als Beruf (wie Anm. 1), 167.

61 Siehe ebd. 148 f. Es ist anzumerken, dass nicht alle Aktivisten, die mit „geistiger Mütterlichkeit“ verbunden waren, den Krieg unterstützten. Ann Taylor Allen weist darauf hin, dass „maternal ideology was by no means identified with patriotism; on the contrary, it also provided the most powerful rationale for the opposition to the war of a minority of feminists, including Helene Stöcker, Anita Augspurg, Lida Gustava Heymann, and Bertha von Suttner.“ *Allen*, Feminism and Motherhood (wie Anm. 6), 232.

Identität führte, auch an Veränderungen in der Haltung der (groß-)bürgerlichen Frau zur rationalen Ernährung und zum Nicht-Essen ablesen.[62]

Den Zeitumständen gemäß unterstellten auch Heyl und die anderen Mitglieder des Lyceum-Clubs ihre Aktivitäten dem nationalen Interesse. Die „Gewährleistung einer gleichmäßigen Lebensmittelversorgung" wurde zum ersten Arbeitsschwerpunkt des Nationalen Frauendiensts, der im Lyceum-Club unter Aufsicht von Heyl und Gertrud Bäumer, der Präsidentin des BDF, organisiert wurde.[63] Mit den zuständigen kommunalen Ämtern und städtischen Verwaltungen schlossen sich Frauenorganisationen aus verschiedenen politischen, konfessionellen und überparteilichen Richtungen in einem massiven vertikal integrierten Nahrungsversorgungs- und Vertriebsnetz zusammen. Der Krieg erlaubte es Frauen, eine größere soziale Rolle zu übernehmen und mehr Staatsverantwortung zu tragen, als Heyl es sich nur einige Jahre zuvor, 1912, während der Ausstellung hätte erträumen können. Das vom BDF aufgestellte Programm des Nationalen Frauendiensts organisierte Speisehallen, Volksküchen, Mittagstische; Kriegskochkurse wurden für Arbeiterfrauen angeboten, um die Herstellung billiger, nahrhafter Gerichte zu lehren. Frauen boten Vorträge über Diät und Ernährung an und verteilten Brotrationen. Sie beaufsichtigten Lebensmittelhändler und Produzenten, um den Verkauf von gefälschten Waren, Hortungskäufe und Schwarzmarkthandel zu verhindern. Mittelstandsküchen versuchten die Nachfrage der Mittelschicht zu erfüllen. Nach Kriegsausbruch retteten Frauenorganisationen Berlin vor einer humanitären Katastrophe, obwohl dieses Modell sich angesichts des Ausmaßes des Ernährungsproblems letztlich als nicht nachhaltig erwies. Die „Verstaatlichung" von Frauenvereinen und eine Frauenidentität, die noch stärker als bisher an das Wohlergehen der Familie gebunden war, trugen dazu bei, dass Frauen sich im Allgemeinen noch stärker mit nationalen Prioritäten identifizierten und mit diesen identifiziert wurden. Diese Zeit war, laut Davis, „ein bedeutsamer Moment in der Geschichte der öffentlichen Ansichten über Tem-

62 Zu diesem Thema siehe *Keith R. Allen*, Von der Volksküche zum Fast Food. Essen außer Haus im Wilhelminischen Deutschland, in: WerkstattGeschichte 31, 2002, 5–25; *Davis*, Geschlecht und Konsum (wie Anm. 3); *Hierholzer*, Nahrung nach Norm (wie Anm. 13), 269–323; *Sachße*, Mütterlichkeit als Beruf (wie Anm. 1); *Iris Schröder*, Wohlfahrt, Frauenfrage und Geschlechterpolitik. Konzeptionen der Frauenbewegung zur kommunalen Sozialpolitik im Deutschen Kaiserreich 1871–1914, in: Geschichte und Gesellschaft 21, 1995, 369–390.

63 *Heyl*, Aus meinem Leben (wie Anm. 5), 139–141. Siehe auch „Nachrichten vom Vorstand", in: Deutscher Lyceum-Club [Bulletin] 10, September 1914, 339f.

perament, Eigenschaften und Fähigkeiten ‚der Frau' sowie über ihre Berechtigung zum politischen Handeln", da sie „eine politische Brücke zwischen Arbeiterschaft und Mittelstand zu schlagen halfen".[64]

Frauengruppen aus dem gesamten politischen Spektrum stellten ihre politischen Meinungsverschiedenheiten hintenan und arbeiteten patriotisch zusammen. In einem Artikel, der im November 1914 unter dem Titel „Wir Frauen" im Lyceum-Club Bulletin erschien, unterstreicht die sozialdemokratische Frauenrechtlerin Adele Schreiber die für diese Periode typische soziale Harmonie und Versöhnung:

> „Die organisierte Frauenbewegung, die bürgerliche und sozialdemokratische gemeinsam, hat sofort ganz Deutschland mit einem Netz von praktischer Hilfsarbeit umspannt, alle anderen Ziele zurückstellend."[65]

Ihrerseits lobte Heyl die Zusammenarbeit mit den Sozialdemokratinnen während des Krieges in ihrer 1925 publizierten Autobiographie:

> „Außerordentlich lehrreich war das Arbeiten mit den sozialdemokratischen Frauen – welche, ungleich besser redegewandt als Frauen aus unseren Kreisen, sehr oft bei den in Frage stehenden Maßnahmen den Ausschlag gaben."[66]

Eine weitverbreitete nationale Kampagne, an der auch Clubmitglieder teilnahmen, ermutigte Frauen sich ihrer mütterlichen, familiären und öffentlichen Verantwortung zu stellen. Das galt auch für ihre Rolle als Konsumentinnen. Zeitungsartikel und Vorträge „betonten, dass die Frauen beim Einkaufen unbedingt vernünftiger und zurückhaltender vorgehen müßten". Auch Ärzte in Berlin wurden vom preußischen Innenministerium aufgefordert, „die Hausfrauen über die Ernährungsfragen zu unterrichten, sie zur zweckmäßigen Ausnutzung der jeweils vorhandenen Nahrungsmittel anzuregen und zur Einschränkung des Verbrauchs zu mahnen".[67] Für Clubmitglieder, die über üppige finanzielle Mittel verfügten, waren jetzt Diät und das Nicht-Essen mit einer klassenlosen Solidarität verbunden, die immer expliziter zur Solidarität mit den Arbeiterinnen und als Ausdruck patriotischer Entschlossenheit eingesetzt wurden. Die Anstrengungen und Aufopferungen der proletarischen Frauen wurden besonders zur Nachahmung empfohlen. Im Gegensatz zu ihnen

64 *Davis*, Geschlecht und Konsum (wie Anm. 3), 135.

65 *Adele Schreiber*, Wir Frauen, in: Deutscher Lyceum-Club [Bulletin] 10, November 1914, 377–379, hier 377.

66 *Heyl*, Aus meinem Leben (wie Anm. 5), 144.

67 *Davis*, Geschlecht und Konsum (wie Anm. 3), 126.

wurde die frivole, irrationale und verantwortungslose ‚Berliner Dame' der Vorkriegszeit, gegen die Clubmitglieder und die Ausstellung gekämpft hatten, jetzt zur potentiellen Landesverräterin stilisiert, die „das Wohlergehen der Nation aufs Spiel" setze.[68]

Rationale Ernährung, in der Vorkriegszeit noch verbunden mit inhärenten klassenorientierten Konnotationen, wurde nun von mehreren Befürwortern des Lyceum-Clubs und der bürgerlichen „geistigen Mütterlichkeit"-Bewegung verwendet, um klassenübergreifende und patriotische Solidarität zu zeigen. Ein Artikel im Club Bulletin aus dem Oktober 1914, verfasst von Marie von Bunsen, Gründungsmitglied des Clubs, trug den Titel „Wie sollen die behaglich Gestellten sich heute einschränken?" Von Bunsen ermahnt Clubmitglieder, sich in Sachen Ernährung zu mäßigen:

> „Jetzt ist auch die Zeit gekommen, mit eingewurzeltem Ernährungsschlendrian zu brechen, die allen gebildeten Menschen wohlbekannten Ergebnisse neuzeitlicher Ernährungsstatistik tatsächlich anzuwenden."

Leserinnen sollten jetzt „die nahrhafte, nicht die weit weniger nahrhafte Ware" von ihren Lebensmittelhändlern verlangen. Männer und Frauen wurden gebeten, zu Hause zu essen anstatt in Restaurants. Es solle Frauen nicht peinlich sein, ihren Gästen eine robustere und ernährungsreiche „Volksküchenkost" zu bieten.[69]

Auf der Weihnachtsausstellung des Clubs im Dezember 1914 wurde neben den traditionellen Kunst- und Handwerkdisplays auch eine umfangreiche Sozialhilfeausstellung installiert. Zu den „bemerkenswertesten" gehörten Heyls innovative ‚ABC Konserven der Heyl'schen Fabrik', die „etwas völlig Neues darbieten". Heyl hatte die Familienfabrik kurz nach dem Ausbruch des Krieges schnell in eine Konservenfabrik umgerüstet und auch dort gelebt, um die Produktion von Fertiggerichten für die Streitkräfte und Sozialeinrichtungen zu beaufsichtigen, was ihre Verbindung zum nationalen Wohlergehen verstärkte. In einem Hinweis darauf, dass die Mittelschichten bereits betroffen waren, wurde Ernährung für den Mittelstand in einer fotografischen Darstellung der „Notküche des Mittagstisches des Kolonialen Frauenbundes" thematisiert. Diese „Notküche" servierte in einer geschmackvoll

68 Ebd. 123.

69 *Marie von Bunsen*, Wie sollen die behaglich Gestellten sich heute einschränken?, in: Deutscher Lyceum-Club [Bulletin] 10, Oktober 1914, 357–363, hier 359.

eingerichteten Halle 700 Mahlzeiten pro Tag für „bedürftige Personen gebildeter Stände".[70]

Ab 1915 findet sich ein zunehmend positiveres Bild der Konsumentin in der Presse, die die wachsende Anerkennung und Verantwortung der Frauen in Sachen Konsum und Ernährung hervorhob: „Sie erschien in der öffentlichen Debatte nun meist als hartgeprüfte Frau, die sich tapfer bemühte, die Ernährung ihrer Familie trotz aller Widerstände sicherzustellen."[71] Die wohlhabende Frau wurde auch ermahnt sich anzupassen. Im Januar 1915 servierte der Club Heyls „ABC Konserven" zum Sonntagsfrühstück, was sehr wahrscheinlich eine Vorbildfunktion haben sollte. Eine 1916 in Briefform verfasste Geschichte der renommierten Schriftstellerin Gabriele Reuter, Gründungsmitglied des Clubs, veranschaulicht die Wichtigkeit einer Kohärenz von bürgerlicher Mütterlichkeit und einer neuen klassenübergreifenden Solidarität mit den Arbeiterinnen über das Konzept des Nicht-Essens. In Reuters Text, „Hausfrauen von 1916" betitelt, der in „Die Welt der Frau", einer langjährigen Beilage zur „Gartenlaube", erschien, wird „Nichte Henny", die schon ihren ältesten Sohn im Krieg verloren hat, als eine leichtsinnige, ahnungslose Konsumentin dargestellt, ein typisches Stereotyp der Vorkriegszeit. Sie schreibt an ihre „liebe Tante" unter der falschen Vorgabe, dass es bei ihr Kalbfleisch zum spottbilligen Preis gebe. Sie möchte „jede Woche zehn Pfund" kaufen, um diese zu ihren schon beträchtlichen Schwarzmarkt-Hortungskäufen hinzuzufügen. Ihre Tante ermahnt Henny: „Du bist eigentlich ein guter Kerl – nur siehst Du zu wenig über den engen Kreis Deines Hauses hinaus". Ihr Verhalten wird mit dem ihrer Kindheitsfreundin Gertrud Spillman kontrastiert, deren Brief die Tante ihrer Nichte beilegt. Darin erzählt Gertrud ihrer „verehrte[n] mütterliche[n] Freundin", wie das Kriegsschicksal sie gezwungen habe, ihr früheres Leben als großbürgerliche Dame in Bombay aufzugeben. Ihr Mann wurde inhaftiert und sie ist mit ihrem Sohn nach Deutschland geflohen, wo sie jetzt in einer Munitionsfabrik arbeitet. Mithilfe der finanziellen Unterstützung des „Vereins für Flüchtlingsfürsorge" mietet sie einen kleinen Raum für sich und ihren Sohn, der auch ganz stolz sei, seine eigenen Mahlzeiten zuzubereiten und „Proletarierkind" zu sein. Der Wille zu patriotischem Durchhalten und zur Solidarität durchzieht ihre Einstellung zu Deutschland und zum Krieg:

70 *Thekla Friedländer*, Die soziale Ausstellung des Lyceum-Clubs, in: Deutscher Lyceum-Club [Bulletin] 11, Februar 1915, 34–36, hier 36.

71 *Davis*, Geschlecht und Konsum (wie Anm. 3), 123.

„Ich lerne in dem Arbeitssaal mehr vom Leben als durch alle meine Weltreisen. Viel Rohheit, viel Trivialität – aber auch viel Hilfsbereitschaft, Tapferkeit, Schönheitssehnsucht lebt in den Frauen und Mädchen meines deutschen Volkes. Und alles in allem: ich bin froh, in der Heimat zu sein!"

Henny schämt sich „zu brennend" und verspricht ihrer Tante, „dass ich ein ganz großes Reinemachen halten will – in meinem Herzen! Tante, Du hast mir gezeigt, wo ich umlernen muß, ich habe es ganz plötzlich begriffen!" Sie wird aus ihrer engen Welt heraustreten, sich um Gertruds Sohn kümmern und als verantwortungsvolle Bürgerin ihren mütterlichen und patriotischen Dienst leisten.[72] Nach Heyl erstreckte sich diese Frauensolidarität im Bereich des Nicht-Essens auch auf das kaiserliche Haus, wo die Kaiserin ihre Mahlzeiten nach notwendigen Kriegseinschränkungen, „wie es den Bürgern geboten", vorbereitet und gegessen habe.[73]

Diese Beispiele zeigen, wie das öffentliche Bild der Frau als verantwortliche Konsumentin und engagierte Bürgerin während des Ersten Weltkriegs verstärkt Verbreitung fand, als Ernährungsreform und Konsum immer enger an nationale Prioritäten gebunden waren. Im Laufe des Krieges wurden die Frauen „als integraler Bestandteil von Nation und Volk und damit als Staatsbürgerinnen wahrgenommen, da der zuvor weitgehend als privat verstandene Bereich des persönlichen Konsums sich nun als gesellschaftlich hoch bedeutsam und als sozial vielfältig ‚vernetzt' erwies."[74] Die Opferbereitschaft und Mobilisierung von Frauen und Frauenorganisationen während des Kriegs, Bewegungen, mit denen Heyl und die Soziale Kommission eng verbunden waren, verfestigten das Bild von Frauen als Bürgerinnen, die die gleichen Rechte und Verantwortlichkeiten wie Männer beanspruchen konnten. Die Vorkriegs-Idee des „du bist, was du nicht isst", mit der ihr inhärenten klassen-orientierten Komponente, wurde nun von der bürgerlichen Frauenbewegung vertreten, um ihre Solidarität mit den Arbeitern und Arbeiterinnen zu demonstrieren. Die patriotische Mahnung zum Nicht-Essen, die während der frühen Kriegsjahre von führenden Mitgliedern des Clubs befürwortet wurde, spielte eine Rolle in diesem Prozess. Freiwilliges Nicht-Essen und rationale Ernährung wurden als politisch strategische Mittel verwendet, um der Öffentlichkeit gegenüber eine klassenlose weibliche Solidarität zu bekunden. Befürworter der bürgerlichen „geistigen Mütter-

---

72 *Gabriele Reuter*, Hausfrauen von 1916, in: Die Welt der Frau 1916, 502f.

73 *Heyl*, Aus meinem Leben (wie Anm. 5), 143.

74 *Davis*, Geschlecht und Konsum (wie Anm. 3), 124.

lichkeit“ wie Heyl und andere Mitglieder des Clubs haben wohl dazu beigetragen, die Entwicklung eines kohärenten und positiven Bilds der Konsumentin als politisch verantwortungsvolle Bürgerin zu beschleunigen, ein Bild, das in den Kriegsjahren stark an nationale Prioritäten und politische Ziele gebunden war.

III. Fazit

Für Heyl bot der Krieg deutschen Frauen eine einmalige Gelegenheit, für ihren patriotischen Einsatz endlich vom Staat politisch anerkannt zu werden. Die deutsch-amerikanische Journalistin Charlotte Teller berichtete über ein erstaunliches Interview mit Heyl, das 1916 in ihrer umgebauten Konservenfabrik stattfand:

> „The day I went I found myself soon seated upon a high stool taking marrow out of monstrous beef bones while we discussed her theories about suffrage. She put me to work first and talked afterward. [...] Of the vote, she said it was like an apple: it would fall into our laps when it was ripe; that what women had to do was to water the tree. The war – to her thinking – has given them their biggest chance to water the tree.“[75]

Im Dezember 1916 wurden Frauenvereine durch die freiwillige Mobilisierung von Frauen für den Vaterländischen Hilfsdienst noch stärker in den militärisch-administrativen Apparat des Reiches integriert, was sie noch näher an nationale Prioritäten anschloss.[76]

Trotz ihres massiven Arbeitsbeitrags und ihrer Bemühungen um politische Solidarität wurden Frauen jedoch in den Kriegsjahren noch weitgehend aus staatlichen Entscheidungsgremien in Sachen Gesundheit und Ernährung ausgeschlossen, mit der Begründung, dass die Einbeziehung von Frauen den Einfluss und Charakter des Lebensmittelausschusses als Verwaltungsorgan des Staates zerstören würde.[77] Entgegen den Erwartungen Heyls, dass das Frauenwahlrecht innerhalb der bestehenden politischen Strukturen erreichbar sei, was vor dem Krieg noch einigermaßen realistisch schien, waren es letztlich die politischen Umwälzungen der Nachkriegszeit –

75 *Charlotte Teller*, The Best Known Woman in Germany, in: The Independent 87, 7. August 1916, 187 f., hier 188.

76 *Sachße*, Mütterlichkeit als Beruf (wie Anm. 1), 155.

77 *Keith Allen*, Sharing Scarcity. Bread Rationing and the First World War in Berlin, 1914–1923, in: Journal of Social History 32, 1998, 371–393, hier 385.

die Abschaffung der Monarchie und die Entstehung der Weimarer Republik –, die Frauen zum Wahlrecht und zur Anerkennung als politisch stimmberechtigte Mitbürgerinnen verhalfen. Im Dezember 1918 wurden im Lyceum-Club Vorträge über das neue Frauenwahlrecht abgehalten und im Januar 1919 beteiligten sich fast 90 Prozent aller Frauen an den Wahlen. Heyl stellte sich auf die neuen Verhältnisse ein. Die „zu sehr nach links spielende Demokratie" lag ihr nicht, denn sie „hatte auch die Kaiseridee lieb, obgleich wenn wir ideale Menschen wären, sicherlich die Selbstregierung das Ideal wäre". Letztlich konnte sie „die Eierschalen der Vergangenheit [...] nicht im Umsehen abstreifen" und im Alter von 70 Jahren wurde sie als Abgeordnete der Deutschen Volkspartei in die Charlottenburger Stadtverordnetenversammlung gewählt. Später behauptete sie, sie sei häufig auf Seiten der Demokraten gewesen und schreckte auch nicht davor zurück, gegen ihre eigene Fraktion zu stimmen.[78] Im selben Jahr gab Heyl ihre Führungsrolle im Lyceum-Club auf und wurde zu ihrem 70. Geburtstag mit etlichen Lobreden gefeiert. Vom Ernährungswissenschaftler Max Rubner wurde ihr die Ehrendoktorwürde der Humboldt Universität für ihre langjährige Dienstleistung überreicht. In den 1920er und 1930er Jahren rückte ihre konservative Haltung noch weiter ins rechte Spektrum, wie die deutsche Frauenbewegung im Allgemeinen. Gegen Ende ihres Lebens äußerte sie sich rassistisch und nationalistisch zum Aufstieg Hitlers und zur „Judenfrage", in einer Weise, die auf ihre langjährige positive Einstellung zur Rassentrennung bei ihrer Arbeit im Frauenbund der Kolonialgesellschaft verwies. Heute ist sie eine geschichtlich umstrittene Figur.

Dennoch gilt Heyl als eine der Schlüsselfiguren im Hinblick auf die Entwicklung der rationalen Ernährung, auf die sich ändernde Einstellung bezüglich des Nicht-Essens vor und während des Krieges und auf die Bestrebungen der deutschen Frauenbewegung nach sozialer und politischer Anerkennung. Sie erkannte frühzeitig die wichtige Rolle von Gesundheit und Ernährung, um den künftigen Wohlstand Deutschlands zu sichern, und war sehr gewandt darin, das leistungsfähige Konzept der „geistigen Mütterlichkeit" zu nutzen, um bürgerliche Fraueninteressen in der Innen- und Außenpolitik zu fördern. Ihre Kampfansage an die patriarchalische Hegemonie, die in ihren Hauswirtschaftsbüchern, hauswirtschaftlichen Berufsschulen und in den Veranstaltungen des Lyceum-Clubs sowie der Ausstellung „Die Frau in Haus und Beruf" deutlich wird, hat auch dazu beigetragen, die Frau als politisch en-

78 *Heyl*, Aus meinem Leben (wie Anm. 5), 154f.

gagierte Bürgerin anzuerkennen. In der Vorkriegszeit wurde dies jedoch dazu genutzt, liberal-bürgerliche Machtansprüche innerhalb der deutschen Gesellschaft zu verfestigen und den Einfluss ihres eigenen gesellschaftlichen Kreises aufrecht zu erhalten. Umgekehrt verlagerten sich besonders am Anfang des Ersten Weltkriegs die Interessen der bürgerlichen Frauen hin zu einer neuen Solidarität mit der Arbeiterklasse, was in den Schriften und Veranstaltungen des Lyceum-Clubs während dieser Zeit sichtbar wird. Unter anderem bemühten sich wohlhabendere Kreise, durch Ernährung und Nicht-Essen Klassenbarrieren abzubauen und der Öffentlichkeit eine einheitliche und patriotische weiblich zentrierte Identität zu präsentieren, in der Hoffnung, dass dies zu einer einflussreichen politischen Frauenidentität führen würde.

Dieser Artikel zeigt, wie komplexe und ambivalente politische Positionen bürgerlicher und sozialdemokratischer Frauenorganisationen während der ersten Welle der deutschen Frauenbewegung über eine konzentrierte Untersuchung der Ernährungsreform und der Idee des Nicht-Essens neu beleuchtet werden könnten. Die Standardisierung und Verwissenschaftlichung von Ernährung und Gesundheit sowie das gleichzeitige bewusste Verhalten in Bezug auf Mütterlichkeit, Konsum und Ernährung, hier durch die Bemühungen Heyls und die Schriften und Veranstaltungen des Lyceum-Clubs exemplifiziert, spielten eine positive Rolle in den Strategien der Frauenbewegung, erhebliche gesellschaftliche und politische Anerkennung von Seiten des Staates zu erzielen. Die Analyse der Einstellung zur rationalen Ernährung mit Schwerpunkt auf der Frage des Nicht-Essens bietet einen weiteren geeigneten Ansatz, um diese Entwicklung der modernen weiblichen Identität zu untersuchen. Sie betont auch die Zentralität der Frauenorganisationen und -institutionen bei der Rationalisierung der Gesundheits- und Ernährungsnormen dieser Zeit.

Verzicht als politische Strategie

Japanische Konsumenten und die Regulierung von Agrarpestiziden (1960–1980)

von Cornelia Reiher

Avoidance as a Political Strategy: Japanese Consumers and the Regulation of Pesticides (1960–1980)

Drawing on the example of pesticides, this paper addresses the negative health effects of Japan's impressive economic growth in the post-war era. Citizens' strategies to avoid the consumption of contaminated food through the production of alternative knowledge and advocacy, partnerships between consumers and producers and the creation of local markets were reactions to the lack of state regulation of pesticides in Japan. In the process of agricultural modernization, a shift occurred from „non-eating" caused by a lack of food to „non-eating" as a strategy to avoid the intake of harmful substances. Food itself had turned into a health risk. Thus, citizens' strategies of avoidance reflect attempts to handle the unintended consequences of modernization in an industrial nation.

1972 reisten Mitglieder des unabhängigen Bürgerforums zur Diskussion von Umweltverschmutzung (*Jishu Kōgai Kōza*) aus Japan gemeinsam mit Opfern industriell verursachter Umweltkatastrophen zur UN-Umweltkonferenz nach Stockholm. Dort berichteten die Opfer von ihren Erkrankungen, und die Aktivisten des *Jishu Kōgai Kōza* präsentierten einen Bericht über die Umweltverschmutzung in Japan, der die Konferenzteilnehmer aufrüttelte. Der Bericht basiert auf Daten, die von Betroffenen in Zusammenarbeit mit Wissenschaftlern und Mitarbeitern von Lokalverwaltungen erhoben wurden, um dem offiziellen Bericht der japanischen Regierung an die UN eine weniger positive Darstellung der Umweltverschmutzung aus der Perspektive der Betroffenen entgegenzusetzen. In diesem Bericht findet sich ein Kapitel über die Kontamination der Umwelt durch Agrarpestizide und damit verbundene Folgen für die menschliche Gesundheit. Darin wird die flächendeckende und maßlose Verwendung von Agrarpestiziden kritisiert, die zu Pestizidrückständen in Lebensmitteln führte, die weit über den Standards der Weltgesundheitsorganisation (WHO) lagen, Erkrankungen bei Landwirten hervorriefen, mitunter zu deren Tod führten und Flüsse und Böden langfristig kontaminierten.[1]

1 *Jun Ui*, Polluted Japan. Tokio 1972.

DOI 10.1515/9783110574135-004

Agrarpestizide sind nur eines von vielen Beispielen, die zeigen, dass Japan in der zweiten Hälfte des 20. Jahrhunderts nicht nur ein beeindruckendes Wirtschaftswachstum erlebte, sondern seit den 1950er Jahren zunehmend mit den negativen Folgen von Industrialisierung und Hochwachstum konfrontiert war. Mithilfe des Einsatzes von Pestiziden konnte die Produktivität der Landwirtschaft gesteigert werden und die japanische Regierung gab 1955 bekannt, dass die Nahrungsmittelknappheit der direkten Nachkriegszeit nun beendet sei.[2] Die Auswirkungen auf die Umwelt und die Gesundheit der japanischen Bevölkerung waren aber verheerend.[3] Pestizide sind problematisch, weil einige Substanzen nur sehr langsam abgebaut werden, so dass auch heute noch längst verbotene Organochlorpestizide wie Dichlordiphenyltrichlorethan (DDT) in der Umwelt nachgewiesen werden können. Pestizidrückstände in der Nahrung, in der Luft und im Boden haben zudem gesundheitliche Auswirkungen auf Menschen und Tiere. Insbesondere Landwirte, die Pestizide ausbringen, Mütter und ungeborene Kinder, die im Mutterleib Pestiziden ausgesetzt werden, sind gefährdet. Gesundheitliche Folgen reichen von Hauterkrankungen und Einschränkung der Sehfähigkeit über Krebserkrankungen bis zu einer verzögerten kognitiven Entwicklung oder Geburtsfehlern bei Kindern.[4]

Die Lücken in der staatlichen Regulierung von Pestiziden in Japan führten zur Entstehung zahlreicher, meist lokaler Initiativen, die sich um das Ziel des Nicht-Essens von mit Pestiziden kontaminierten Lebensmitteln herum formierten. Die Mitglieder bewegten sich im Spannungsfeld von alternativer Landwirtschaft, Aktivismus, Bürgerwissenschaft und Selbstsorge. Weil Lebensmittel, die ohne Verwendung von Agrarpestiziden hergestellt wurden, in den 1960er und 1970er Jahren im Einzelhandel nicht erhältlich waren, entwickelten diese Initiativen verschiedene Strategien, um der Kontaminierung von Agrarprodukten mit Pestiziden, Zusatzstoffen und anderen Chemikalien zu begegnen. Erstens kooperierten Wissenschaftler mit Betroffenen und Verbraucher- und Umweltaktivisten und sammelten Daten, um diese als Argumente für ihre Forderung nach mehr Regulierung vorzubringen.

2 *Akiyoshi Takahashi*, Japans Agrargesellschaft von der Vorkriegszeit bis heute, in: Albrecht Rothacher (Hrsg.), Landwirtschaft und Ökologie in Japan. München 1992, 12–29.

3 *Brett L. Walker*, Toxic Archipelago. A History of Industrial Disease in Japan. Seattle 2010.

4 *Michelle Allsopp/Christiane Huxdorf/Paul Johnston/David Santillo/Kirsten Thompson*, Pestizide und unsere Gesundheit. Die Sorge wächst. Exeter 2012, 3, 4; *Ui*, Polluted Japan (wie Anm. 1).

Zweitens bemühten sich Gruppen besorgter KonsumentInnen darum, durch Direktverträge mit Bauern den Konsum von mit Pestiziden kontaminierten Lebensmitteln zu meiden. Drittens entstanden Partnerschaften zwischen Landwirten und Konsumenten (*teikei*), die über eine alternative Form von Landwirtschaft eine alternative Gesellschaftsordnung anstrebten.

Basierend auf der Analyse von Gesetzen, Dokumenten der einzelnen Initiativen und Interviews mit Akteuren dieser Initiativen, die ich 2012 in Japan durchführte, setzt sich dieser Beitrag mit der Frage auseinander, wie japanische Verbraucher und Bauern auf die Lücken in der staatlichen Regulierung von Agrarpestiziden reagierten. Welche Rolle spielten Nicht-Essen und Wissen in ihren Bemühungen, Pestizide zu meiden? Die Strategien des Verzichts auf Pestizidrückstände in Lebensmitteln in Japan stehen für den Umgang mit den nicht intendierten Folgen der Modernisierung in einer Industrienation. Das Beispiel kontaminierter Lebensmittel zeigt, wie Pestizide, die dazu beitrugen, die Produktivität der japanischen Landwirtschaft zu steigern und das Problem der Nahrungsmittelknappheit nach dem Zweiten Weltkrieg zu lösen, durch die Kontaminierung der nun reichlich vorhandenen Lebensmittel neue Gesundheitsprobleme hervorriefen. Nicht mehr Nahrungsmangel, sondern die Nahrung selbst wurde zu einem Gesundheitsrisiko. Im Zuge der Industrialisierung der japanischen Landwirtschaft vollzog sich ein Wandel vom notgedrungenen Nicht-Essen zu Nicht-Essen als einer Gesundheitsstrategie im Kontext der modernen Nahrungsmittelproduktion.

Um Zusammenhänge zwischen der Verwendung von Pestiziden in der industriellen Landwirtschaft, deren Regulierung und der sich durch deren Mängel entwickelnde Strategien des Nicht-Essens in Japan nachvollziehbar zu machen, gehe ich zuerst auf die Industrialisierung der Landwirtschaft und Lebensmittelindustrie, daraus resultierende Umweltprobleme und Lebensmittelskandale in Japan ab Mitte der 1950er Jahre und die Reaktionen von Umwelt- und Verbraucherschutzbewegung ein. Weil die Regulierung von Pestiziden untrennbar mit den Strategien des Verzichts auf Pestizide verflochten ist, gebe ich im Anschluss einen Überblick über die Regulierung von Agrarpestiziden und deren Lücken. Im Anschluss stelle ich die unterschiedlichen Strategien des Verzichts auf Pestizide vor.

Die Geschichte der Bemühungen um das Nicht-Essen von mit Pestiziden kontaminierten Lebensmitteln spielt sich an der Schnittstelle von Verbraucherschutz, Umweltbewegung, Bürgerwissenschaft, alternativen Agrar- und Ernährungsbewegungen und Regulierung ab. Bisher wurde die Geschichte der japanischen Verbraucherschutzbewegung und der Umweltschutzbewegung separat behandelt.[5] Das Beispiel der Bemühungen, die nötig wurden, um auf Pestizide in der Landwirtschaft zu verzichten und die Regulierung von Agrarpestiziden zeigen jedoch die thematischen, personellen und institutionellen Verbindungen der Bewegungen und deren Bedeutung für die Politisierung von KonsumentInnen in Japan und trägt somit zu einer Geschichte des Politischen ebenso wie zu einer Wissensgeschichte und deren Verflechtungen in Japan nach 1945 bei.

I. Agrarpestizide in Japan: Landwirtschaft, Hochwachstum und Umweltverschmutzung

In Japan steht nur wenig für die Landwirtschaft nutzbares Land zur Verfügung. Die Agrarflächen sind – außer in Hokkaidō – häufig sehr klein. Daher bemühen sich japanische Bauern, die Flächen so produktiv wie möglich zu bewirtschaften, vor allem durch die starke Anwendung von Insektiziden. Japanische Bauern sprühten in den 1980er Jahren durchschnittlich fast zwanzig Mal mehr Insektizide auf ihre Felder (1,4 kg pro km^2) als amerikanische Bauern (0,075 kg pro km^2).[6] Auch 2011 wurden in der japanischen Landwirtschaft weit mehr Insektizide verwendet als beispielsweise in Deutschland.[7] Bereits in den 1870er Jahren experimentierte die japanische Regierung zusammen mit Wissenschaftlern und Unternehmen mit Pestiziden, die in Obstplantagen und Getreidefeldern eingesetzt wurden. Die Experimente mit Agrarpestiziden waren eng an die militärischen und wirtschaftlichen Ziele der Meiji-Regierung geknüpft: Arbeiter und Soldaten brauchten Kalorien für den Auf-

5 Vgl. z. B. zur japanischen Umweltbewegung: *Simon Avenell*, Japan's Long Environmental Sixties and the Birth of a Green Leviathan, in: Japanese Studies 32/3, 2012, 423–444; *Kōichi Hasegawa*, Kankyō undō to seisaku no dainamizumu. Tokio 2001; *Timothy S. George*, Minamata. Pollution and the Struggle for Democracy in postwar Japan. Cambridge, MA 2001. Zur japanischen Verbraucherschutzbewegung vgl. z. B.: *Patricia L. Maclachlan*, Consumer Politics in Postwar Japan. The Institutional Boundaries of Citizen Activism. New York 2002; *Maurine A. Kirkpatrick*, Consumerism and Japan's New Citizen Politics, in: Asian Survey 15/3, 1975, 234–246; *Joyce Gelb/Margarita Estevez-Abe*, Political Women in Japan. A Case Study of the Seikatsusha Network Movement, in: Social Science Japan Journal 1/2, 1998, 263–279.

6 *Walker*, Toxic Archipelago (wie Anm. 3), 59.

7 *FAOSTAT*, Pesticide Use. 2016, http://faostat.fao.org/site/424/DesktopDefault.aspx?PageID=424#ancor (Zugriff 14.1.2016).

bau eines modernen japanischen Staates und dessen Verteidigung.[8] Zur Steigerung der Erträge setzten Landwirte zunehmend auf Monokulturen, die anfälliger für Schädlinge waren und damit den Einsatz stärkerer und größerer Mengen von Pestiziden erforderten.[9]

1948 begann der großflächige Einsatz von Phenylquecksilberverbindungen auf Reisfeldern, um Schädlinge zu bekämpfen.[10] Unterstützt von der Regierung und in Zusammenarbeit mit dem Dachverband der japanischen Landwirtschaftskooperativen (*Zennō*) wurde die chemische Schädlingsvernichtung gefördert und flächendeckend eingeführt.[11] Das Zusammenspiel von staatlichen Institutionen, Unternehmen, Wissenschaftlern, *Zennō* und Veränderungen im Ökosystem begünstigte die Intensivierung des Einsatzes von Pestiziden in Japan. Weil viele Schädlinge resistent wurden, wurden immer mehr Pestizide verwendet und entsprechend florierten Unternehmen, die Pestizide, künstliche Düngemittel und Herbizide herstellten. Diese wurden ebenfalls staatlich gefördert und bereits in den frühen 1970er Jahren begann der Export von Pestiziden in andere asiatische Länder, den Mittleren Osten, Südamerika und die Sowjetunion.[12] Ein prominenter Akteur in der Verbreitung chemischer Pflanzenschutzmittel in Japan war der Chemiekonzern Sumitomo Chemicals[13], der heute zu den zehn größten Produzenten von Pestiziden weltweit gehört.[14] 1961 verabschiedete die japanische Regierung das Rahmengesetz für die Landwirtschaft (*nōgyō kihon-hō*), das darauf abzielte, die Landwirtschaft zu modernisieren. Entsprechende Maßnahmen beinhalteten nicht nur die Vergrößerung der landwirtschaftlichen Flächen und die Mechanisierung der Landwirtschaft, sondern auch die Steigerung der Verwendung von Düngemitteln und synthetischer Chemikalien. Beamte des Landwirtschaftsministeriums reisten durch Japan, um den Bauern die Verwendung von Pestiziden zu erklären und sie von deren Vorteilen zu überzeugen.[15]

---

8 Diese Zusammenhänge zwischen Modernisierung, Ernährung und der Entstehung der Ernährungswissenschaften in diesem Kontext hat Katarzyna Cwiertka in ihrem Buch „Modern Japanese Cuisine" analysiert. Vgl. *Katarzyna Cwiertka*, Modern Japanese Cuisine. Food, Power and National Identity. London 2006.

9 *Walker*, Toxic Archipelago (wie Anm. 3), 45 ff.

10 *Ui*, Polluted Japan (wie Anm. 1), 43.

11 *Walker*, Toxic Archipelago (wie Anm. 3), 58.

12 *Ui*, Polluted Japan (wie Anm. 1).

13 *Walker*, Toxic Archipelago (wie Anm. 3).

14 *Berne Declaration*, Agropoly: A Handful of Corporations Control World Food Production. Bern 2013, 12.

15 *Kazumi Kondoh*, The Alternative Food Movement in Japan. Challenges, Limits, and Resilience of the teikei System, in: Agriculture and Human Values 32, 2015, 143–153, hier 147.

In den 1960er Jahren hatte die Umweltzerstörung in Japan nie dagewesene Ausmaße erreicht.[16] Die japanische Öffentlichkeit diskutierte die sogenannten „Großen vier Verschmutzungsprozesse“ (*yondai kōgai saiban*), zu denen die Methylquecksilbervergiftungen in Minamata in der Präfektur Kumamoto und in Niigata, das durch Schwefeldioxid verursachte Asthma in Yokkaichi und die Kadmiumvergiftungen, die in Toyama die sogenannte Itai-Itai-Krankheit verursachten, gehörten. Alle vier Fälle waren industriell verursacht und erhielten, beginnend mit der Minamata-Krankheit[17] in der Präfektur Kumamoto ab den 1950er Jahren, die Aufmerksamkeit von Ärzten, Aktivisten, Politikern, Bürokraten und den Medien. 1959 und 1964 organisierten sich die Opfer der vier Umweltkatastrophen und trugen zu einem wachsenden Bewusstsein für die Negativfolgen der industriellen Entwicklung in Japan und zu einem wachsenden Druck auf die japanische Regierung bei.[18]

Nach der Verabschiedung des Rahmengesetzes über Maßnahmen gegen Umweltverschmutzung (*kōgaitaisaku kihon-hō*) von 1967 und dem 1970 im Parlament erlassenen Paket von Umweltgesetzen wurde 1971 die nationale Umweltbehörde (*Kankyō-chō*) gegründet. In den ersten Jahren ihres Bestehens verfolgte die Behörde das Ziel, mit Vertretern von Opfern und Umweltbewegung in einen offenen Dialog zu treten. Aber bereits Mitte der 1970er Jahre wurden im Kontext der Ölkrise Maßnahmen gegen Umweltverschmutzung wieder dem Wirtschaftswachstum untergeordnet und Umweltstandards gelockert.[19] Vor diesem Hintergrund blieb das Thema Umweltverschmutzung in der japanischen Öffentlichkeit weiterhin präsent. Dazu trugen auch die Essays von Sawako Ariyoshi über Umweltverschmutzung (*fukugō osen*) bei, die zwischen 1974 und 1975 in Japans meistgelesener Tageszeitung *Asahi Shinbun* erschienen und einen ähnlich aufrüttelnden Effekt auf die öffentliche Meinung hatten wie Rachel Carsons „Silent Spring“ im Amerika der 1960er Jahre. Die Essays verurteilten die Verwendung von Pestiziden und anderen chemischen Substanzen in der Landwirtschaft ebenso wie Lebensmittelzusatzstoffe in der Lebensmittel

16 *Jun Ui*, A Citizens' Forum: 15 Years Against Pollution, in: Japan Quarterly 32/3, 1985, 271–276, hier 275.

17 Durch Abwässer des Chemiekonzerns Chisso war in Minamata auf der Insel Kyushu seit den frühen 1950er Jahren Methylquecksilber in die umliegenden Gewässer und damit in die Nahrungskette gelangt. Etwa 3000 Menschen erkrankten, fast 2000 starben an den Folgen der sogenannten Minamata-Krankheit. Vgl. *Anja Osiander*, Der Fall Minamata. Obrigkeit und Bürgerrechte in Japan nach 1945. München 2007.

18 *Avenell*, Japan's Long Environmental Sixties (wie Anm. 5), 247.

19 *Shunya Yoshimi*, Posuto sengo shakai. Tokio 2009, 122ff.

verarbeitenden Industrie wegen ihrer unvorhersehbaren Auswirkungen auf die Umwelt und die menschliche Gesundheit aufs Schärfste.[20]

Nicht nur Umweltaktivisten, auch die Verbraucherschutzbewegung, Konsumgenossenschaften und lokale Selbsthilfeinitiativen, die bis in die erste Hälfte der 1950er Jahre hinein noch mit der ausreichenden Versorgung mit Lebensmitteln befasst waren, konzentrierten sich ab den späten 1950er Jahren zunehmend auf Umweltverschmutzung und Lebensmittelsicherheit.[21] Lebensmittelskandale wie der Morinaga-Milchpulverskandal von 1955, bei dem mit Arsen verunreinigtes Muttermilchersatzpulver zur Vergiftung von 1200 Neugeborenen führte, von denen 130 starben, erregten große öffentliche Aufmerksamkeit[22], ebenso wie der sogenannte Kanemi Reisöl-Skandal, bei dem 1968 mit PCB kontaminiertes Reisöl zu Massenvergiftungen von Konsumenten auf der Insel Kyūshū führte.[23] Zwischen 1953 und 1958 dokumentierten Ärzte in Japan fast zehntausend Fälle von Vergiftungen mit dem Agrarinsektizid Parathion, dreitausend davon mit tödlichem Ausgang.[24]

Entsprechend rückten Agrarpestizide und die Kontamination von Lebensmitteln mit Pestizidrückständen in den 1960er Jahren in den Fokus von Verbraucherschutzorganisationen und lokalen Selbsthilfeinitiativen. Eine große Zahl neuer Konsumgenossenschaften und Verbrauchergruppen entstand in diesem Zusammenhang. Diese wurden häufig von jungen Müttern gegründet, deren wichtigstes Ziel es war, ihre Kinder mit Lebensmitteln zu versorgen, die nicht mit Pestiziden oder anderen Schadstoffen kontaminiert waren.[25] Dazu gehörten sowohl Gruppen, die sich der biologischen Landwirtschaft widmeten und Lebensmittel ohne Zusatzstoffe propagierten wie *Shizenshoku no Kai* (Gesellschaft für Naturkost), die 1961 in Tokyo gegründet wurde, als auch neue Konsumgenossenschaften wie *Seikatsu Club*, der 1965 entstand.[26] Die Zunahme von Konsumentenaktivitäten in den 1960er und 1970er Jahren war eine direkte Reaktion auf die negativen Auswirkungen der Politik des

20 *Kondoh*, The Alternative Food Movement (wie Anm. 15), 147.

21 *Maclachlan*, Consumer Politics (wie Anm. 5).

22 *Kichiro Shoji/Masuro Sugai*, The Arsenic Milk Poisoning Incident, in: Jun Ui (Ed.), Industrial Pollution in Japan. Tokio 1992.

23 *Ui*, Polluted Japan (wie Anm. 1).

24 *Walker*, Toxic Archipelago (wie Anm. 3).

25 *Raymond A. Jussaume Jr./Shuji Hisano/Yoshimitsu Taniguchi*, Food Safety in Modern Japan, in: Japanstudien 12, 2000, 211–228.

26 *Avenell*, Japan's Long Environmental Sixties (wie Anm. 5), 249.

wirtschaftlichen Hochwachstums auf Umwelt und Gesundheit.[27] Insbesondere Konsumgenossenschaften wie *Seikyō* und *Seikatsu Club* kritisierten die Praktiken der industriellen Landwirtschaft und suchten nach Alternativen. Sie organisierten Nachbarschaftsgruppen für Hausfrauen, die Studiengruppen gründeten und für Stadträte kandidierten, um sich für Verbraucherrechte einzusetzen.[28] In den 1980er Jahren formierten sich erstmals auch globale Kampagnen gegen die Verwendung von Pestiziden wie das Pesticide Action Network (PAN). An der durch die internationale Verbraucherorganisation IOCU (heute: CI) initiierten Kampagne beteiligten sich auch japanische Verbraucherschutzorganisationen.[29]

II. Die Regulierung von Pestiziden

Ein Verzicht auf Lebensmittel mit Pestizidrückständen war für japanische Konsumenten vor dem Hintergrund der Modernisierung der japanischen Landwirtschaft und dem damit einhergehenden umfangreichen Einsatz von Agrarpestiziden in den 1960er und 1970er Jahren kaum möglich. Die Gesundheit der japanischen Bevölkerung wurde, wie die vier großen industriellen Verschmutzungsfälle zeigen, dem Wachstum der japanischen Wirtschaft untergeordnet. Eine Regulierung des Einsatzes von Pestiziden wurde daher häufig ad hoc und selten gegen die Interessen der japanischen Landwirtschaft und der Chemieindustrie durchgesetzt. Nicht-Essen wurde damit für japanische Konsumenten zu einer schier unlösbar erscheinenden Aufgabe.

In Japan existiert seit 1948 ein Gesetz zur Regulierung von Agrarpestiziden (*nōyaku torishimari-hō*), das seit seiner Verabschiedung sieben Mal (zuletzt 2007) revidiert wurde. Das Gesetz regelt die Produktion, die Zulassung, die Kennzeichnung, den Handel, die Anwendung und Kontrolle von Agrarpestiziden.[30] Sind heute Strafen für Individuen, die gegen das Gesetz verstoßen, von bis zu drei Jahren Freiheitsentzug und Geldstrafen bis zu einer Million JPY und für Unternehmen bis zu 100 Milli-

27 *Kirkpatrick*, Consumerism and Japan's New Citizen Politics (wie Anm. 5).

28 *Gelb/Estevez-Abe*, Political Women (wie Anm. 5).

29 *Matthew Hilton*, Prosperity for All. Consumer Activism in an Era of Globalization. Ithaka/London 2009.

30 *Nōrinsuisanshō*, Nōyaku torishimari-hō, 2007, www.maff.go.jp/j/nouyaku/n_kaisei/zenbun.html (Zugriff 12.10.2016).

onen JPY vorgesehen, wurde das Gesetz 1948 zunächst ohne solche Strafen erlassen. Pestizide wurden anfangs hinsichtlich ihrer Wirkstoffe, der chemischen und physikalischen Eigenschaften, ihrer Wirksamkeit und ihrer akuten Toxizität bei oraler Einnahme oder über die Haut untersucht und zugelassen.[31] Alarmiert durch Erkrankungen von Konsumenten und Bauern initiierten das Gesundheitsministerium (MHW) und das MAFF bereits 1955 eine Kampagne, um Menschen über die Gefahren von landwirtschaftlichen Produkten, die Parathion und Methylquecksilber enthalten, aufzuklären. Diese wurden noch im selben Jahr als „designierte Gifte" (*tokutei dokubutsu*) gelistet.

Als Reaktion auf die fast zehntausend Fälle von durch Parathion verursachten Erkrankungen revidierte die japanische Regierung 1951 und 1963 das Gesetz zur Kontrolle von Pestiziden in der Landwirtschaft, aber erst 1969 wurde der Einsatz von Parathion verboten. Begründung für das Verbot war, dass Schädlinge wie der asiatische Reisstängelbohrer gegen die Chemikalie resistent geworden und – dieser Grund wurde erst an zweiter Stelle genannt – zu viele Menschen durch Parathion erkrankt oder gestorben waren. Zu Beginn der 1970er Jahre folgten eine Reihe weiterer Verbote von Pestiziden, darunter auch DDT und HCH (Lindan).[32] 1971 wurde dem Gesetz zur Regulierung von Agrarpestiziden ein Artikel über den Schutz von Mensch und Tier hinzugefügt.[33] 1972 wurden (Geld-)Strafen für Verursacher von Verunreinigungen mit Pestiziden[34] und zwischen 1973 und 1977 die Registrierung von Pestiziden und Inspektionen vor Ort verpflichtend eingeführt.[35]

Hinsichtlich der Rückstände von Pestiziden in Lebensmitteln wurde 1968 das Lebensmittelhygienegesetz (*shokuhin eisei-hō*), das ebenfalls von 1948 stammt, überarbeitet und erstmals Grenzwerte für die Pestizide DDT, HCH und Parathion festgelegt. Bis 1978 wurden Grenzwerte für die Rückstände von 26 verschiedenen Pestiziden in 53 unterschiedlichen Lebensmitteln definiert, aber danach stagnierte die Regulierung von Pestizidrückständen in Lebensmitteln. Erst durch die Zunahme von Lebensmittelimporten und der damit verbundenen Vielfalt von Pestiziden, die im

31 *Takashi Watanabe*, Nōyaku torishimari-hō, in: Nihon Nōyaku Gakkai-shi 39/2, 2014, 187–194, hier 189.

32 *Walker*, Toxic Archipelago (wie Anm. 3), 64 f.

33 *Watanabe*, Nōyaku torishimari-hō (wie Anm. 31), 189.

34 *Walker*, Toxic Archipelago (wie Anm. 3), 64 f.

35 *Watanabe*, Nōyaku torishimari-hō (wie Anm. 31), 189.

Ausland verwendet und nicht durch das japanische Pestizidgesetz reguliert wurden, forderten die japanischen Präfekturen und Kommunen von der japanischen Zentralregierung weitere Standards für Pestizidrückstände.[36]

Die in den 1970er Jahren festgelegten Standards für Pestizidrückstände in Lebensmitteln wurden jedoch von Wissenschaftlern und Aktivisten als zu hoch kritisiert. Prominent wurde die Verunreinigung von Milch diskutiert. Vom MHW veröffentlichte Daten über Pestizidrückstände in Milch zeigten, dass diese die Grenzwerte der WHO um ein Vielfaches überstiegen. Daraufhin wurden in Japan erstmals offizielle Grenzwerte eingeführt. Für HCH-Rückstände in Milch wurde ein Grenzwert von 0,2 ppm[37] festgesetzt, obwohl der Grenzwert der WHO bei 0.0004 ppm lag. Diese hohen Grenzwerte, so argumentierten Umweltaktivisten, dienten nicht dem Schutz der Konsumenten, sondern vielmehr der Lebensmittelindustrie. Problematisch war aus der Perspektive der Umweltaktivisten weiterhin, dass Tests von Milch in den 1960er und Anfang der 1970er Jahre nicht systematisch erfolgten und Überschreitungen der Grenzwerte keine Konsequenzen hatten.[38] Sowohl das Gesetz zur Kontrolle von Pestiziden in der Landwirtschaft als auch das Lebensmittelhygienegesetz definierten die Probleme zu eng und ohne Berücksichtigung des ökonomischen Kontexts, in dem Lebensmittel produziert und verarbeitet wurden. Die Landwirtschaftspolitik setzte weiterhin auf die Steigerung der landwirtschaftlichen Produktion, wenn auch nicht mehr ausschließlich auf Reis. Das Kontrollsystem für Pestizide in Lebensmitteln und in der Landwirtschaft ist bis heute mangelhaft, da es zu wenige Inspekteure gibt und Kontrollen meist vorher angekündigt werden.[39] Eine nationale Behörde zur wissenschaftlichen Beurteilung von Risiken für Lebensmittelsicherheit wurde erst 2003 gegründet[40], und durch die enge Verflechtung von Landwirtschaftsministerium und Landwirtschaftskooperativen, die einerseits die Verwendung von Pestiziden regulieren sollten, sie andererseits aber weiterhin förderten, blieb das Problem

36 *Aichi-ken Eiseikagakubu Iryō shokuhin kenkyūshitsu*, Nihon ni okeru zanryū nōyaku kisei no hensen to bunsekihō nitsuite, 2007, www.pref.aichi.jp/eiseiken/3f/zanno_hensen.html (Zugriff 12.3.2017).

37 Ppm bedeutet „parts per million", steht für die Zahl 10^{-6} und wird in Wissenschaft und Technik für den millionsten Teil verwendet.

38 *Ui*, Polluted Japan (wie Anm. 1), 41 f.

39 *Hirokazu Kawagishi*, Shoku no anzen wa doku made shinyō dekiru no ka? Tokio 2008.

40 *Tomiko Yamaguchi*, Social Imaginary and Dilemmas of Policy Practice. The Food Safety Arena in Japan, in: Food Policy 45, 2014, 167–173.

der Pestizidrückstände in Lebensmitteln auch nach den Gesetzesänderungen der frühen 1970er Jahre bestehen.[41]

Die Regulierung der Verwendung von Pestiziden in der japanischen Landwirtschaft und von Pestizidrückständen in Lebensmitteln in den 1960er und 1970er Jahren erfolgte nur lückenhaft. Wie auch im Fall der vier großen industriell verursachten Umweltkatastrophen ging die Regulierung nur so weit, dass sie die Interessen der Landwirtschafts- und Lebensmittelindustrie nicht gefährdete, und sie diente nur nachrangig dem Schutz der Konsumenten. Vor diesem Hintergrund wird deutlich, wie schwierig der Verzicht auf mit Pestiziden kontaminierte Lebensmittel war. Zwar war durch Umweltaktivisten und Verbraucherschützer bereits auf die gesundheitlichen Folgen von Pestiziden und Pestizidrückständen aufmerksam gemacht worden, eine Alternative zu in konventioneller Landwirtschaft erzeugten Produkten existierte jedoch nicht. Wie sollten Konsumenten also das Nicht-Essen von Lebensmitteln mit Pestizidrückständen erreichen, um die eigene Gesundheit und die Gesundheit ihrer Familien zu schützen?

III. Zivilgesellschaftliche Strategien im Umgang mit Regulierungslücken und Nicht-Essen

Viele Konsumenten und die Umwelt- und Verbraucherschutzbewegung hielten die Maßnahmen der Regierung nicht für ausreichend, um Menschen, Tiere und Umwelt vor Pestiziden zu schützen. Vor dem Hintergrund der industriell verursachten Umweltprobleme und Lebensmittelskandale wie dem Kanemi-Reisölskandal begannen in den frühen 1970er Jahren immer mehr Konsumenten die Verwendung synthetischer Chemikalien in der Landwirtschaft und in der Lebensmittel verarbeitenden Industrie zu hinterfragen und sich über deren gesundheitliche und ökologische Folgen zu sorgen. Drei Strategien im Umgang mit der lückenhaften Regulierung von Agrarpestiziden sollen im Folgenden vorgestellt werden. Erstens begannen Bürger und Aktivisten zunehmend, selbst Daten über die Auswirkung von Pestiziden auf die Gesundheit von Mensch und Tier zu sammeln, auf der Basis dieses Wissens politisch aktiv zu werden und die japanische Öffentlichkeit für diese The-

---

41 *Aurelia George Mulgan*, Japan's Interventionist State. The Role of the MAFF. London 2005.

men zu sensibilisieren, kurzum die Voraussetzungen für ein Nicht-Essen zu schaffen. In der Verantwortung sahen sie den japanischen Staat und die verursachenden Unternehmen. Zweitens organisierten sich vor allem Konsumentinnen selbst, um ihren Wunsch nach einem Verzicht auf Pestizide durch die Zusammenarbeit mit Bauern zu verwirklichen. Drittens entstanden Partnerschaften zwischen Landwirten und Konsumenten (*teikei*), die über eine alternative Form von Landwirtschaft nicht nur die Voraussetzung für das Nicht-Essen schaffen wollten, sondern alternative Lebensentwürfe anboten und gesellschaftlichen Wandel von unten anstrebten. Weil diese Initiativen aus den von Konsumentinnen organisierten Kooperationen mit Bauern hervorgingen und sich die verschiedenen Kooperationsformen überschnitten, werden beide Strategien in einem Kapitel behandelt.

1. Durch alternatives Wissen zu mehr Regulierung: Das Jishu Kōgai Kōza

Mit wachsender Aufmerksamkeit für die großen vier Umweltkatastrophen in Minamata, Niigata, Yokkaichi und Toyama wurden mehr kritische Stimmen laut, die darauf hinwiesen, dass die Verursacher immer lokal ansässige Unternehmen waren, die jegliche Verantwortung mit der Unterstützung von Wissenschaftlern und Technokraten von sich wiesen. Deshalb, so schlussfolgerte der Chemiker und Pionier der japanischen Umweltforschung Jun Ui (1932–2006), müssten diesem klar durch wirtschaftliche Interessen geprägtem Wissen alternatives Wissen entgegengesetzt, den Opfern eine Stimme gegeben und eigene und unabhängige Daten produziert und verbreitet werden.[42] In den 1960er und 1970er Jahren begannen immer mehr Wissenschaftler gemeinsam mit den Opfern der großen vier Umweltkatastrophen Daten über die Umweltverschmutzung und ihre gesundheitlichen Folgen zu erheben. Ui, der bereits seit 1960 über die Minamata-Krankheit und andere industriell verursachte Katastrophen in Japan und Europa aus der Perspektive der Betroffenen geforscht hatte, gründete 1970 an der Universität Tokio das unabhängige Bürgerforum zur Diskussion von Umweltverschmutzung (*Jishu Kōgai Kōza*). Da es zu dieser Zeit in Japan keinen Ort gab, wo durch industrielle Verschmutzung verursachte Umweltzerstörung diskutiert werden konnte, sollten – gegen den Widerstand der Hochschulleitung – in diesem für alle zugänglichen, selbsttragenden Bürgerforum Forschungsarbeiten präsentiert werden und Betroffene zu Wort kom-

42 *Yoshimi*, Posuto sengo shakai (wie Anm. 19), 123.

men.[43] Regelmäßig wurden Journalisten, Betroffene und Verwaltungsbeamte eingeladen, um ihre Positionen darzulegen. Mitglieder gaben eine Monatszeitschrift heraus, um die Resultate der Diskussionen einer breiten Öffentlichkeit zugänglich zu machen. Das *Jishu Kōgai Kōza* wurde so zu einer Verbindungstelle verschiedenster lokaler Umweltschutzbewegungen innerhalb und außerhalb Japans.[44]

Zwischen 1970 und 1985 fanden 300 Veranstaltungen an der ingenieurwissenschaftlichen Fakultät der Universität Tokio statt, an denen insgesamt mehrere zehntausend Menschen teilnahmen.[45] Die Arbeit Uis und des *Jishu Kōgai Kōza* basierte auf der Überzeugung, dass Naturwissenschaftler, Ingenieure, Industrie, Regierung und Bürokratie ein korruptes System bildeten, das Umweltverschmutzung nicht nur verursachte, sondern die Folgen für die Opfer durch gefälschte oder einseitige wissenschaftliche Daten zu negieren suchte und dabei die Erfahrungen und das Wissen der Betroffenen als Laienwissen ignorierte.[46] Daraus leitete sich der Anspruch ab, die Autorität dieser Experten herauszufordern.[47] Der Ansatz der Koproduktion von Wissen über Umweltverschmutzung durch Wissenschaftler und Betroffene ist eine Praxis, die in den „science and technology studies" auch als Bürgerwissenschaft oder „citizen science" bezeichnet wird.[48] Obwohl mit diesem Begriff heute eine Vielfalt von Aktivitäten bezeichnet wird, bezog sich das Wort in den 1970er Jahren vor allem auf eine unabhängige Form von Wissenschaft, die von Bürgern in Eigenregie meist im Bereich des Umweltschutzes durchgeführt wurde und ein emanzipatorisches Moment beinhaltete.[49] Im japanischen Kontext wurden Wissenschaftler wie Ui, die gemeinsam mit und im Interesse von Opfern industrieller Umweltverschmutzung Daten sammelten, um ihre Forderungen nach Kompensation oder besserer Regulierung untermauern zu können, als „service scientists" bezeichnet, die mit ihrer wissenschaftlichen Tätigkeit den Bürgern nutzen woll-

---

43 *Ui*, A Citizens' Forum (wie Anm. 16), 271 f.

44 *Claudia Stocker*, Umweltschutz im Japan der 1960/1970er Jahre. Von einer technischen Frage zur Gesellschaftskritik, in: Asiatische Studien 51/4, 1997, 1175–1182, hier 1178.

45 *Ui*, A Citizens' Forum (wie Anm. 16), 271.

46 *Ui*, Polluted Japan (wie Anm. 1), 12.

47 *Ui*, A Citizens' Forum (wie Anm. 16), 272.

48 *Brian Wynne*, Sheepfarming after Chernobyl. A Case Study in Communicating Scientific Information, in: Environment. Science and Policy for Sustainable Development 31/2, 1989, 10–39; *Alan Irwin*, Citizen Science. A Study of People, Expertise and Sustainable Development. London/New York 1995.

49 *Peter Finke*, Citizen Science. Das unterschätzte Wissen der Laien. München 2014.

ten.[50] Dabei spielte die Anerkennung lokalen Laienwissens eine wichtige Rolle, da die betroffenen Bürger häufig über Erfahrungen und Wissen verfügen, das professionelle Wissenschaftler benötigen, um sinnvolle Lösungen für Umweltprobleme entwickeln zu können.[51] Allerdings ging es in Japan während der 1960er und 1970er Jahre zunächst darum, der japanischen Öffentlichkeit alternative Daten über Umweltverschmutzung anzubieten, ein Problembewusstsein zu schaffen, Umweltprobleme auf die politische Agenda zu bringen und den politischen, wissenschaftlichen und ökonomischen Eliten zu vermitteln, dass sie die Erfahrungen der Betroffenen ernst nehmen mussten.[52]

Um ihren Forderungen nach einer Regulierung industrieller Verschmutzung in Japan mehr Gewicht zu verleihen und weil sie mit dem offiziellen Bericht der japanischen Regierung über die Situation der Umweltverschmutzung in Japan nicht zufrieden waren, da darin nicht einmal die Minamata-Krankheit erwähnt war, stellten die Mitglieder des *Jishu Kōgai Kōza* einen Bericht mit dem Titel „Polluted Japan" zusammen. Diesen präsentierten sie 1972 gemeinsam mit Betroffenen der Minamata-Krankheit und der PCB-Vergiftungen durch den Kanemi-Reisölskandal auf der UN Weltumweltkonferenz in Stockholm.[53] Der Bericht enthält zwanzig Fallstudien über Umweltprobleme, darunter die Methylquecksilbervergiftungen in Minamata und Niigata, die Luftverschmutzung in japanischen Großstädten, Kadmiumvergiftungen und Agrarpestizide.[54]

Um den Bericht über Agrarpestizide zusammenzustellen, hatten Mitglieder des *Jishu Kōgai Kōza* in Zusammenarbeit mit Ärzten, Wissenschaftlern von regionalen Hochschulen, Mitarbeitern von Kommunen und Betroffenen die Rückstände von Alkylquecksilberverbindungen in Haaren und Blut von Bauern und deren Familien, in Lebensmitteln und im Boden untersucht und dokumentiert. Diese Substanzen, die auch Ursache der Minamata-Krankheit waren, wurden seit 1962 in der japanischen Landwirtschaft als Fungizide und Saatbeizmittel verwendet. In „Polluted Japan" verwiesen die Mitglieder des *Jishu Kōgai Kōza* auf Studien, denen zufolge in Haaren von Japanern drei- bis viermal mehr Quecksilberrückstände gemessen wur-

50 *Shigeru Nakayama*, The Orientation of Science and Technology. A Japanese View. Folkestone 2009, 194.

51 *Wynne*, Sheepfarming after Chernobyl (wie Anm. 48).

52 *Jun Ui*, Kōgai jishu kōza 15 nen. Tokio 1991.

53 *Ui*, A Citizens' Forum (wie Anm. 16), 274.

54 *Ui*, Polluted Japan (wie Anm. 1).

den als in Haaren von Menschen anderer Länder. Nachdem diese und ähnliche Untersuchungen bekannt geworden waren, übten Umweltaktivisten, Bauern und die durch die Minamata-Krankheit sensibilisierte japanische Öffentlichkeit Druck auf die Regierung aus. Diese erhob 1966 erstmals eigene Daten und verbot 1968 die Verwendung organischer Quecksilberverbindungen in der Landwirtschaft. Dennoch wurden auch nach dem Verbot, so zeigen Studien des *Jishu Kōgai Kōza*, immer wieder Rückstände von Insektiziden auf Quecksilberbasis in Fisch, Reis und im Boden gemessen, da sich diese im Ökosystem abgelagert hatten.[55]

Weitere Messungen mit und Dokumentationen durch Bauern, Verbraucher und Bürgerwissenschaftler zeigten darüber hinaus, obwohl in Statistiken des Landwirtschaftsministeriums Pestizidvergiftungen bereits vor dem Verbot von Parathion und DDT zurückgegangen waren, dass zwischen 1958 und 1971 durch Organochlorpestizide und Organophosphatpestizide wie Marathion immer noch zahlreiche Pestizidvergiftungen stattfanden. Die Symptome, die bei Bewohnern ländlicher Regionen und besonders bei Bauern auftraten, waren Kopfschmerzen, Übelkeit, Appetitverlust, Hautausschlag und Augenschmerzen. Teilweise waren auch Personen, die weiter entfernt von landwirtschaftlichen Nutzflächen lebten, von diesen Symptomen betroffen. Weitere Studien zeigten den hohen Grad der Verschmutzung japanischer Flüsse mit Pestiziden und hohe Pestizidrückstände in Lebensmitteln auf. So ergaben Messungen, dass die Rückstände von Lindan in Milch in der Präfektur Nagasaki im Jahr 1970 Werte von 0.9 ppm erreichten und damit 200 Mal höher waren als die Grenzwerte der WHO.[56]

Mit der Einbeziehung der Perspektive von Betroffenen und der Koproduktion von Wissen leistete das *Jishu Kōgai Kōza* einen wichtigen Beitrag zur Entwicklung eines Problembewusstseins für die Folgen von Pestiziden in der japanischen Öffentlichkeit. Die Veröffentlichung dieser Daten konnte die japanische Regierung auch wegen der Präsentation während der UN-Umweltkonferenz nicht mehr ignorieren. Diese sogenannte Bumerangtaktik, die auch heute noch häufig von sozialen Bewegungen, insbesondere von Menschenrechtsorganisationen, verwendet wird, um in Japan politische Ziele durchzusetzen[57], trug zur Sichtbarkeit der Pestizidproblema-

55 Ebd. 40.

56 Ebd. 39–41.

57 *Jennifer Chan*, Another Japan Is Possible. New Social Movements and Global Citizenship Education. Stanford 2008.

tik in Japan bei. Damit legten die Bürgerwissenschaftler des *Jishu Kōgai Kōza* einen wichtigen Grundstein für die Entstehung von administrativen Strukturen, die zumindest die Möglichkeit boten, langfristig dafür zu sorgen, dass die japanische Bevölkerung weniger Pestiziden (und anderen Umweltgiften) ausgesetzt wurde. Kurzum, die Aktivisten des *Jishu Kōgai Kōza* bemühten sich darum, das Nicht-Essen von mit Pestiziden kontaminierten Lebensmitteln zu ermöglichen, indem sie auf der Basis von alternativem Wissen die Veränderung der ökonomischen, politischen und rechtlichen Strukturen anstrebten.

2. *Durch Selbsthilfe zum Verzicht: Partnerschaften zwischen Konsumenten und Produzenten*

Aus der Perspektive individueller Konsumenten, die im Alltag Lebensmittel mit Pestizidrückständen meiden wollten, reichten Aktivismus und langfristiger politischer Wandel nicht aus, um das Pestizidproblem zu lösen. Landwirtschaftsprodukte, die in den 1960er und 1970er Jahren im japanischen Einzelhandel erhältlich waren, stammten alle aus der konventionellen Landwirtschaft. Entsprechend begannen Konsumenten sich selbst zu organisieren, um gemeinsam Agrarprodukte, die ohne den Einsatz von Pestiziden angebaut wurden, direkt von den Produzenten zu kaufen. Obwohl Alternativen zur industriellen Landwirtschaft in Japan bereits in den 1930er Jahren diskutiert worden waren, formierte sich eine breite zivilgesellschaftliche Bewegung gegen industrielle Landwirtschaft und für sichere Lebensmittel ohne Agrarpestizide erst in den frühen 1960er Jahren, da zuvor die Ernährungssicherung im Vordergrund stand.[58]

Diese Initiativen begannen meist lokal. Oft war Milch das erste Produkt, für das Alternativen gesucht wurden. Die bereits oben diskutierte Kontamination von Milch mit Agrarpestiziden stellte insbesondere für Mütter kleiner Kinder ein großes gesundheitliches Problem dar. Entsprechend waren sie es, die sich in der Nachbarschaft organisierten und direkt mit Produzenten Verträge eingingen, um sichere Milch zu erwerben. Aus einigen der Milchverbrauchergruppen wurden später Konsumgenossenschaften, andere agierten ausschließlich lokal und schlossen vor allem Verträge mit Milchbauern aus der Region, die sie dazu anhielten, unter Verwendung so weniger Pestizide wie möglich zu produzieren.[59] Oft gingen diese Partnerschaften

58 *Kondoh*, The Alternative Food Movement (wie Anm. 15), 144 f.

59 *Jussaume* u. a., Food Safety (wie Anm. 25).

zwischen Konsumentengruppen und Bauern aus Studiengruppen von Hausfrauen hervor, in denen diese sich über Lebensmittelsicherheit informierten und austauschten. Viele dieser Gruppen wandten sich dann dem gemeinsamen Einkauf von Milch und später auch anderer pestizidfreier Agrarprodukte zu. Dazu mussten aber zunächst geeignete Bauern gefunden werden.

Frau Shinohara[60] aus Kōbe, die, nachdem sie Mitglied in verschiedenen Konsumgenossenschaften gewesen war, in den 1970er Jahren eine eigene Verbrauchergruppe gründete, erinnerte sich im Interview, das ich 2012 mit ihr führte, daran, dass sie 1975 zunächst Verwandte aus dem Umland von Kōbe ansprach. Als Motivation der Gruppe, eine Partnerschaft mit den Bauern zu suchen und diese zu bitten, Lebensmittel ohne die Verwendung von Pestiziden herzustellen, nannte sie die Lücken in der Regulierung von Agrarpestiziden und im Bereich der Lebensmittelsicherheit. Da es weder eine Kennzeichnungspflicht für Zusatzstoffe in Lebensmitteln noch Kontrollen von Pestizidrückständen gab, fühlten sich die Mitglieder der Verbrauchergruppe verunsichert, weil sie nicht wussten, welche Schadstoffe die Lebensmittel, die sie selbst und ihre Familien konsumierten, enthielten. Das betraf sowohl verarbeitete Lebensmittel als auch frische Lebensmittel. Ihr Bild der konventionellen Landwirtschaft in den 1970er Jahren war von der Vorstellung geprägt, dass die Bauern in den Anbaugebieten sehr viele Pestizide und anorganische Düngemittel verwendeten.[61]

Lokale Verbrauchergruppen sahen die Lösung darin, Direktverträge mit Bauern einzugehen und Grenzen für anorganische Düngemittel und Pestizide festzulegen, dafür aber mehr für die Agrarprodukte zu bezahlen. Doch zunächst mussten sie mit den Bauern aushandeln, was biologischer Landbau eigentlich bedeutet, durch welche Anbaumethoden sie auch ohne die Verwendung von Pestiziden ausreichend produzieren könnten, und sie begannen, sich gemeinsam in traditionelle Anbaumethoden einzuarbeiten. Die Mitglieder der von Frau Shinohara gegründeten Verbrauchergruppe investierten viel Zeit in den Austausch und das gemeinsame Lernen mit den Bauern, befragten ältere Menschen zu früheren Anbaumethoden, fuhren so oft wie möglich zu ihren Bauern und unterstützten sie bei der Arbeit. Häufig fanden diese Besuche statt, um bei der Ernte zu helfen. Familien brachten ihre Kinder mit, um

---

60 Die Namen aller Interviewpartner sind Pseudonyme.

61 Interview der Autorin mit Frau Shinohara, Hausfrau und Gründungsmitglied einer Verbrauchergruppe in Kōbe, durchgeführt in Kōbe am 23.2.2012. Das Interview wurde aufgezeichnet und transkribiert.

ihnen so auch Kenntnisse darüber zu vermitteln, wie Lebensmittel angebaut werden (*nōgyō taiken*).[62]

Auch auf Seiten der Bauern stieg das Interesse an solchen Kooperationen. Auf Produzentenseite wuchs die Kritik an der Landwirtschaftspolitik der japanischen Regierung, und es erfolgte eine Sensibilisierung gegenüber den gesundheitlichen Folgen, die die intensive Nutzung von Pestiziden mit sich brachte. 1967 verkündete die japanische Regierung, dass für das japanische Grundnahrungsmittel Reis eine Selbstversorgungsrate von 100 Prozent erreicht worden sei. Die Überproduktion sollte nun gedrosselt werden, um das Absinken der Reispreise zu verhindern. Viele Reisbauern waren von den 1971 eingeleiteten Maßnahmen zur Verringerung der Reisproduktion enttäuscht, da sie das Gefühl hatten, dass ihre jahrelangen Bemühungen um eine ausreichende Versorgung mit Reis nicht gewürdigt wurden. Das daraus resultierende Misstrauen gegenüber der Landwirtschaftspolitik förderte auch die Skepsis gegenüber der konventionellen Landwirtschaft, und einige Bauern begannen nach alternativen Produktionsmethoden zu suchen. Die biologische Landwirtschaft schien vielversprechend, weil viele Landwirte bereits selbst festgestellt hatten, dass die übermäßige Verwendung von Pestiziden die Fruchtbarkeit der Böden und die eigene Gesundheit beeinträchtigte.[63]

Herr Ikeda, ein Reisbauer und Pionier des biologischen Landbaus aus der Präfektur Fukushima, erinnerte sich in unserem Interview 2012 daran, wie schwierig es für die Produzenten in den 1970er Jahren war, auf Pestizide und chemische Düngemittel zu verzichten. Ebenso problematisch war es, Abnehmer für biologisch erzeugte Produkte zu finden. In seiner Nachbarschaft gab es vor allem konventionelle Bauern und diese hätten meist ohne Augenmaß und ohne zu überlegen, ob es überhaupt nötig war, Pestizide ausgebracht, häufig auf Initiative der lokalen Landwirtschaftskooperativen (Japan Agriculture Cooperatives oder *Nōkyō*, kurz: JA). Aus Hubschraubern wurden großflächig Pestizide versprüht und entsprechend unmöglich sei es gewesen, die eigenen Felder vor Pestiziden zu schützen. Das neue gesellschaftliche Bewusstsein für industrielle Umweltverschmutzung leitete auch ein Umdenken bei vielen Landwirten ein, die sich nicht mehr damit abfinden wollten, dass große Mengen von Pestiziden und Herbiziden ins Grundwasser gelangten und die eigene Gesundheit und die Gesundheit ihrer Familien gefährdeten. Daher organisierten

62 Ebd.

63 *Kondoh*, The Alternative Food Movement (wie Anm. 15), 145 f.

sich gleichgesinnte Bauern in Studiengruppen und suchten Kontakte mit Konsumenten. Für Herrn Ikeda waren der Kontakt mit Mitgliedern der Organisation *Zenkoku Ainōkai*[64] und die Schwangerschaft seiner Ehefrau der Auslöser, sich dem biologischen Landbau zuzuwenden. Um sich über die Folgen von Pestiziden und über Methoden des biologischen Landbaus zu informieren, nahm Herr Ikeda an zahlreichen Vortragsreihen und Studiengruppen teil, die zum Teil von *Zenkoku Ainōkai* organisiert wurden. Durch den Kontakt mit Konsumenten bei diesen Treffen entstanden erste Direktverkaufsbeziehungen.[65]

Zwei Faktoren trugen Herrn Ikeda zufolge zu einem Rückgang der Verwendung von Pestiziden in der Landwirtschaft bei: Der erste Faktor war das insgesamt größere Bewusstsein für Umweltfragen und der durch die zahlreichen Skandale entstandene Wunsch einer wachsenden Zahl von Konsumenten, Lebensmittel zu erwerben, die ohne die Verwendung von Pestiziden hergestellt wurden. Der zweite Faktor waren staatliche Maßnahmen zur Reduktion der Reisproduktion. Durch eine zunehmende Diversifizierung der Feldfrüchte traten im Vergleich zum Anbau von Reis als Monokultur weniger Probleme auf, denen mit Pestiziden vorgebeugt werden musste. Auch die zunehmende Beschäftigung der Konsumgenossenschaften mit Lebensmittelsicherheit stellte eine Chance für Biobauern dar. Entwickelten sich zunächst Direktverkaufsbeziehungen mit kleineren lokalen Konsumentengruppen, so zogen die Konsumgenossenschaften bald nach. Herr Ikeda belieferte sowohl Kunden aus der näheren Umgebung als auch in Tokio.[66] Ohne die Partnerschaften und den Direktverkauf mit Konsumenten hätten Landwirte, die auf Pestizide verzichteten, damals kaum einen Markt für ihre Erzeugnisse gefunden, denn weder JA noch die Zwischenhändler, die die Supermärkte belieferten, akzeptierten in den 1970er Jahren Agrarprodukte, die ohne den Einsatz von Pestiziden produziert wurden und von Standards bezüglich Größe, Farbe und Form abwichen.[67]

---

64 Zenkoku Ainōkai wurde 1946 von Junichi Kotani gegründet, um die Unabhängigkeit von Bauern und seit 1972 den biologischen Landbau zu fördern. Die Organisation ist transnational vernetzt und unterstützt landwirtschaftliche Projekte in Asien. Seit 2000 führt die Organisation die Zertifizierung für das Bio-Siegel (Bio-JAS) des japanischen Landwirtschaftsministeriums durch.

65 Interview der Autorin mit Herrn Ikeda, Biolandwirt, durchgeführt in Nihonmatsu am 25.2.2012. Das Interview wurde aufgezeichnet und transkribiert.

66 Ebd.

67 *Kondoh*, The Alternative Food Movement (wie Anm. 15), 147.

Die eher informellen Partnerschaften zwischen Produzenten und lokalen Verbrauchergruppen und die formalisierten späteren Partnerschaften mit Konsumgenossenschaften waren eher darauf ausgerichtet, praktische Lösungen für Probleme anzubieten, die durch die mangelnde staatliche Regulierung von Pestiziden entstanden waren als darauf, gesamtgesellschaftliche Veränderungen herbeizuführen.

Die *Teikei*-Bewegung hingegen, die parallel in den späten 1960er und frühen 1970er Jahren entstand und heute als Inspiration zahlreicher sogenannter alternativer Ernährungs- und Agrarbewegungen gilt, verfolgte das Ziel, durch biologische Landwirtschaft eine alternative Gesellschaftsform zu erreichen. *Teikei* bedeutet Partnerschaft und entsprechend basiert die Bewegung bis heute auf dem Prinzip der gegenseitigen Unterstützung von Lebensmittelkonsumenten und -produzenten, die biologische Landwirtschaft betreiben. Statt einer individualistischen, auf reinen Eigennutz der beteiligten Akteure ausgerichteten Tauschbeziehung, standen Gemeinschaft und gegenseitiger Nutzen im Vordergrund. *Teikei*-Gruppen verstanden sich als Initiativen, die gesellschaftlichen Wandel durch Veränderungen im Alltagsleben von Individuen erreichen wollten. Dazu gehörte auch der Widerstand gegen die dominanten Marktstrukturen. Die Partnerschaft zwischen Konsumenten und Produzenten bildete die Grundlage eines alternativen Tauschsystems.[68]

In den ersten Jahren wurden solche Partnerschaften vor allem von Konsumenten initiiert und unterschieden sich daher kaum von den oben vorgestellten informellen Gruppen, grenzten sich aber ab Anfang der 1970er Jahre stark von Konsumgenossenschaften und der Verbraucher- und Umweltschutzbewegung ab. Während Letztere durch Aktivismus politische Lösungen für die Probleme der industriellen Landwirtschaft anstrebten und von der *Teikei*-Bewegung als zu sehr in der Logik des Systems gefangen kritisiert wurde, galten die Konsumgenossenschaften als zu kommerziell und ihr Kundenkreis als zu groß, um ausschließlich lokal agieren und enge Beziehungen zwischen Konsumenten und Produzenten gewährleisten zu können. Dennoch orientierten sich die *Teikei*-Gruppen an den Konsumgenossenschaften, griffen auf deren Liefermodelle zurück und unterteilten ihre Mitglieder auf der Konsumentenseite in kleine Gruppen (*han*). Die Bauern belieferten jede Gruppe einmal in der Woche, und die Produkte wurden dann intern an alle Mitglieder verteilt. Mit

68 Ebd. 143, 152.

der Gründung des Verbands für biologischen Landbau Japans (*Nihon Yūki Nōgyō Kenkyūkai*, kurz: JOAA) im Jahr 1971 durch Wissenschaftler, die über die Auswirkungen von Agrarpestiziden auf die menschliche Gesundheit und die Umwelt besorgt waren, wurden zehn Grundprinzipien von *teikei* fixiert. Darin wurde festgeschrieben, dass die Konsumenten alle Produkte abnehmen mussten, Preise im gegenseitigen Einvernehmen und im Hinblick auf den gegenseitigen Nutzen festgelegt und die Auslieferung der Produkte selbst organisiert werden sollten. *Teikei*-Gruppen sollten nachhaltig sein und die Mitglieder die anfallenden Arbeiten selbst bewältigen können, daher sollte die Produktion einen entsprechenden Umfang nicht überschreiten. Neben der gegenseitigen Unterstützung wurden Prinzipien wie der gegenseitige Respekt, gemeinsame Planung, demokratische Strukturen und das Voneinander-Lernen festgelegt.[69]

Teikei war nicht nur eine praktische Lösung für Konsumenten, um den Problemen der modernen Landwirtschaft und dem übermäßigen Gebrauch von Pestiziden zu begegnen, sondern bereitete auch den Weg für den biologischen Landbau in Japan, weil die Partnerschaften zwischen Konsumenten und Produzenten einen Markt für Biobauern kreierten. Da es in den 1970er und 1980er Jahren keine staatliche Förderung für den biologischen Landbau in Japan gab, waren es ausschließlich Individuen, informelle lokale Initiativen, *Teikei*-Gruppen oder Organisationen wie JOAA, die zur Entstehung einer Landwirtschaft beitrugen, in der weitgehend auf die Verwendung von Pestiziden verzichtet wurde.[70]

Sowohl informelle Partnerschaften zwischen Konsumenten und Bauern und die etwas späteren Kooperationen zwischen Konsumgenossenschaften und Bauern als auch die *Teikei*-Gruppen setzten auf Selbsthilfe, um Konsumenten trotz der Lücken in der Regulierung für Agrarpestizide Lebensmittel ohne Pestizide verfügbar zu machen. Während die lokalen Hausfrauengruppen über die Partnerschaft mit den Bauern hinaus nicht notwendigerweise gesellschaftliche Veränderungen anstrebten, waren doch viele Frauen gleichzeitig auch in Konsumgenossenschaften aktiv und an politischen Aktivitäten auf lokaler Ebene beteiligt.[71] Die *Teikei*-Gruppen kritisier-

---

69 *JOAA*, Teikei System, the Producer-Consumer Co-Partnership and the Movement of the Japan Organic Agriculture Association, 1993, www.joaa.net/english/teikei.htm#TEIKEI-10 (Zugriff 31.8.2016).

70 *Kondoh*, The Alternative Food Movement (wie Anm. 15), 146.

71 *Gelb/Estevez-Abe*, Political Women (wie Anm. 5); *Robin M. Leblanc*, Bicycle Citizens. The Political World of the Japanese Housewife. Berkeley/Los Angeles 1999.

ten die japanische Gesellschaft und die Priorisierung von Wirtschaftswachstum und Konsum grundlegend und zogen eine Strategie des Rückzugs aus dem konventionellen System der Produktion von und des Handels mit Nahrungsmitteln vor, um ein alternatives Landwirtschafts- und Nahrungsmittelsystem zu schaffen. Für all diese Initiativen war Wissen ein wichtiger Faktor. Die meist urbanen Konsumentinnen lernten von den Bauern oder erarbeiteten sich gemeinsam vergessenes Wissen über landwirtschaftliche Praktiken, die ohne die Verwendung von synthetischen Agrarpestiziden auskamen. Während der Modernisierung der japanischen Landwirtschaft war Wissen über die Verwendung von Pestiziden vor allem von oben nach unten vermittelt worden. Die Abkehr von der industriellen Landwirtschaft reaktivierte das lokale und traditionelle Wissen über Landwirtschaft und beinhaltete die Koproduktion von Wissen durch Konsumenten und Produzenten.

IV. Fazit: Lokales Laienwissen gegen Pestizide

Die Lücken in der Regulierung von Agrarpestiziden brachten in Japan zwischen 1960 und 1980 zahlreiche Initiativen hervor, durch die das Nicht-Essen von mit Pestiziden kontaminierten Lebensmitteln verwirklicht werden sollte. Während die Bürgerwissenschaftler und Umweltaktivisten um Jun Ui Änderungen im politischen System und die Regulierung von giftigen Substanzen wie Pestiziden forderten, um dem Wunsch nach einem Verzicht auf Pestizide in Nahrung, Boden, Luft und Wasser nachzukommen, setzten lokale Konsumentengruppen und die *Teikei*-Bewegung auf Selbsthilfe. Während die Bürgerwissenschaftler und Aktivisten um Ui gegen und für eine Änderung der bestehenden politischen Verhältnisse agierten, waren die Aktivitäten der Hausfrauengruppen eher lokal begrenzt. Durch ihre Aktivitäten auf kommunaler Ebene ergänzten sie vielmehr die bestehende Gesellschaft um das Angebot pestizidfreier Lebensmittel und übernahmen selbst die Verantwortung dafür, die Versorgung mit solchen Lebensmitteln zu organisieren. Die *Teikei*-Bewegung versuchte hingegen, ein alternatives gesellschaftliches System zu schaffen, in dem auf die Verwendung von Pestiziden verzichtet wurde.

Obwohl Konsumgenossenschaften und informelle Hausfrauen- und Konsumentengruppen primär die eigene Versorgung mit pestizidfreien Lebensmitteln anstrebten, engagierten sie sich mitunter durchaus politisch, indem sie beispielsweise auf Lebensmittelsicherheitsprobleme aufmerksam machten, sich Wissen aneigneten und in Studiengruppen weitergaben, neue Mitglieder warben, und sich – im Fall einer Mitgliedschaft im *Seikyō*-Netzwerk – in Stadträte wählen ließen und politische Lobbyarbeit betrieben.[72] Dieses individualisierte Nicht-Essen mutet auf den ersten Blick eher unpolitisch an, dennoch handelt es sich um eine Form der politischen Subjektwerdung über Nahrungsmittelverzicht, der mit dem Begriff der „informal life politics" gefasst werden kann. Damit sind gemeinschaftliche Formen lokalen Handelns von gewöhnlichen Bürgern gemeint, die sowohl ihr eigenes als auch das kollektive Wohlergehen vor den Folgen raschen ökologischen, ökonomischen und sozialen Wandels zu schützen suchen.[73] Auch die *Teikei*-Bewegung war keine auf politischen Aktivismus ausgerichtete Bewegung, sondern vielmehr daran interessiert, über biologischen Landbau ein alternatives Gesellschaftsmodell zu erproben. Dieses Konzept basierte aber eher auf der Idee des Rückzugs aus der Mehrheitsgesellschaft und hatte nicht die Neuordnung der gesamten Gesellschaft zum Ziel.

Die hier vorgestellten Strategien zielten auf verschiedenen Ebenen darauf ab, Nicht-Essen zu erreichen: Bürgerwissenschaftler und Umweltaktivisten wollten vor allem ein gesellschaftliches Problembewusstsein schaffen und durch Protestaktionen Druck auf die japanische Regierung ausüben, um eine Regulierung der Verwendung von Agrarpestiziden zu erwirken, die das Nicht-Essen von kontaminierten Lebensmitteln für alle ermöglichen sollte. Die Verbrauchergruppen hingegen zielten auf der individuellen Ebene direkt auf das Nicht-Essen ab, indem sie sich darum bemühten, durch alternative Vertriebswege und Direktverträge mit ausgewählten Bauern zunächst im engsten familiären und nachbarschaftlichen Raum den Verzicht auf kontaminierte Lebensmittel zu erreichen.

Allen Initiativen ist trotz dieser Unterschiede gemeinsam, dass sie der dominanten, auf Modernisierung und Wirtschaftswachstum ausgerichteten Wissensordnung der Eliten, die sie für die Umweltkatastrophen und Lebensmittelskandale seit den 1950er Jahren als mitverantwortlich ansahen, lokales und mitunter traditionelles Wissen der Opfer von Pestizidvergiftungen, Bauern und Konsumenten entgegensetzten. Die 1970er Jahre brachten bis heute bestehende alternative Bewegungen und eine Bürgerwissenschaft hervor, die in Koproduktion mit Laien alternatives Wissen emanzipatorisch einsetzte. Dieses alternative Wissen wurde dem von pro-

---

72 *Gelb/Estevez-Abe*, Political Women (wie Anm. 5).

73 *Tessa Morris-Suzuki*, Re-Animating a Radioactive Landscape. Informal Life Politics in the Wake of the Fukushima Nuclear Disaster, in: Japan Forum 27/2, 2015, 167–188.

fessionellen Wissenschaftlern erzeugten „modernen“ Wissen, das von Bürokraten des japanischen Landwirtschaftsministeriums verbreitet oder von Wissenschaftlern hierarchisierend eingesetzt wurde, um die Alltagsbeobachtung von Betroffenen von Krankheiten zu diskreditieren, entgegensetzt, um die Interessen der Betroffenen zu vertreten und den Staat dazu aufzufordern, Verantwortung für die Gesundheit von Bürgern und Umwelt zu übernehmen. Da dies nicht ausreichend gelang, übernahmen lokale Verbrauchergruppen gleichzeitig die Initiative und organisierten Partnerschaften zwischen Produzenten und Konsumenten.

Insgesamt blieben dennoch die meisten der untersuchten Selbsthilfeinitiativen, einschließlich der *Teikei*-Gruppen, lokal begrenzt und bemühten sich kaum, durch direkte politische Einflussnahme und Aktivismus Änderungen im politischen und ökonomischen System Japans herbeizuführen. Auch die Aktivitäten des *Jishu Kōgai Kōza* führten nur zu begrenzten Erfolgen. Die Umweltbewegung galt bereits Mitte der 1970er Jahre als gescheitert[74] und die Verbraucherschutzbewegung als generell schwach[75]. Dennoch forderten diese disparaten und nur lose miteinander vernetzten Initiativen die dominante Wissensordnung der Eliten aus Politik, Wirtschaft, Bürokratie und Wissenschaft, welche die eng mit Wirtschaftswachstum verknüpfte Modernisierung stützten, heraus und brachten alternative Formen der Produktion von Wissen sowie alternative Beziehungen zwischen Lebensmittelproduzenten und -konsumenten hervor, die bis heute existieren. Insbesondere nach der Atomkatastrophe von Fukushima im Jahr 2011 ist mit den unabhängigen Bürgermessstationen für Radioaktivität (*jishu shimin hōshanō sokuteisho*) eine neue Generation von Bürgerwissenschaftlern entstanden. Alternative Landwirtschaftspraktiken haben vor diesem Hintergrund neue Relevanz gewonnen. Nicht-Essen als Gesundheitsstrategie spielt angesichts unsichtbarer Risiken wie Radioaktivität heute wieder eine wichtige Rolle für japanische Konsumenten.[76]

74 *Avenell*, Japan's Long Environmental Sixties (wie Anm. 5).

75 *MacLachlan*, Consumer Politics (wie Anm. 5).

76 *Cornelia Reiher*, Lay People and Experts in Citizen Science. Monitoring Radioactively Contaminated Food in Post-Fukushima Japan, in: ASIEN 140, 2016, 56–73.

II. Steuerung

Fortschritt und Fälschung

Lebensmittelkonsum und Verbraucherschutz im Zarenreich vor dem Ersten Weltkrieg

von Lutz Häfner

Progress and Adulteration: Consumption of Food and Consumer Protection in Tsarist Russia Prior to World War I

This article shows how different strata of urban society were affected by food scandals, caused by rotten, poisonous, artificially manipulated and dangerous nutrition in Moscow and St. Petersburg. Comparing the Russian example with Western European countries, the paper illustrates how the Ancien régime enforced food regulations, exercised permanent control in laboratories, and tried to standardise the ingredients of different food products. Based on a vast array of different sources – ranging from archival materials, newspapers, to both scientific and popular hygienic as well as other journals – the paper analyses the practices of different agents and interest groups, such as large scale industrial producers as well as peasants, small artisanal manufacturers, retailers, experts such as chemists, hygienists, lawyers, technicians, city councils and the government. It shows how they interacted with each other in order to reduce adulteration, improve the quality of the products, and boost commerce as well as public health.

„Man vermeide durchaus das Trinken von ungekochtem Wasser."[1] Nicht nur der Russland-Reiseführer von Karl Baedecker rief Touristen diese Verhaltensmaxime am Vorabend des Ersten Weltkriegs in Erinnerung, auch die Sankt Petersburger Stadtverwaltung ließ sie 1908 Abertausende Mal in der Hauptstadt plakatieren und in Zeitungen abdrucken[2] und kostenlos Tee, Zucker, abgekochtes Trinkwasser und über 2,5 Millionen warme Mahlzeiten ausgeben.[3] Ziel war, nach der Pandemie von 1892/93 der erneut grassierenden Choleraepidemie Herr zu werden, aber auch der

1 *Karl Baedecker*, Rußland nebst Teheran, Port Arthur, Peking. Handbuch für Reisende. 7. Aufl. Leipzig 1912, 99.

2 Ne pejte seroj vody. Vyjasneno, čto vse zabolevšie choleroj, pili syruju vodu, in: Gazeta-Kopejka No. 68, 5.9.1908, 3.

3 Rossijskij Gosudarstvennyj Istoričeskij Archiv [Russländisches Historisches Staatsarchiv, RGIA], f. 1298, op. 1, d. 2313, l. 1; vgl. Obščestvo obyvatelej i izbiratelej, in: Gorodskoe Delo 1/12, 1909, 614f., hier 615; vgl. für Moskau: Otčety Moskovskich gorodskich sanitarnych vračej o zabolevanijach aziatskoju choleroju i ostrym želudočno-kišečnym katarrom v 1893 godu. Moskau 1894, 15.

DOI 10.1515/9783110574135-005

Neigung vieler Hauptstädter, ihr Trinkwasser direkt aus der Neva zu schöpfen[4], Einhalt zu gebieten.

Schon vor Mitte der 1890er Jahre gehörte es zum gesicherten Wissen der Moskauer Sanitärärzte, dass die städtischen Unterschichten zu den bevorzugten Opfern der Cholera zählten, Cholera also auch als eine soziale Krankheit zu betrachten sei.[5] Zeitgleich diskutierte die Öffentlichkeit auch im Zarenreich den kausalen Zusammenhang von Nahrungsmittelkonsum, ihrer Qualität, ihrer Verfälschung und ihres Bedrohungspotentials für die Volksgesundheit[6], die zunehmend als kostbares und unter allen Umständen zu schützendes Gut begriffen wurde[7], wie folgende zwei zeitgenössische Zitate schlaglichtartig illustrieren:

> „Ein ernstes Übel, das der Volksgesundheit durch die Verfälschung der Lebensmittel zugefügt wird, nimmt immer größere Ausmaße an; denn in dem Maße des Fortschritts der Naturwissenschaften wächst auch die Verfälschung – sozusagen: sowohl intensiv als auch extensiv."[8]

> „Die Falsifikation ist ein Geschwür [jazva], das alle Branchen und Zweige unseres Handels und unserer Industrie durchdrungen und ihnen unermesslichen Schaden zugefügt hat; es beherrscht auch das Gebiet der ‚Lebensmittel'. Die Falsifikation wurde direkt unheilvoll und zeitigte gefährliche Folgen jeder Art für unser höchstes Gut – das physische Wohlergehen der Bevölkerung."[9]

Lebensmittelverfälschungen waren weder ein Phänomen des 19. Jahrhunderts noch ein genuin russländisches Problem. Neu war allerdings, dass sich auch die Presseöffentlichkeit des Zarenreichs seit etwa der Mitte der 1860er Jahre ihrer annahm.

---

4 Otčet S.-Peterburgskoj Gorodskoj Ispolnitel'noj Sanitarnoj Komissii za 1893 god, Priloženie: Izvlečenija iz otčetov o sanitarnych domov i proč. Sankt Petersburg 1894, 33.

5 Otčety Moskovskich gorodskich sanitarnych vračej (wie Anm. 3), 6, 18.

6 *E. O. Godyckij-Cvirko*, Potreblenie glavnejšich produktov peterburgskim naseleniem v 1897–1901 godach, in: Žurnal Russkago Obščestva Ochranenija Narodnago Zdravija 14/2–3, 1904, 118–129.

7 Otčet o dejatel'nosti Komiteta po bor'be s fal'sifikaciej piščevych produktov za vtoroj otčetnyj god (s 1 janvarja 1911 g. po 1 janvarja 1912 g.). Sankt Petersburg 1912, 20; *Ė. Rode*, Piščevye produkty i ich fal'sifikacija. Riga 1913, 46.

8 *I-n*, Rezension von Materialy po voprosu o fal'sifikacii piščevych produktov s priloženiem zakonoproekta, in: Pravo No. 18, 29.4.1901, 955.

9 *S. Novosel'skij*, Rez. von Materialy po voprosu o fal'sifikacii piščevych produktov s priloženiem zakonoproekta, in: Vrač No. 39, 29.9.1901, 1212f., hier 1212. Von der Falsifikation als Geißel sprach auch Fal'sifikatory vina, in: Torgovlja i Promyšlennost' No. 101, 7.4.1894, 2.

Daraus entwickelte sich sukzessive und gemessen an den Staaten Westeuropas mit einem gewissen Phasenverzug ein breiter öffentlicher Diskurs.[10]

Die Lebensmittelverfälschung war Gegenstand intensiver öffentlicher Auseinandersetzungen unterschiedlicher Teilöffentlichkeiten wie der Mediziner, Chemiker, Hygieniker sowie von Stadtverordnetenversammlungen, der Gesundheitsverwaltung des Innenministeriums, des Handels- und Industrieministeriums ebenso wie des Landwirtschaftsministeriums. Während jenes aufgrund verunreinigter oder verfälschter Produkte einen Handelsrückgang befürchtete, weil beispielsweise russisches Getreide aufgrund seiner Beimengungen von Spreu, Sand, Steinen, aber auch von giftigen Substanzen wie Mutterkorn oder Kornrade als stark verunreinigt galt, und Hirse nicht selten gefärbt war[11], schwebte über diesem nicht nur das Damoklesschwert der Sanktionsandrohungen der europäischen Nachbarn ebenso wie der USA, sondern zum Teil auch realiter verfügter Importverbote, die die mit Blick auf den Staatshaushalt überaus bedeutsamen Agrarexporte zumindest kurzfristig unterbanden. Die Regulierungstätigkeit des Staates, durch gesetzliche Initiativen und schärfere strafrechtliche Bestimmungen auf dem Gebiet der Hygiene und Lebensmittelsicherheit einen reichsweiten Rahmen zu schaffen, wurde zunehmend eingefordert. Zugleich wirkte das Zarenreich seit 1908 in multilateralen Verhandlun-

---

10 Vgl. z.B. *Aleksandr Michajlovič Naumov*, K voprosu o torgovych obmanach i preimuščestvenno o poddelkach i primesjach v tovarach, in: Birževyja Vedomosti No. 211, 10.8.1864, 849–851, ebd. No. 217, 16.8.1864, 869f., ebd. No. 218, 17.8.1864, 871f.; *Peterburžec*, Malen'kaja chronika, in: Novoe Vremja No. 9776, 24.5.1903, 4; V gorodskoj laboratorii, in: Novoe Vremja No. 9775, 23.5.1903, 4; K voprosu o fal'sifikacii, in: Sputnik zdorov'ja. Obščedostupnyj eženedel'nyj žurnal No. 28, 13.7.1901, 460, ebd. No. 31, 3.8.1901, 503f.; *Georgij Ėrnestovič Blok/Artur Sergeevič Terterjan* (Hrsg.), V staroj Moskve. Kak chozjajničali kupcy i fabrikanty. Materialy i dokumenty Leva Veniaminoviča Nikulina i Grigorija Efimoviča Ryklina. Moskau 1939, 113, 115f.

11 Lebensmittelkontrollen fanden in Russland bestenfalls stichprobenartig statt, beschränkten sich auf Importwaren und klammerten Exportartikel aus. Daher wuchs der Druck der westlichen Käufer auf die russischen Exporteure. Weil diesen die Mittel zur Qualitätshebung fehlten, waren sie zu Preisnachlässen genötigt; RGIA, f. 23, op. 9, d. 83, ll. 13–130b, 15; *A. I. Bazarov*, Fal'sifikacija pitatel'nych produktov i bor'ba s neju, in: Vestnik Vinodelija 9/11, 1900, 671–678, hier 674; K bor'be s zasorennost'ju russkago chleba, in: Torgovo-Promyšlennaja Gazeta No. 18, 21.1.1912, 1; *A. Markov*, K zasoreniju russkoj pšenicy, in: ebd. No. 121, 27.5.1910, 1; Mesures pour réprimer les falsifications dans le commerce des grains en Russie, in: Revue Internationale des Falsifications 8/2, 15.10.1894, 34f.; Otčet Saratovskago birževogo komiteta za 1909–1910 god. Saratov 1911, 69; *Semen Leonidovič Raškovič*, Materialy k voprosu o bor'be s fal'sifikaciej piščevych produktov. Sankt Petersburg 1912, 28; Otčet S.-Peterburgskoj Gorodskoj Ispolnitel'noj Sanitarnoj Komissii (wie Anm. 4), 371.

gen mit, international verbindliche Standards durch die Definition sogenannter „Normalprodukte" zu schaffen.[12]

Die im ausgehenden 19. Jahrhundert einsetzenden Bemühungen der Lebensmittelregulierung waren keineswegs ausschließlich Reaktionen auf die Industrialisierung der Lebensmittelproduktion oder den Befund, dass Hersteller das Nichtwissen ihrer Kunden nutzten, um sie zu übervorteilen. Auch die nichtindustrielle Lebensmittelproduktion, hier sei nur auf die Herstellung von Wein oder Butter verwiesen, war für den Konsumenten intransparent und anfällig für Beimengungen und Produktverfälschungen aller Art.

Am Beispiel Sankt Petersburgs und Moskaus setzt sich der Beitrag zum Ziel zu untersuchen, wie die am Lebensmittelkonsum beteiligten Akteure auf die sich wandelnden Verhältnisse reagierten. Nach einer kurzen Erörterung der Rahmenbedingungen der Lebensmittelproduktion und ihres Handels im Zarenreich sowie einer Begriffsdefinition verdorbener, verfälschter und verunreinigter Lebensmittel gilt das Interesse den Akteuren, den Produzenten, Händlern, Verbrauchern und nicht zuletzt den kontrollierenden Behörden, die wiederum jeweils auf der lokalen, der reichsweiten und der internationalen Ebene handelten. Wie verlief dieser Regulierungs- bzw. Verrechtlichungsprozess im späten Zarenreich im Spannungsfeld widerstreitender Interessen von Wissenschaft, Wirtschaft, Staat und den verschiede-

12 Eine neue Dimension erhielt der Kampf für Lebensmittelqualität und Verbraucherschutz 1908, als der von der Internationalen Gesellschaft des Weißen Kreuzes nach Genf einberufene Internationale Kongress zum Kampf gegen die Lebensmittelfalsifikation versuchte, Definitionen des „Normalproduktes" bzw. des sogenannten „reinen" Lebensmittels [„l'aliment pur"] zu erarbeiten. Diese Initiative setzte sich zum Ziel, Kakao, Schokolade, Obst- und Gemüsekonserven, Milch, Butter, Käse, Senf, Essig, Wein, Olivenöl, Mehl, Brot, Bäckerei- und Konditoreiwaren, Trockengebäck, Fleisch- und Fleischprodukte, Zucker, Sirup, Honig, Tee, Kaffee, Gewürze, Spirituosen und Liköre, Schweine- und Speisefette international einheitlich zu definieren; RGIA, f. 23, op. 7, d. 527, ll. 16, 48ob–49, 55ob, 167; The First International Congress for the Repression of Adulteration of Alimentary and Pharmaceutical Products, in: Science 27, 1908, 690, 475–477; Deuxième Congrès International pour la Répression des Fraudes concernant les Denrées Alimentaires, les Produits Chimiques, les Matières Premières de la Droguerie, les Huiles Essentielles et Matières Aromatiques, les Eaux minérales (Paris, 17–24 Octobre 1909), in: Annales des Falsifications 2, 1909, 5, 97–106 und 10, 353–356; *Semen Leonidovič Raškovič*, Fal'sifikacija korov'jago masla kokosovym žirom. (Iz laboratorii Sanitarno-Techničeskago Instituta). Sankt Petersburg 1913, 8; vgl. *Uwe Spiekermann*, Redefining Food. The Standardization of Products and Production in Europe and the United States, 1880–1914, in: History and Technology 27/1, 2011, 11–36. Allerdings zeigte sich auch, dass nationale Besonderheiten einer internationalen Regelung im Wege standen, vgl. *Peter J. Atkins*, The Material History of Food Quality and Composition, in: Endeavour 35, 2011, 74–79.

nen Interessenvertretungsorganen? Welche Akteure propagierten die Normierung der Produkte und welche Wechselwirkungen lassen sich zwischen den Instanzen der Normsetzung – von freiwilliger Selbstkontrolle der Produzenten über Verordnungen der städtischen und landschaftlichen Selbstverwaltungsorgane bis hin zu staatlichen Gesetzen – konstatieren? Welche Konsequenzen zeitigten diese Phänomene für die alltäglichen Kaufentscheidungen des Konsumenten? Schließlich ist der existenzielle Aspekt des Nicht-Konsums zu erörtern, der physiologisch nur für einen begrenzten Zeitraum möglich ist. Welche Bedingungen mussten gegeben sein, dass Nicht-Konsum zu einer Option des Verbraucherhandelns avancieren konnte?

Vor dem Hintergrund, dass Lebensmittelqualität keine absolute, sondern eine orts- und zeitgebundene variable Größe ist[13], verbindet der Beitrag sozialgeschichtliche, wirtschafts- und rechtshistorische Aspekte und ihre Wechselwirkungen. Er zeigt, wie Lebensmittelqualität zu einem Gegenstand des öffentlichen Diskurses wurde, an dem unterschiedliche Akteure in unterschiedlichen Rollen und Konstellationen beteiligt waren: Produzenten, Händler, Konsumenten, staatliche und städtische Kontrollinstanzen wie Hygienepolizei, Marktaufsicht, Sanitärärzte, lokale und zentralstaatliche Gesundheitsbehörden oder die sukzessiv sich neu etablierende Profession der (Lebensmittel-)Chemiker. Mit ihnen wuchs die Bedeutung der Experten, die auf einem lebenswichtigen Gebiet wie dem Nahrungs- und Genussmittelsektor mit ihrem Wissen zunächst wissenschaftliche Standards, Normen und Grenzwerte diskutierten, die dann in aller Regel von städtischen, landschaftlichen und staatlichen Instanzen in Verordnungen und Gesetzen übernommen wurden, denen schließlich die Gerichte Geltung zu verschaffen hatten.[14] Anders als im Deutschen Reich, in dem Lebensmittel, ihre Zusammensetzung und etwaige Grenzwerte Gerichte bis hinauf zum Reichsgericht über Jahrzehnte intensiv beschäftigten[15], fehlt

13 *Vera Hierholzer*, Nahrung nach Norm. Regulierung von Nahrungsmittelqualität in der Industrialisierung 1871–1914. Göttingen 2010, 20; *Eberhard Schmauderer*, Studien zur Geschichte der Lebensmittelwissenschaft. Bd. 1: Qualitätsbeurteilung und Versorgungsprobleme bis zur Renaissance. Bd. 2: Das Lebensmittelwesen im Spiegel der frühen deutschen Literatur. Wiesbaden 1975, hier Bd. 1, 11.

14 *Roman Rossfeld*, Ernährung im Wandel. Lebensmittelproduktion und -konsum zwischen Wirtschaft, Wissenschaft und Kultur, in: Heinz-Gerhard Haupt/Claudius Torp (Hrsg.), Die Konsumgesellschaft in Deutschland 1890–1990. Ein Handbuch. Frankfurt am Main 2009, 27–45, hier 33, betont allerdings die ambivalente Abhängigkeit der Verbraucher vom Expertenwissen.

15 *Sandy Schenker*, Gegen Täuschungen und Gesundheitsgefährdungen durch schlechte Nahrung. Zur Entwicklung des Nahrungsmittelrechts durch Rechtsprechung und Gesetzgebung zwischen 1871 und 1927. Frankfurt am Main 2013.

für Russland ein auch in seiner Intensität entsprechender Befund. Die Zahl der in den Friedensgerichten sowie den höheren Instanzen verhandelten und – vor allem der in beiden Hauptstädten überlieferten Delikte – nimmt sich dagegen gering aus.[16]

Weder die historische noch die wissenschafts- bzw. medizingeschichtliche Forschung haben sich des Lebensmittelkonsums in Russland bzw. der Sowjetunion nachhaltig angenommen.[17] In zeitgenössischen westeuropäischen Publikationen, wie z. B. der seit Anfang der 1890er Jahre in Amsterdam publizierten „Revue internationale des falsifications" oder dem nach der Jahrhundertwende in Paris edierten „Bulletin International de la Répression des Fraudes" war das Zarenreich, wenn auch nicht prominent, aber doch immer wieder Gegenstand.[18] Mit dieser Tradition, die Situation im Zarenreich zu berücksichtigen, hat die Forschung nicht erst in den vergangenen fünfzig Jahren gebrochen. Wenn explizit vergleichende Untersuchungen angestellt werden, findet Osteuropa im Allgemeinen und Russland bzw. das Zarenreich im Besonderen keine Beachtung. Die Sprachbarriere sowie die sich bis zum Zerfall des Ostblocks deutlich unterscheidenden sozialen, politischen, wirtschaftlichen und kulturellen Strukturen mit einer deutlich geringeren „Marktmacht" des Konsumenten dürften hierfür verantwortlich sein. Insofern ist es ebenso wenig überraschend wie bezeichnend sowohl für das Geschichtsbild der Allgemeinhistoriker als auch der im anglophonen Sprachraum institutionell fest verankerten *food history*, dass deren Publikationen das Zarenreich im Allgemeinen kaum, im besten Fall kursorisch thematisieren.[19]

---

16 Die Archivbestände der Friedensgerichte Moskaus und St. Petersburgs wurden im Central'nyj Istoričeskij Archiv goroda Moskvy [Zentrales Historisches Staatsarchiv der Stadt Moskau, CIAM] bzw. Central'nyj Gosudarstvennyj Istoričeskij Archiv Sankt Peterburga [Zentrales Staatsarchiv Sankt Petersburgs, CGIA SPb.] ausgewertet. Nur wenige der überlieferten verhandelten Fälle galten Lebensmitteln.

17 *Marija Pirogovskaja*, Zapachi kak miazmy, simptomy i uliki: k probleme scientizacii byta v Rossii vtoroj poloviny XIX veka, in: Novoe literaturnoe obozrenie 135, 2015, 5, http://www.nlobooks.ru/node/6546 (zuletzt aufgerufen am 1.5.2017).

18 Du beurre naturel anormal, in: Revue Internationale des Falsifications 6, 15.1.1893, 92; Falsifications observées en Russie: Contrôle des denrées alimentaires à St. Petersbourg, in: Revue Internationale des Falsifications 8/6, 15.2.1895, 94; *Bonkowski*, Du faux Thé russe, in: ebd., 9/4, 1896, 131 f.; *Th. Erisman*, Extrait du rapport comprenant la période de mai 1893 jusqu'en janvier 1895, in: ebd. 9/2, 1896, 41 f.; La Répression des Fraudes en Russie: Le Projet de Loi sur Vins de Raisin, in: Bulletin International de la Répression des Fraudes 4, 1911, 173–178.

19 Vgl. z. B. *John Burnett/Derek J. Oddy* (Eds.), The Origins and Development of Food Policies in Europe. London/New York 1994; *Jeffrey M. Pilcher* (Ed.), The Oxford Handbook of Food History. Oxford 2012; *Carol Helstosky* (Ed.), The Routledge History of Food. London/New York 2015.

Nicht nur Untersuchungen von Handel und Konsum im Allgemeinen, sondern insbesondere von Lebensmitteln, stellen für das Zarenreich noch immer ein Forschungsdesiderat dar. Für einige Produkte wie Tee, Alkoholika oder Butter liegen Studien vor.[20] Der Handel ist noch nicht kundenorientiert untersucht worden[21], so dass der Verbraucher bis dato grosso modo ein unerforschtes Wesen geblieben ist. Erst in jüngerer Vergangenheit avancierte der Konsum im Zarenreich zum Gegenstand der historischen Erforschung – auch in Russland selbst.[22] Dabei spielten allerdings eher Fragen der Statistik, des Lebensstandards und anthropometrische Aspekte eine Rolle.[23]

I. Lebensmittelproduktion und -handel im Zarenreich

Während im Deutschen Reich an der Wende zum 20. Jahrhundert auch im kleinstädtischen Bereich eine Kommerzialisierung der Nahrungsmittelversorgung zu beobachten war, galt dies im Zarenreich im Wesentlichen nur für die Großstädte. Die Selbstversorgungsquote blieb dort aufgrund der wesentlich geringeren Urbanisierung dominant und dürfte wohl – von gelegentlichen Zukäufen abgesehen – vier Fünftel der Bevölkerung betroffen haben.[24] Zwei weitere Charakteristika unterschieden die Konsumverhältnisse im Russländischen und Deutschen Reich fundamental: Während Einzelhandelsketten wie Kaiser's oder Tengelmann bereits in den

---

20 *Ivan Alekseevič Sokolov*, Čaj i čajnaja torgovlja v Rossii: 1790–1919 g. Monografija. Moskau 2011; *Igor' N. Smirennyj*, Pivo Rossijskoj Imperii. Moskau 1998; *Nikolaj Smirnov*, Pivnaja stolica Rossii. K 300-letiju osnovanija Sankt-Peterburga. Istoriko-chudožestvennyj al'bom. Sankt Petersburg 2001; *Patricia Herlihy*, The Alcoholic Empire. Vodka and Politics in Late Imperial Russia. New York 2002; *Robert E. F. Smith/David Christian*, Bread and Salt. A Social and Economic History of Food and Drink in Russia. Cambridge 2008 (ursprünglich 1984); *Inge Marie Larsen*, Da Smør var guld. Sibirsk Smørproduktion og -eksport 1895–1905. Aarhus 2007.

21 *William Craft Brumfield/Boris V. Anan'ich/Yuri A. Petrov* (Eds.), Commerce in Russian Urban Culture, 1861–1914. Washington, DC/Baltimore/London 2001.

22 *Ju. V. Ivanov*, Moločnye produkty, in: Tri veka Sankt-Peterburga. T. 2: Devjatnadcatyj vek, kn. 4-aja: M-O. Sankt Petersburg 2005, 252–255; *Pirogovskaja*, Zapachi (wie Anm. 17).

23 *Sergej Aleksandrovič Nefedov*, K diskussii ob urovne potreblenija v poreformennoj i predrevoljucionnoj Rossii, in: Rossijskaja Istorija 2011, 1, 73–85; *Boris N. Mironov*, The Standard of Living and Revolutions in Russia, 1700–1917. (Routledge Explorations in Economic History, 56). London 2012.

24 *Gunther Hirschfelder*, Europäische Esskultur. Eine Geschichte der Ernährung von der Steinzeit bis heute. Frankfurt am Main/New York 2001, 172, 189.

letzten zwei Jahrzehnten des 19. Jahrhunderts mit zahlreichen Filialen auf dem Vormarsch waren und sich als überlegene Konkurrenz für den Lebensmitteleinzelhandel erwiesen, fehlten funktionale Äquivalente dort. Industriell produzierte Markenartikel hatten im Zarenreich einen viel geringeren Marktanteil als in Deutschland mit etwa 20 bis 25 Prozent.[25] Fabrikmäßige Produktion war in der Genussmittelindustrie wie in der Tabak-, Bier-, Alkohol- und Süßwarenbranche relativ weit verbreitet. Konditoreiwaren und Gebäck der Firma Ėjnem beispielsweise waren nicht zuletzt infolge der intensiven Marketingstrategie in Russland ebenso ein Begriff wie Produkte der Firmen Nestlé, Stollwerck oder Rowntree im westlichen Ausland.[26] Diese Produkte blieben zumeist einem relativ kleinen und wohlhabenden Konsumentenkreis vorbehalten. Teig- und Eierwaren wie Nudeln wurden zwar auch zu einem Großteil maschinell gefertigt, allerdings waren die Betriebe deutlich kleiner.[27] Auch industriell gefertigte Haferflocken waren in Russland auf dem Markt, allerdings handelte es sich um ausländische Erzeugnisse.[28]

Im Zarenreich war der Nexus zwischen sozialer Lage, Volksgesundheit und Qualität der konsumierten Lebensmittel ausgeprägt. Wer in einem der exquisiten Feinkostgeschäfte der metropolen Prachtstraßen wie „Aux Gourmets" in der Bol'šaja Morskaja oder Eliseev am Nevskij Prospekt in Sankt Petersburg respektive an der Tverskaja in Moskau einkaufte, bezahlte einen höheren Preis, lief aber auch deutlich geringere Gefahr, minderwertige oder verfälschte Waren zu erwerben. Diese Geschäfte drangen beispielsweise bei ihren Lieferanten und Produzenten von Milchprodukten auf von dem an der Universität Moskau als Inhaber des Hygienelehr-

25 *Hierholzer*, Nahrung (wie Anm. 13), 47; *Uwe Spiekermann*, Science, Fruits, and Vegetables. A Case Study on the Interaction of Knowledge and Consumption in Nineteenth- and Twentieth-Century Germany, in: Hartmut Berghoff/Uwe Spiekermann (Eds.), Decoding Modern Consumer Societies. (Worlds of Consumption.) Houndmills/Basingstoke 2012, 229–248, hier 231.

26 *Vera Hierholzer*, Food Security and Safety, in: Martin Bruegel (Ed.), A Cultural History of Food in the Age of Empire. Vol. 5. London/New York 2012, 67–86, hier 80.

27 Vgl. *A. A. Blau* (Ed.), Torgovo-promyšlennaja Rossija. Spravočnaja kniga dlja kupcov i fabrikantov. Sankt Petersburg 1899; *James H. Bater*, St. Petersburg: Industrialization and Change. Montreal 1976, 98f., 101, 105; *Ėl'za Ėduardovna Kruze*, Promyšlennoe razvitie Peterburga v 1890–1914 g.g., in: B. M. Kočakov (Ed.), Očerki istorii Leningrada. T. 3: Period imperializma i buržuazno-demokratičeskich revoljucij 1895–1917 g.g. Leningrad 1956, 9–61, hier 44, 47.

28 *P. Laščenkov*, Dietičeskoe značenie ovsjanoj krupy „Gerkules", in: Žurnal Russkago Obščestva Ochranenija Narodnago Zdravija 7/3, 1897, 172–177; *Grigorij Vital'evič Chlopin*, Patentovannyja ovsjannyja krupy, ich chimičeskij sostav i piščevoe značenie, in: Žurnal Russkago Obščestva Ochranenija Narodnago Zdravija 11/3–4, 1901, 206–212.

stuhls beschäftigten Schweizer Friedrich Huldreich [Fedor Fedorovič] Ėrisman eingeforderte veterinärmedizinische Kontrolle. Ihre Kunden konnten sicher sein, keine mit Tbc-Erregern infizierte Milch zu kaufen. „Aux Gourmets" warb in seinen Annoncen, dass die Frischfleischabteilung dem letzten Stand der Hygiene entspreche und das Personal regelmäßiger medizinischer Kontrolle unterliege.[29]

Geschäftsgrundlage dieser Firmen war ihre untadelige Reputation. Eine Beeinträchtigung ihres guten Rufes durch zweifelhafte Hygiene oder Produkte fragwürdiger Qualität hätte einen Vertrauensverlust bedeutet und sie um die Kunden aus der „Gesellschaft" gebracht. Für die breite Masse der städtischen Bevölkerung war das Preisniveau dieser Feinkostgeschäfte unerschwinglich. Möglicherweise wäre ihnen sogar der Zutritt mangels adäquater Garderobe verwehrt worden. Zwar war in den russischen Großstädten die soziale Segregation weniger ausgeprägt als in westeuropäischen Metropolen, weil hier eher eine vertikale als eine horizontale Trennung dominierte[30], gleichwohl war das Leben im Stadtzentrum teurer als an der Peripherie. Städtische Mittel- und Unterschichten erwarben ihre Lebensmittel in der Regel in den kleinen, oft in Kellern gelegenen Kramläden, auf dem Markt, in fabrikeigenen Geschäften, in Buden oder sogar bei fliegenden Händlern. Die breiten Massen gingen damit ein nicht kalkulierbares Gesundheitsrisiko ein.[31] Aufgrund ihrer beschränkten finanziellen Möglichkeiten war ihr Handeln allerdings weitgehend optionslos: Ein absoluter Konsumverzicht hätte den Hungertod bedeutet, der Kauf qualitativ höherwertiger, „reinerer" bzw. unverfälschter Produkte hätte zu einer quantitativen Verringerung der Nahrungsaufnahme und als Folge zu Auszehrung, Arbeitsunfähigkeit und Arbeitsplatzverlust geführt.

29 *Ivan Nikolaevič Božerjanov* (Ed.), Nevskij Prospekt (1703–1903). Kul'turno-istoričeskij očerk dvuchvekovoj žizni S.-Peterburga. T. 1. Sankt Petersburg 1901, IV.

30 *Lev Jakovlevič Lur'e*, Piterščiki. Russkij kapitalizm. Pervaja popytka (Okno v istoriju). Sankt Petersburg 2011, 11; *Clemens Zimmermann*, Die Zeit der Metropolen. Urbanisierung und Großstadtentwicklung. Frankfurt am Main 1996, 26–29.

31 CGIA SPb., f. 1326, op. 5, d. 20 (1905 g.), l. 311.

II. Von verfälschten, verunreinigten, verdorbenen und anderen Lebensmitteln

Lebensmittelverfälschungen waren nicht erst ein Phänomen der kapitalistischen Marktwirtschaft, sondern schon in früheren Epochen verbreitet. Ein neuzeitliches Phänomen war ihre Quantifizierung, Rubrizierung, wissenschaftlich-chemische Analyse und darauf basierende Definitionen sogenannter „Normalprodukte". Als Verfälschung eines Lebensmittels wurden im ausgehenden 19. Jahrhundert Beimengungen verstanden, die erstens Gewicht und Umfang vergrößerten, also beispielsweise die Zugabe von Wasser zu Wein oder Milch, zweitens solche, die Farbe, Geschmack und Geruch veränderten. Drittens konnte die partielle Entnahme von Bestandteilen als Verfälschung gelten.[32] Die aus dieser Begrifflichkeit resultierenden Unwägbarkeiten sind offensichtlich: Ist entrahmte Milch ein „verfälschtes" Produkt oder was ist ein „feuchtes" bzw. nicht richtig abgebackenes Brot?[33] Solche Formulierungen in Verordnungs- oder Gesetzestexten ließen erheblichen Interpretationsspielraum. Hinzu kamen die sich rapide wandelnden Rahmenbedingungen, denn die Wissenschaft gewann ständig neue Erkenntnisse, die es zu berücksichtigen galt, wie z. B. die Frage, ob Konservierungsstoffe verwendet werden dürften und wenn ja welche und in welchem Umfang?

Die Volksgesundheit stand auch in einem ganz unmittelbaren Zusammenhang mit dem alltäglichen Verzehr von Lebensmitteln oder dem Gebrauch anderer Waren. Gerade der massenhafte Konsum von Lebensmitteln machte diese so empfänglich für Manipulationen, Veränderungen und Beimengungen. Viele gefährdeten die Gesundheit nicht, andere vermochten aber schwere körperliche Schädigungen zu verursachen, wie z. B. hohe Schwefelsäurekonzentration, Blei, Farbstoffe auf Anilin-

32 *Vladimir Aleksandrovič Gernet*, Fal'sifikacija pitatel'nych produktov i bor'ba s neju, in: Vestnik Vinodelija 8/9, 1899, 523–531, hier 524 f.; vgl. *Andrej Dmitrievič Sokolov*, Bor'ba s fal'sifikaciej (predmetov potreblenija). Obščie zamečanija: Predmety potreblenija, fal'sifikacija ich i prostejšie sposoby otkrytija poslednej. Moskau 1910, 7.

33 1913 wiesen in St. Petersburg 75 Prozent aller untersuchten einfachen Schwarzbrote einen Wasseranteil auf, der zwischen 50,8–60,7 Prozent schwankte, vgl. *Sergej Fedorovič Bubnov* (Ed.), Vos'moj godovoj otčet Moskovskoj Gorodskoj Sanitarnoj Stancii, ustroennoj pri Gigieničeskom Institute Imperatorskago Moskovskago Universiteta za 1899 god. Moskau 1901, 45 f.; *Pavel Innokent'evič Levin*, Pitanie, fal'sifikacija piščevych produktov i cholodil'noe delo, in: Vračebnaja Gazeta No. 42, 20.10.1913, 1459–1463, hier 1462.

basis und der Triphenylfarbstoff Fuchsin, der Arsen enthalten konnte.[34] Sie fanden sich in zahlreichen Lebens- und Genussmitteln.

Nicht nur die Quantität der Fälschungen, sondern auch das bei der Verfälschung waltende Geschick, die „Qualität" der Falsifikation spielte eine wichtige Rolle. So beklagte der sozialdemokratische Gewerkschaftsfunktionär Grigorij Vladimirovič Cyperovič im Jahre 1912, dass die Falsifikation eine „Wissenschaft" geworden sei, von der insbesondere die chemische Industrie profitiere, weil sie die Produkte fertige, die die Fälscher benötigten – wie künstliche Süß-, Farb- und Aromastoffe oder Konservierungsmittel.[35] Im Zarenreich erlaubte das medizinische Statut den freien Verkauf aller chemischen Substanzen, deren Verzehr keine Gefahren für die Gesundheit mit sich brachte. Damit leistete dieses Statut implizit der Produktverfälschung Vorschub.[36]

Im Übrigen überführten Lebensmittelkontrollen keineswegs nur Fälscher. Sie machten auch Händler ausfindig, die verdorbene oder infizierte Waren veräußerten wie ranzige Butter oder Milch von an Tbc erkrankten Kühen. Daher regte sich auch auf Seiten der Produzenten und des Zwischenhandels Widerstand gegen Praktiken der Lebensmittelverfälschungen, weil der Handelsbetrug die ökonomische Solidität des „ehrlichen Kaufmanns" in der Ära des Fin de Siècle nachhaltig untergrub.[37]

Waren um 1800 etwa 500 organische chemische Substanzen bekannt, führte der wissenschaftlich-technische Fortschritt – insbesondere die Ende des 18. Jahrhunderts beginnende „chemische Revolution", die um 1830 die Ernährung erfasste, – zu einem exponentiellen Wachstum: Im Jahre 1900 existierten bereits etwa 150000 or-

34 *Ivan Pavlovič Archipov*, Fal'sifikacija russkich vin i mery protiv neja, in: Russkij Vinodel. Dvuchnedel'nyj naučno-praktičeskij žurnal 1/12, 1887, 43–70, hier 43, 45; *Stanislav Aleksandrovič Pržibytek*, Otčet S.-Peterburgskoj gorodskoj laboratorii za 1900 g. i pervuju polovinu 1901 g. Sankt Petersburg 1901, 58; *Magnus Bogdanovič Blauberg*, Russkoe vinogradnoe vino i cheres: Sostav, metody issledovanija, osnovy chimiko-sanitarnoj ocenki i fal'sifikacija ich. Moskau 1894, 292; Otčet medicinskago departamenta za 1877 g. predostavlennyj ego vysokoprevoschoditel'stvu gospodinu upravljajuščemu ministerstvom vnutrennich del. Sankt Petersburg 1878, 56, erwähnte Fuchsin-Funde, obwohl der *Medicinskij Sovet* die Verwendung in Speisen und Getränken untersagt hatte, vgl. Svod dejstvujuščich sanitarno-ugolovnych uzakonenij i pravitel'stvennych rasporjaženij, kasajuščichsja fal'sifikacii piščevych produktov i napitkov. S priloženiem sootvetstvujuščich statej iz Ugolovnago Uloženija, Vysočajše utverždennago 22 marta 1903 goda, i iz Položenij o Gubernskich i Uezdnych Zemskich Učreždenijach i Gorodovoju. Sankt Petersburg 1912, 6.

35 *Grigorij Vladimirovič Cyperovič*, Fal'sifikacija i surrogat, in: Sovremennyj Mir 1912, 7, 147–181, hier 152; vgl. Po povodu odesskago s"ezda vinodelov i vinogradarej, in: Russkija Vedomosti No. 68, 10.3.1903, 3.

36 *Bazarov*, Fal'sifikacija (wie Anm. 11), 671 f.

37 Vgl. *Mark D. Steinberg*, St. Petersburg. Fin de Siècle. New Haven, CT/London 2011, 111, 113–115.

ganische chemische Substanzen.[38] Ungeachtet dieser rapiden Entwicklung dauerte es bis 1910, bis Kokosfettbeimengungen in der Butter chemisch nachgewiesen werden konnten.[39]

Gerade für das internationale Renommee der sibirischen Butter, eines der wichtigsten Agrarexportprodukte des Zarenreichs, war ein solcher Nachweis auch unter wirtschaftlichen Gesichtspunkten von großer Bedeutung.[40] Butter war vor dem Ersten Weltkrieg ein ebenso begehrtes wie teures Produkt. Dies galt vor allem für die sibirische Butter, die sich durch einen sehr hohen Butterfettanteil von bis zu 93 Prozent und einen geringen Wasseranteil auszeichnete und zusehends australische, dänische und deutsche Butter von den internationalen Märkten verdrängte.[41] Zwar lag die Milchleistung mit durchschnittlich 620 Liter pro Jahr deutlich unter dem Mittel westeuropäischer Kühe, doch war der Fettgehalt so hoch, dass schon 21 Liter ausreichten, um ein Kilogramm Butter herzustellen.[42] Allerdings führten die extremen klimatischen Bedingungen Sibiriens zu deutlichen Unterschieden in der chemischen Zusammensetzung der Butter. In Abhängigkeit von Jahreszeit und Futter wies die sibirische Butter unterschiedlich viele freischwebende Fettsäuren auf. Dies hatte zur Folge, dass das Produkt die zu Beginn des 20. Jahrhunderts in England festgelegten Grenzwerte zum Teil verfehlte.[43] Der Wertschätzung des Konsumenten tat dies keinen Abbruch.

---

38 *Hans Jürgen Teuteberg*, Der Kampf gegen die Lebensmittelverfälschungen, in: ders./Günter Wiegelmann (Hrsg.), Unsere tägliche Kost. Geschichte und regionale Prägung. Münster 1986, 371–377, hier 375; *ders.*, Die Verfälschung von Nahrungs- und Genußmitteln und die Anfänge eines einheitlichen staatlichen Lebensmittelschutzes in Deutschland, in: Ernährungswissenschaft 34, 1993, 95–112, hier 100.

39 *E. Ewers*, Über den Nachweis von Palmfetten in Butter und Schweinefett sowie von Schweinefett in Butter, in: Zeitschrift für die Untersuchung der Nahrungs- und Genußmittel 19/10, 1910, 529–543; *G. Fendler*, Nachweis von Cocosfett in Butter und Schweinefett, in: ebd. 544–558; *Rašković*, Fal'sifikacija (wie Anm. 12), 24; RGIA, f. 23, op. 9, d. 83, l. 117.

40 *Rašković*, Fal'sifikacija (wie Anm. 12), 18.

41 RGIA, f. 398, op. 62, d. 19624, 2, 3, 21ob–22. Da es keine international verbindlichen Grenzwerte gab, sprachen russische Lebensmittellabore Ende des 19. Jahrhunderts von einer Butterverfälschung, wenn der Fettanteil weniger als 80 Prozent betrug, RGIA, f. 398, op. 62, d. 5, 2-oj razrjad, l. 23.

42 *Hollmann*, Die landwirtschaftliche Entwicklung Sibiriens, in: Archiv des Deutschen Landwirtschaftsrats 36, 1912, 248–262, hier 259; *Kurt Wiedenfeld*, Die sibirische Bahn in ihrer wirthschaftlichen Bedeutung, in: Archiv für Eisenbahnwesen 23/4, 1900, 895–943, hier 941.

43 Vgl. Torgovo-Promyšlennaja Gazeta No. 50, 2.3.1903, 1.

Auf dem Weltmarkt zogen die Preise, die sibirische Butter erzielte, im Zeitraum zwischen 1894 und 1912 von 10 auf 15 Rubel je *pud*, also 16,38 kg, an.[44] Gerichtsprozesse, wie beispielsweise 1901 in Hull, gefährdeten Reputation und Absatzchancen sibirischer Butter.[45] Die Produzenten hatten daher großes Interesse, nachdrücklich die Qualität des Produktes zu garantieren, um das Vertrauen des westeuropäischen Konsumenten nicht zu erschüttern. Eine Interpretation, die zwar den zunehmenden Nationalismus der letzten Vorkriegsjahre widerspiegelte, zugleich aber wohl eines wahren Kerns nicht entbehrte, präsentierte der Artikel „Verfälschung sibirischer Butter", der in der reaktionären Tageszeitung „Novoe Vremja" erschien. Er richtete sich insbesondere gegen nicht weiter charakterisierte Ausländer, die versuchten, die international vorzügliche Reputation sibirischer Butter[46] in Misskredit zu bringen, indem sie Berichte über Qualitätsmängel und Verfälschungen lancierten und aufbauschten. Ziel dieser Kampagne sei es, das Preisniveau des Produktes zu drücken. Darunter leide vor allem die sibirische Milchwirtschaft. Der Tenor des Artikels ging dahin, dass nicht der Produzent für etwaige Qualitätsmängel verantwortlich sei, sondern die Händler, unter denen sich zahlreiche Ausländer befanden, die die Butter mit anderen Fetten streckten, um ihre Gewinnmarge zu vergrößern.[47] Sofern es sich bei den Produzenten um Mitglieder einer Molkereigenossenschaft handelte, spricht vieles für die Stichhaltigkeit der Argumentation des Blattes; denn diese liefen bei einer Produktverfälschung Gefahr, nicht nur eine hohe Strafe zahlen zu müssen, sondern auch aus der Kooperative ausgeschlossen zu werden.[48]

Einflüsse des Weltmarktes und internationale Normierungsbestrebungen waren indes keineswegs eine Garantie für die Berücksichtigung der Konsumenteninteressen. So hatte eine Analyse eines Londoner Lebensmittellabors 1912/13 ergeben, dass der Wasseranteil 12,27 Prozent in der australischen, 12,45 Prozent in der dänischen,

44 *Avetis Ajrapetovič Kalantar*, Moločnoe chozjajstvo, in: Aziatskaja Rossija. T. 2: Zemlja i chozjajstvo. Izdanie pereselenčeskogo upravlenija glavnogo upravlenija zemleustrojstva i zemledelija. Sankt Petersburg 1914, 331–338, hier 332.

45 Times No. 36476, 8.6.1901, 11; ebd. No. 36501, 8.7.1901, 12; Torgovo-Promyšlennaja Gazeta No. 34, 10.2.1902, 1.

46 Otčet o dejatel'nosti Komiteta po bor'be s fal'sifikaciej piščevych produktov za 1-j god (god s 19/2 1910 g. po 1/1 1911 g.). Sankt Petersburg 1911, 27.

47 RGIA, f. 23, op. 9, d. 83, ll. 68ob–69.

48 Fal'sifikacija sibirskago masla (Korrespondencija „Novago Vremeni"), in: Novoe Vremja, No. 12202, 2.3.1910, 6; ähnlich *N. K. Nosilov*, K poddelke sibirskago masla (Korrespondencija „Novago Vremeni"), in: Novoe Vremja No. 12218, 20.3.1910, 14.

12,8 Prozent in der sibirischen und 13,5 Prozent in der neuseeländischen Butter betragen habe. Binnen weniger Jahre hatten sich also die sibirischen Produzenten an den höheren internationalen Wassergehalt der Butter angepasst. Nachdem die Behörden Dänemarks 1913 sogar einen Wassergehalt von 16 Prozent akzeptiert hatten, dauerte es ungeachtet aller Kritik aus dem russischen Landwirtschaftsministerium nur kurze Zeit, bis die sibirischen Butterproduzenten diesen Grenzwert übernahmen. Ungeachtet des Qualitätsverlustes blieb jedoch das Preisniveau konstant.[49]

III. Informationsfluss und Aufklärung als Praktik des Verbraucherschutzes

Die wissenschaftliche Revolution im 19. Jahrhundert generierte unermessliche Wissensbestände. Von herausragender Bedeutung für einen nachhaltigen Wandel traditioneller Einstellungen und Ernährungsweisen war die Wissensdiffusion als Basis der Subjektivierung. Die jüngsten Erkenntnisse der Forschung mussten zu den Konsumenten gelangen. Es galt, dass Bewusstsein zu schärfen, um das Sein sukzessive verändern zu können. Verschiedene Medien leisteten diese Aufklärungsarbeit. Neben der Tagespresse, den keineswegs nur schöngeistigen sogenannten „dicken Journalen“[50] sind populärwissenschaftliche und wissenschaftliche Zeitschriften sowie die vielfältige Ratgeberliteratur zu nennen.[51] Abendkurse, Vorträge und Ausstellungen komplettierten dieses Informationsangebot.[52]

Nicht von ungefähr erlebte die Ratgeberliteratur in der zweiten Hälfte des 19. Jahrhunderts eine nie dagewesene Blüte. Eine wesentliche Zäsur stellte die Aufhebung der Leibeigenschaft im Zuge der Bauernbefreiung von 1861 dar. Die traditionelle ständische Ordnung des Ancien Régime brach sukzessive auf, Industrialisierung und Verstädterung beschleunigten sich, die Mobilität der Bevölkerung nahm zu. Die bäuerliche Arbeitsmigration erfasste zu Beginn des 20. Jahrhunderts alljährlich etwa 10 Millionen Menschen. Diese Wandlungsprozesse bedeuteten Unsicher-

49 RGIA, f. 23, op. 9, d. 83, ll. 250, 292–294, 297.

50 Otečestvennye zapiski, Sovremennik, Delo, Golos u. a. m.

51 Z. B. Zdorov'e, Vrač, Obščestvennyj Vrač.

52 Pervaja vserossijskaja gigieničeskaja vystavka, in: Vedomosti Sankt Petersburg Gradonačal'stva i Stoličnoj Policii No. 131, 11.6.1893, 2; ebd. No. 132, 12.6.1893, 2; ebd., No. 133, 13.6.1893, 2.

heit, und darauf reagierte die Ratgeberliteratur. Sie war eine Handreichung, zwar nicht für alle Betroffenen, wohl aber für jene, die lesen konnten[53], über Zeit, Muße und Geld verfügten, um diese Werke erwerben oder zumindest rezipieren zu können. Sie unterrichtete über Lebensmittelverfälschungen aller Art und wie sich diese produktspezifisch nachweisen ließen.[54] Die interessierte städtische Öffentlichkeit war aber quantitativ viel kleiner als in den stärker industrialisierten Staaten Westeuropas. Daher kann es nicht überraschen, dass im Zarenreich ein Äquivalent zu der im Deutschen Reich seit 1877/78 publizierten „Zeitschrift gegen Verfälschung der Lebensmittel" fehlte.

In seinen „einfachsten und allgemein verständlichen Methoden der Untersuchung und Beurteilung der Güte von Lebensmitteln", die Anfang der 1890er Jahre in der zweiten überarbeiteten und deutlich erweiterten Auflage publiziert wurden, merkte der an der Sankt Petersburger medizinisch-chirurgischen Akademie lehrende Hygieniker Pantelejmon Osipovič Smolenskij die Notwendigkeit wissenschaftlicher Kontrolle der Lebensmittel an. Zugleich gab er zu bedenken, dass eine solche Analyse nicht immer möglich sei. Im Übrigen sei der Konsument alltäglich mit dem Problem konfrontiert, ob er ein qualitativ einwandfreies, verfälschtes oder verdorbenes Produkt erworben habe.[55] Smolenskij verstand sein Buch nicht nur als Beitrag zum Schutz der Gesundheit des Verbrauchers, sondern auch als eine praktische Handreichung.[56] Diese sollte ihn vor vielen Formen des Handelsbetrugs bewahren. Smolenskij forderte den Konsumenten zur Lebensmittelsensorik auf: Es galt, die Ware, z. B. Fleisch, nicht nur in Augenschein zu nehmen, sondern sich auch des Geruchssinns zu bedienen. Schließlich empfahl er eine haptische Qualitätskontrolle. Durch Druck sollte die Fleischtextur auf Konsistenz und Frische geprüft werden[57];

---

53 Die Lesefähigkeit männlicher bzw. weiblicher Heranwachsender und Erwachsener betrug im Zarenreich 1850 19 Prozent bzw. 10 Prozent, 1889 31 Prozent bzw. 13 Prozent, 1913 54 Prozent bzw. 26 Prozent; *Boris Nikolaevič Mironov*, Social'naja istorija Rossii perioda Imperii (XVIII – načalo XX v.). Genezis ličnosti, demokratičeskoj sem'i, graždanskogo obščestva i pravovogo gosudarstva. V dvuch tomach. Sankt Petersburg 1999, T. 2, 386.

54 Vgl. z. B. Izsledovanie varenoj kolbasy, in: Domašnij Doktor 8/10, 1914, 307 f.

55 *Pantelejmon Osipovič Smolenskij*, Prostejšie i obščedustupnye sposoby izsledovanija i ocenki dobrokačestvennosti s"estnych pripasov, napitkov, vozducha, vody, počvy, žilišč i proč. 2. Aufl. Sankt Petersburg 1892, III.

56 Ebd. IV.

57 Ebd. 32, 38 f.

denn Fleisch war nicht selten gefärbt oder „aufgeblasen", um ihm so einen frischen Eindruck zu verleihen.[58]

IV. Handelskontrolle und Lebensmittelanalyse als Verbraucherschutz

Zu Beginn des 20. Jahrhunderts bemerkte Vladimir Fedorovič Timofeev, Chemieprofessor an der Universität Char'kov, dass für den Kampf gegen die Lebensmittelfalsifikation, um die sich „jeder zivilisierte Staat sorge", im Zarenreich jegliche Grundlage fehle: Es gäbe weder ausreichend Laboratorien noch kompetente Experten, von der gesetzlichen Grundlage ganz zu schweigen.[59] In der Tat kann die Lebensmittelfalsifikation im Zarenreich als Resultat eines Zusammenwirkens unterschiedlicher Faktoren verstanden werden: der mangelnden staatlichen Regulierung und Aufsicht über Lebensmittelproduktion und -handel – das galt sowohl für die Industrieaufsicht als auch für Versuchsstationen und Laboratorien –, geringfügiger oder sogar fehlender Strafen und somit letztlich auch der wirtschaftlichen Attraktivität des Betrugs.[60] Die Strafen schreckten niemanden, die Rate der Wiederholungstäter war hoch.[61] Um der Falsifikation den Kampf anzusagen, riefen viele nach dem Staat, der entweder Kontroll- und Forschungsinstitutionen aus der Taufe heben oder auf gesetzgeberischem Weg initiativ werden sollte.[62] Das staatliche Nichthandeln eröffnete der Gesellschaft Raum für Eigeninitiative.

Wissenschaftler wie Ėrisman, dem es vor allem um eine Gefahrenabwehr ging, plädierten schon zu Beginn der 1890er Jahre für eindeutige Grenzwerte bzw. Nor-

58 *A. Vinogradov*, Vozraženie g. Jurkeviču po voprosu o naduvanii vozduchom mjasa, in: Juridičeskij Vestnik 16/5–6, 1884, 276–287.

59 *Vladimir Fedorovič Timofeev*, Fal'sifikacija pitatel'nych produktov i bor'ba s neju, in: Vestnik Vinodelija 9/1, 1900, 3–8, hier 3; ähnlich argumentierte der ärztliche Inspektor Odessas *Aleksandr Vsevolodovič Korš*, Fal'sifikacija pitatel'nych produktov i bor'ba s neju, in: Vestnik Vinodelija 9/5, 1900, 267–269, hier 268.

60 *Vasilij Egorovič Tairov*, Fal'sifikacija pitatel'nych produktov i bor'ba s neju, in: Vestnik Vinodelija 10/5, 1901, 259–265, hier 259.

61 *Archipov*, Fal'sifikacija (wie Anm. 34), 44; K voprosu o fal'sifikacii vina v Bessarabii, in: Vestnik Vinodelija 20/12, 1911, 742f.

62 *Vasilij Moiseevič Petriev*, Fal'sifikacija pitatel'nych produktov i bor'ba s neju, in: Vestnik Vinodelija 8/9, 1899, 515–523, hier 517; *V. I. F.* [i.e. *Viktor Ivanovič Filip'ev*], Russkaja pečat' o vinograde i vine, in: Vestnik Vinodelija 4/8, 1895, 472–486, hier 476.

men und forderten die Politik auf, diese in Form von Verordnungen oder Gesetzen verbindlich zu machen.[63] Allerdings äußerten nicht nur die Wissenschaftler ihr Unverständnis darüber, dass die „Stadtväter" – wie insbesondere in Sankt Petersburg – mehr redeten als handelten, wortreich Lebensmittelfalsifikationen beklagten, statt ihnen durch konsequente Taten den Kampf anzusagen. Verordnungen standen oft nur auf dem Papier, weil der betreffende Magistrat nicht genügend Mittel und Personal bewilligte, um die Umsetzung respektive die Einhaltung zu gewährleisten. Reichsweit existierten zu Beginn der 1880 weniger als zehn Labore, die Lebensmittelanalysen vornahmen, 1913 waren es 61. Zum Vergleich: Im Deutschen Reich gab es 1879 30, 1907 183 Labore mit 485 Chemikern, von denen 345 als Spezialisten der Lebensmittelanalyse galten.[64]

Im Kontext der Lebensmittelanalysen kann zum einen von einer Internationalisierung von Wissensbeständen gesprochen werden. Den Petersburger Chemikern waren die jüngsten Erkenntnisse ihrer deutschen und französischen Kollegen alsbald bekannt. Zu diesem schnellen Wissensaustausch trugen Konferenzen, Korrespondenz und Fachzeitschriften bei. Diese einschlägigen Fachorgane waren in großen öffentlichen Bibliotheken Moskaus und Sankt Petersburgs bzw. der Universitäten sowie der Akademie der Wissenschaften einsehbar. Die russischsprachigen Journale druckten im Übrigen die Inhaltsverzeichnisse der westeuropäischen Publikationen ab. Darüber hinaus beeinflussten deren Urteile die eigene Haltung, so dass Substanzen, die in Deutschland oder Frankreich als gesundheitsschädlich eingestuft worden waren, auch im Zarenreich nicht zugelassen wurden.[65]

Der Kampf des Ancien Régime gegen Verstöße der Lebensmittelhygiene im Allgemeinen und gegen Lebensmittelfälscher im Besonderen glich der Auseinandersetzung mit der Hydra in der antiken Mythologie: Mochte ein Haupt auch abgeschlagen sein, wuchsen doch sieben neue nach. Sankt Petersburg führte den Kampf mit

---

63 *Fedor Fedorovič Ėrisman* (Ed.), Pervyj godovoj otčet Moskovskoj gorodskoj sanitarnoj stancii, ustroennoj pri Gigieničeskom Institute Imperatorskago Moskovskago Universiteta. (Mart 1891 g. – Maj 1892 g.). Moskau 1892, II, 3. *Ėrisman* 1887, 14f. sah in minderwertigen Lebensmitteln eine Gefahr. Aufgabe der Wissenschaft sei es mit ihren Erkenntnissen, Staat und Gesellschaft in ihrem Kampf für die Volksgesundheit zu unterstützen.

64 *A. Behre*, Zur Entwicklung der Nahrungsmittelkontrolle im Deutschen Reiche, in: Zeitschrift für angewandte Chemie 21, 1908, 1229–1235, hier 1231; *Raškovič*, Materialy k voprosu (wie Anm. 11), 19; vgl. *Teuteberg*, Kampf (wie Anm. 38), 375f.

65 Otčet S.-Peterburgskoj Gorodskoj Ispolnitel'noj Sanitarnoj Komissii (wie Anm. 4), 359.

völlig unzureichenden Mitteln. Selbst in den Cholerajahren 1892/93, als das öffentliche Hygienebewusstsein durch die erhebliche Mortalitätsrate alarmiert war, folgten die Hygieneinspektionen der städtischen Sanitärärzte einer schematisierten Routine. Die Ärzte als ausführende Organe lobten die seitens der Stadtverwaltung ergriffenen Maßnahmen der Hygienekontrolle, also letztlich sich selbst, konfiszierten wiederholt verfaultes Fleisch und verfaulten Fisch, sahen aber keinen Handlungsbedarf, die als zufriedenstellend bezeichneten Zustände der Lebensmittelgeschäfte durch verschärfte Hygienestandards zu verbessern.[66] Zur Jahrhundertwende unterstrich ein Sankt Petersburger Sanitärarzt dieses Urteil, bemängelte aber die Hygiene der kleinen Lebensmittelläden im Allgemeinen und der Backstuben im Besonderen.[67]

Von der Jahrhundertwende bis zum Kriegsausbruch wuchs die Zahl der Lebensmittelgeschäfte aller Art in Sankt Petersburg von 10000 auf 15000 an.[68] Hinzu kamen ferner noch etwa 3500 Straßenhändler, die Lebensmittel feilboten. In den zeitgenössischen Beschreibungen des Straßenhandels mit Lebensmitteln wie auch in den zahlreichen Erinnerungen war mangelnde Hygiene ein wichtiger Bestandteil.[69] Daher ist es keineswegs verwunderlich, dass Hygieniker und Ärzte bereits im ausgehenden Jahrhundert die Praktik vieler Lebensmittelhändler monierten, Waren in Schreib- oder Zeitungspapier einzuwickeln, so dass die Chemikalien der Druckerschwärze das Produkt kontaminieren konnten.[70] Zeitgenossen forderten daher ständige und sorgfältige Kontrollen der Händler und Handelsorte; die Kapazität auf dem

---

66 Ebd. 62, 67.

67 *Ven'jamin Isaakovič Binštok*, Torgovo-promyšlennyja zavedenija, zanimajuščichsja izgotovleniem ili prodažeju piščevych produktov v Roždestvenskoj časti g. S.-Peterburga. (Sanitarno-statističeskij očerk), in: Žurnal Russkago Obščestva Ochranenija Narodnago Zdravija 8/12, 1898, 880–884, hier 881 f.; U mirovych sudej. Isporčennoe mjaso dlja kolbas, in: Vedomosti Sankt Petersburg Gradonačal'stva i Stoličnoj Policii No. 218, 25.9.1894, 2 f.

68 RGIA, f. 23, op. 9, d. 308, l. 11; *James H. Bater*, St. Petersburg: Industrialization and Change. (Studies in Urban History, 4.) Montreal 1976, 261; *Ėl'za Ėduardovna Kruze*, Transport, torgovlja, kredit, in: B. M. Kočakov (Ed.), Očerki istorii Leningrada. T. 3: Period imperializma i buržuazno-demokratičeskich revoljucij 1895–1917 g.g. Leningrad 1956, 61–103, hier 79 f.; *Dmitrij Andreevič Zasosov / Vladimir Iosifovič Pyzin*, Iz žizni Peterburga 1890–1910-ch godov. 2. Aufl. Sankt Petersburg 1999, 322.

69 *Sergej Gornyj* [i.e. *Aleksandr-Mark Avdievič Ocup*], Sankt-Peterburg (Videnija). (Zabytyj Peterburg, 3.) Sankt Petersburg 2000, 38.

70 *Binštok*, Torgovo-promyšlennyja zavedenija (wie Anm. 67), 882; *ders.*, Očerk sanitarnago sostojanija domov 2 uč. Roždestvenskoj časti g. S.-Peterburga, in: Žurnal Russkago Obščestva Ochranenija Narodnago Zdravija 6/2, 1896, 139–143, hier 143.

Gebiet der Hygienegesetzgebung im Zarenreich, Frejberg, hielt wenigstens drei Kontrollen im Jahr für dringend geboten.[71]

Für ihre Kontrolle standen in der Hauptstadt bis 1911 lediglich zwanzig Sanitärärzte bereit. In diesem Jahr erhöhte die Stadtverwaltung ihre Zahl um zwölf Kräfte: für insgesamt zwei Monate im Vorfeld von Ostern und Weihnachten.[72] Zu ihren Obliegenheiten gehörte ein umfassender Tätigkeitskatalog. Ihrer Inspektion unterlagen nicht nur Wohnhäuser und Wohnungen, sondern auch Fabriken, Handwerksbetriebe, Schulen, Bäder, Straßen, Plätze, Höfe, Senkgruben, die Kanalisation, die städtischen Wasserleitungen usw. Mit anderen Worten die gesamte städtische Hygiene- und Gesundheitsvorsorge [sanitarnoe blagoustrojstvo].[73]

Im Jahr 1904 nahmen die Behörden in Sankt Petersburg 22 985 Hygieneinspektionen vor, von denen über 19,3 Prozent auf Wohnhäuser, 10 Prozent auf Gastronomiebetriebe, 3,9 Prozent auf Fabriken, fast 34,4 Prozent auf Lebensmittelgeschäfte und 32,3 Prozent auf Bäckereien und sonstige Handelsgeschäfte, die nicht zur Lebensmittelbranche zählten, entfielen. Eine Addition der beiden letzten Rubriken ergab also über 15 300 Kontrollen. Im statistischen Durchschnitt entfiel auf jedes Lebensmittelgeschäft eine Hygienekontrolle pro Jahr. Gemeinhin fanden diese Überprüfungen in den Hochzeiten des Handels statt, unmittelbar vor den beiden höchsten christlichen Feiertagen, nämlich Ostern und Weihnachten. Mit Ausnahme der rund ums Jahr stattfindenden Stichproben blieb die Masse der Händler im Prinzip unbehelligt und konnte sich so weitgehend unentdeckt dunklen Geschäften hingeben.[74] Schlechte Bezahlung der Polizisten und verbreitete Bestechlichkeit respektive Korruption trugen ein Übriges dazu bei[75], die Zahl wegen Hygieneverstößen

---

71 *Binštok*, Očerk sanitarnago sostojanija domov (wie Anm. 70), 143; *Nikolaj Gustavovič Frejberg*, Vračebno-sanitarnoe zakonodatel'stvo v Rossii. Uzakonenija i rasporjaženija pravitel'stva po graždanskoj medicinskoj, sanitarnoj i farmacevtičeskoj častjam, opublikovannyja po 1 janvarja 1913 goda. 3. Aufl. Sankt Petersburg 1913, 463.

72 CGIA SPb, f. 210, op. 1, d. 531, ll. 4, 18, 28–29ob; Otčet S.-Peterburgskago gorodskogo obščestvennago upravlenija za 1911 g. Sanitarnaja komissija. Sankt Petersburg 1914, 11, 210; *Venedikt Nikolaevič Okunev*, Sovremennaja bor'ba s fal'sifikaciej i torgovym obmanom. Petrograd 1915, 11.

73 Otčet S.-Peterburgskago gorodskogo obščestvennago upravlenija (wie Anm. 64), 115–117.

74 Ebd. 117 f., 207.

75 Birževyja Vedomosti No. 211, 10.8.1864, 851 [čast' neofficial'naja]; ebd. No. 217, 16.8.1864, 869 f.; *Felix Schnell*, Ordnungshüter auf Abwegen? Herrschaft und illegitime Gewalt in Moskau 1905–1914. (Forschungen zur osteuropäischen Geschichte, Bd. 67.) Wiesbaden 2006, 187; zum Phänomen der Korruption im Za-

inkriminierter Produzenten und Händler in engen Grenzen zu halten. Einmal mehr waren die Selbstverwaltungsorgane Horte der Indolenz und Inertie.[76]

V. „Vertrauen ist gut, Kontrolle ist besser“: Justiz und Gesetzgebung

Aber selbst wenn die Sanitärärzte oder die Polizei einen Händler anzeigten und eine Anklage erhoben wurde, kam es nur in Ausnahmefällen zur Verurteilung.[77] Im Wesentlichen oblag die lokale niedere Gerichtsbarkeit den Friedensgerichten. Die 15 300 Kontrollen im Jahr 1904 förderten über 7800 Verstöße gegen die Hygienebestimmungen zutage, führten zu über 1100 Anklagen und insgesamt 866 Verurteilungen.[78] Lediglich in zehn Fällen wurden Arreststrafen zwischen einem Tag und einen Monat verhängt. Vergleichsweise empfindliche Geldstrafen blieben die Ausnahme: Ein Verurteilter hatte 200 Rubel Strafe zu zahlen, ein anderer 150 Rubel, sechzehn weitere 100 Rubel. Die am häufigsten verhängte Geldbuße – in insgesamt 118 Fällen – waren 10 Rubel. Fast drei Viertel aller Strafen wurden wegen „Taten gegen die Volksgesundheit“, wie das Kapitel IX des Strafenkatalogs des Statuts der Friedensgerichte überschrieben war, verhängt. 372 Mal wurden verfälschte, verdorbene respektive gesundheitsschädliche Produkte angeboten. Die übrigen Urteile ergingen wegen mangelnder Sauberkeit oder der Verwendung des verbotenen Süßstoffs Saccharin.[79]

Für die Juristen spielte europaweit bei der Bemessung des Strafmaßes die Frage nach dem Vorsatz einer Lebensmittelverfälschung eine große Rolle. In Russland war es die Regel, dass sich Produzenten und Händler wechselseitig bezichtigten, für Produktmängel verantwortlich zu sein.[80] In der Tat dürften sehr viele Lebensmittelver-

---

renreich allgemein vgl. *Susanne Schattenberg*, Die korrupte Provinz? Russische Beamte im 19. Jahrhundert. (Campus Historische Studien, Bd. 45.) Frankfurt am Main/New York 2008.

76 Vgl. *Lutz Häfner*, Gesellschaft als lokale Veranstaltung. Kazan' und Saratov (1870–1914). (Beiträge zur Geschichte Osteuropas, 35.) Köln/Weimar/Wien 2004, 375.

77 RGIA, f. 23, op. 9, d. 308, l. 11ob.

78 104 Personen wurden freigesprochen, in 104 Fällen wurde kein Verfahren eröffnet. Über die verbleibende Differenz wurden keine Angaben gemacht; Priloženie k vsepoddnanejšemu otčetu po S.-Peterburgskomu gradonačal'stvu za 1904 god. Sankt Petersburg 1905, Tab. 1.

79 Ebd.

80 CGIA SPb, f. 792, op. 1, d. 8016, ll. 6ob–7; ebd. f. 210, op. 1, d. 588, ll. 25ob–26.

fälschungen vorsätzlich geschehen sein. Allerdings darf nicht außer Acht gelassen werden, dass mangelnde Sorgfalt und ein insgesamt geringes Hygienebewusstsein verbreitet waren.[81] Sie gaben zu Beschwerden Anlass und führten zu Anklagen, in geringerem Maße auch zu Verurteilungen. Kakerlaken im Brot, Ratten in Backstuben waren keine Seltenheit; hochgiftiges Kupfervitriol im Weißbrot, wie in einem vor dem Moskauer Friedensgericht 1911 verhandelten Fall, stellten zum Glück der Konsumenten eine seltene Ausnahme dar. Auch in diesem Fall fiel der Urteilsspruch des Friedensrichters sehr milde aus: 20 Rubel Geldstrafe, ersatzweise vier Tage Arrest und eine Geldbuße in Höhe von 10 Rubel zugunsten der Medizinalverwaltung.[82]

Die insgesamt jedoch deplorablen Verhältnisse auf dem Gebiet der Lebensmittelqualität und des Verbraucherschutzes im Zarenreich ließen den bedeutenden Weinbauexperten Vasilij Egorovič Tairov Anfang der 1890er Jahre nach Abhilfe rufen. Er propagierte ein mehrgleisiges Vorgehen: Aufklärung der Gesellschaft, Prävention, Kontrolle – insbesondere durch Labore – und das Strafgesetz.[83] Nur so ließen sich gravierende Gesundheitsschäden der Verbraucher verhindern und konnte das Vertrauen in die Produktgüte gewährleistet werden.

Um die Beziehung zwischen Produzenten, Händlern, Konsumenten, Selbstverwaltungsorganen und staatlichen Institutionen für alle Seiten zufriedenstellend zu regeln, schlug der Leiter des städtischen Labors Kievs einen umfangreichen Maßnahmenkatalog vor: Er forderte erstens einen russischen „Codex alimentarius et sanitarius", der sämtliche Lebensmittel, ihre chemische Zusammensetzung, Eigenschaften, Charakteristika, Grenzwerte, zufällig oder vorsätzlich hinzugefügte unbedenkliche oder die Gesundheit gefährdende Stoffe, ihre Lagerung und ihre Verpackung umfassen sollte. Zweitens verlangte er eine Normierung der Untersuchungsverfahren für Lebensmittel, drittens eine Normierung der Ausbildung, Kenntnisse und Rechte der die Lebensmittel untersuchenden Chemiker und Hygieniker, viertens eine einheitliche Ausstattung der Lebensmittellabore sowie eine Beschreibung

81 CGIA SPb, f. 210, op. 1, d. 369, ll. 3–30b; *Sokolov*, Bor'ba (wie Anm. 32), 5.

82 CIAM, f. 1296, op. 3, d. 14, ll. 15–15ob. Vgl. auch die regelmäßigen Lebensmittelskandalchroniken in Naša Pišča. Illjustrirovannyj žurnal obščepoleznych svedenij v oblasti pitanija i domovodstva 1894, 2, 26 f.; ebd. 1894, 3, 46 f.; ebd. 1894, 5, 83 f.; ebd. 1894, 6, 97.

83 Postanovlenija Simferopol'skago s"ezda vinogradarej i vinodelov, in: Vestnik Vinodelija 11, 1902, 1, 10–15, hier 10; *Vasilij Egorovič Tairov*, Fal'sifikacija vina v Rossii, in: Vestnik Vinodelija 2/2, 1893, 67–72, hier 69.

ihrer Aufgaben, Rechte und Pflichten, fünftens die Einführung einer einheitlichen (reichsweiten) Handelsaufsicht, sechstens eine aktive Einbindung der lokalen Selbstverwaltungsorgane in die Kontrolle und Finanzierung des Lebensmittelhandels und schließlich siebtens die Verabschiedung eines allgemeinen Lebensmittelgesetzes, das sich an anderen europäischen Staaten orientieren sollte.[84]

Als Folge des von der Gesellschaft des Weißen Kreuzes in Genf im September 1908 einberufenen internationalen Kongresses gegen Lebensmittelfalsifikation gründete der russische Ministerrat Ende Mai 1909 beim Ministerium für Handel und Industrie ein ständiges Komitee, das landesweit Verbraucherschutzmaßnahmen ergreifen und die gemeinsamen Anstrengungen mit den Organen der lokalen Selbstverwaltung koordinieren sollte.[85] Staat und Gesellschaft maßen einem Medikalisierungsprozess wachsende Bedeutung bei: Während die Staatsduma 1912 eine Kommission ins Leben rief, die sich mit Fragen der Volksgesundheit befasste, oder eigene, den Konsum bzw. den Verbraucherschutz betreffende Gesetzesentwürfe ausarbeitete, legte das Innenministerium im April 1914 den Entwurf eines Lebensmittelgesetzes vor.[86] Als Handlungsmaxime galten dabei die Sicherung der Volksgesundheit, die Wahrung der Interessen der einzelnen Branchen in Landwirtschaft und Industrie, die Berücksichtigung der (finanziellen) Verbraucherinteressen, die Bedürfnisbefriedigung des Marktes und schließlich der Schutz vor übermäßigen Handelsbeschränkungen.[87]

Wenn auch das Zarenreich kein allgemeines Lebensmittelgesetz verabschiedete, so verfügte es jedoch nicht nur über bestimmte Produkte oder Substanzen betreffende Gesetze, wie beispielsweise Mineralwasser, Margarine, Tee[88] oder Saccharin, son-

---

84 *B. O. Rajkevič*, Fal'sifikacija pitatel'nych produktov i bor'ba s neju, in: Vestnik Vinodelija 9/7, 1900, 395–397, hier 396. Die Überlegung eines russischen Nahrungsmittelkodex blieb bis zum Ersten Weltkrieg aktuell, ohne dass etwas geschah, vgl. Otčet o dejatel'nosti Komiteta po bor'be s fal'sifikaciej piščevych produktov za 1-j god (wie Anm. 46), 23.

85 *Bela Davidovna Gal'perina* (Ed.), Osobye žurnaly Soveta ministrov Rossijskoj imperii 1909 god. Moskau 2000, 179f.; Polnoe Sobranie Zakonov, sobr. 3-e, No. 32150, 18.6.1909: Ob učreždenii Komiteta po bor'be s fal'sifikacieju piščevych produktov. Sankt Petersburg 1912, 501.

86 *Andrej Nikolaevič Davydov* (Ed.), Moskva vek XX 2000 – Moskva vek XX. Istoričeskaja ėkologija 1901–1917. Moskau 2000, T. 1, 16.

87 *Vasilij Egorovič Tairov*, Moskovskij s"ezd vinogradarej i vinodelov, in: Vestnik Vinodelija 11/5, 1902, 259–277, hier 265.

88 O proizvodstve i prodaže margarina i iskusstvennago masla, in: Polnoe Sobranie Zakonov, sobr. 3-e, No. 7606, 8.4.1891, Sankt Petersburg 1894, 163f.; Ob ograničenii proizvodstva i prodaži iskusstvennych

dern auch in einzelnen Statuten Ausführungsbestimmungen zur Volksgesundheit, zur Produktion, zum Verkauf und zum Umgang mit Lebensmitteln. Im Rahmen der russländischen Gesetzessammlung [Svod zakonov] fanden sie sich im Medizinischen Statut, im Statut über die Alkoholsteuer, im Industriestatut, im Gesetzbuch über die Gouvernementsbehörden.[89] Diese Vielfalt sowie die Tatsache, dass diese Bestimmungen über verschiedenste Gesetzbücher verstreut waren und immer wieder durch Zirkulare einzelner Ministerien bzw. Behörden ergänzt oder modifiziert wurden[90], erschwerten es den Produzenten und Händlern, sie zu befolgen.

VI. Die Verbraucher/innen

In der breiten Masse der hauptstädtischen Bevölkerung entfiel ein großer Teil der Konsumausgaben auf Lebensmittelprodukte: Bis zu zwei Drittel der verfügbaren Einkommen verwandten die städtischen Unterschichten auf Lebensmittel – und dies war keineswegs nur ein im Zarenreich zu beobachtendes Phänomen, sondern galt auch für die industriell entwickelteren Staaten des Westens wie Großbritannien, Frankreich oder das Deutsche Reich.[91] Diese Tatsache erklärt auch, weshalb die Lebensmittelbranche in den Staaten Europas einschließlich des Zarenreichs ein bedeutender Wirtschaftsfaktor war.

Im Zentrum dieser Debatten jedoch stand der Konsument, der zwar als Massenphänomen über beträchtliche Marktmacht verfügte, in aller Regel aber nicht kollektiv handelte. Hierzu fehlten ihm mit Ausnahme einer kleinen Zahl von Konsumgenossenschaften die Institutionen, die seine Interessen hätten wahrnehmen können. Politische Parteien als Interessenvertretungsorgane konnten sich öffentlich erst seit

---

sladkich veščestv, in: ebd., No. 18748, 5.6.1900, Sankt Petersburg 1902, 611; *Aleksandr Evgen'evič Nazimov*, Fal'sifikacija pitatel'nych produktov i bor'ba s neju. Obzor russkago sanitarnago zakonodatel'stva o pitatel'nych produktach, in: Vestnik Vinodelija 9/10, 1900, 599–646, hier 607; Svod dejstvujuščich sanitarno-ugolovnych uzakonenij (wie Anm. 34), 20.

89 Svod dejstvujuščich sanitarno-ugolovnych uzakonenij (wie Anm. 34), 1–10.

90 Ebd. 6.

91 *Lutz Häfner*, „Leider können auch wir Russen nicht ohne Geld auskommen". Vom Wandel des Umgangs mit Geld im ausgehenden Zarenreich, in: L'Homme 22/2, 2011, 47–63; *Richard J. Evans*, Tod in Hamburg. Stadt, Gesellschaft und Politik in den Cholera-Jahren 1830–1910. Reinbek bei Hamburg 1996, 217; *Heinz-Gerhard Haupt*, Konsum und Handel. Europa im 19. und 20. Jahrhundert. Göttingen 2003, 53; *Spiekermann*, Science (wie Anm. 25), 230.

der Einführung des Parlamentarismus 1906 betätigen. Max Weber hat die politischen Rahmenbedingungen mit dem geflügelten Wort des „Scheinkonstitutionalismus" cum grano salis keineswegs unzutreffend charakterisiert. Einen Verbraucherschutz gab es im Zarenreich nicht. Letztlich war der Einzelne gefordert, mündig Kaufentscheidungen zu treffen. Dies setzte Lesefähigkeit sowie den Zugang zu bestimmten Presseerzeugnissen voraus. Dem standen allerdings die sozioökonomischen und soziokulturellen Verhältnisse im Zarenreich entgegen. Für die Masse der Kunden war der Produktpreis das einzige Kriterium, das dem Warenerwerb zugrunde gelegt wurde. Nicht-Essen blieb für die breite Masse körperlich schwer arbeitender, aber vergleichsweise wenig verdienender Menschen bestenfalls eine theoretische Option. Die soziale Lage entschied in hohem Maße über die Lebensdauer. Hinzu kam – und dies hat sich bis heute nicht geändert –, dass die Konsumenten in ihrem Kaufverhalten nach jedem Skandalon alsbald in gewohnte Handlungsmuster verfielen.

Der Moskauer Sanitärarzt Andrej Dmitrievič Sokolov monierte ein geringes Interesse der russländischen Verbraucher, Händler oder Produzenten, die verfälschte oder qualitativ minderwertige Waren vertrieben und deren Namen nach einer rechtskräftigen Verurteilung in Tageszeitungen publiziert wurden, zu boykottieren. Er beklagte zum einen, dass die Konsumenten bestenfalls kurzfristig ihr Konsumverhalten änderten, zum andern, dass sie keinen Druck auf Regierung und Parlament ausübten, ein Lebensmittelgesetz aus der Taufe zu heben und das Strafmaß für die Täter zu erhöhen.[92] Dabei ließ er außer Acht, dass die Staaten Westeuropas ungeachtet aller Gesetze dem Übel gleichfalls lange nicht Herr wurden. Insgesamt ist den Ausführungen Ėrismans beizupflichten: Mochte der Kampf gegen die Falsifikation auch aussichtslos erscheinen, so gab es doch keine überzeugende Alternative. Er war schon deshalb unabdingbar, um zumindest noch größeren Schaden von der Bevölkerung abzuwenden.[93]

Die Konsumentenkritik umfasste noch eine weitere Facette: Der Verbraucher war „vergesslich". Nach einem Skandal fiel er alsbald in seine alten Konsumgewohnheiten zurück und verhielt sich passiv: Er regte sich nicht langfristig auf, artikulierte

92 *Sokolov*, Bor'ba (wie Anm. 32), 10–13, 19, 22; vgl. *Sergej Aleksandrovič Černyšev*, Fal'sifikacija piščevych veščestv. Char'kov 1900, 28.

93 RGIA, f. 23, op. 9, d. 308, l. 10ob; *Aleksandr Nikolaevič Al'medingen*, Po povodu zakonoproėkta o fal'sifikacii, in: Naša pišča 1, 1891, 7, 4–6, hier 5; *Ėrisman* (Ed.), Pervyj godovoj otčet (wie Anm. 63), 8.

sich nur bedingt öffentlich, schuf sich keine Plattformen der Artikulation oder Interessenwahrnehmung, übte keinen Druck auf die lokalen Selbstverwaltungsorgane oder die Regierung aus, um durch Kontrolle, Fixierung von Grenzwerten und die Festlegung von Produktionsverfahren sowie auf dem Verordnungs- oder Gesetzesweg einen justiziablen Rahmen zu erhalten.

VII. Zusammenfassung und Ausblick

Der wissenschaftlich-technische Fortschritt trug entscheidend zur wachsenden Komplexität der Welt bei. Daher erwies es sich zum einen als notwendig, bereits bestehende Lebensmittelgesetze turnusmäßig zu novellieren, um sie den sich wandelnden Wissensständen anzupassen und sie nicht als obsolet respektive anachronistisch erscheinen zu lassen. Als Alternative bot sich der schneller umzusetzende Verordnungsweg an. Zum anderen sind die individuellen Konsequenzen auf der Nachfrageseite zu betonen. Die Wissensasymmetrien gerade auch zwischen Nahrungsmittelproduzenten und Verbrauchern nahmen zu. Die Welt wurde für das Individuum immer unüberschaubarer. Ein Übermaß an Komplexität überfordert den Menschen, macht ihn handlungsunfähig, wie es Niklas Luhmann formulierte.[94] Einen Mechanismus zur Komplexitätsreduktion stellt Vertrauen dar[95]: z. B. das Vertrauen in das Gute im Menschen, in die Ehrbarkeit des Kaufmanns, die Unverfälschtheit und Qualität des von ihm vertriebenen Produkts – entsprechende Formulierungen fanden sich zeitgenössisch durchaus[96] – oder auch das Vertrauen in die wissenschaftliche Expertise eines Lebensmittelkontrolleurs. Im Unterschied allerdings zum Westen, in dem in vormodernen Gesellschaften vorhandenes Vertrauen, das im Bereich der Handelsbeziehungen durch gesellschaftliche Werte gleichsam institutionalisiert war, dann sukzessive als systemisches Gut in der modernen

---

94 *Niklas Luhmann*, Vertrauen. Ein Mechanismus der Reduktion sozialer Komplexität. 4. Aufl. Stuttgart 2009, 93.

95 Ebd. 27–38; *Martin Fiedler*, Vertrauen ist gut, Kontrolle ist teuer. Vertrauen als Schlüsselkategorie wirtschaftliches Handelns, in: Geschichte und Gesellschaft 27, 2001, 576–592; *Anthony Giddens*, Konsequenzen der Moderne. Frankfurt am Main 1997, 115, bezeichnet Vertrauen als ein „stillschweigendes Sichabfinden mit Umständen, unter den andere Alternativen weitgehend ausgeschlossen sind".

96 *Aleksandr Gercik*, Po povodu vsevozmožnych aromatičeskich lepešek, poroškov i ėssencii dlja prigotovlenija nalivok, special'nych vodok i vin, in: Naša Pišča 4/6, 31.3.1894, 89 f., hier 90.

Gesellschaft infolge ihrer Komplexität und funktionaler Differenzierung abhandengekommen sei[97], bleibt es für das Zarenreich angesichts des überaus negativen Kaufmannsbildes[98] fraglich, ob dieses bipolare, an gesellschafts- und epochenspezifischen Entwicklungen festzumachende Modell greift. Zwar gab es auch im Zarenreich Kaufleute, die sich als „ehrenwerte Händler“ bezeichneten und sich als Opfer der skrupellosen Machenschaften der auf schnellen Profit orientierten Lebensmittelverfälscher stilisierten. Aber gerade die große Zahl von Lebensmittelfalsifikationen schürte das Misstrauen.[99] Für das Zarenreich wäre somit zu fragen, ob sich die Vertrauenskrise nur fortschrieb oder ob es den hygienepolitischen Kontroll- und Überwachungsmaßnahmen gelang, sukzessive Vertrauen zu schaffen.[100]

Die Vorstellung, dass die Ehre, Glaubwürdigkeit, mit einem anderen Wort: die Vertrauenswürdigkeit des Unternehmers als Kapitalressource unschätzbaren Ausmaßes zu gelten habe, war zumindest außerhalb dieser Kreise auch im Ancien Régime entwickelt.[101] Diese Kreise, die sich vor allem aus der *intelligencija* wie der Gesellschaft rekrutiert haben dürften, versuchten, Bildung, Kenntnisstand und auch die moralischen Qualitäten insbesondere der Produzenten, Kaufleute und Händler, aber auch der Konsumenten zu heben und in ihren Beziehungen der Kategorie des gegenseitigen Vertrauens einen zentralen Stellenwert zu vermitteln.[102] Wenn es einer Berufsgruppe im Kontext der Lebensmittelverfälschungen und der Bemühungen um die Hebung der Volksgesundheit gelang, die Ressource „Vertrauen“ für sich zu vereinnahmen, die Bevölkerung von der Nützlichkeit ihrer Tätigkeit zu überzeugen und ihre Arbeit als einen Dienst am Volk, dessen Wohlergehen und Gesundheit zu deuten, dann war es das Personal der Laboratorien, nämlich die dort tätigen Ärzte

97 *Hans Jürgen Teuteberg*, Die Verfälschung von Nahrungs- und Genußmitteln und die Anfänge eines einheitlichen staatlichen Lebensmittelschutzes in Deutschland, in: Ernährungswissenschaft 34, 1993, 95–112, hier 97.

98 *Al'medingen*, Po povodu (wie Anm. 93), 4; „Čestnye kupcy“, in: Ob"edinenie No. 1, 18.2.1911, 12; *Häfner*, Wandel (wie Anm. 91), 47.

99 CGIA SPb, f. 792, op. 1, d. 4864, ll. 4–4ob.

100 *Stefan Gorissen*, Der Preis des Vertrauens. Unsicherheit, Institutionen und Rationalität im vorindustriellen Fernhandel, in: Ute Frevert (Hrsg.), Vertrauen. Historische Annäherungen. Göttingen 2000, 90–118, hier 108; *Hierholzer*, Nahrung (wie Anm. 13), 24, 342.

101 *V. I. F.*, Russkaja pečat' o vinograde i vine: Jaltinskoe osoboe soveščanie po voprosu o naloge na vino, in: Vestnik Vinodelija 2/6, 1893, 346–355, hier 346; *Gernet*, Fal'sifikacija (wie Anm. 32), 525.

102 *Nikolaj Andreevič Bunge*, Fal'sifikacija pitatel'nych produktov i bor'ba s neju, in: Vestnik Vinodelija 8/5, 1899, 259–270, hier 270.

und Chemiker, die die Lebensmittel kontrollierten und zahlreiche Skandale aufdeckten.[103] Ihr Handeln im Zusammenspiel mit der lokalen Selbstverwaltung und dem Staat kann jedenfalls als Regulierung von Lebensmittelproduktion und -handel im Sinne einer verbindlichen Gesundheitspolitik gedeutet werden.

Nebst dem Strafgesetzbuch galt der „Ostrazismus durch die Öffentlichkeit", d.h. die Veröffentlichung der Namen und Anschriften der Lebensmittelfälscher, als wirkungsvollste Maßnahme.[104] Jeder Verbraucher besaß die Option „einer Abstimmung mit den Füßen", also einem Anbieter trotz seines Betrugs und des damit verbundenen Bruchs eines Vertrauensverhältnisses die Treue zu halten oder die Konsequenzen aus seinem Verhalten zu ziehen. Allerdings waren die Verbraucher vergesslich. Mochten sie auch kurzfristig ihre Konsummuster ändern, fielen sie doch in aller Regel alsbald in ihre „traditionellen" Verhaltensweisen des Status quo ante zurück.

Bis wissenschaftliche Erkenntnis bei politischen Entscheidungsträgern handlungsleitend wird, verstreichen in der Regel Jahre, wenn nicht Jahrzehnte. Rudolf Virchows Publikation über die Trichinose wurde 1864 in russischer Übersetzung publiziert, es dauerte aber noch zwanzig Jahre, bis die Fleischbeschau in russischen Schlachthöfen verbindlich wurde.[105] Bei der Cholera dauerte es sogar vier Dezennien, bis die Vibrionen allgemein als Verursacher erkannt wurden.

Der Verbraucher befand sich in Bezug auf die Lebensmittelfalsifikation tatsächlich in einem Circulus vitiosus. Je intensiver die Lebensmittelüberwachung wurde, desto mehr Lebensmittelmängel förderte sie zutage. Die Lebensmittelfälscher legten ein bemerkenswertes Innovationspotential an den Tag. Sie machten sich den wissenschaftlichen Fortschritt oft als Erste zu Nutze.[106] Daher ist der Kampf gegen

---

103 Vgl. *N. N. Dubinskij*, Organizacija nadzora za piščevymi, vkusovymi i proč. produktami v gor. Sevastopole, in: Vestnik Vinodelija 7/12, 1898, 722–725, hier 725.

104 CIAM, f. 179, op. 58, d. 514, l. 76, Auffassung der Moskauer Kommission der Sanitärärzte vom Dezember 1903; ähnlich argumentierten *Dubinskij*, Organizacija (wie Anm. 103), 725; *Nikolaj Michajlovič Lavjagin*, Fal'sifikacija pitatel'nych produktov i bor'ba s neju, in: Vestnik Vinodelija 8/6, 1899, 323–326, hier 326; *Vladimir Vasil'evič Morkovnikov*, Fal'sifikacija pitatel'nych produktov i bor'ba s neju, in: Vestnik Vinodelija 8/5, 1899, 268–270, hier 268.

105 *Rudol'f Virchov* [*Virchow*], Izloženie učenija o trichinach. S ukazaniem na predupreditel'nye mery ėtoj bolezni. Dlja medikov i častnych lic. Sankt Petersburg 1864.

106 CGIA SPb., f. 513, op. 116, d. 52, ll. 21–21ob; *Pavel Innokent'evič Levin*, Organizacija sanitarnago nadzora za piščevymi produktami, in: Vestnik obščestvennoj Gigieny, Sudebnoj i Praktičeskoj Mediciny 47/4, 1911, 508–529, hier 509; *Ėrisman* (Ed.), Pervyj godovoj otčet (wie Anm. 63), 1.

die Produktverfälschung kaum als lineare Erfolgsgeschichte zu schreiben. Der Bonner Emeritus für öffentliches Recht Fritz Ossenbühl hat eine solche Konstellation treffend als Paradoxon der gleichzeitigen Vermehrung von Wissen und Nichtwissen charakterisiert.[107]

Anders als beispielsweise im Deutschen Reich unterblieb im russländischen Ancien Régime weitgehend eine Selbstorganisation der Verbraucher. Einzelne Genossenschaften nahmen sich des Themas der Lebensmittelfalsifikation zwar an; aber ihre Marktmacht war gering. Der Verbraucherschutz oblag bis zum Ersten Weltkrieg im Wesentlichen den lokalen Selbstverwaltungen. Während die *zemstva* sich seiner kaum annahmen, wuchs in den Städten die Bereitschaft, ohne dass sie ihm allerdings im Rahmen der allgemeinen Anstrengungen der Daseinsvorsorge bzw. dem übergeordneten Ziel der Volksgesundheit Priorität beigemessen hätten. Vor der „Gegenreform" des Stadtstatuts von 1892 dominierten in Stadtverordnetenversammlungen zumeist die Interessenvertreter von Handel und Industrie. Jeder Beschränkung ihrer unternehmerischen Freiheiten standen sie argwöhnisch gegenüber. Die finanzielle und personelle Ausstattung der Kontroll- und Überwachungsorgane – Marktaufsicht, Sanitär- bzw. Hygieneärzte und städtische Laboratorien – blieb daher unzureichend, gerade auch in den beiden Hauptstädten.

Die Choleraepidemie von 1892/93 erwies sich als Modernisierungsanstoß. Sie öffnete nicht nur der Regierung und den Gesundheitsbehörden, sondern auch den „Stadtvätern" die Augen und führte allenthalben zu einem Bewusstseinswandel. Der Kampf gegen die „Hydra der Falsifikation"[108] und für den Verbraucherschutz war im Zarenreich „ein starkes langsames Bohren von harten Brettern", allerdings nicht immer „mit Leidenschaft und Augenmaß".[109]

107 *Fritz Ossenbühl*, Die Not des Gesetzgebers im naturwissenschaftlich-technischen Zeitalter. Wiesbaden 2000, 10f.

108 CIAM, f. 184, op. 5, d. 1479, l. 20; *Aleksandr Nikolaevič Nikitin*, Gidra fal'sifikacii. Pora li Peterburgu voevat' s sovremennoj gidroj, in: Naša Pišča 1/7, 1891, 6–8, hier 6.

109 *Max Weber*, Politik als Beruf. München/Leipzig 1919, 66.

Der erste politische Hungerstreik in den USA

Anarchistische Rebellen und die Geschichte des Nicht-Essens als Protestform im frühen 20. Jahrhundert

von Maximilian Buschmann

The First Political Hunger Strike in the United States: On Anarchist Rebels and the History of Food Refusal as a Form of Protest in the Early Twentieth Century

The article examines how hunger strikes emerged as a form of protest in the United States. It traces back the idea and the term by following the path of explorer George Kennan, who reported on the practice of hunger strikes among prisoners in late nineteenth-century Russia. The paper then focuses on anarchist Rebecca Edelsohn's hunger strike in 1914, which at the time was considered the first hunger strike in America. The article examines her protest from the perspective of hunger strikes as a technique of the body and a performance of political subjectivity. It concludes that the refusal to eat emerged as a meaningful and powerful political tool precisely because it evolved in the progressive era.

> „No better experiment for breaking down the whole penal system and the machinery of the law could be tried than the hunger strike. [...] In the State of New York it remained for a rebel woman – Becky Edelsohn – to first seize this new weapon."[1]

„Woman Rebel": kaum jemand schien den Titel dieser anarchistisch-feministischen Zeitschrift aus dem Jahr 1914 so zu verkörpern wie die Anarchistin Rebecca Edelsohn[2] mit dem vermeintlich ersten Hungerstreik in den Vereinigten Staaten. „[W]ho and what is this person who, bursting out of obscurity, has caused more editorial comment for and against her than any woman since Emma Goldman?", fragte im Mai 1914 die „New York Tribune", die ihr ein halbseitiges Portrait widmete.[3] Rebecca Edelsohn, 1892 in Odessa geboren, wohnte in New Yorks Lower East Side im gleichen Gebäude wie die berüchtigten und in der radikalen Linken verehrten Alexander Berkman und Emma Goldman und war für deren anarchistisches Journal

1 The Hunger Strike, in: The Woman Rebel 1/4, 1914, 19.

2 In zeitgenössischen Quellen häufig auch „Edelson".

3 Women in Two Kinds of Revolutions, in: New York Tribune, 10.5.1914.

DOI 10.1515/9783110574135-006

„Mother Earth“ tätig.[4] Bereits in den Wochen vor ihrem Hungerstreik hatte sie als wortgewaltige Kriegsgegnerin und Aktivistin der Arbeitslosenbewegung vor allem im Rahmen von Demonstrationen der „Industrial Workers of the World“ (I.W.W.) die Aufmerksamkeit der Zeitungen auf sich gezogen.[5]

1914 war ein turbulentes Jahr für das pulsierende New York City. Demonstrationen und Kundgebungen erfassten im Frühjahr die Stadt, deren TeilnehmerInnen sich für Arbeitslose einsetzten und über die Intervention der USA in Mexiko, vor allem aber über das sogenannte „Ludlow Massacre“ erzürnt waren. Bei den Protestkundgebungen kam es zu zahlreichen Festnahmen.[6] Auch Rebecca Edelsohn wurde abgeführt und beschuldigt, die amerikanische Flagge verunglimpft zu haben. Der Tathergang war umstritten, doch der Richter verurteilte sie zu einer Kautionszahlung von 300 Dollar mit der Auflage, sich drei Monate zurückzuhalten. „I cannot stop you from speaking, but you must obey a police officer if he asks you to stop“, erläuterte er. Sollte sie sich den Kautionsauflagen widersetzen oder die Zahlung verweigern, käme sie für drei Monate in Haft. Die junge Anarchistin Rebecca Edelsohn sah hierin einen Angriff auf die Redefreiheit, den sie nicht hinnehmen wollte. Noch im Gerichtssaal verkündete sie, im Gefängnis in den Hungerstreik zu treten.[7]

Die Chronologie der Ereignisse ist schnell erzählt: Nach nur zwei Tagen wurde sie nach Interventionen der „Free Speech League“ aus der Haft entlassen, und ein Berufungstermin wurde für das Verfahren angesetzt. Für den Fall, dass das Urteil bestätigt werden sollte, kündigte sie die Wiederaufnahme ihres Hungerstreiks an:

> „I will again go on hunger strike, and I will stay on hunger strike until I die, or the courts cease to make decisions which rob us of the first and primary right“.[8]

In der Tat wurde das Urteil am 21. Juli 1914 bestätigt, und Rebecca Edelsohn nahm ihren Hungerstreik wieder auf, dieses Mal mit der Ankündigung, auch auf

4 *Thai Jones*, More Powerful Than Dynamite. Radicals, Plutocrats, Progressives, and New York's Year of Anarchy. New York 2012, 153; *Paul Avrich/Karen Avrich*, Sasha und Emma. The Anarchist Odyssey of Alexander Berkman and Emma Goldman. Cambridge, MA 2012, 190.

5 I.W.W. Defies Police to Prevent Parade, in: New York Times, 6.4.1914.

6 In Ludlow, Colorado, starben insgesamt 74 Menschen, nachdem Streiks und Demonstrationen von Minenarbeitern eines Unternehmens von John D. Rockefeller Jr. unter Einsatz massiver Gewalt im April 1914 von der Nationalgarde und später auch von Bundestruppen attackiert worden waren. Vgl. *Avrich/Avrich*, Sasha and Emma (wie Anm. 4), 223–229.

7 I.W.W. Girls Goes on Hunger Strike, in: New York Times, 25.4.1914.

8 An I.W.W. Heroine Although She Ate, in: New York Times, 28.4.1914.

Abb. 1: Rebecca Edelsohn auf einer anarchistischen Kundgebung in New York 1914. Quelle: Bain Collection, Library of Congress Prints and Photographs Division Washington, D. C.

Wasser zu verzichten.[9] Nach 31 Tagen, während derer sie nach eigenen Angaben nur alle drei bis vier Tage Wasser zu sich genommen hatte, entschlossen sich ihre GenossInnen dazu, das Hungerstreikexperiment abzubrechen. Nachdem der zuständige Richter bereit war, sie gegen eine einfache Kaution auf freien Fuß zu setzen, brachten sie die nötige Summe von 300 Dollar auf. Amerikas „erster Hungerstreik", so die zeitgenössische Wahrnehmung, hatte ein vergleichsweise lautloses Ende gefunden. Denn trotz anfänglich lautstarker Debatten wurde keine Zwangsernährung durchgeführt.[10]

Die Geschichte von „Amerikas erstem politischen Hungerstreik" dient in diesem Beitrag als Ausgangspunkt, um zu rekonstruieren, wie sich die Verweigerung der Nahrungsaufnahme zu Beginn des 20. Jahrhunderts in den USA als Protestpraxis etablierte und politische Relevanz erhielt. Zwei verknüpfte historische Entwicklungen fielen hierbei zusammen: Im Nicht-Essen sahen mehr und mehr Zeitgenossen eine rationale Handlung einer starken Persönlichkeit und zugleich waren Hungernde

9 Becky Edelson Begins Her Strike, in: New York Times, 22.7.1914.

10 Free Becky Edelson, in: New York Times, 21.8.1914.

und Tote in staatlicher Obhut zum Anlass fundamentaler Kritik geworden. Im ersten Abschnitt dieses Aufsatzes wird anhand der Begriffsgeschichte des „Hungerstreiks" untersucht, wie sich die Wahrnehmung des Nicht-Essens im Gefängnis historisch wandelte. Unter Einbeziehung der Forschung zu Hungerstreiks, die sich bislang vor allem auf das Britische Empire konzentriert hat, wird dabei auf transnationale Verflechtungen und diachrone Entwicklungspfade eingegangen.[11] Denn Hungerstreiks hatten in dieser Zeit international Konjunktur, und so zeugt ihre Geschichte von einer transnational verwobenen Welt.[12] Hungerstreiks in den USA im frühen 20.Jahrhundert haben dagegen bislang noch nicht das Interesse der Forschung auf sich gezogen. Lediglich in Studien zur amerikanischen Suffragetten- und pazifistischen Bewegung finden sie Erwähnung, ohne jedoch selbst zum Gegenstand der Analyse zu werden.[13] Auch in Monographien, die sich intensiv mit dem engen sozialen und politischen Umfeld Rebecca Edelsohns auseinandersetzen, findet keine Reflexion und Analyse ihrer Hungerstreiks statt.[14] Der Beitrag zielt somit auch darauf ab, die Geschichte des Anarchismus in den USA zu ergänzen. Denn die Untersuchung dieser sozialen Praxis ermöglicht einen pointierten Blick auf Kommunikationsstrategien und Selbstkonzepte der Akteure. Dabei dienen Forschungsperspektiven als Orientierung, die sich der Konstitution und Funktion von Körper- und Selbsttechniken widmen und die auch in der Geschichtsschreibung an Aufmerksamkeit gewonnen haben.[15] Ihnen ist die Annahme gemeinsam, dass Subjekte

11 Zum Britischen Empire vgl. insbesondere *Kevin Grant*, British Suffragettes and the Russian Method of Hunger Strike, in: Comparative Studies in Society and History 53, 2011, 113–143; *ders.*, The Transcolonial World of Hunger Strikes and Political Fasts. 1909–1935, in: Durba Ghosh/Dane Keith Kennedy (Eds.), Decentring Empire. Britain, India, and the Transcolonial World. Hyderabad 2006; *James Vernon*, Hunger. A Modern History. Cambridge 2007; *Ian Miller*, A History of Force Feeding. Hunger Strikes, Prisons and Medical Ethics, 1909–1974. Basingstoke 2016.

12 *Maximilian Buschmann*, Hungerstreiks. Notizen zur transnationalen Geschichte einer Protestform im 20.Jahrhundert, in: Aus Politik und Zeitgeschichte 65, 2015, 34–40.

13 *Katherine H. Adams/Michael L. Keene*, Alice Paul and the American Suffrage Campaign. Urbana 2008; *Scott H. Bennett*, Radical Pacifism. The War Resisters League and Gandhian Nonviolence in America, 1915–1963. Syracuse 2003.

14 *Jones*, Dynamite (wie Anm. 4); *Avrich/Avrich*, Sasha and Emma (wie Anm. 4).

15 Vgl. *Pascal Eitler/Jens Elberfeld* (Hrsg.), Zeitgeschichte des Selbst. Therapeutisierung – Politisierung – Emotionalisierung. Bielefeld 2015. Wichtige Überlegungen finden sich auch bei *Marcel Streng*, „Hungerstreik". Eine politische Subjektivierungspraxis zwischen „Freitod" und „Überlebenskunst" (Westdeutschland, 1970–1990), in: Jens Elberfeld/Marcus Otto (Hrsg.), Das schöne Selbst. Zur Genealogie des modernen Subjekts zwischen Ethik und Ästhetik. Bielefeld 2009, 333–365.

sozialen, räumlichen sowie diskursiven Ordnungen unterworfen sind, die zugleich als Möglichkeitsbedingung für transformative soziale Praktiken fungieren.[16] In diesem Sinne widmet sich der zweite Abschnitt Rebecca Edelsohns Aneignung des Nicht-Essens als einer Form der Selbstermächtigung, die im Kontext von politischen Taktiken des radikal-linken Milieus in New York und sich wandelnden Hunger- und Fastendiskursen zu sehen ist. Im dritten Teil des Aufsatzes wird gezeigt, dass Rebecca Edelsohn mit ihrem Hungerstreik ein rebellisches Selbst demonstrierte, das sie in dezidierter Abgrenzung zu bestehenden sozialen Rollen im Gefängnis als auch bürgerlichen Lebensentwürfen formte. Sozialpolitische Reformbemühungen, die in den USA vorrangig unter dem Namen des Progressivismus verhandelt wurden, und die Konjunktur körperkultureller Praktiken des Nicht-Essens bewirkten aber nicht zuletzt veränderte Handlungsmaßstäbe, an denen sich auch staatliche Akteure zu messen hatten. Der letzte Abschnitt ist daher der Debatte über eine mögliche Zwangsernährung gewidmet, die in Verdacht geriet, eine Wiederkehr der Folter zu sein.

I. An den Grenzen der Vernunft?

1. Nahrungsverweigerung zwischen Wahnsinn, Suizid und Protest

Dass Rebecca Edelsohns Hungerstreik in der Forschung bislang keine Beachtung gefunden hat, ist erstaunlich, denn zeitgenössisch stieß dieses Ereignis auf großes Interesse. Ihre politischen UnterstützerInnen sendeten Telegramme quer durch das Land und baten darum, Druck auf die Stadt New York auszuüben.[17] Mary Harris, die kurz zuvor als neue Leiterin des Frauengefängnisses auf New Yorks berüchtigter Gefängnisinsel Blackwell's Island angestellt worden war, schrieb in ihren Erinnerungen, der Fall habe das ganze Land in helle Aufregung versetzt. Unzählige Protestschreiben, die von Edelsohn als der ersten amerikanischen Märtyrerin für das Recht

16 Wegweisend vor allem *Michel Foucault*, Warum ich Macht untersuche. Die Frage des Subjekts, in: Hubert L. Dreyfus/Paul Rabinow (Hrsg.), Michel Foucault. Jenseits von Strukturalismus und Hermeneutik. Frankfurt am Main 1987, 243ff.

17 Telegramm von Alexander Berkman an Emma Goldman, 24.7.1914, in: The Emma Goldman Papers. A Microfilm Edition, Reel 8; Emma Goldman to Perceval Gerson, 24.7.1914, in: ebd.

auf Redefreiheit sprachen, hätten die Gefängnisverwaltung erreicht. Neben Solidaritätsbekundungen sei es auch zu Drohungen gekommen:

> „The Mayor and the courts were threatened, and hysteria was rampant. The City Commissioners and other officials were attended by special bodyguards, the consultant medical stuff suspended its visits to the Workhouse because of threats to blow up the boats, and altogether our hunger-striker had the center of the stage.“[18]

Das Thema sorgte für Schlagzeilen: In der „New York Times“ war vom ersten Hungerstreik in den USA die Rede, und selbst jenseits der New Yorker Presselandschaft war, wie hier im „Hartford Courant“, in aufgeregtem Ton zu lesen: „New York Has a Hunger Strike“.[19] Doch konträr zu den Berichten, die Rebecca Edelsohn als „erste Hungerstreikende“ bezeichneten, war man sich in den anarchistischen Kreisen der Ostküste durchaus darüber bewusst, dass Nahrungsverweigerungen im Gefängnis bereits zuvor aufgetreten waren:

> „Hunger strikes by prisoners as a protest against conditions *within* the prison are not an uncommon occurrence in this country, rarely though the public gets to hear of them.“[20]

Im Zuge von Edelsohns Hungerstreik im Juli 1914 stieß auch die „New York Evening World“ auf einen weiteren Fall, der ihr ähnlich gelagert erschien. Jane Est, die zuvor ebenfalls im Rahmen von Protesten der „Industrial Workers of the World“ in Erscheinung getreten war, weigerte sich sowohl feste als auch flüssige Nahrung zu sich zu nehmen, nachdem sie wegen des Störens eines Gottesdienstes zu einer dreimonatigen Haftstrafe verurteilt worden war.[21] Die New Yorker Gefängnisbehörde unter der neu ernannten Katharine Bement Davis, eine promovierte Sozialwissenschaftlerin und die erste Frau in dieser Position[22], stufte Jane Est als „geisteskrank“ ein und verlegte sie in die Psychiatrie, wo sie zwangsweise ernährt wurde – eine „Lösung“, die auch im Falle von Rebecca Edelsohn von der Zeitung als wahrscheinlich

---

18 *Mary Harris*, I Knew Them in Prison. New York 1936, 12.

19 Fear Miss Edelson Will Die Starving, in: New York Times, 26.4.1914; New York Has a Hunger Strike, in: Hartford Courant, 27.4.1914.

20 *James McLane*, Anti-Militarist Activities in New York, in: Mother Earth 9, 1914, 84 (kursiv im Original).

21 Das Stören von Gottesdiensten war Teil einer Kampagne der I.W.W., um die Kirchen zur Unterstützung von Arbeitslosen aufzufordern. Vgl. *Jones*, Dynamite (wie Anm. 4), 77–100.

22 Zum Leben von Katharine Bement Davis vgl. *Estelle Freedman*, Their Sisters' Keepers. Women's Prison Reform in America, 1830–1930. Ann Arbor 1981, 116f.; *Mary Jo Deegan*, Katharine Bement Davis (1860–1935), in: Women & Criminal Justice 14, 2003, 15–40.

erachtet wurde. Sie zitierte den stellvertretenden Leiter des NYC Department of Corrections Burdette Lewis:

> „If the procedure worked in Jane Est's case [...] I am confident it will work in Miss Edelson's. Starvation is an act of self-destruction, and continued effort to take one's life is a state of insanity."[23]

Heutzutage besteht unter MedizinerInnen ein weitgehender Konsens darüber, dass Hungerstreiks als Protesthandlungen mental gesunder Individuen einzustufen und, wie in der Erklärung des Weltärztebunds von 1991, Hungerstreikende explizit von Menschen abzugrenzen sind, die infolge von psychischen Störungen die Nahrungsaufnahme verweigern.[24] Deputy Commissioner Lewis traf in seiner Stellungnahme hingegen keine derartige Unterscheidung, sondern subsumierte Hungerstreiks unter suizidalem Verhalten. Dabei konnte er sich auf eine lange Zeit geläufige Sichtweise stützen. Denn obwohl es auch im 19. Jahrhundert in Strafvollzugsanstalten und Psychiatrien immer wieder zu Nahrungsverweigerungen kam, existierte nicht nur keine spezifische Kategorie, sondern auch kein eigener Begriff für die Praxis, die später als „Hungerstreik" diskutiert wurde. Von einer politischen Intention des Nicht-Essens war in den psychiatrischen Fachblättern des 19. Jahrhunderts nicht die Rede, dagegen von Kummer, Suizidabsicht oder Wahnvorstellungen.[25] Ob manche dieser frühen Fälle von Nahrungsabstinenz im 19. Jahrhundert den späteren Hungerstreiks ähnelten, bleibt somit Spekulation. Doch um als politische Protestform angeeignet werden zu können, musste die Nahrungsverweigerung dem ärztlichen Blick entkommen.

Nicht nur in wissenschaftlichen Fachblättern, sondern auch in politischen Schriften wurden Nahrungsverweigerungen zunächst nicht als politische Taktik beschrieben, sondern als suizidale Verzweiflungshandlung. Alexander Berkman schildert in seinen Gefängnismemoiren, die zu den meistverbreiteten Texten im an-

---

23 Girl Hunger Strikers, One Now in Matteawan, Other Facing Insane Asylum Unless She Eats, in: Evening World, 22.7.1914; zur Verhaftung von Jane Est vgl. *Jane Est*, Shouting, Put Out of Church, in: New York Times, 13.4.1914.

24 World Medical Association, WMA Declaration of Malta on Hunger Strikers. https://www.wma.net/policies-post/wma-declaration-of-malta-on-hunger-strikers (25.7.2017).

25 *Henry Sutherland*, On the Artificial Feeding of the Insane, in: The Journal of Psychological Medicine and Mental Pathology 1, 1875, 98f. Sutherlands Artikel beansprucht eine Zusammenfassung der bisherigen Erkenntnisse zu einem Thema zu liefern, das zum Zeitpunkt des Erscheinens vollständig diskutiert sei. Er kann daher als repräsentativ für die zeitgenössische Lehrmeinung gelten.

archistischen Milieu New Yorks im frühen 20. Jahrhundert gehörten, seine Nahrungsabstinenz im Gefängnis als Folge menschenunwürdiger Zustände amerikanischer Gefängnisse. Sie trieben ihn in die Verzweiflung, bis er seinen Appetit und schließlich auch den Lebenswillen verloren habe. In den „Prison Memoirs of an Anarchist" heißt es:

> „I have grown indifferent to the meals; the odor of food nauseates me. I am nervous and morbid: [...] My waning strength is a source of satisfaction: perhaps it indicates the approach of death. The thought pleases me in a quiet, impersonal way. There will be no more suffering, no anguish."[26]

Der Tod als Erlösung des Subjekts von seinen Qualen und der Unterdrückung steht im Vordergrund dieses Abschnitts seines Erfahrungsberichtes. Es sind die unhaltbaren Umstände, die das Subjekt in die Verzweiflung trieben und es dazu bringen würden, das eigene Leben aufgeben zu wollen.

2. *George Kennan und die ‚Entdeckung' des Hungerstreiks*

Zu den Perspektiven auf Nahrungsverweigerungen als pathologische und suizidale Verhaltensweisen gesellte sich Ende des 19. Jahrhunderts eine weitere hinzu, die eine große Breitenwirkung erzielte. Sie tauchte in Berichten über politische Gefangene im russischen Zarenreich seit den 1880er Jahren auf.[27] Darunter stachen die Aufsätze und Bücher des amerikanischen Forschungsreisenden und Journalisten George Kennan hervor, der den Begriff „Hungerstreik" in der westlichen Welt maßgeblich popularisierte.[28] Dass Kennan über Hungerstreiks im zaristischen Russland berichtete, erscheint dabei von entscheidender Bedeutung: Das Konzept Hungerstreik wurde für das amerikanische Publikum als ein fernes Mittel eingeführt; die

26 *Alexander Berkman*, Prison Memoirs of an Anarchist. New York 1912, online unter: http://dwardmac.pitzer.edu/Anarchist_Archives/bright/berkman/prison/toc.html (25.7.2017).

27 Zu den Hungerstreiks im russischen Zarenreich liegen bislang keine eigenständigen Untersuchungen vor. Ansätze liefert *Grant*, British Suffragettes (wie Anm. 11).

28 Mit letzter Sicherheit lässt es sich nach meinen bisherigen Erkenntnissen nicht sagen, ob die Begriffsbildung „hunger strike" persönlich auf George Kennan zurückgeht. In Reisetagebüchern findet sich der russische Begriff „Golodofka" (nach moderner Schreibweise Golodovka), woraus sich schließen lässt, dass Kennan jedenfalls zum Zeitpunkt seiner Reise noch kein passender englischer Begriff bekannt war, vgl. Miscellaneous Exile Notes, in: Box 20, George Kennan Papers, Manuscript Division, Library of Congress, Washington, D. C.; zum Leben von George Kennan vgl. *Frederick F. Travis*, George Kennan and the American-Russian Relationship 1865–1924. Athens 1990.

Berichte Kennans waren ein Blick auf das ‚Andere' und die ‚Entdeckung' des Hungerstreiks ein kultureller Transfer.

Seine dokumentarischen Erzählungen verfolgten darüber hinaus andere Fragestellungen und Ziele als medizinische Abhandlungen – sie fragten nicht danach, ob das beobachtete Verhalten „normal" oder „pathologisch" war. Es ist der instrumentelle Einsatz des eigenen Körpers, die Rationalität von Zweck und Mittel, die als Erklärung des Nicht-Essens in den Berichten über die politische Unterdrückung im russischen Zarenreich hinzutrat. Kennan, der sich über die USA hinaus einen Namen als Experte für das Leben in Sibirien gemacht hatte, war 1885 vom damals äußerst populären „Century Magazine" beauftragt worden, die Zustände des sibirischen Exilsystems zu untersuchen, um eine Reihe von Artikeln für die Zeitschrift anzufertigen. Ziel seiner Reise war es, Material für ein lebhafteres und zugleich wahrhaftigeres Bild des sibirischen Verbannungssystems zu finden.[29] Da ihm aufgrund seiner vormals wohlwollenden Berichte über das Zarenreich eine umfassende Reiseerlaubnis erteilt wurde, erhielt er bevorzugten Zugang auch in das Innere von Haftanstalten, die anderen Besuchern aus dem Ausland verborgen geblieben waren. Doch Kennans zunächst positive Haltung sollte sich rasch ändern, nachdem er Kontakt mit Akteuren der sozialrevolutionären Narodniki aufnahm, die ihn baten, ihre Erfahrungen und Erlebnisse einer breiteren Öffentlichkeit zugänglich zu machen. Sie beeindruckten Kennan nachhaltig. Er schrieb: „All my standards of courage, of fortitude, and of heroic self-sacrifice have been raised for all time."[30]

Das „Century Magazine" hielt Kennan dazu an, die Geschichten dieser politischen Gefangenen ganz besonders zu verfolgen, da es sich hiervon auflagenfördernde Artikel erhoffte.[31] In einem seiner Artikel für das Magazin verfasste Kennan sodann auch eine Definition der als neu wahrgenommenen Protestform des Hungerstreiks:

> „A ‚hunger strike' [...] means organized voluntary self-starvation, undertaken by the prisoners as a last desperate protest against intolerable treatment, and continued until the prison authorities yield to the strikers' demands, or the strikers themselves break down or die under the self-imposed torture."[32]

---

29 The Century Co. and George Kennan, Agreement, in: Box 6, George Kennan Papers (wie Anm. 28).

30 *George Kennan*, Siberia and the Exile System Vol. 2. New York 1891, 122; Vgl. hierzu auch *Travis*, George Kennan (wie Anm. 28), 111–152.

31 Frank H. Scott to George Kennan, 9. Oktober 1885, in: Box 1, George Kennan Papers (wie Anm. 28).

32 *George Kennan*, A Visit to Count Tolstoi, in: The Century Magazine 34, 1887, 252.

Sie seien organisierte und mit artikulierten Forderungen zielgerichtete Handlungen gewesen. Hinter der humanitären Kritik trat damit die Darstellung der Hungerstreikenden als Helden im Kampf gegen eine grausame Autokratie hervor, während die Selbstverletzung und der Tod nicht als die Intention der Akteure geschildert wurden, sondern als eine Variable: Der Tod wurde zu einer Potentialität, der Hungerstreik zu einem Akt der Kommunikation.

Insgesamt veröffentliche Kennan nach seiner Rückkehr eine Artikelserie im „Century Magazine", die auf großes Interesse stieß und deren Artikel auch in anderen Zeitungen wiederabgedruckt wurden.[33] In den Werbeannoncen, die das Magazin in amerikanischen Tageszeitungen schaltete, wurde explizit mit den Berichten über Hungerstreiks geworben.[34] Zahlreiche Vortragsreisen durch die Vereinigten Staaten und auch eine zweibändige Monographie über das sibirische Exilsystem folgten.[35] Kennans anklagende Schrift wurde zu einem Standardwerk, löste eine publizistische Debatte aus, und seine Lesungen aus Briefen russischer Gefangener wurden zu Publikumsmagneten, die seine Zuhörer bewegten. „The thought that some of these simple stories of suffering were written by just as a refined and cultivated man as Kennan himself, and others by women even more refined and cultivated was strongly impressed upon every one", berichtete der „Phillipsburg Herald" von einer Lesung. Unter den Zuhörern befand sich auch Mark Twain, der seine Tränen nicht habe zurückhalten können. Impulsiv sei er aus der Gruppe der Zuhörer aufgestanden und habe erklärt, dass, wäre er ein Russe, auch er unter die Revolutionäre gehen würde.[36]

Kennans Erfolg war nachhaltig. Seine Berichte hatten um die Jahrhundertwende großen Einfluss auf die öffentliche Meinungsbildung über das Zarenreich und verankerten sich tief im Gedächtnis der Zeitgenossen. Noch Jahrzehnte später dienten seine Schriften und die darin transportierte Vorstellung von Sibirien als Ort schlimmster Unterdrückung als Vergleichsfolie. Als die britischen Suffragetten ab 1909 Hungerstreiks als eines ihrer Mittel im Kampf für das Frauenwahlrecht einsetzten, nutzten sie das Zarenreich als wiederkehrendes Motiv ihrer Kampagnen,

33 Z.B.: A Visit to Count Tolstoi, in: The Sun, 5.6.1887.

34 The Century. Its Brilliant Programme for 1888, in: The Sun, 1.11.1887.

35 *Kennan*, Exile System (wie Anm. 30).

36 When Mark Twain Wept, in: Phillipsburg Herald, 4.5.1888. Zur Rezeption Kennans vgl. *Travis*, George Kennan (wie Anm. 28), 111–194.

um damit den öffentlichen Druck auf die liberale britische Regierung zu erhöhen.[37] Auch in der „New York Times" erinnerte man sich angesichts ihrer Hungerstreiks an die Berichte über das Zarenreich und schrieb: „the so-called hunger strike, a device invented, or at least brought to public notice, by political exiles in Siberia".[38] Alexander Berkman, der ebenfalls ein aufmerksamer Leser Kennans war, verglich die Situation im Zarenreich mit der in den USA: „Involuntarily I smile at Kennan's naive indignation with the brutalities he thinks possible only in Russian and Siberian prisons." Kennan wäre schockiert, wüsste er über die Zustände in den amerikanischen Strafanstalten und die Brutalität, die in ihnen ausgeübt würde, so Berkman.[39] Doch Kennan, wie viele andere Liberale auch, konnte und wollte zunächst keine Parallelen sehen.

Kennans Berichte prägten somit den Begriff und das Wissen über die Praxis „Hungerstreik", die eine Protestform und kommunikative Praxis rational handelnder und mental gesunder Individuen sei. Über die öffentlich in den Zeitungen und Parlamenten geführten Debatten fand diese Sichtweise auch Eingang in die medizinisch-psychiatrische Diskussion und gewann gegenüber pathologisierenden Stimmen an Einfluss. Als New York Citys stellvertretender Gefängnisbeauftragter Burdette Lewis 1914 im Hungerstreik eine suizidale Handlung und einen „state of insanity" sah, so entsprach dies bereits eher einer Verteidigungsstrategie – unangefochten war seine Lesart jedenfalls nicht mehr. Denn selbst von höchster Ebene der New Yorker Gefängnisverwaltung hieß es kurz darauf, dass eine Nahrungsverweigerung kein Anzeichen von Geisteskrankheit sei. Im Gegensatz zu ihrem Stellvertreter Lewis sah Katharine Davis die Fälle Edelsohn und Est in verschiedenem Licht:

> „The case of Jane Est was different. She also refused to eat, but was insane, in the opinion of the physicians. It was not her hunger strike that landed Jane Est in Matteawan, but insanity."[40]

Die Aneignung und Verwendung des Begriffs „Hungerstreik" in Form einer Erklärung war somit eine Selbstpositionierung als rational agierendes, nicht suizidales Subjekt und eine Aufforderung als solches anerkannt zu werden. Ob intendiert oder nicht, die Bezugnahme auf vergangene und geographisch ferne Vorläufer war ein

---

37 Vgl. *Grant*, British Suffragettes (wie Anm. 11).

38 Starvation Used as a Key, in: New York Times, 15.4.1912.

39 *Berkman*, Prison Memoirs (wie Anm. 26).

40 Washington Post, 23.7.1914

Appell an die Zeitgenossen, die eigene Praxis in dieser selbst von gemäßigten Liberalen wohlwollend betrachteten Tradition zu verstehen und nicht in Verbindung mit vorangegangenen Nahrungsverweigerungen in den Gefängnissen und Psychiatrien der USA. Dieser kulturelle Transfer ermöglichte es KritikerInnen darüber hinaus, eine ungeahnte Parallelität der Haftbedingungen des russischen Zarenreiches und der demokratischen USA zu proklamieren. In den Worten Rebecca Edelsohns:

> „It [the hunger strike, M. B.] has also emphasized the fact that there is no choice between governments: that one is as tyrannical and brutal as the other.“[41]

Diese kurze Begriffsgeschichte des „Hungerstreiks“ illustriert, dass mit der begrifflichen Verschiebung auch ein Wandel in der Wahrnehmung des umfassenden Nahrungsverzichts einherging. In ihm konnte nun auch eine riskante, aber bewusste und rationale Protesthandlung erkannt werden. Damit eröffnete sich die Möglichkeit, das Nicht-Essen nicht nur spontan, sondern auch strategisch in politischen Konflikten einzusetzen: Und in diesem Sinne war Rebecca Edelsohns Hungerstreik womöglich tatsächlich der erste in den Vereinigten Staaten.

II. Politische Taktiken und Körpertechniken als Selbstermächtigungen

1. „Russische Methoden“ und die „Propaganda der Tat“

Ein entscheidender Faktor für die positive Rezeption von Kennans Berichten war, dass er nur wenige Worte über die militanten Aktivitäten der russischen Narodniki verlor, die er als Liberale skizzierte und mit frühchristlichen Märtyrern verglich. Denn insbesondere bei seinem bürgerlichen Publikum hätten die Parallelen zum Anarchismus, der seinerzeit in Westeuropa und den USA gefürchtet war, die russischen Revolutionäre in keinem guten Licht erscheinen lassen.[42] Andere aufmerksame Leser Kennans wie Alexander Berkman waren indes genau über den Kontext der politischen Kämpfe im Zarenreich informiert. Berkman, der wie Emma Goldman und auch Rebecca Edelsohn das Zarenreich in Zeiten des grassierenden Antisemitismus und der politischen Repression in Richtung USA verlassen hatte und dessen On-

---

41 *Rebecca Edelsohn*, Hunger Striking in America, in: Mother Earth 9, 1914, 232.

42 *Kennan*, Exile System (wie Anm. 30), 454 f.; *Grant*, British Suffragettes (wie Anm. 11), 118.

kel Maxim Natanson selbst eine Zeit im sibirischen Exil verbringen musste, sympathisierte mit den Aufständischen.[43] Beeinflusst vom Konzept der „Propaganda der Tat" verfolgten zahlreiche AnarchistInnen in den USA ähnlich den russischen Narodniki eine militante politische Praxis, die zu einer umfassenden Umwälzung der Gesellschaft führen sollte. Sie strebten eine „neue soziale Ordnung" an, die frei von Gesetzen und jeder Form der Regierung sei, so Emma Goldman.[44] Um dieses Ziel zu erreichen, rechtfertigten sie auch immer wieder Anschläge und Attentate, die als Zündfunken revolutionärer Erhebung wirken sollten.[45] Nicht zuletzt warben sie dabei dafür, das eigene (Über-)Leben hintanzustellen:

> „But it is the test of a true revolutionist — nay, more, his pride — to sacrifice all merely human feeling at the call of the People's Cause. If the latter demand his life, so much the better. Could anything be nobler than to die for a grand, a sublime Cause?"[46]

Hervorzuheben ist in diesem Zusammenhang der individuelle Modus der Selbstermächtigung. Edelsohns Hungerstreik war im Gegensatz zu den konventionellen Mitteln der Arbeiterbewegung, dem Streik und der Demonstration, ein Akt, der das Individuum als das politisch handelnde Subjekt ins Zentrum stellte und von hier aus politische Wirkung zu erzielen versuchte. Mit der Inszenierung eines Kampfes zwischen einem mutigen, heroischen Individuum und dem Staat schien er somit gut zur anarchistischen Philosophie zu passen. Denn aufgrund ihrer Ablehnung von Organisationsstrukturen seien „anarchistische Bewegungen dazu gezwungen [gewesen], die Methoden zu erforschen, mit denen die spontane Übereinstimmung von militanten Kämpfern und den Massen, die zur Aktion führt, entdeckt und sichergestellt werden kann", stellte der Historiker Eric Hobsbawm fest.[47] Und so

43 Zur Bewunderung Berkmans und Goldmans für die Narodniki vgl. *Avrich/Avrich*, Sasha and Emma (wie Anm. 4), 10–35.

44 *Emma Goldman*, Anarchism. What It Really Stands for, in: dies. (Ed.), Anarchism and Other Essays. New York 1911, 53–73, hier 56.

45 Zum Konzept der „Propaganda der Tat" vgl. *Lucien van der Walt/Michael Schmidt*, Black Flame. The Revolutionary Class Politics of Anarchism and Syndicalism. Oakland 2009, 130.

46 *Berkman*, Prison Memoirs (wie Anm. 26). Zu den anarchistischen Attentaten vgl. *Hartmut Rübner*, Kampf gegen die Attentäter und Verschwörer. Anarchismus in den „Terrorist Studies" – ein Forschungsüberblick, in: Sozial.Geschichte Online 16, 2015, 9–52.

47 *Eric Hobsbawm*, Was kann man noch vom Anarchismus lernen?, in: ders., Revolution und Revolte. Aufsätze zum Kommunismus, Anarchismus und Umsturz im 20. Jahrhundert. Frankfurt am Main 1977, 121–133, hier 132 f.

Abb. 2: Rebecca Edelsohn nach ihrer Festnahme bei einer Demonstration gegen John D. Rockefeller, 6. Juni 1914. Quelle: Bain Collection, Library of Congress Prints and Photographs Division Washington, D. C.

schrieb Berkman auch begeistert über die Hungerstreiks der britischen Suffragetten:

> „They have demonstrated that the determination and will power of the strong personality, inspired by an ideal, is more potent than the strongest government."[48]

1914 waren „Propaganda der Tat" und die Taktiken der Narodniki hochaktuell. Nach einer Demonstration auf New Yorks Union Square, bei der die Polizei mit massiver Gewalt gegen die Demonstrierenden vorging, kündigte Rebecca Edelsohn „russische Methoden" an:

> „Conditions here are becoming as bad as in Russia, and the same meassures to remedy them as are in vogue in Russia will have to be adopted, for where free speech is not allowed, other modes of expression must be resorted to."[49]

48 *Alexander Berkman*, Becky Edelsohn. The First Political Hunger Striker in America, in: Mother Earth 9, 1914, 193.

49 I.W.W. Defies Police to Prevent Parade, in: New York Times, 6.4.1914. Zur Polizeigewalt siehe auch Police Use Clubs on I.W.W. Rioters, in: New York Times, 5.4.1914.

Und den Worten folgten Taten: Nur wenige Tage nach Rebecca Edelsohns erster Hungerstreikerklärung tat es ihr eine Gruppe um den weltberühmten Romancier und Sozialisten Upton Sinclair, der in diesen Tagen oft gemeinsam mit den AnarchistInnen demonstrierte, gleich. Aus Protest gegen deren Inhaftierung stürmte die Anarchistin Marie Gantz mit einer Pistole bewaffnet aufgebracht das Büro von John D. Rockefeller und drohte ihn zu erschießen. In ihrer Begleitung waren auch Berkman sowie Edelsohn, die erst kurz zuvor das Gefängnis verlassen hatte.[50] Doch der ‚große Knall' folgte später: Am 4. Juli 1914 explodierte in einem Apartment in der New Yorker Lexington Avenue eine Bombe, die vermutlich in der Nähe von Rockefellers Wohnhaus hätte detonieren sollen. Vier Menschen starben, darunter die drei Verantwortlichen und eine Unbeteiligte. Sechzig Jahre später gab Charles Plunkett, Rebecca Edelsohns späterer Ehemann, bekannt, dass unter anderem auch sie und Alexander Berkman in die Pläne eingeweiht, jedoch nicht beteiligt gewesen seien.[51] Auch nach ihrem Hungerstreik hatte Rebecca Edelsohn, an die sich ein damaliger Genosse noch in den 1970er Jahren als „real propaganda-by-the-deedist" [wahrhaftig von der Wirkung der Propaganda der Tat Überzeugte, übers. M. B.][52] erinnerte, ihre Ansicht nicht geändert:

> „My experience and the treatment I received at the hands of the authorities has convinced me more than ever that violent resistance to oppression and invasion is not only justifiable, but absolutely necessary at times."[53]

Rebecca Edelsohns Hungerstreik und die ihn begleitende politische Kampagne sind vor diesem Hintergrund der „Propaganda der Tat" und der Aneignung „russischer Methoden" zu verstehen. Die Hungerstreiks schrieben sich hier nicht in einen Kontext der Gewaltfreiheit ein, sondern waren eine weitere, „neue Waffe", wie es zeitgenössisch hieß. Aber während sich in der Gewalt des Attentats eine Selbstermächtigung über das Leben anderer zeigte, demonstrierte Rebecca Edelsohns Hungerstreik den Anspruch, über den eigenen Körper zu verfügen.

---

50 Woman Anarchist Threatens to Kill J. D. Rockefeller Jr., in: New York World, 30.4.1914.

51 *Avrich/Avrich*, Sasha and Emma (wie Anm. 4), 230.

52 *Paul Avrich*, Anarchist Voices. An Oral History of Anarchism in America. Princeton 1994, 206.

53 *Edelsohn*, Hunger Striking (wie Anm. 41), 235 f.

2. Ein neues Hungerregime und das Einüben einer Körpertechnik

Im Frühjahr 1914, zum Zeitpunkt von Edelsohns erster Hungerstreikerklärung, war das Hungerstreiken in den USA noch in einer Phase des Ausprobierens und Einübens – er war ein „Experiment" auf der Suche nach neuen Methoden.[54] Denn nur kurz nach Rebecca Edelsohns erstem Hungerstreik im April begannen auch andere, die bei den Demonstrationen gegen John D. Rockefeller in New York kurzzeitig inhaftiert worden waren, Hungerstreiks. Charles Plunkett erinnerte sich Jahrzehnte später:

> „We all got arrested, and the next day we started a hunger strike in Jail: It was a lark for us. We were young, cheerful, light-hearted, enjoying the excitement."[55]

Upton Sinclair beendete seinen Hungerstreik bereits nach zwei Tagen, bezahlte die ihm auferlegte Kaution und erntete dafür Spott seitens der radikaleren AnarchistInnen.[56]

In der Gruppe um Edelsohn und Berkman traf man hingegen nun Vorbereitungen. Die „New York Times" wusste von einer „Kunst des Hungerstreikens", die Edelsohn von Alexander Berkman gelernt habe, der, wie zuvor geschildert, sowohl eigene Erfahrungen mit Nahrungsabstinenz hatte als auch mit den Hungerstreiks im Zarenreich vertraut war.[57] Denn der Hungerstreik war eine körperliche Praxis bewusst kontrollierter Nahrungsabstinenz, eine Körpertechnik.[58] Körpertechniken sind dabei nicht als überhistorische, quasi natürliche Bewegungsabläufe zu verstehen, sondern erlernt, imitiert und eingeübt sowie geprägt von kulturellen Kodierungen, die in diese eingehen und sie mit Bedeutungen aufladen. Die Aneignung einer bestimmten Technik durch ein Subjekt ist dabei im Kontext sozialer Beziehungen und diskursiver Wissensformationen zu sehen, die tief in die Subjektkonstitution miteingeschrieben sind.[59] Dass sich der Hungerstreik zu Beginn des 20. Jahrhunderts als

54 Vgl. den eingangs zitierten Artikel The Hunger Strike (wie Anm. 1), 19; *Edelsohn*, Hunger Striking (wie Anm. 41), 233.

55 *Avrich*, Anarchist Voices (wie Anm. 52), 217.

56 *McLane*, Anti-Militarist Activities (wie Anm. 20), 84 f.

57 Fast Hasn't Hurt Becky Edelsohn Yet, in: New York Times, 23.7.1914.

58 *Marcel Mauss*, Techniques of the Body, in: ders., Techniques, Technology and Civilisation. New York 2006, 77–95.

59 Vgl. *Philipp Sarasin*, Mapping the Body, in: Körpergeschichte zwischen Konstruktivismus, Politik und „Erfahrung", in: Historische Anthropologie 7, 1999, 437–451, hier 447; vgl. auch *Andreas Reckwitz*, Das hy-

Protestform etablieren konnte, ist somit in einem Zusammenhang mit einem veränderten gesellschaftlichen Verständnis weiterer Formen des Nicht-Essens zu sehen: des Hungers und des Fastens.

Wie der Historiker James Vernon für Großbritannien überzeugend dargelegt hat, etablierte sich um 1900 ein neues Regime des Hungers: Das religiös dominierte Bild, Hunger sei eine Folge göttlicher Strafe und individuellen Fehlverhaltens, habe zunehmend seine Plausibilität verloren. Dagegen verfestigte sich die Ansicht, dass der Hunger ein soziales und potentiell lösbares Problem und seine Beseitigung eine Aufgabe des Staates sei. Der Hungertod sei zum Sinnbild von Grausamkeit und Unmenschlichkeit geworden.[60] Die US-Arbeiterbewegung mobilisierte so die fortdauernde Existenz hungernder Körper für ihre politische Kritik, um die Regierung, deren Legitimation mehr und mehr darauf beruhte, die Ernährung und Sicherheit der Bevölkerung zu sichern[61], unter Druck zu setzen. So zierte das Titelblatt der Aprilausgabe 1914 von „Mother Earth", dem anarchistischen Journal für das auch Rebecca Edelsohn tätig war, eine schwarze Fahne, auf die das Wort „Hunger" geschrieben war.[62] Einerseits Ausdruck der Ungerechtigkeit der kapitalistischen Herrschaft, war er andererseits auch eine Legitimation, die Dinge fortan selbst in die Hand zu nehmen. Dies äußerte sich auch in vielgesungenen Liedern, beispielsweise aus dem berühmten „Little Red Songbook" der „Industrial Workers of the World".[63]

Doch während der erlittene Hunger zum gesellschaftspolitischen Skandalon wurde, erfuhr der selbstgewählte Nahrungsverzicht eine neue Konjunktur, und Diäten und Fastenpraktiken wurden emphatisch diskutiert. Auch Upton Sinclair verfasste radikale Fastenplädoyers zur gesundheitlichen Erneuerung, zu denen die Zeitschrift „Cosmopolitan" mehr positive Leserzuschriften als je zuvor erreichten und die 1911 gebündelt als Buch erschienen.[64] Das Fasten als eine asketische Praxis des Subjekts symbolisierte dabei körperliche Ausdauer und Willenskraft eines selbstbe-

---

bride Subjekt. Eine Theorie der Subjektkulturen von der bürgerlichen Moderne zur Postmoderne. Weilerswist 2006.

60 *Vernon*, Hunger (wie Anm. 11), 3.

61 *Michel Foucault*, Sicherheit, Territorium, Bevölkerung. Geschichte der Gouvernementalität I. Frankfurt am Main 2006, insbes. 53–72.

62 Mother Earth 9, 1914, 1.

63 *Joe Hill*, Workers of the World, Awaken, in: I.W.W. Publishing Bureau (Ed.), I.W.W. Songs. To Fan the Flames of Discontent. Cleveland 1916, 1 f.

64 *Upton Sinclair*, The Fasting Cure. London 1911; vgl. hierzu auch: *Hillel Schwartz*, Never Satisfied. A Cultural History of Diets, Fantasies and Fat. New York 1986, 124.

wussten Individuums. Während sich zunächst insbesondere Männer auf der Suche nach einem schlanken Körper damit hervortaten, begannen zunehmend auch Frauen zu fasten. Darin ließ sich, wie Katharina Vester herausarbeiten konnte, ein Akt der Selbstbestimmung und ein Aufbegehren gegen damals vorherrschende weibliche Körpernormen erkennen.[65] Möglicherweise konnten Hungerstreiks von Frauen, nicht zuletzt die der britischen Suffragetten, auch in den USA gerade deswegen große Aufmerksamkeit erzielen, weil ihnen in einer patriarchal geprägten Gesellschaft die Fähigkeit zur Selbst- und Körperkontrolle abgesprochen wurde, die ihr Hungerstreik zu beweisen schien. Anlässlich von Hungerstreiks amerikanischer Suffragetten 1917 erinnerte sich die Autorin einer New Yorker feministischen Zeitschrift auch an Rebecca Edelsohn:

> „Demanding and being refused, [woman] goes onward to the next step toward seizing what is refused to her, by defying in action those who have the power to deny her. From Becky Edelsohn, the first hunger-striker in America, [...] to the present day suffrage martyrs, she is making the great crusade of the ages for the absolute control of her own soul and body.“[66]

Um zu verhindern, dass Rebecca Edelsohn mit ihrem Hungerstreik Unterstützung aus der Frauenbewegung erhielt, sollte ihr Fall nicht von Männern, sondern ausschließlich von Frauen betreut werden. „At City Hall much satisfaction was expressed because the problem of this country's first woman hunger striker was being met by a woman Commissioner of Correction, with a woman surgeon, a woman trained nurse, and a woman matron to assist her“, berichtete die „New York Times“.[67] Und in der Tat zeigt der Jahresbericht des Department of Correction, der indes keinen Verweis auf den Hungerstreik selbst enthält, dass zwischenzeitlich auf die Dienste einer Ärztin zurückgegriffen werden konnte und darüber hinaus kein fester Arzt für das Gefängnis auf Blackwell's Island angestellt war.[68] Die Strategie hatte Erfolg, denn amerikanische Suffragetten grenzten sich von Edelsohns Hungerstreik ab. Da ausschließlich Frauen mit dem Fall beschäftigt seien, könne davon aus-

---

65 *Katharina Vester*, Regime Change. Gender, Class, and the Invention of Dieting in Post-Bellum America, in: Journal of Social History 44, 2010, 39–70.

66 *Lily Winner*, Woman, Rebellious, in: Birth Control Review 1, December 1917, 3.

67 New York Times, 22.7.1914.

68 *City of New York*, Report of the Department of Correction for the Year 1914. New York 1915, 67. Mary Harris berichtet indes von einem männlichen Arzt, der Edelsohn untersuchen sollte. Sie habe sich aber verweigert. *Harris*, I Knew Them in Prison (wie Anm. 18), 11.

gegangen werden, dass die Inhaftierte eine gute Behandlung erfahre, zumal Katharine Davis als leidenschaftliche Unterstützerin der Frauenbewegung bekannt sei.[69]

III. „Rebel Type"

1. Hungerstreik als Selbsttechnik und mediale Kommunikationsstrategie im Gefängnis

Doch Katharine Davis war nicht nur für das Frauenwahlrecht engagiert. Wie auch der neu regierende Bürgermeister John Purroy Mitchel war sie angetreten, um in der Stadt New York „progressive" Reformen voranzubringen.[70] „There is no reason for them [hunger strikes, M. B.] where we have a whole administration, Mayor, Police Commissioner, Charities Commissioner, Correction Commissioner, and Health Commissioner all united for a humane, liberal, and responsible government", so ihr Stellvertreter Lewis.[71] Doch aller Reformbemühungen zum Trotz, die Strafanstalt auf Blackwell's Island war berüchtigt und immer wieder schweren Anklagen ehemaliger Gefangener ausgesetzt.[72] Auch in der Verwaltung selbst war man sich der Zustände bewusst: Die Zellen genügten in keiner Weise sanitären Anforderungen, die Gefängnisse seien maßlos überfüllt, das Essen nicht ausreichend und der allgemeine Zustand der Gebäude schlecht, befand ein offizieller Untersuchungsbericht vom Oktober 1914.[73] Die Reformbemühungen des „Progressive Movement", die – bei aller humanitärer Absicht – auch eine Suche nach neuen, besseren Methoden sozialer Regulierung und Kontrolle waren, stießen zu jener Zeit in den USA auch an Grenzen, nicht zuletzt, weil die Akteure vor Ort, darunter insbesondere die Wärter, sich den Reformen entgegenstellten und Gefangene misshandelten, in Dunkelzellen und Isolationshaft sperrten.[74]

Rebecca Edelsohn prangerte diese Diskrepanz zwischen der Rhetorik der Gefäng-

---

69 Fast Hasn't Hurt Becky Edelson Yet, in: New York Times, 23.7.1914.

70 *Jones*, Dynamite (wie Anm. 4), 27–32.

71 Fear Miss Edelson Will Die Starving, in: New York Times, 26.4.1914.

72 Vgl. z. B. *Carlo de Fornaro*, A Modern Purgatory. New York 1917, 29–68.

73 To the Honorable William H. Wadhams, Judge, Court of General Sessions of the Peace, Part 1, in: Office of the Mayor (John Purroy Mitchel) Box 17, Folder 175, New York Municipal Archives. Über die schlechten Zustände im Jahr 1914 berichtet auch *Harris*, I Knew Them in Prison (wie Anm. 18), 7.

74 Vgl. *Rebecca M. McLennan*, The Crisis of Imprisonment. Protest, Politics, and the Making of the American Penal State, 1776–1941. Cambridge 2008, 253–274, 322 f.

nisreformerin Katharine Davis und den tatsächlichen Zuständen auf Blackwell's Island an:

> „My experience also served to throw some light on the character of ‚reform' admininistration [...]. Never were conditions in that institution so wretched and miserable."[75]

Kritik an der Institution des Gefängnisses war eines der zentralen politischen Themen der radikalen Linken, auch weil viele politische AktivistInnen selbst immer wieder mit Haftstrafen konfrontiert waren. Das Gefängnis, so schrieb Emma Goldman, sei „a worthy place for the true revolutionist".[76] Es galt, die politische Auseinandersetzung in die Gefängnisse hineinzutragen.[77] „She was still a rebellious prisoner at Blackwell's Island, without any successful attempt having been made to reduce her to a state of obedience to any of the prison rules", so führte die „New York Times" Edelsohns zweiten Hungerstreik ein, bei dem sie sich auch jeder Arbeit und zunächst auch medizinischen Untersuchungen widersetzte.[78]

Denn der beabsichtigten Reformierung der Haftanstalten, deren Charakter als staatliche Fürsorge- statt bloßer Zwangseinrichtung hervorgehoben werden sollte, war ein biopolitischer Zugriff inhärent: Der Anspruch, dass der Staat für die Insassen seiner Einrichtungen Sorge zu tragen habe, legte die Verantwortung für das körperliche Befinden und die Versorgung der Grundbedürfnisse der Inhaftierten in staatliche Hände. Dies bewirkte dabei auch in gelungenen Fällen nicht nur die beabsichtigte Humanisierung des Strafvollzugs, sondern auch einen tiefen Eingriff in die Souveränität der Gefangenen in der Ausübung der alltäglichen Dinge. Gefängnisse, so Judith Butler, seien „auf die erfolgreiche Regulierung menschlicher Handlungen angewiesen, auf die Reproduktion des Körpers der Gefangenen".[79] Die körperliche Regulierung und tägliche Routine, die mit der Nahrungsaufnahme verbunden ist, wird in soziologischen Untersuchungen als Teil jener Disziplinarmechanismen herausgearbeitet, die Individuen zu Häftlingen machten.[80] Sich mit Hungerstreiks dieser Routine zu verweigern, besaß somit eine ortsspezifische Rationalität als Wider-

75 *Edelsohn*, Hunger Striking (wie Anm. 41), 233.

76 Emma Goldman to Stella Ballantine, 15.8.1919, in: Goldman Papers (wie Amn. 17), Reel 11.

77 Im Sommer 1914 organisierten verschiedene AktivistInnen Kampagnen in Gefängnissen; vgl. *McLennan*, Crisis (wie Anm. 74), 369.

78 Becky Edelson Begins Her Strike, in: New York Times, 22.7.1914.

79 *Judith Butler*, Anmerkungen zu einer performativen Theorie der Versammlung. Berlin 2016, 179.

80 Vgl. hierzu *Rebecca Godderis*, Food for Thought. An Analysis of Power and Identity in Prison Food Nar-

standspraxis. Vordergründig war es ein Bruch mit den Vorschriften, doch dahinter stand auch die Weigerung, die soziale Rolle und Identität als Gefangene anzunehmen.[81] Damit war die Funktionalität der Haftanstalt selbst infrage gestellt: „As soon as government is confronted with an unusual situation and determination, its machinery receives a jolt", schrieb Becky Edelsohn nach ihrem Hungerstreik.[82] Und so befürchtete man auf Blackwell's Island zu Beginn ihres Hungerstreiks, andere Gefangene könnten die neue Situation samt großem Medieninteresse zu einem Aufstand nutzen.[83] In einem Brief aus dem Gefängnis berichtete Edelsohn sodann auch von Unruhen, die aber anscheinend schnell abflauten.[84]

Neben der Wirkung nach innen zielte ihr Hungerstreik vor allem auf die Gesellschaft außerhalb der Gefängnismauern – er war ein Kommunikationsmittel. Edelsohns Nahrungsverweigerung war begleitet von einer durchdachten und organisierten medialen Kampagne, die in New York auf die lebhafteste Presselandschaft des Landes traf. Die AnarchistInnen in den USA versuchten ähnlich wie die britischen Suffragetten zuvor mit dieser Protestform in der Öffentlichkeit Gehör zu finden. So gesehen war die Entwicklung moderner Medientechnologien und des Pressewesens im 19. Jahrhundert auch eine Möglichkeitsbedingung dafür, dass Hungerstreiks dezidiert als politisches Kommunikationsmittel genutzt werden konnten. Denn erst mit ihnen konnte sich die Nachricht vom Hungerstreik samt seiner symbolischen Wirkung überregional verbreiten und damit zur Mobilisierung politischer Unterstützung herangezogen werden. Rebecca Edelsohns Hungerstreik war ein Hebel – nicht zur Umsetzung konkreter Ziele, sondern vielmehr, um sich über die Presse ihrer widerständigen Selbstpositionierung Sichtbarkeit auf der Bühne der politischen Auseinandersetzung zu verschaffen und als Subjekt eines politischen Diskurses gehört zu werden.[85] „Free Speech" war das Schlagwort, um das sich die politische Kampagne organisierte. Ziel war es, die politische Agitation trotz der Inhaftierung fortzuführen, ja zu eskalieren. Der Hungerstreik als eine Frage von Leben

---

ratives, in: Berkeley Journal of Sociology 50, 2006, 61–75; *Erving Goffman*, Asyle. Über die soziale Situation psychiatrischer Patienten und anderer Insassen. Frankfurt am Main 1993.

81 Ein ähnlicher Gedankengang findet sich bei *Butler*, Anmerkungen (wie Anm. 79), 246.

82 *Edelsohn*, Hunger Striking (wie Anm. 41), 232.

83 *Harris*, I Knew Them in Prison (wie Anm. 18), 12 f.

84 *Becky Edelsohn*, One Woman's Fight, in: Woman Rebel 1/6, 1914, 42.

85 Vgl. konzeptionell die Überlegungen von *Jacques Rancière*, Das Unvernehmen. Politik und Philosophie. Frankfurt am Main 2002, 47 f.

oder Tod produzierte eine existenzielle Situation, in der die politischen Fronten geschärft werden sollten: dafür oder dagegen, gefordert war eine klare Positionierung. Aber während der Hungerstreik so einerseits der Stimme der Aktivistin Gehör verschaffte, beförderte er andererseits zugleich die Schließung des Diskurses für Zwischentöne und ambivalente Positionen.

Dass der Presse eine immense Bedeutung zukam, ahnte auch Katharine Davis. Nach dem anfänglich großen Medienecho, die „Washington Times“ brachte ein Foto von Rebecca Edelsohn sogar auf der Titelseite[86], ließ die Leiterin der New Yorker Gefängnisbehörde eine Nachrichtensperre verhängen und verwehrte JournalistInnen und BesucherInnen den Zutritt zu Edelsohns Gefängniszelle auf Blackwell's Island. In einem Statement an die New Yorker Presse schrieb sie: „Hereafter I must decline to give information as to the health or conduct of Miss Edelson.“[87] Intern schrieb sie an das Büro des Bürgermeisters:

> „They [the newspapers, M.B.] have tormented the life out of me for the past two weeks for bulletins as to ‚Becky's‘ health [...]. In my judgement, the least said about them in the papers the better. [...] It seems to me that the I.W.W. and other ilk simply gather strength for their cause from any material whatever expressed about them in the newspapers.“[88]

Tatsächlich ebbten die Berichte danach stark ab, was allerdings nicht zuletzt mit dem Ausbruch des Ersten Weltkriegs zu tun hatte, der fortan die Titelblätter und Debatten auch in der US-Presse bestimmen sollte. Im Magazin „Life“ hieß es: „All the movie machines are now pointed across the Atlantic Ocean.“ Und so schlussfolgerte man: „Call It Off, Becky!“[89] Auch in das Gefängnis drangen die epochemachenden Nachrichten hervor: „The war has spoiled everything. We cannot get headlines now“, soll Rebecca Edelsohn in einem Brief aus dem Gefängnis geschrieben haben.[90]

---

86 Woman on Hunger Strike, in: Washington Times, 23.7.1914.

87 To the Press of New York City, 30.7.1914, in: Purroy Mitchel Papers, Box 17, Folder 174, New York City Municipal Archives.

88 Commissioner Katherine Bement Davis to Theodore Rousseau (Office of the Mayor), 30.7.1914, in: Purroy Mitchel Papers, Box 17, Folder 174, New York City Municipal Archives.

89 Call It Off, Becky!, in: Life, 20.8.1914.

90 *Harris*, I Knew Them in Prison (wie Anm. 18), 13.

2. Martyrium

Doch ihre politische Kampagne war nicht nur auf Schlagzeilen in den großen Tageszeitungen aus. Vielmehr zielte ihr Hungerstreik auch auf eine Mobilisierung des eigenen politischen Milieus. In seiner öffentlichen Inszenierung stand Rebecca Edelsohns Hungerstreik für die Abkehr von einem bürgerlichen Lebensentwurf (wenngleich die Zentralität des Individuums im anarchistischen Diskurs durchaus als eine unbeabsichtigte Übernahme aus der bürgerlichen Subjektkultur interpretiert werden kann). Er war die performative Inszenierung eines rebellischen Selbst. Nicht zuletzt war damit auch ein Appell an andere verbunden, ebenfalls den Idealen eines bürgerlichen Lebens abzuschwören und den Aufstand zu wagen. Alexander Berkman schrieb:

> „Possessed of strong convictions and revolutionary temperament, of exceptional determination and courage, Becky refuses to compromise with the enemy. Is there any reason why any one should, except for weak considerations of personal safety and comfort?“[91]

Ähnlich charakterisierte sie auch das Magazin „Woman Rebel“: „Becky Edelsohn is the born rebel type, a woman of heart, courage and imagination.“[92] Mut und Entschlossenheit kennzeichneten diesen „rebel type“, dessen Sorge nicht dem eigenen Überleben, sondern dem politischen Ziel gelten sollte. In einem Brief aus dem Gefängnis schrieb Edelsohn: „[E]ven if the worst comes to the worst, I can only die once. And it will make tremendous propaganda.“[93]

Das Martyrium und die Selbstaufopferung standen in vielen Texten des radikal linken politischen Milieus von New York an zentraler Stelle, und oft waren es auch hier die russischen Sozialrevolutionäre, auf deren Kämpfe und Martyrien Bezug genommen wurde. So findet sich in Upton Sinclairs 1915 erschienener fast tausendseitiger Anthologie „Cry for Justice“ im Abschnitt zum Martyrium auch ein Text von der russischen Sozialrevolutionärin Ekaterina Breshko-Breshkovskaia, der ihre Hungerstreiks im sibirischen Exil behandelt.[94] Diese Praxis nachzuahmen hieß nicht zuletzt, sich in eine Reihe mit den bewunderten Revolutionären und glorifizierten Märtyrern zu stellen. Die „New York Tribune“ schrieb:

---

91 *Berkman*, Edelsohn (wie Anm. 48), 193.

92 The Hunger Strike, in: The Woman Rebel 1/4, 1914, 19.

93 *Edelsohn*, One Woman's Fight (wie Anm. 84), 42.

94 *Katherine Breshkovsky*, In Siberia, in: Upton Sinclair (Ed.), Cry for Justice. An Anthology of the Literature of Social Protest. New York 1915, 317–319.

> „The blood of Russian revolutionists is in her veins, heated by the experiences of a life on the East Side and by the fire in her own heart."[95]

In einem ihrer Briefe reflektierte Rebecca Edelsohn ihren möglichen Tod im Hungerstreik ebenso in Bezug auf ihre russischen Vorbilder: Im Hinblick auf deren schwerere Martyrien sei ihr Hungerstreik ein „Kinderspiel", und wenn es sein müsse, so sei auch sie auf ihr Sterben vorbereitet.[96]

Der Wille zum Risiko und zur Opferbereitschaft, die Bereitschaft, die eigene Gesundheit und im Zweifelsfall auch das eigene Leben hintanzustellen, kristallisiert sich so als ein zentrales Moment dieser Subjektivität heraus. Die anarchistische Betonung der Möglichkeiten des Individuums zum Subjekt der politischen Auseinandersetzungen zu werden, schlug damit um in ein radikales Aufgehen der individuellen Person in der Bewegung und in eine Idealisierung der erlittenen Repression als Selbstopferung, die zur Selbstermächtigung umgedeutet wurde. Der Kulturwissenschaftler Thomas Macho weist darauf hin, dass bereits in der Antike der Suizid bzw. dessen Versuch als Immunisierung gegen die „Todesdrohung der Despoten" beschrieben wurde:

> „Wer das Sterben gelernt hat, kann nicht mehr gebeugt werden vor dem Richtschwert der Herrschaft; wer seinen Tod nicht fürchtet, kann zu keiner Unterwerfung gezwungen werden."[97]

Rebecca Edelsohns Hungerstreik wurde von ihr selbst wie von ihrem politischen Umfeld in dieses wirkmächtige Narrativ von der Selbstopferung als Selbstermächtigung eingeschrieben. In der Betonung des potentiellen Todes vereinten sich die Figuren des Opfers und der Heldin in der Sozialfigur der politischen Märtyrerin, wobei der passive Objektstatus des Gefangen-Seins in der Form des Widerstands mitaufgehoben wurde: Vom Opfer zur Selbst-Opferung. Aber auch der Tod für die Sache setzt dem „Ich" ein Ende. Er ist dessen Grenze und „absolut Fremde[s]".[98] Bezeichnenderweise plante die Gruppe um Alexander Berkman schon zu Beginn des Hungerstreiks eine „Funeral Demonstration", die am Tag von Edelsohns Tod stattfinden sollte.[99] In

---

95 New York Tribune, 10.5.1914.

96 *Edelsohn*, One Woman's Fight (wie Anm. 84), 42.

97 *Thomas Macho*, Todesmetaphern. Zur Logik der Grenzerfahrung. Frankfurt am Main 1987, 58.

98 *Theodor W. Adorno*, Negative Dialektik. Jargon der Eigentlichkeit. Frankfurt am Main 2003, 514.

99 To Break Starving of Becky Edelsohn, in: New York Times, 21.7.1914. Den Mobilisierungsfaktor solcher Demonstrationen hatte man bereits feststellen können, als die vier Anarchisten, die bei der Bombenexplosion in der Lexington Ave starben, begraben wurden.

der Annahme, sie würde sowohl auf Brot als auch auf Wasser verzichten und daher ihren Hungerstreik nicht mehr lange überleben, schrieb Alexander Berkman: „The Beckies are the material that martyrs are made of. The future belongs to the Beckies."[100] Das war ein atemberaubender ideologischer Kniff, der aus dem erwarteten Märtyrertod des Menschen Rebecca Edelsohn eine Zukunft für „the Beckies" ableitete. Berkman abstrahierte mit dieser Pluralisierung des Subjekts vom Einzelfall. Hier ging es also nicht mehr um die Person Rebecca Edelsohn als Individuum, sondern um die Konstruktion eines Idealtypus. Rebecca Edelsohns Hungerstreik sollte als Orientierungsgröße für das Denken und Handeln anderer dienen. Doch den Tod und das Sterben kann man nicht lernen.[101]

3. Zwangsernährung und die Grenzen staatlicher Fürsorgepflicht

Der Hungerstreik von Rebecca Edelsohn war also eine Kommunikationsstrategie, die sich vornehmlich an das ihr politisch wohlgesonnene Publikum richtete. Doch die Anarchistin wandte sich in ihrem Protest zugleich gegen den Staat und seine Institutionen.[102] Dabei besaß ihr Hungerstreik die Form einer symbolischen Unterwerfung des eigenen Selbst unter die Macht des Staates, der nun die Verantwortung über ihr Leben hatte. Damit wiederholte der Modus des Widerstands nicht nur diesen biopolitischen Anspruch, er provozierte vielmehr dessen Exzess: „She declared her purpose was ‚to go into a state of collapse' at the earliest possible moment so as to precipitate the problem of what to do with her in that condition", wie die „New York Times" zu berichten wusste.[103] Schon mit Beginn ihres Hungerstreiks setzte eine Diskussion darüber ein, wie seitens der Behörde verfahren werden sollte. In öffentlichen Statements stellte Katharine Davis klar, dass sie keinen Tod im Gefängnis unter ihrer Aufsicht zulassen werde. Dafür werde sie im Zweifelsfall nicht vor Anwendung der Zwangsernährung zurückschrecken.

> „No there won't be any starving to death on Blackwell's Island [...]. I know all about it and also about forcible feeding, which is quite a simple and expedient remedy."[104]

---

100 *Berkman*, Edelsohn (wie Anm. 48), 196.

101 *Macho*, Todesmetaphern (wie Anm. 97), 61.

102 *Edelsohn*, Hunger Striking (wie Anm. 41), 235.

103 Becky Edelson Begins her Strike, in: New York Times, 22.7.1914

104 To Break Starving of Becky Edelsohn, in: New York Times, 21.7.1914.

Die Diskussion über eine mögliche Zwangsernährung sorgte für große Aufregung und Empörung im radikalen Milieu New Yorks und darüber hinaus. Alexander Berkman telegrafierte an Emma Goldman, die sich zu dieser Zeit auf einer Vortragsreise durch die USA befand: „You and friends everywhere protests [sic!] forcible feeding to commissioner Davis and Press. Case serious."[105] In zahlreichen Städten der USA sei es daraufhin zu Protestkundgebungen gekommen und der Tisch von Commissioner Davis sei mit Protesttelegrammen überflutet gewesen.[106] Für die Stadtpresse war es für einige Tage eines der brennenden Themen: Die „Evening World" versuchte sich sogar an einer Fotomontage, die die erwartete Zwangsernährung von Rebecca Edelsohn abbildete.[107] Die große Aufregung über die Zwangsernährung dauerte über Edelsohns Hungerstreik hinaus an. Nur kurze Zeit später unternahm die Schriftstellerin Djuna Barnes einen Selbstversuch, den sie für das New Yorker „World Magazine" dokumentierte. Kritisch notierte sie: „Science had, then, deprived us of the right to die."[108]

In diesen Worten klingen jene Ambivalenzen an, die mit der Transformation einhergingen, die nach Michel Foucault die Schwelle zur Moderne ausmacht. Die Gewährleistung der Ernährung, des Überlebens und der Sicherheit der Bevölkerung sei zunehmend zur zentralen Aufgabe der entstehenden modernen Staaten geworden. Doch als sich der Staat aufmachte zum Hüter des Lebens zu werden, da wurde der Suizid zu seinem Problem. Er sei „eines der ersten Rätsel einer Gesellschaft [geworden], in der die politische Macht eben die Verwaltung des Lebens übernommen hatte", so Foucault.[109] Während das religiöse Suizidverbot an Bedeutung verlor und sich Denker wie Schopenhauer und später Nietzsche an eine Neubewertung der Selbsttötung machten, wuchs auch die Beschäftigung mit dem Suizid als gesellschaftlichem Phänomen, für das sich nicht zuletzt auch die neu entstehenden Sozialwissenschaften zu interessieren begannen. Maßnahmen zu seiner Verhinderung wurden erprobt, nicht zuletzt in staatlichen Einrichtungen wie Psychiatrien und Ge-

105 Alexander Berkman to Emma Goldman, 24.7.1914, in: Goldman Papers (wie Anm. 17).

106 *Edelsohn*, Hunger Striking (wie Anm. 41), 235; auch *Harris*, I Knew Them in Prison (wie Anm. 18), 12.

107 How Anarchist Reba Will Be Fed by Force, in: Evening World, 23.7.1914.

108 *Djuna Barnes*, How It Feels to Be Forcibly Fed, https://en.wikisource.org/wiki/How_It_Feels_to_Be_-Forcibly_Fed (25.07.17).

109 *Michel Foucault*, Der Wille zum Wissen. Sexualität und Wahrheit. Bd. 1. Frankfurt am Main 1983, 134. Vgl. auch *ders.*, Sicherheit, Territorium, Bevölkerung (wie Anm. 61), 53–72.

fängnissen.[110] In den Augen der Gefängnisreformer war der Staat verpflichtet, Gefangene in bestmöglicher körperlicher Verfassung zu halten, und so wirkten sie auf eine Medikalisierung der Gefängnisse hin.[111]

In diesem Zusammenhang ist auch die Einführung der künstlichen Ernährung zu sehen, die sich im Laufe des 19. Jahrhunderts als medizinische Maßnahme zur Lebenserhaltung etabliert hatte. Aber bereits zum Ende des Jahrhunderts hoben kritische Stimmen den gewaltvollen Charakter der Prozedur hervor, die auch lebensgefährliche Risiken mit sich bringe. Doch die Kritik an der Praxis wurde innerhalb der Ärzteschaft zunächst wohl kaum gehört.[112] Als Katharine Davis die mögliche Zwangsernährung von Rebecca Edelsohn als leichtes und geeignetes Mittel ankündigte[113], entsprach dies zwar den Idealvorstellungen und Wünschen, aber kaum der Erfahrung der PatientInnen – und wohl auch nicht aller ÄrztInnen. Der Anspruch der progressiven Reformen, dass der Staat medizinisch für die Insassen seiner Institutionen Sorge zu tragen habe, lief somit im Kontext von Hungerstreiks Gefahr, als Wiederkehr der Körperstrafe gesehen zu werden: „The expert in correction ready to revert to methods of torture", schrieb erzürnt das feministische Blatt „Woman Rebel" über die bekennende Frauenrechtlerin Davis.[114] Wenn der Hungerstreik ein Mittel war, um die Mechaniken des Gefängnisapparats ins Stocken zu bringen, war dann die Zwangsernährung nicht der gewaltsame und dabei oft kontraproduktive Versuch, ihr fortdauerndes Funktionieren unter Beweis zu stellen? Die künstliche Ernährung, die als Instrument der Lebenserhaltung und der medizinischen Sorge entwickelt worden war, schien sich in ein Instrument der Folter verwandelt zu haben.

---

110 Vgl. *Ursula Baumann*, Vom Recht auf den eigenen Tod. Die Geschichte des Suizids vom 18. bis zum 20. Jahrhundert. Weimar 2001; *Anne Shepherd/David Wright*, Madness, Suicide and the Victorian Asylum. Attempted Self-Murder in the Age of Non-Restraint, in: Medical History 46, 2002, 175–196.

111 So z.B. Katharine Davis im Jahresbericht: *City of New York*, Report of the Department of Correction for the Year 1914 (wie Anm. 68), 25 f. Allgemein für die USA vgl. *McLennan*, Crisis (wie Anm. 74), 226; *David Rothman*, Conscience and Convenience. The Asylum and its Alternatives in Progressive America. New York 2002, 56.

112 Die medizinisch-psychiatrische Diskussion zur künstlichen Ernährung seit dem 19. Jahrhundert untersuche ich eingehender in meiner Dissertation zur Geschichte des Hungerstreiks, die derzeit an der LMU München entsteht. Vgl. zu Großbritannien: *Ian Miller*, A Modern History of the Stomach, Gastric Illness, Medicine and British Society, 1800–1950. London 2011, 72; *Ronni Chernoff*, An Overview of Tube Feeding. From Ancient Times to the Future, in: Nutrition in Clinical Practice 21, 2006, 408–410.

113 To Break Starving of Becky Edelsohn, in: New York Times, 21.7.1914.

114 Another Woman, in: Woman Rebel, 1/6, 1914, 42.

4. 31 Tage

In Rebecca Edelsohns Fall behielt die Gefängnisverwaltung trotz der großen medialen Aufregung letztlich die Ruhe und verzichtete auf eine Zwangsernährung, wohl auch weil Katharine Davis nur im äußersten Notfall darauf zurückgreifen wollte. Denn sie gab bekannt, dass eine Nahrungsabstinenz durchaus bis zu dreißig Tage ohne körperliche Schäden überstanden werden könne.[115] Damit bezog sie sich wahrscheinlich auf eine zwei Jahre zuvor von dem Wissenschaftler Agostino Levanzin öffentlichkeitswirksam gesetzte Marke. Denn als neues Phänomen zog der freiwillige Nahrungsverzicht auch das Interesse der Wissenschaften auf sich – was nicht zuletzt auf die Dynamik der „Verwissenschaftlichung des Sozialen" in dieser Zeit hinweist.[116] Unter strenger medizinischer Beobachtung fastete Levanzin, der bereits mit langanhaltenden Fastenkuren auf sich aufmerksam gemacht hatte und eigens aus Malta für das Experiment eingeflogen wurde, am Carnegie Institute in Boston für 31 Tage. Während er sich über seine Behandlung beklagte[117], ließ ein beteiligter Wissenschaftler der Universität Harvard verlauten, dass Levanzin das Experiment in hervorragendem körperlichen wie geistigen Zustand beendet habe. Lediglich deutlicher Gewichtsverlust sei zu verzeichnen gewesen.[118] Damit schien sich mit diesem Experiment die Hypothese bestätigt zu haben, dass ein gesunder Mensch dreißig Tage nur Wasser zu sich nehmen könne, ohne beträchtliche gesundheitliche Schäden befürchten zu müssen.

Auch im anarchistischen Milieu New Yorks war man sich dieser Zahl bewusst, und die Sorge war groß, dass angesichts der abgeklungenen Medienberichterstattung der zunächst propagandistisch ausgelobte Märtyrertod nicht den gewünschten Effekt erzielen könnte. Am 20. August 1914, nach 31 Tagen im Hungerstreik, verließ Rebecca Edelsohn die Strafanstalt auf Blackwell's Island, nachdem ihre Freunde und Genossen die Kaution von 300 Dollar für sie hinterlegten. Sie gingen diesen Schritt ohne vorherige Rücksprache mit Rebecca Edelsohn und wohl gegen ihren Wunsch,

115 Washington Post, 23.7.1914. Mary Harris berichtet, dass Edelsohn, möglicherweise ohne ihr Wissen Nährlösungen getrunken habe, und spekuliert, sie könnte heimlich gegessen haben; *Harris*, I Knew Them in Prison (wie Anm. 18), 12.

116 *Lutz Raphael*, Die Verwissenschaftlichung des Sozialen als methodische und konzeptionelle Herausforderung für eine Sozialgeschichte des 20. Jahrhunderts, in: Geschichte und Gesellschaft 22, 1996, 165–193.

117 Torture in Starving Test, in: New York Times, 21.5.1912.

118 Breaks 31 Days' Fast, in: New York Times, 16.5.1912.

wie eine Genossin von Edelsohn in der „New York Times“ berichtete.[119] Amerikas „erster politischer Hungerstreik“ hatte ein stilles Ende gefunden.

IV. Schluss

Das Ende von Rebecca Edelsohns Hungerstreik im August 1914 war kaum mehr als eine Randnotiz in der Presse, die ganz von den Geschehnissen in Europa eingenommen war. Doch der „Große Krieg“ und die mediale Aufmerksamkeit, die er beanspruchte, waren kein Hemmnis für spätere Hungerstreiks. Denn mit dem Kriegseintritt der USA 1917 erhielt das auch von Rebecca Edelsohn vorgetragene Argument, der amerikanische Staat wäre aufgrund der Haftbedingungen ebenso barbarisch wie die Autokratien im alten Europa, neue Brisanz. Präsident Wilson erklärte in seiner Rede vor dem Kongress den Krieg als einen Kampf um die Demokratie:

> „We shall fight for the things which we have always carried nearest our hearts, – for democracy, for the right of those who submit to authority to have a voice in their own governments.“[120]

Doch in der Existenz der Hungerstreiks schienen die Grenzen zwischen liberaler Demokratie und autokratischer Monarchie zu verschwimmen. Denn im Hungerstreik reüssierte die Figur eines im Zuge staatlicher Strafmaßnahmen leidenden Körpers, die mit der Entstehung des modernen Gefängnisses und der progressiven Reformbewegung verschwinden sollte. Damit radikalisierten die Hungerstreiks just zu Beginn des 20. Jahrhunderts ein Unbehagen, das mit dem Fortbestehen der Gefängnisse, die immer wieder die Gemüter der US-amerikanischen Gesellschaft erregten, bereits verbunden war: Die Inhaftierung beschränkte die individuelle Freiheit und das Streben nach Glück, doch in ihrem Protest riskierten Hungerstreikende auch das letzte der drei unveräußerlichen Rechte, für dessen Reproduktionsbedingungen der moderne Staat die Verantwortung übernommen hatte: das Leben.

Dass die Gefährdung des eigenen Lebens im Nicht-Essen von den Zeitgenossen als Protestform verstanden werden konnte, war dabei, wie in diesem Aufsatz gezeigt wurde, eine vergleichsweise neue Entwicklung. Dieser Wahrnehmungswandel war

---

119 Free Becky Edelson, in: New York Times, 21.8.1914.

120 *President Woodrow Wilson*, Address of the President of the United States Delivered at a Joint Session of the Two Houses of Congress (2.4.1917), S. Doc. No. 65–5, U.S. Cong. Serial Set Vol. 7264, 8.

eng mit der Rezeption der Proteste der Narodniki im zaristischen Russland und der Begriffsbildung „Hungerstreik“ verbunden. Historischer Wandel war auch ein sprachlicher Wandel, der mit den beobachteten sozialen Praktiken korrespondierte, die er zu erklären versuchte und dabei zugleich als Gegenstand des Diskurses konstituierte. 1914 traf die ‚neue‘ Praxis in New York auf eine der blühendsten Presselandschaften der Welt. Das waren gute Voraussetzungen, um den Hungerstreik als Mittel der politischen Kommunikation zu nutzen. Als die neu ins Amt gekommene New Yorker Stadtverwaltung Reformen zur Modernisierung und Humanisierung staatlicher Institutionen umsetzen wollte, erklärte Edelsohn ihren Hungerstreik als Protest gegen Eingriffe des Staates in die Geschicke und das Leben des Individuums. Ihr Nicht-Essen war eine Selbstermächtigung – ein Signal, die Macht über den eigenen Körper gegen den staatlichen Zugriff zu beanspruchen. Zugleich war die angekündigte Aufopferung des Selbst eine intendierte Verschärfung der Folgen der ohnehin gesundheitsgefährdenden Haftbedingungen auf Blackwell's Island, um auf eben diese aufmerksam zu machen. Mit Judith Butler gesprochen, besaß ihr Hungerstreik damit eine vermeintlich paradoxe Performativität, denn er „vollführt, was er zeigen und wogegen er Widerstand leisten will“.[121]

Aber der Wahrnehmungswandel des Nicht-Essens ermöglichte nicht nur dessen Aneignung als Protestform, sondern prägte auch das Handeln staatlicher Akteure. Für sie galt es den Hungertod in staatlicher Obhut zu vermeiden, aber auch eine Zwangsernährung erschien als ein zumindest grenzwertiger Eingriff in die Souveränität der Einzelnen. Der Hungerstreik konnte sich in den USA somit gerade im progressiv regierten New York als politische Protestform etablieren, nicht (nur) weil die Zustände in vielen Gefängnissen menschenunwürdig waren, sondern weil sie es nach Ansicht vieler Zeitgenossen nicht mehr sein sollten. Die Regierung konnte durch Hungerstreiks in die Kritik geraten, weil sie gegen ihre eigenen Grundsätze zu verstoßen und das Versprechen der modernen liberalen Demokratie nicht einzulösen schien.

121 *Butler*, Anmerkungen (wie Anm. 79), 180.

„Kein Defekt der Rasse, sondern des Hungers“

Ernährungswissenschaft und Ernährungspolitik im Brasilien der Vargas-Ära (1930–1945)

von Sören Brinkmann

„No Race Defect, just Hunger“: The Science and Politics of Nutrition in Vargas-Era Brazil, 1930–1945

During the so-called Vargas-Era the idea of „rationalizing“ popular diets according to the insights of the newer science of nutrition played a crucial role in Brazil's modernization project and the discourse of national and „eugenic“ regeneration. But, as international experts claimed, substantially changing popular standards of nutrition in most cases required a radical reorientation of agricultural production towards vitamin-rich staple foods like cow's milk, vegetable and fruits. By contrasting the most important initiatives of Brazil's nutritional reform – the founding of the Nutrition Service (SAPS) and the modernization of Rio de Janeiro's milk supply system – with the obvious lack of a comprehensive strategy for agricultural diversification, the paper shows the severe limitations of the Estado Novo's nutrition policy.

Hunger als eine von den materiellen und sozialen Umständen erzwungene Variante des Nicht-Essens begleitet die Geschichte Brasiliens seit den Anfängen der Kolonisierung über alle Epochengrenzen hinweg bis hinein in unsere unmittelbare Gegenwart.[1] In den Fokus sozialmedizinischer und gesellschaftspolitischer Reflexion rückten Hunger und Mangelernährung allerdings erst seit den 1930er Jahren. Zwar finden sich verschiedentlich bereits in der zweiten Hälfte des 19. Jahrhunderts Mediziner, die sich für den Ernährungsalltag der Bevölkerungen in Stadt und Land interessierten und bisweilen sogar die Symptome von damals noch unbekannten Mangelerkrankungen beschrieben. Die 1930er Jahre bedeuteten in dieser Hinsicht jedoch eine Wasserscheide, insofern die Defizite der Volksernährung von nun an nicht nur zum Gegenstand systematischer Forschung, sondern zugleich auch zu einem zentralen Ausgangspunkt für die Erklärung der nationalen Entwicklungs-

1 Der Welthungerbericht von 2015 bescheinigt Brasilien im Licht der Milleniums-Entwicklungsziele der Vereinten Nationalen einen entscheidenden Durchbruch beim Kampf gegen den Hunger. So habe sich der unter Hunger und Unterernährung leidende Anteil der Bevölkerung von 14,8 Prozent im Jahr 1990 auf deutlich unter 5 Prozent im Jahr 2015 reduziert. Vgl. *FAO* (Ed.), The State of Food Insecurity in the World. Rom 2015, 47, http://www.fao.org/3/a4ef2d16–70a7–460a-a9ac-2a65a533269a/i4646e.pdf (22.3.2015).

DOI 10.1515/9783110574135-007

probleme schlechthin avancierten. Dahinter stand die Rezeption der modernen Ernährungswissenschaft, der sogenannten „Newer Knowledge of Nutrition", die durch die Entdeckung der Vitamine das Verhältnis von Ernährung und Gesundheit tatsächlich auf bahnbrechende Weise neu definiert hatte.[2] Dass allerdings gerade das brasilianische Echo auf die neuen Lehren ungleich lauter erscheint als anderswo, hatte sowohl mit der besonders im internationalen Vergleich erschreckenden Ernährungsrealität im Lande als auch mit dem geistigen Klima der dreißiger Jahre zu tun. Denn seit der „Revolution" von 1930 und der Machtergreifung von Getúlio Vargas (1882–1954) erlebte die junge Nation nicht nur einen tiefgreifenden wirtschafts- und sozialpolitischen Kurswechsel, sondern auch eine grundlegende Neubewertung ihres kulturellen und ethnischen Erbes. Im Mittelpunkt stand dabei die intellektuelle Emanzipation von den wirkmächtigen Stigmata des einstmals aus Europa importierten wissenschaftlichen Rassismus. Dieser nämlich hatte Brasilien aufgrund seiner klimatischen Bedingungen sowie der jahrhundertelang praktizierten „Rassenmischung" zwischen dem Indigenen, dem Schwarzen und dem Europäer geradezu als Paradebeispiel menschlicher Dysgenik beschrieben und dem Land folglich die Zivilisationsfähigkeit abgesprochen.[3]

Dass gerade die Ernährungslehre als wesentlich naturwissenschaftliche Disziplin eine derart prägende Rolle für die nationale Selbstbesinnung und den sozialpolitischen Diskurs spielen konnte, ist auf ihre besondere, den brasilianischen Bedürfnissen angepasste Spielart zurückzuführen. Abgesehen von einem klinisch-physiologischen Zweig etablierte sich die Ernährungswissenschaft hier nämlich in erster Linie als eine Art Bio-Sozialwissenschaft, die in Verbindung mit statistischen Methoden auf die empirische Untersuchung der nationalen Ernährungsrealitäten abzielte.[4] Wegbereiter und maßgeblicher Vordenker dieser Strömung war der aus Recife im Nordosten stammende Mediziner Josué de Castro (1908–1973). Seine Hin-

---

2 Vgl. *Kenneth J. Carpenter*, A Short History of Nutritional Science. Part 3 (1912–1944), in: Journal of Nutrition 133, 2003, 3023–3032.

3 Zu Theorie und Wirkung des wissenschaftlichen Rassismus in Brasilien vgl. etwa *Thomas E. Skidmore*, Black into White. Race and Nationality in Brazilian Thought. New York 1974, 48–69, sowie *Dain Borges*, ‚Puffy, Ugly, Slothful and Inert'. Degeneration in Brazilian Social Thought, 1880–1940, in: Journal of Latin American Studies 25, 1993, 235–256. Zur Pathologisierung des tropischen Lebensraumes vgl. außerdem *Nancy L. Stepan*, Picturing Tropical Nature. London 2001, 85–148.

4 Zur Geschichte der Ernährungswissenschaft in Brasilien vgl. *Francisco de Assis Guedes Vasconcelos*, Tendências históricas dos estudos dietéticos no Brasil, in: História, Ciências, Saúde – Manguinhos 14/1, 2007, 197–219.

wendung zur Ernährungswissenschaft ging auf einen längeren Studienaufenthalt Ende der 1920er Jahre an dem von Pedro Escudero (1887–1973), dem Pionier der argentinischen Diätetik, gegründeten Städtischen Ernährungsinstitut von Buenos Aires zurück. Als Startschuss für den Siegeszug des neuen Paradigmas in Brasilien gilt eine empirische Ernährungsumfrage, die Castro 1934 mit Unterstützung der lokalen Gesundheitsbehörde in seiner Heimatstadt Recife durchführte. Dazu hatte man ein Sample von rund 500 Arbeiterfamilien aus drei unterschiedlichen Stadtteilen hinsichtlich der Verwendung ihres täglichen Haushaltsbudgets befragt. Im Ergebnis offenbarte die Studie bei einem Ausgabenanteil von durchschnittlich mehr als 70 Prozent einen ebenso kargen wie monotonen Speiseplan, der fast ausschließlich auf der traditionellen Trias von Dörrfleisch, Maniokmehl und Schwarzbohnen beruhte. Beunruhigend war dieser Befund vor allem aber angesichts der Tatsache, dass die täglichen Mahlzeiten so knapp bemessen waren, dass sie im Durchschnitt nicht einmal ausreichten, um den energetischen Grundbedarf aller Familienmitglieder zu decken, während von einer ausgewogenen Versorgung mit lebenswichtigen Vitaminen und Mineralstoffen erst recht nicht die Rede sein konnte. Der Aufsehen erregende Schluss lautete somit, dass der Großteil der städtischen Arbeiterschaft im Nordosten Brasiliens in einem Zustand permanenter Unterernährung regelrecht dahinsiechte.[5]

Das Beispiel Castros machte rasch Schule und regte in den folgenden Jahren nicht nur ähnliche Untersuchungen in anderen Großstädten an, sondern diente offenbar auch als Ansporn für eine ganze Reihe von weiteren Medizinern, sich nun intensiv mit Ernährungsfragen zu beschäftigen. In einem Problemaufriss von 1942 etwa zählte der Mediziner João Peregrino Júnior (1898–1983) allein für die Jahre 1935 bis 1940 47 neue Fachpublikationen.[6] Was die empirische Forschung betrifft, so konzentrierte sich die Aufmerksamkeit zunächst auf die beiden Metropolen Rio de Janeiro und São Paulo. Erwähnenswert ist hier vor allem die unter Beteiligung Castros von der Nationalen Gesundheitsbehörde in den Jahren 1936 und 1937 in der Bundeshauptstadt Rio durchgeführte Ernährungsumfrage, die rund 12 700 Haushalte mit mehr als 60000 Personen berücksichtigte und es so erlaubte, neben der Arbeiterschaft erstmals auch andere Einkommensgruppen bezüglich ihrer Ernährungsgewohnheiten in den Blick zu nehmen. Dabei zeigten sich – gerade im Vergleich zum

5 Vgl. *Josué de Castro*, Alimentação e Raça. Rio de Janeiro 1936, 102–104.

6 Vgl. *João Peregrino Júnior*, Alimentação. Problema nacional. Rio de Janeiro 1942, 21–28.

rückständigen Nordosten – deutliche regionale Differenzen. Demnach waren etwa in Rio de Janeiro selbst die untersten Einkommensklassen keinem dauerhaften Kalorienmangel ausgesetzt, der Ausgabenanteil für Lebensmittel lag hier außerdem mit rund 54 Prozent weitaus niedriger als in Recife, und bei Familien mit mittleren Haushaltseinkommen diagnostizierten die Experten im Durchschnitt sogar bereits ein Übermaß an Kalorienkonsum. Ein Grund zur Entwarnung war dies allerdings nicht. Denn unabhängig vom Einkommen lautete der Schluss auch hier, dass die täglichen Mahlzeiten mit Blick auf Vitamine, Mineralstoffe und tierische Proteine defizitär und völlig unausgewogen waren. Als zentrale Ursache hierfür verwiesen die Experten auf den niedrigen Konsum höherwertiger, sogenannter schützender Nahrungsmittel. Zu diesen zählte man Früchte, Blattgemüse und Eier sowie an erster Stelle Kuhmilch und andere Milchprodukte.[7]

Darüber hinaus galt es zu bedenken, dass Rio und São Paulo Ausnahmen darstellten in einem noch überwiegend agrarisch und dörflich strukturierten Land, das außerdem in weiten Teilen von den semifeudalen Strukturen des traditionellen Großgrundbesitzes und den Monokulturen der Plantagenwirtschaft dominiert war. Und auch wenn bis zur Mitte der 1940er Jahre keine empirischen Befunde erbracht wurden, so lag doch für die meisten Experten die Vermutung auf der Hand, dass die Ernährungsbedingungen für die große Masse der ländlichen Bevölkerung wohl noch weit unterhalb der städtischen Standards und damit auf einem geradezu lebensbedrohlich niedrigen Niveau lagen. Kaum verwunderlich ist daher, dass die „Ernährungsfrage" unter diesen Umständen nicht nur zu *dem* „nationalen Problem" schlechthin, sondern auch zu einer Universalerklärung für alle schon lange zuvor beschriebenen „Defekte" der brasilianischen Volksmassen aufsteigen konnte. In den Worten des bereits erwähnten Peregrino Júnior:

> „[...] die Trägheit des Landarbeiters, die Tuberkuloseanfälligkeit unter Schwarzen und Mulatten, die fehlende Neigung für abstrakte Studien oder spekulative Fragestellungen, der niedrige Schulertrag der Schüler in den öffentlichen Schulen, die Schwäche und morphologische Disharmonie unserer Jugend im Hinterland, die Schwermut, Apathie und Faulheit der ländlichen und proletarischen Massen landauf, landab."[8]

7 Vgl. *João de Barros Barreto/Josué de Castro/Almir Castro*, Inquérito sobre condições de alimentação popular no Distrito Federal, in: Arquivos de Higiene 8, 1938, 375–399, hier 398f.

8 *Peregrino Júnior*, Alimentação (wie Anm. 6), 93f.

Mochte die diskriminierende Sprache der ernährungswissenschaftlichen Diagnostik durchaus derjenigen älterer, rassetheoretisch begründeter Befunde ähneln, so lag der entscheidende Unterschied der neuen Lehren doch in ihrer grundsätzlich optimistischen Zukunftsperspektive. Denn im Gegensatz zur vermeintlichen Unumkehrbarkeit der von der Rassetheorie behaupteten hereditären Degenerationsdynamik versprach die Ernährungslehre zumindest theoretisch die vollständige Regeneration des brasilianischen „Volkskörpers" und damit zugleich auch die Aussicht auf Entwicklung und nationalen Fortschritt. Und genau in diesem Sinne gewann das im Titel zitierte Diktum Castros, das er bereits seiner Pionierstudie von 1934 beigefügt hatte, seine ebenso aufrüttelnde wie zukunftsweisende Wucht.[9] Doch was war nun zu tun? Welche praktischen Konsequenzen mussten aus diesen epochalen Einsichten folgen?

Die Antwort auf diese Frage erforderte zunächst eine Analyse der strukturellen Ursachen der Misere, die unter den Experten allerdings zu unterschiedlichen Gewichtungen führte. Als entscheidenden Faktor hatten freilich schon die Ergebnisse der Ernährungsumfragen die verbreitete Armut bzw. das für den Kauf höherwertiger Lebensmittel schlicht unzureichende Lohnniveau in weiten Teilen der Arbeiterschaft entlarvt. Davon abgesehen folgten bald auch volkswirtschaftliche Analysen, die den Blick auf das vielerorts begrenzte Warenangebot sowie auf die oftmals horrenden Preise insbesondere für höherwertige Nahrungsmittel lenkten. Dabei lagen die Ursachen hierfür vor allem in der fehlenden landwirtschaftlichen Diversifizierung und dem Mangel an einer systematischen Ressourcennutzung. Besonders augenfällig war die Diskrepanz zwischen dem schier endlosen Reichtum an Beeren und Früchten, die die tropische Natur bereithielt, und deren fast vollständiger Absenz auf dem Speiseplan der meisten Stadtbewohner. Und selbst Bananen und Orangen, die das Land bereits in beträchtlichen Mengen für den Export produzierte, waren auf den städtischen Märkten nur selten zu finden. Darüber hinaus litt die Lebensmittelversorgung der rasch wachsenden urbanen Räume unter zahlreichen technischen bzw. infrastrukturellen Problemen. So fehlte es auf dem oft langen Weg

9 Das gesamte Zitat lautet: „Heute behauptet niemand mehr ernsthaft, dass die Rassenmischung der wahre Grund für die geringe Vitalität unseres Volkes ist. [...] Wenn die Mehrzahl der Mulatten aus dahinsiechenden Wesen mit ‚mentalem' Defizit und physischen Defekten besteht, so ist dies nicht das Ergebnis einer rassischen Erbkrankheit, sondern eines leeren Magens. Es ist kein Defekt der Rasse, sondern des Hungers. Es ist die unzureichende Ernährung, die eine vollständige Entwicklung und ein normales Funktionieren verwehrt." Vgl. *Castro*, Alimentação (wie Anm. 5), 89 f.

vom Produzenten zum städtischen Konsumenten an Lager- und Konservierungskapazitäten, weshalb in vielen landwirtschaftlichen Bereichen hohe Verluste durch Verderb an der Tagesordnung waren. Eine schlechte und unzuverlässige Verkehrsinfrastruktur trieb zudem die Transportkosten in die Höhe, und schließlich beherrschten in vielen Branchen monopolistische Strukturen und notorische Preismanipulationen den Handel.[10]

Schuld an der prekären Ernährungsrealität waren aus Sicht vieler Fachleute aber auch kulturelle und historische Faktoren wie die allgemeine Unwissenheit bezüglich der Grundregeln „rationaler" Ernährung und die Beharrungskraft überlieferter Essgewohnheiten einer überwiegend aus Analphabeten bestehenden und noch immer in semikolonialen Zusammenhängen verhafteten Bevölkerung. So war es etwa der bekannte Kultursoziologe Gilberto Freyre (1900–1987), der in „Casa-grande e senzala" – jener epochemachenden Neudeutung der kolonialen Vergangenheit Brasiliens von 1933 – vor allem historische Faktoren für die „gravierenden Fehler" der täglichen Ernährung in allen Schichten verantwortlich machte. Demnach habe das tropische Klima den portugiesischen Eroberer dazu gezwungen, den Weizen als traditionelles Grundnahrungsmittel gegen die ernährungsphysiologisch angeblich unterlegene Maniokwurzel einzutauschen, während außerdem die Monokultur des Zuckers im Nordosten den effizienten Einsatz der Naturressourcen im Dienste der Volksernährung stets verhindert habe.[11] Und Josué de Castro diagnostizierte darüber hinaus eine Reihe von tief in der brasilianischen Volkskultur verankerten „Ernährungstabus", die sich – wenn auch unabsichtlich – gerade gegen einen vermehrten Gebrauch bestimmter „schützender Nahrungsmittel" richteten. So waren es vor allem Früchte bzw. spezifische Fruchtmischungen, die besonders im Nordosten den Schmähungen des Volksglaubens ausgesetzt waren. Eines der zählebigsten Vorurteile, das außerdem nicht nur in den nördlichen Gliedstaaten, sondern offenbar in allen Regionen Brasiliens anzutreffen war, bestand außerdem in der Überzeugung, dass der gleichzeitige Verzehr von Kuhmilch und bestimmten Tropenfrüchten schädlich sei und insbesondere die Kombination aus Milch und Mango gar zu Ver-

10 Vgl. *Paulino Barros*, Alimentação popular no Brasil, in: Boletim do Ministério do Trabalho, Indústria e Comércio 1937, Nr. 36, 240–257.

11 Vgl. *Gilberto Freyre*, Herrenhaus und Sklavenhütte. Ein Bild der brasilianischen Gesellschaft. München 1990, 54–66.

giftungen führen könne.[12] In der Summe ergab sich somit eine äußerst vielschichtige und komplexe Problemlage, die das Ziel der „eugenischen Inwertsetzung" der brasilianischen Bevölkerung durch eine Hebung der nationalen Ernährungsstandards in eine gewaltige, nicht nur erzieherische, sondern auch wirtschafts- und sozialpolitische Herausforderung verwandelte.

Im Folgenden soll der Frage nachgegangen werden, inwieweit sich der brasilianische Interventionsstaat der 1930er und frühen 1940er Jahre die Reformagenda der Ernährungswissenschaft zu eigen machte, welche Maßnahmen und Instrumente dieser entwickelte und an welche Grenzen die staatlichen Ernährungspolitiken stießen. Die sogenannte Vargas-Ära steht in der brasilianischen Geschichte des 20. Jahrhunderts für einen grundlegenden Wandel im Umgang mit der „sozialen Frage", die – im klaren Gegensatz zur Ersten Republik (1889–1930) – nun erstmals zum Gegenstand systematischer staatlicher Intervention wurde. Dabei zielte der Aufbau moderner Sozialstaatlichkeit allerdings in erster Linie auf die mit der zunehmenden Industrialisierung ebenfalls wachsenden Arbeiter- und Angestelltenmassen in den großen Städten, während das ländliche Brasilien, wo noch immer die überwältigende Mehrheit der Bevölkerung lebte, von den Maßnahmen vollständig ausgeklammert blieb. Gerade die Ernährungsfrage aber erweist sich als potentielle Brücke zwischen beiden Sphären, insofern diese in der Regel nicht ohne eine gezielte Umsteuerung der landwirtschaftlichen Produktion entsprechend der neuen Nährwerthierarchie der Nahrungsmittel zu lösen war. In diesem Sinne etwa forderten die Ernährungsexperten der Gesundheitsorganisation des Völkerbundes zur Mitte der dreißiger Jahre eine neuartige „marriage between agriculture and public health", für die freilich der Staat als Regulator Pate stehen sollte.[13] Die vorliegende Untersuchung skizziert daher nicht nur die entscheidenden ernährungspolitischen Initiativen des „Estado Novo", sondern erweitert den bisherigen Blick[14] zudem um die Frage

12 Vgl. *Josué de Castro*, Fisiología de los tabús. México 1945, 32–34.

13 Vgl. hierzu *Josep L. Barona*, Nutrition and Health. The International Context During the Inter-war Crisis, in: Social History of Medicine 21/1, 2008, 95.

14 Die bisherige Forschung zur Ernährungspolitik in der Vargas-Ära ist überschaubar. Vgl. insbesondere *John J. Crocitti*, Vargas Era Social Policies. An Inquiry into Brazilian Malnutrition during the Estado Novo (1937–45), in: Jens R. Hentschke (Ed.), Vargas and Brazil. New Perspectives. New York 2006, 143–171; *Ana Maria da Costa Evangelista*, Arroz e feijão, discos e livros. História do Serviço de Alimentação da Previdência Social, SAPS (1940–1967). Rio de Janeiro 2014; *Sören Brinkmann*, Ernährungspolitik im *Estado Novo*. Die „Milchrevolution" von Rio de Janeiro, in: Georg Fischer/Christina Peters/Stefan Rinke/Frederik Schulze

nach Charakter, Rolle und Grenzen staatlicher Landwirtschaftspolitik als Teil der interventionistischen Reformstrategie.

I. Die Anfänge der Ernährungspolitik

In der politischen Geschichte Brasiliens bedeutete die sogenannte Revolution von 1930 eine einschneidende machtpolitische Zäsur. Unter dem Druck der vom New Yorker Börsencrash ausgelösten Weltwirtschaftskrise war es demnach einer neuartigen Allianz aus jungen Offizieren (*tenentes*), städtischen Mittelschichten sowie den politischen Eliten der ärmeren Gliedstaaten der brasilianischen Föderation gelungen, die alte, mit dem mächtigen Kaffeeexportsektor von São Paulo im Südosten des Landes verbundene Oligarchie von der Macht zu vertreiben. Und mit dem Machtwechsel einher ging zugleich auch ein grundlegender entwicklungspolitischer Strategiewechsel, der die vielfach kritisierten strukturellen Mängel der „Alten" Republik – einseitige Abhängigkeit vom Kaffee, wirtschaftliche Rückständigkeit, Schwäche des Zentralstaates, mangelnde nationale Kohäsion, Klientelismus, politische Repräsentationsdefizite und fehlende Sozialfürsorge – zu beseitigen versprach. Unmittelbar nach der „Revolution" folgte daher eine umfassende Reform der Bundesbehörden, die neue Ressorts schuf, die Abläufe rationalisierte und den zentralen Zugriff auf die Gliedstaaten massiv ausweitete, während eine neue nationalistische Rhetorik sich nun explizit auf das multiethnische Erbe Brasiliens berief und Zukunftsoptimismus verbreitete. An zentraler Stelle standen vor allem aber die Weichenstellungen im Bereich der Wirtschaftspolitik. Denn für die Revolutionäre von 1930 lag der Schlüssel für Brasiliens Zukunft in einem systematischen Ausbau seiner industriellen Basis. Und so versuchte die Regierung – abgesehen von einer Gesundschrumpfung der traditionellen Exportsektoren – vor allem die industrielle Konsumgüterproduktion zu fördern und den Binnenmarkt zu stärken, während mittelfristig außerdem die Ansiedlung einer eigenen Schwerindustrie angepeilt wurde.[15]

(Hrsg.), Brasilien in der Welt. Region, Nation und Globalisierung 1870–1945. Frankfurt am Main 2013, 271–295.

15 Zur Revolution von 1930 und zu ihren Folgen vgl. grundlegend *Boris Fausto*, A revolução de 1930. Historiografia e história. São Paulo 1979, sowie *Jens R. Hentschke*, Estado Novo. Genesis und Konsolidierung der brasilianischen Diktatur von 1937. Saarbrücken 1996, 239–263.

Gerade diese entwicklungspolitischen Ziele aber lenkten den Blick wie nie zuvor auf den urbanen Industrieabeiter, der vom Regime nun gezielt mit einem Paket sozialpolitischer Maßnahmen als neuer Bündnispartner umworben wurde. Dabei ging es freilich von Anfang an nicht nur um Partizipation und eine Verbesserung der Lebensbedingungen, sondern auch um soziale Kontrolle und die politische Legitimierung der neuen Machtverhältnisse. Denn mit der beschleunigten Industrialisierung waren freilich auch eine stärkere soziale Differenzierung und zunehmende Interessenkonflikte zu erwarten. Und schon seit Beginn der 1930er Jahre sah sich die Regierung außerdem mit neuen Formen politischer Massenbewegungen konfrontiert, die etwa in Gestalt der Kommunistischen Partei oder der „integralistischen" Bewegung – einer brasilianischen Spielart des europäischen Faschismus[16] – konkurrierende Heilserwartungen weckten. Bereits unmittelbar nach der „Revolution" begann das von Vargas neu gegründete Arbeitsministerium daher in rascher Folge die Arbeitsbeziehungen mit zahlreichen arbeiterfreundlichen Regulierungen auf eine völlig neue Grundlage zu stellen. Nach korporatistischen Vorbildern wurden außerdem branchenspezifische Staatsgewerkschaften gegründet, die nicht nur Arbeiter, sondern auch Unternehmer zusammenschlossen und an die Stelle des Arbeitskampfes kontrollierte Mechanismen der Konfliktvermittlung setzten. Und schließlich brachte die Regierung in kurzer Zeit ein umfangreiches Programm an sozialpolitischen Maßnahmen auf den Weg, dessen wichtigste Aspekte die Einrichtung von Pensionskassen sowie die Gründung einer Sozial- und Krankenversicherung darstellten.[17]

Leicht verständlich wird daher, dass die neu aufgetauchte Forderung nach einer Verbesserung der nationalen Ernährungsstandards wie eine ideale Ergänzung für das sozialpolitische Portfolio des Regimes erscheinen musste, zumal unvergessen war, dass gerade die Versorgungsfrage in der urbanen Geschichte der Ersten Republik stets die größten Unruhen – darunter den ersten Generalstreik von 1917 – her-

16 Die 1932 von dem Journalisten und Schriftsteller Plínio Salgado (1895–1975) unter dem Namen „Ação Integralista Brasileira" gegründete Bewegung verband extremen Nationalismus, christliche Werte, Antikommunismus sowie einen an den faschistischen Bewegungen Europas orientierten Gestus zu einer besonderen Spielart des Faschismus, der bis zu seinem Verbot 1937 mehr als eine Million Anhänger gewinnen konnte. Vgl. grundlegend *Hélgio Trindade*, Integralismo. O fascismo brasileiro na década de 30. São Paulo 1979.

17 Zur Sozialpolitik des Vargas-Staates vgl. *Angela de Castro Gomes*, A invenção do trabalhismo. 3. Aufl. Rio de Janeiro 2005, 191–204.

vorgerufen hatte.[18] Im Kontext der neuen Entwicklungsstrategie kam der Verbesserung der Ernährungsbedingungen aber noch eine weitere Bedeutung zu. Denn der Erfolg der vom Staat in Gang gesetzten Industrialisierungsanstrengungen beruhte freilich auch auf dem gut genährten und belastbaren Fabrikarbeiter, der physisch in der Lage war, unter dem raschen Takt der industriellen Produktion ein Höchstmaß an Arbeitsleistung zu erbringen. Die von den Experten geforderte Rationalisierung der brasilianischen Ernährungsgewohnheiten, die die große Masse der Bevölkerung aus ihrer vermeintlich unproduktiven Lethargie zu befreien versprach, avancierte somit geradezu zu einer Voraussetzung für das nationalistische Modernisierungsprojekt der Vargas-Regierung. Oder mit den Worten des Ernährungswissenschaftlers Alexandre Moscoso formuliert:

> „Alles was zugunsten einer guten Ernährung des Arbeiters getan wird – ob jung oder alt, ob Frau oder Mann –, wird der Kräftigung der Rasse und dem Reichtum des Landes dienen. [...] Der gut genährte Arbeiter produziert für Brasilien und kämpft für Brasilien.“[19]

Während das sozialpolitische Grundgerüst des Vargas-Staates bereits in den ersten Jahren nach 1930 entstand, kann von einer ernährungspolitischen Intervention im eigentlichen Sinne allerdings erst später, d.h. nach der Proklamation des autoritären „Estado Novo“ Ende 1937 die Rede sein.[20] Ursache hierfür war weniger der neuerliche politische Ordnungswandel als vielmehr die Neuheit der „Ernährungsfrage“ und die Zeit, die es brauchte, um von der Zustandsdiagnose zur Ableitung praktischer Strategien zu gelangen. Ein staatliches Interesse, das der neuen Disziplin etwa durch Anstellungsmöglichkeiten überhaupt erst zu Entfaltung und Institutionalisierung verhalf, ist dagegen früh nachweisbar. So hatte das Bundesarbeitsministerium schon bald nach seiner Gründung 1930 damit begonnen, durch die Einstellung entsprechender Spezialisten im Bereich der Arbeitsmedizin eine ernährungswissenschaftliche Expertise aufzubauen. Seit 1936 schickte die arbeitsmedizinische Abteilung ihre Mitarbeiter außerdem regelmäßig zur Inspektion von Betriebskantinen in

---

18 Zur Lebensmittelkrise der Weltkriegsjahre vgl. *Sören Brinkmann*, „Fight the Poisoners of the People!“ The Beginnings of Food Regulation in São Paulo and Rio de Janeiro, 1889–1930, in: História, Ciência, Saúde – Manguinhos 24/2, 2017, 313–331.

19 *Alexandre Moscoso*, Alimentação do Trabalhador. Rio de Janeiro 1939, 106.

20 Im Angesicht des bevorstehenden Machtverlustes durch die für 1937 angesetzten Präsidentschaftswahlen entschied sich Präsident Vargas unter Verweis auf ein angeblich kommunistisches Komplott zum Putsch gegen die bestehende Ordnung und zur Proklamation der Diktatur des „Estado Novo“.

die Hauptstadt, um die Fabrikbesitzer über die Vorzüge einer gesunden Ernährung ihrer Arbeiter zu unterrichten und die dort ausgegebenen Mahlzeiten ernährungsphysiologisch zu optimieren. Darüber hinaus bot das Ministerium mit seiner offiziellen Monatszeitschrift, dem seit September 1934 erscheinenden „Boletim do Ministério do Trabalho, Indústria e Comércio", ein Medium, das sich in den folgenden Jahren zum landesweit wichtigsten Expertenforum für die Diskussion der nationalen Ernährungsfrage entwickeln sollte.[21]

Im April 1938, unmittelbar nach der Proklamation des „Estado Novo", schuf die Regierung mit dem Mindestlohngesetz außerdem eine entscheidende sozialpolitische Voraussetzung für die Durchführung der von den Fachleuten geforderten Ernährungsreform. Bereits im Präsidentschaftswahlkampf von 1930 von der „Aliança Liberal", der einstigen Wahlplattform von Vargas, ins Spiel gebracht, war das Projekt eines landesweiten Mindestlohnes in den folgenden Jahren zunächst auf starke Widerstände seitens der Unternehmerschaft gestoßen. Gerade angesichts der neuen empirischen Befunde bezüglich der regionalen Einkommens- und Ernährungsunterschiede avancierte ein nationaler Mindestlohn jedoch zu einem unverzichtbaren strategischen Instrument, um letztlich im ganzen Land einheitliche ökonomische Voraussetzungen für eine gesunde Ernährung zu schaffen. Und tatsächlich folgte die Regierung auch hier dem Rat der Experten, insofern es der bereits erwähnte Alexandre Moscoso war, der als maßgeblicher Sachverständiger an der Vorbereitung des entsprechenden Gesetzesdekretes mitgewirkt hatte. Als Maßstab für die Berechnung regionaler Mindestlöhne fungierte eine sogenannte Standardration an Lebensmitteln (*ração tipo*). Dabei handelte es sich um einen variablen Warenkorb bestehend aus zwölf Produktgruppen, dessen Zusammenstellung sich an dem täglichen Energie- und Nährstoffbedarf eines männlichen Erwachsenen orientierte. Die Milch hatte dabei übrigens als einziges Nahrungsmittel die Etikette „unersetzlich" erhalten, was nach Aussage von Moscoso vor allem dem pädagogischen Ziel dienen sollte, auf deren „unschätzbaren Wert" als Grundnahrungsmittel hinzuweisen.[22] Für die Ermittlung der regionalen Mindestlöhne wurden sodann in den Gliedstaaten und Territorien insgesamt 22 Kommissionen gebildet, die sich aus Arbeitgeber-

21 Vgl. *Ruy Coutinho*, Nosso Problema Alimentar, in: O Observador Econômico e Financeiro 6, 1937, 58–70, hier 69.

22 Vgl. *Alexandre Moscoso*, Alimentação e salário mínimo, in: Boletim do Ministério do Trabalho, Indústria e Comércio 1936, Nr. 21, 69–77, hier 72.

und Arbeitnehmervertretern zusammensetzten. Und am symbolischen 1. Mai 1940 trat schließlich erstmals ein landesweiter Mindestlohn in Kraft.[23]

Kurz darauf, im Juli 1940, kündigte Bildungs- und Gesundheitsminister Gustavo Capanema (1900–1985) zudem ein ehrgeiziges staatliches Aktionsprogramm an, das auf der Basis von vier Säulen – Forschung (*pesquisa*), Produktion (*producção*), Erziehung (*educação*) und Zwang (*coerção*) – eine integrale, d. h. sowohl nachfrage- als auch angebotsorientierte Lösung für die nationale Ernährungsproblematik in Aussicht stellte. Demnach sollten einerseits landesweite Aufklärungskampagnen (Erziehung) sowie eine Anpassung der Speisepläne in allen öffentlichen Einrichtungen (Zwang) den erforderlichen Bewusstseinswandel in Bezug auf die Grundregeln gesunder Ernährung bewirken und zugleich die ökonomische Nachfrage nach entsprechenden Lebensmitteln schaffen, während andererseits die systematische Fortführung von ernährungssoziologischen und agrarökologischen Untersuchungen (Forschung) eine detaillierte Kartierung der nationalen „Lebensbedingungen" und „Ernährungsprozesse" liefern sollte, die ihrerseits als Orientierungshilfe für einen bedarfsgerechten Umbau der landwirtschaftlichen Produktions- und Verteilungsstrukturen in allen Landesteilen fungieren würde (Produktion). Beachtlich erscheinen hier insbesondere die agrarwirtschaftlichen Pläne des Ministers, bedeuteten diese letztlich doch nichts weniger als eine systematische Unterordnung der nationalen Landwirtschaft unter die Bedürfnisse der Volksernährung und damit zwangsläufig auch die radikale Abkehr von deren traditioneller Exportorientierung.[24]

Anstelle einer tiefgreifenden Agrarreform, die ähnlich wie im Falle Mexikos auch die überkommenen Besitzverhältnisse in den vielen, von riesigen Latifundien geprägten Landwirtschaftszonen im Zentrum und Nordosten verändert hätte[25], dachte die Regierung jedoch eher an gezielte Fördermaßnahmen für die zahllosen, mit primitiven Mitteln arbeitenden Pächter und Kleinbauern. Im Mittelpunkt stand hier das Genossenschaftsprinzip, das nicht nur die ökonomische Emanzipation der Produzenten von den Zwischenhändlern, sondern auch Produktivitätsgewinne durch gegenseitiges Lernen, arbeitsteilige Prozesse und gemeinschaftliche Investitionen in Viehbestände und modernes Gerät versprach. Erklärter Gegner war somit

23 Vgl. *João Saboia*, Salário mínimo no Brasil. A experiência brasileira. Porto Alegre 1985, 10–30.

24 Vgl. Correio da Manhã, 9. Juli 1940.

25 Vgl. hierzu *Enrique Ochoa*, Feeding Mexico. The Political Uses of Food since 1910. Wilmington 2002, 39–42.

nicht etwa der von manchen Ernährungswissenschaftlern scharf kritisierte traditionelle Großgrundbesitz, sondern der Zwischenhandel. Bereits in seiner Antrittsrede vom Dezember 1932 hatte Landwirtschaftsminister Juarez Távora (1898–1975) den Preisschiebern und Monopolisten im städtischen Lebensmittelhandel den Krieg erklärt und als zentrales Ziel seines Ministeriums die Absicht formuliert, „den genossenschaftlichen Syndikalismus [...] zu ermuntern, um so gleichzeitig den Produzenten auf den Feldern und den Konsumenten in den Städten zu begünstigen, durch die rationale Unterdrückung der größtmöglichen Anzahl an Zwischenhändlern [...].“[26] Und praktisch zeitgleich schuf die Provisorische Regierung ein neues Genossenschaftsrecht sowie eine beim Bundeslandwirtschaftsministerium angesiedelte Abteilung zur Förderung des Genossenschaftswesens, während außerdem der Banco do Brasil, die damalige Notenbank, eine spezielle Finanzabteilung erhielt, die das Kreditangebot für den ländlichen Raum verbessern und als künftiger Financier landwirtschaftlicher Produktionsgenossenschaften fungieren sollte.[27]

Zum eigentlichen Herzstück staatlicher Ernährungspolitiken avancierte vor allem aber der im August 1940 gegründete staatliche „Ernährungsdienst“ (Serviço de Alimentação da Previdência Social, SAPS). Dem Bundesministerium für Arbeit unterstellt, sollte der SAPS in den folgenden Jahren mit einem rasch wachsenden Programm an Versorgungsangeboten und Erziehungsmaßnahmen aufwarten. Finanziert wurde der Ernährungsdienst dabei durch entsprechende Abzüge von den Beiträgen für die oben erwähnten Renten- und Sozialversicherungskassen. In den Genuß der SAPS-Leistungen zu kommen, war daher grundsätzlich an den Versichertenstatus gebunden, was einige spezielle Berufsgruppen, vor allem aber Landarbeiter und all jene, die in prekären Arbeitsverhältnissen standen, automatisch ausschloss. Und dennoch repräsentierte die potentielle Klientel des staatlichen Ernährungsdienstes einen beträchtlichen und zudem stetig wachsenden Teil der städtischen Arbeiterschaft. Nach offiziellen Angaben stieg die Zahl der Beitragszahler des staatlichen Renten- und Sozialversicherungssystems allein in den Jahren zwischen 1936 und 1941 von 682000 auf knapp 2,2 Millionen.[28]

26 Zit. nach *Beatriz M. de Souza Wahrlich*, Reforma Administrativa na era de Vargas. Rio de Janeiro 1983, 332.

27 Vgl. *Apolónio Sales*, O Ministério da Agricultura no Govêrno de Getúlio Vargas (1930–1944). Rio de Janeiro 1945, 192.

28 Vgl. *Simon Schwartzman* (Ed.), Estado Novo, um Auto-retrato (Arquivo Gustavo Capanema). Brasília 1983, 339.

Abb. 1: Präsident Vargas zu Besuch in der SAPS-Zentrale, Rio de Janeiro, ca. 1941. Quelle: CPDOC/FGV.

Das versorgungspolitische Angebot des Ernährungsdienstes kreiste dabei in erster Linie um die sogenannten Volksrestaurants (*restaurantes populares*). Diese versorgten die Werktätigen nicht nur mit ernährungsphysiologisch ausgewogenen Mahlzeiten, sondern dienten – dem offiziellen Motto „SAPS, das Haus des Arbeiters" entsprechend – auch als Orte der organisierten Geselligkeit und Freizeitgestaltung für die ganze Familie. Als Modell hierfür fungierte das bereits 1939 in einem mehrstöckigen Neubau eingerichtete „Zentralrestaurant" an der Praça da Bandeira im Norden Rios. Hier wurden nicht nur 2500 vergünstigte Mahlzeiten pro Tag, sondern auch Feste, Musikveranstaltungen, eine gut sortierte Bibliothek sowie Nähkurse für die Töchter der Arbeiter angeboten. Der SAPS und die Volksrestaurants fungierten zugleich aber auch als ideale Propagandabühne der Regierung, die hier immer wieder den direkten Kontakt zur arbeitenden Masse suchte. Beispielhaft hierfür stehen die wiederholten Restaurantbesuche des Staatspräsidenten sowie weiterer hochrangiger Regimevertreter, die sich – nach Abhaltung eines offiziellen Begrüßungsrituals – zumeist demonstrativ mit Alutabletts in die Schlange der Essensausgabe einreihten, um symbolisch die vermeintlich brüderliche Verbindung zwischen Volk und Führung sowie das Selbstverständnis des „Estado Novo" als ein moderner Versorgungsstaat zu bekräftigen.[29]

II. Die Milchreform von Rio de Janeiro

Abgesehen vom Aufbau des Ernährungsdienstes engagierte sich der „Estado Novo" noch mit einem weiteren ernährungspolitischen Vorzeigeprojekt, das allerdings allein auf die Bundeshauptstadt beschränkt blieb und zudem lediglich einem einzigen Nahrungsmittel gewidmet war, namentlich: der Milch. Hintergrund hierfür waren einerseits die Schlüsselrolle, die die moderne Ernährungswissenschaft der weißen Flüssigkeit in der Volksernährung zuwies, sowie andererseits die prekäre Versorgungssituation in der Hauptstadt. Seit der Veröffentlichung der bahnbrechenden Thesen des US-amerikanischen Biochemikers und Vitaminforschers Elmer Verner McCollum (1879–1967), der auch den Begriff der „schützenden Nahrungsmittel" geprägt hatte, galt Kuhmilch aufgrund ihres angeblich einzigartigen Reichtums an Vitaminen, Mineralstoffen und tierischen Proteinen gleichsam als eine Art universales Ernährungskorrektiv, insofern ihr regelmäßiger Konsum alle Defizite gewöhnlicher Alltagskost auf einen Schlag zu beseitigen versprach.[30] Und dementsprechend forderte zur Mitte der 1930er Jahre etwa die Gesundheitsorganisation des Völkerbunds, die zu dieser Zeit die Festlegung universaler Standards für eine „gesunde Ernährung" anführte, für jeden Erwachsenen einen Mindestkonsum von einem halben Liter pro Tag, während Kinder und Heranwachsende nach Möglichkeit sogar einen ganzen Liter Frischmilch zu sich nehmen sollten.[31]

Gerade in den großen Ballungszentren der Welt setzte ein derartiges Konsumniveau allerdings nicht nur eine leistungsfähige Milchwirtschaft, sondern auch ein technisch entwickeltes Versorgungssystem voraus, zwei Bedingungen, die in der brasilianischen Bundeshauptstadt mit ihren rund 1,6 Millionen Einwohnern lediglich in Ansätzen erfüllt waren. Noch zur Mitte der 1930er Jahre hatte das hauptstäd-

29 Vgl. *Crocitti*, Vargas Era (wie Anm. 14), 157 f.

30 Zur Geschichte der Kuhmilch als modernes Grundnahrungsmittel vgl. *Deborah Valenze*, Milk. A Local and Global History. New Haven/London 2011, 235–252.

31 Vgl. *Peter Weindling*, The Role of International Organizations in Setting Nutritional Standards in the 1920s and 1930s, in: Harmke Kamminga/Andrew Cunningham (Eds.), The Science and Culture of Nutrition, 1840–1940. Amsterdam 1995, 319–332.

tische Frischmilchangebot zu rund 15 Prozent aus Rohmilch bestanden, die in ungefähr 250 über das gesamte Stadtgebiet verteilten Kuhställen erzeugt wurde. Aufgrund der dortigen Hygienemängel und der mit dem Konsum von unbehandelter Milch verbundenen Gesundheitsrisiken waren diese Ställe Medizinern und Gesundheitsbehörden jedoch schon seit vielen Jahren ein Dorn im Auge. Noch in der Ersten Republik hatte sich der Versuch, die Kuhställe aus der Innenstadt zu entfernen, jedoch aufgrund juristischer Hindernisse als unmöglich erwiesen. Und selbst unter den Bedingungen der „Revolution von 1930" sollte es den Behörden erst 1937 und nach mehreren Anläufen gelingen, das Problem des Rohmilchausschanks durch eine rigorose Räumungskampagne und die Vertreibung ihrer Besitzer endgültig zu „lösen".[32]

Seither konsumierte die brasilianische Hauptstadt fast ausschließlich pasteurisierte Milch, die per Eisenbahn aus den viehwirtschaftlichen Zonen im Hinterland der Nachbarstaaten von Minas Gerais und Rio de Janeiro angeliefert wurde.[33] Doch auch diese Milch wies beträchtliche Mängel auf. Denn bei den Milchlieferanten handelte es sich nicht etwa um industrielle Großmolkereien nach westeuropäischen oder US-amerikanischen Vorbildern, sondern um Kleinhändler, deren Geschäft darin bestand, die von den Bauern im Hinterland produzierte Milch einzusammeln, vor Ort aufzubereiten und anschließend in die Hauptstadt zu schicken. Dort angekommen, wurden die Milchströme sodann in drei Abfüllmolkereien, sogenannte *entrepostos*, geleitet, von staatlichen Inspekteuren kontrolliert und von dort aus entweder in loser Form oder in Flaschen abgefüllt in der Stadt verteilt. Gegen Ende der 1930er Jahre zählte man in den viehwirtschaftlichen Zonen von Minas Gerais und Rio de Janeiro rund siebzig kleine Molkereien, die allesamt nicht nur mit veralteter Technik, sondern offenbar auch mit denkbar geringer Sorgfalt arbeiteten. Noch schädlicher für die Qualität der Milch waren die prekären Transportbedingungen. Wohl vor allem aus wirtschaftlichen Gründen weigerten sich die zuständigen Eisenbahngesellschaften, für die Konservierung auf den oft langen Fahrten unter tropischer Sonne moderne Kühlwaggons anzuschaffen. Dies wiederum zwang die Händler, ihre Ware vor Fahrtbeginn einzufrieren, um diese überhaupt in genießbarer Form bis in die Stadt zu bringen. Kaum überraschend ist daher, dass die soge-

32 Vgl. O Paíz, 14. Januar 1938.

33 Vgl. *Oswaldo Altino Doria*, O leite que o Rio de Janeiro consome, in: A Folha Medica 15, 1934, 241–249, hier 249.

nannte „Milch aus Minas“ trotz Pasteurisierung und behördlicher Kontrolle nicht nur geschmackliche Defekte, sondern auch eine enorme Keimbelastung und einen deutlich erhöhten Säuregrad aufwies, der oft zu rascher Gerinnung führte.[34]

Eine Ausnahme bildeten lediglich die Produkte zweier Markenmolkereien mit den Namen „Normandia“ und „Jóia“, die als einzige Hersteller moderne Pasteurisierungstechnik einsetzten und außerdem die Rohmilch in eigenen, unweit der Hauptstadt angesiedelten milchwirtschaftlichen Betrieben herstellen ließen. Doch die Qualitätsprodukte dieser Anbieter hatten ihren Preis und blieben daher – mit einem Marktanteil von kaum zehn Prozent – einem exklusiven Kundenkreis vorbehalten.[35] Bemerkenswert ist vor allem aber, dass auch die übrige Handelsmilch mit all ihren geschmacklichen und hygienischen Defekten keineswegs zu den günstigen Nahrungsmitteln zählte und so geradezu exemplarisch das grundlegende Dilemma der brasilianischen Ernährungsreform offenlegte. Im März 1938 lag der Preis für einen Liter pasteurisierter Milch nach Angaben der Tageszeitung „O Paíz“ jedenfalls bei 1$000 *réis* pro Liter[36], während die Tageslöhne von Fabrikarbeitern, die zu dieser Zeit im Schnitt eine fünfköpfige Familie zu versorgen hatten, bei nicht mehr als 4$000 bis 5$000 *réis*[37] rangierten. Leicht verständlich wird daher, warum Kuhmilch in der brasilianischen Metropole gegen Ende der 1930er Jahre alles andere als ein Grundnahrungsmittel sein konnte.[38] Und tatsächlich lag der tägliche Pro-Kopf-Verbrauch im Durchschnitt bei kaum mehr als 100 ml und damit weit hinter den Empfehlungen der Ernährungswissenschaft.

Um die schon seit vielen Jahren anhängige „Milchfrage“ in der Bundeshauptstadt endlich einer nachhaltigen Lösung zuzuführen, entschloss sich die Führung des „Estado Novo“ zu einem radikalen Befreiungsschlag. Im Juli 1940, praktisch zeitgleich zum Aufbau des SAPS, unterzeichnete Präsident Vargas das Gründungsdekret für die sogenannte „Milchexekutivkommission“ (Comissão Executiva do Leite,

---

34 Vgl. ebd. 248.

35 Vgl. *Alberto Mendes*, O problema do leite no Rio de Janeiro, in: Boletim da Comissão Executiva do Leite 2/23, 1943, 205–214, hier 214.

36 Vgl. O Paíz, 16. März 1938.

37 Bis zur Einführung des *cruzeiro* 1942 war der *réis*, dessen Name sich von der vulgarisierten Pluralform des *real* (eigentlich *reais*) ableitete, das offizielle Zahlungsmittel in Brasilien. Seit 1933 war der *réis* in einem festen Austauschverhältnis von 12 500:1 bzw. seit 1939 von 22 500:1 an den US-Dollar gekoppelt. Die Schreibweise 1$000 bezeichnet Tausend *réis* bzw. einen *mil-réis*.

38 Vgl. *Castro*, Alimentação (wie Anm. 5), 64.

CEL). Der Auftrag dieses neuen Organs, das sich aus jeweils einem Vertreter des Landwirtschaftsministeriums, der Stadtregierung von Rio sowie der Regierungen der beiden wichtigsten Lieferstaaten Rio de Janeiro und Minas Gerais zusammensetzte, war zweiteilig: So ging es einerseits darum, die Versorgungsinfrastruktur einer grundlegenden technischen und hygienischen Modernisierung zu unterziehen, um so die Qualität der Ware zu verbessern. Andererseits war geplant, den gesamten Milchsektor der Privatwirtschaft zu entziehen und stattdessen – nach dem Vorbild der uruguayischen Hauptstadt Montevideo – in die Hände einer alle Milchproduzenten umfassenden Molkereigenossenschaft zu überführen.[39] Zentrales Motiv für die Ausschaltung des privaten Handels war dabei die Absicht, den Teufelskreis aus hohen Konsumentenpreisen und mangelnder Rentabilität zu zerschlagen. Denn den Fachleuten des Landwirtschaftsministeriums war bewusst, dass die Gewinne des Milchgeschäfts stets bei den Händlern verblieben, während die meisten Erzeuger die Milchproduktion aufgrund der niedrigen Erträge als Nebenerwerb betrieben und dabei mit den denkbar primitivsten, letztlich völlig unrentablen Zucht- und Bewirtschaftungsmethoden zu Werke gingen. Die Vergenossenschaftlichung des hauptstädtischen Milchhandels eröffnete somit die Aussicht, nicht nur die Konsumentenpreise zu stabilisieren, sondern vor allem die Ertragssituation der Milchproduzenten im Hinterland zu verbessern und auf diese Weise Anreize für die dringend erforderliche Professionalisierung und entsprechende Produktivitätssteigerungen zu schaffen.[40]

Bei der Umsetzung ihrer Pläne schritt die Milchkommission von Beginn an mit raschem Tempo voran. So waren schon rund sieben Monate nach ihrer Gründung die drei Abfüllmolkereien der Hauptstadt sowie die beiden Markenmolkereien für eine Gesamtsumme von 7,4 Milliarden *réis* in die Hände der Kommission übergegangen. Finanziert worden war die Transaktion mit einem Kredit der staatlichen Rentenkasse der kaufmännischen Angestellten. Und parallel dazu hatte die für das Genossenschaftswesen zuständige Förderabteilung des Landwirtschaftsministeriums mit Unterstützung der Behörden von Minas Gerais und Rio de Janeiro eine Mobilisierungskampagne in Gang gesetzt, um die schätzungsweise 5000, zum Teil

39 Vgl. Art. 2, Gesetzesdekret Nr. 2.384 vom 10. Juli 1940, http://legis.senado.gov.br/legislacao/DetalhaSigen.action?id=527380 (23.3.2017).

40 Vgl. Relatório apresentado ao Exmo. Snr. Presidente da República pela Comissão Executiva do Leite em 15 de Agosto de 1941, in: Boletim da Comissão Executiva do Leite 1, 1942, Nr. 1, 3–88.

über weite Distanzen in den viehwirtschaftlichen Gebieten beider Staaten verstreuten Milchproduzenten zur Gründung von Molkereigenossenschaften zu bewegen. Der Erfolg blieb nicht aus. Und so konstatierte etwa der zweite Rechenschaftsbericht der Milchkommission vom Januar 1943 die erfolgreiche Gründung von insgesamt 39 Kooperativen – davon 27 im Staat Rio de Janeiro und zwölf in Minas Gerais.[41]

Die größte Herausforderung aber bestand darin, die Qualität des hauptstädtischen Frischmilchangebotes zu verbessern. Dabei plante man auch hier in großen, in gewisser Weise die monumentalistische Ästhetik des autoritären „Estado Novo" widerspiegelnden Dimensionen. Anstelle der überkommenen dezentralen Verteilungsstruktur erhofften sich die Planer die Lösung nämlich von dem Bau einer einzigen riesenhaften „Zentralmolkerei", die schon den Plänen nach in ganz Südamerika, ja weltweit ihresgleichen suchte. In technischer Hinsicht war zudem geplant, dem Vorbild der ehemaligen Qualitätsmolkerei „Jóia" folgend die gesamte Milch aus dem Hinterland künftig als Rohmilch in die Stadt zu transportieren und erst vor Ort und unter Einsatz der neuesten Pasteurisierungstechnik zu behandeln. Für die Realisierung des ehrgeizigen Projektes hatte die Milchkommission ein über 48 000 Quadratmeter großes Baugelände in der Nähe der Eisenbahnstation Triagem im Norden Rios erworben. Strategisch günstig gelegen, verfügte das Gelände über eine direkte Anbindung an die Eisenbahntrassen, auf denen die Milchzüge aus den Nachbarstaaten in die Stadt gelangten. Die Pläne des von der Milchkommission beauftragten Industriearchitekten Iddio Ferreira Leal (1896–1990) wiederum sahen einen gewaltigen, zweistöckigen und über 180 Meter in die Länge gestreckten Gebäudekomplex im Stil eines schlichten Art Deco vor. Bemerkenswert war vor allem aber die Kapazitätsplanung, die offenkundig darauf abzielte, Rios Einwohner gleichsam über Nacht in Milchtrinker zu verwandeln. Ausgelegt war die Anlage jedenfalls auf einen täglichen Milchumschlag von bis zu 500 000 Litern, was eine sofortige Verdoppelung des Milchkonsums in der Stadt ermöglicht hätte. Davon abgesehen sollte der *entreposto central* in weiteren Abteilungen täglich bis zu 20 000 Liter Rohmilch zu Sauermilchprodukten verarbeiten und darüber hinaus 10 000 Kilogramm Butter herstellen. Und auch an künftiges Wachstum war bereits gedacht, insofern der Bau-

41 Vgl. Relatório apresentado ao Exmo. Snr. Presidente da República, pela Comissão Executiva do Leite, em 8 de Janeiro de 1943, in: Boletim da Comissão Executiva do Leite 2, 1943, Nr. 15, 41–45, hier 44.

grund in Triagem genügend Platz für einen ebenso großen Erweiterungsbau und eine entsprechende Verdoppelung der Molkereikapazitäten bot.[42]

Inwieweit diese Planung auch wirtschaftlich tragfähig war, ist nicht leicht zu beurteilen. Tatsache ist allerdings, dass Rios Pro-Kopf-Konsum an Frischmilch seit den 1920er Jahren zwar langsam, aber dennoch kontinuierlich gestiegen war, weshalb man auf Seiten der Planer wohl nicht zu Unrecht hoffte, durch eine signifikante Verbesserung der Milchqualitäten und die gleichzeitige Stabilisierung der Preise den entscheidenden Durchbruch zum Massenkonsum zu erreichen. Neue Maßstäbe versuchte die Milchkommission daher auch im Hinblick auf den städtischen Milchvertrieb zu setzen. Als Vorbild dienten dabei die Verkaufsfilialen der ehemaligen Markenmolkereien. Im Gegensatz zu vielen der armseligen und schmuddeligen Milch- und Lebensmittelgeschäfte herkömmlichen Stils, die oft nicht einmal über Eisschränke zur Konservierung der empfindlichen Ware verfügten, warteten diese Geschäfte mit gekachelten Böden und Wänden sowie mit elektrischen Kühlregalen und verglasten Auslagen auf, während die Verkäufer in ihren weißen Hauben und Kitteln eher an Krankenhauspersonal als an Milchverkäufer erinnerten. Darüber hinaus boten diese Filialen einen losen Direktausschank, der die Passanten nach dem Vorbild der Milchbars und Milchtrinkhallen in den Ländern des Nordens gleichsam zu einem „schnellen“ Glas Milch einlud. Das von den Markenanbietern übernommene Filialnetz beschränkte sich allerdings auf nicht mehr als neun Läden, die außerdem allein in wohlhabenden Stadtvierteln wie Catete, Botafogo oder Copacabana zu finden waren. Das Ziel der Milchkommission war es hingegen, das Ladennetz auch auf alle übrigen Stadtteile Rios auszuweiten. Und tatsächlich befanden sich gegen Ende des Jahres 1943 bereits dreißig weitere Filialen im Bau.[43] Flankiert wurden all diese Maßnahmen zudem von einer kontinuierlichen Milchwerbekampagne, die seit 1938 mit einer im Comicstil gezeichneten Milchflasche und Slogans wie „Die Milch macht gute Laune“, „Die Milch macht aus Schwachen Starke“ oder „Milch: Trink sie und wachse über dich hinaus!“ in den großen Tageszeitungen für einen täglichen Milchkonsum warb.[44]

42 Vgl. *Paulo Costa*, O problema do abastecimento de leite da capital da República, in: Boletim do Leite 1/4, 1947, 1–2, 17–20.

43 Vgl. *Mendes*, Problema (wie Anm. 35), 214.

44 Vgl. Jornal do Brasil, 20. und 26. Januar sowie 3. Februar 1933.

Abb. 2: „Milch gibt Kraft und Stärke", Milchwerbung der 1930er. Quelle: O Paíz, 13. März 1938.

III. Die Ernährungsreform des „Estado Novo" – ein Opfer des Weltkriegs?

Schon seit den späten 1930er Jahren stieg im Takt der fiebrig-nervösen weltpolitischen Entwicklung auch in Brasilien erneut der Druck auf die Rohstoff- und Nahrungsmittelpreise. Mit dem Ausbruch des Zweiten Weltkrieges im September 1939, vor allem aber seit dem brasilianischen Kriegseintritt auf Seiten der Alliierten im August 1942 geriet das Land – nicht zuletzt aufgrund der eigenen Mobilisierungsanstrengung – vollends in den Sog der weltweiten Inflationsspirale. Dabei weckte die galoppierende Teuerung nicht nur düstere Erinnerungen an die extreme Knappheit während des Ersten Weltkrieges, sondern drohte auch, die versorgungspolitischen Versprechen des Regimes zu unterminieren. Der Staat reagierte auf die Kriegsbedürfnisse und die wachsenden Krisensymptome mit einer massiven Ausweitung des wirtschaftspolitischen Dirigismus. Bereits im September 1942, unmittelbar nach Kriegseintritt, wurde mit der „Coordenação da Mobilização Econômica“ ein eigenes Organ zur Steuerung der volkswirtschaftlichen Kriegsanstrengung geschaffen. Direkt dem Präsidentenamt unterstellt, verfügte die neue Koordinierungsstelle jenseits der Zuständigkeiten der Bundesministerien über weitreichende Interventionsmöglichkeiten, die Zwangsinstrumente wie Rationierungen, Preiskontrollen und Ausfuhrverbote umfassten. Ihre Befugnis erstreckte sich dabei neben Industrie, Transportwesen und Energieversorgung – offenbar dem neuen Stellenwert der Ernährungsfrage entsprechend – auch auf die landwirtschaftliche Produktion und die urbane Lebensmittelversorgung.[45] Anfang 1943 erhielt die kriegswirtschaftliche Koordinierungsstelle außerdem eine „Ernährungstechnische Abteilung“, die unter der Leitung von Josué de Castro die nationalen Nahrungsmittelindustrien bei der Einführung neuer, für die Zwecke der Kriegsmobilisierung besonders geeigneter Herstellungs- und Verarbeitungsmethoden beraten sollte. Dabei dachte man offenbar vor allem an die Übernahme von Dehydrierungstechniken für leicht verderbliche Nahrungsmittel, die etwa in den USA mit Blick auf die Verproviantierung der Streitkräfte seit Kriegsbeginn einen enormen Aufschwung genommen hatten.[46]

Um die Folgen der steigenden Lebensmittelpreise für die städtische Arbeiterschaft abzumildern, begann die Regierung außerdem, den staatlichen Ernährungsdienst sukzessive weiter auszubauen. So wurde der SAPS 1943 um fünf regionale Zweigstellen in den Gliedstaaten Espírito Santo, Rio de Janeiro, Minas Gerais, São Paulo und Rio Grande do Sul erweitert. Des Weiteren wurde eine „Technische Sektion“ eingerichtet, die Lehrgänge zur Ausbildung von Ernährungsberatern und Wissenschaftlern organisierte, während sich eine spezielle Arbeitsgruppe der Erforschung der tropischen Flora für die Zwecke der Volksernährung widmete.[47] Seit 1942 hatte der staatliche Ernährungsdienst außerdem mit dem Aufbau einer landes-

45 Vgl. *Maria Yedda Leite Linhares/Francisco Carlos Teixeira da Silva*, História política do abastecimento (1918–1974). Brasília 1979, 115f.

46 Vgl. *Josué de Castro*, A desidratação dos alimentos no Brasil, in: Arquivos Brasileiros de Nutrição 1/4, 1944, 231–236.

47 Vgl. *Luís de Brito*, Realizações do SAPS no Terreno Social e Nutrológico, in: Boletim do SAPS 07/1945, Nr. 9, 36–40, hier 36f.

weiten Kette von Lebensmittelgeschäften, sogenannter *postos de subsistência*, begonnen. Für die Mitglieder der staatlichen Renten- und Sozialversicherung wurden dort Grundnahrungsmittel zum Erzeugerpreis zuzüglich einer Verwaltungsgebühr von zehn Prozent – d. h. in der Regel deutlich unter dem Marktpreis – angeboten. Einen Hinweis verdient dabei die angestrebte Verzahnung dieses neuen Versorgungsangebotes mit der kooperativistischen Landwirtschaft. Wohl inspiriert von dem Vorbild der Konsumgenossenschaften in den Ländern Westeuropas sollte die SAPS-Verwaltung bei der Warenakquise an der Produktionsquelle genossenschaftlichen Erzeugern stets den Vorzug geben, um – ähnlich wie im Falle der Milchversorgung von Rio – auch die Produktionsseite zu deren Vorteil mit in die Ernährungspolitik einzubeziehen. Die Umsetzung dieser Pläne blieb allerdings kaum mehr als Stückwerk, was wohl in erster Linie auf die Halbherzigkeit der staatlichen Genossenschaftspolitik zurückzuführen war. Wie der Agronom und Genossenschaftsaktivist Luís Amaral jedenfalls schon lange vor Kriegsausbruch ernüchtert festgestellt hatte, standen die von der Bundesregierung für die Förderung des Kooperativismus zur Verfügung gestellten materiellen und personellen Ressourcen in keinem Verhältnis zu den tatsächlichen Bedürfnissen der Landwirtschaft in dem riesenhaften Land.[48] Und im Gegensatz zu den Versprechen der Regierung konnte daher auch bis zum Ende des „Estado Novo" von einer an den nationalen Ernährungsbedürfnissen orientierten Umsteuerung der Agrarproduktion so gut wie nicht die Rede sein.

Von den fehlenden Produktivitätsfortschritten in der Landwirtschaft abgesehen, blieb angesichts der sich verschärfenden Kriegsinflation letztlich aber auch die Versorgungsinfrastruktur des staatlichen Ernährungsdienstes kaum mehr als ein Palliativ. Zwar hatten etwa mit Blick auf die beliebten Volksrestaurants von Anfang an Pläne für ein landesweites, auf die wichtigsten Regionalhauptstädte bezogenes Versorgungsnetz existiert.[49] Bis 1945 wurden jedoch neben dem erwähnten Zentralrestaurant an der Praça da Bandeira in Rio de Janeiro lediglich sechs weitere Volkskantinen eingerichtet, die sich allesamt in der Bundeshauptstadt konzentrierten. Und auch die vom SAPS errichtete Kette von Lebensmittelgeschäften wies als ernstzunehmende Versorgungsalternative für den städtischen Verbraucher nicht nur eine regional sehr ungleiche, sondern auch quantitativ völlig unzureichende Verteilung

48 Vgl. *Luís Amaral*, Organisação. Tratado Brasileiro de Cooperativismo. São Paulo 1938, 112.

49 Vgl. Brief von Alexandre Moscoso an Präsident Getúlio Vargas vom 2. Juli 1941, Fundação Getúlio Vargas / CPDOC: VFc 37.11.12-A1.

auf. Bis zum Ende des „Estado Novo“ 1945 entstanden landesweit lediglich 42 SAPS-Läden, von denen sich allein 14 in Rio de Janeiro konzentrierten, während sich die Mehrzahl der übrigen *postos* auf die Staaten Minas Gerais (12), Espírito Santo (6) und Rio de Janeiro (6) verteilten.[50] In der Millionenstadt São Paulo hingegen eröffnete der Ernährungsdienst lediglich drei, in Porto Alegre, dem größten urbanen Zentrum des äußersten Südens, indes nur einen einzigen Laden.[51] Die große Mehrzahl der städtischen Konsumenten blieb daher auch weiterhin vom Lebensmittelangebot des Privathandels abhängig und dementsprechend auch der kriegsbedingten Teuerung schutzlos ausgesetzt. Für Rio de Janeiro hat Eulalia Maria Lahmeyer Lobo in dem Zeitraum von 1942 bis 1945 anhand von 19 Grundnahrungsmitteln eine Preissteigerung von durchschnittlich 150 Prozent errechnet.[52] Der staatliche Mindestlohn erfuhr während des Krieges hingegen nur eine einzige Anpassung, die in zwei Schritten während der zweiten Jahreshälfte 1943 erfolgte. In der Hauptstadt belief sich die Anhebung dabei auf insgesamt 26 Prozent und dokumentiert so einen erheblichen Kaufkraftverlust, den die unterste Einkommensgruppe hinzunehmen hatte.[53]

Zum Verhängnis wurde die Kriegsinflation aber auch für das Prestigeprojekt der Milchkommission. Denn die Teuerung im Bereich von Maschinen, Rohstoffen und Baumaterial hatte die Baukosten sprunghaft in die Höhe getrieben und die ursprüngliche Finanzplanung offenbar völlig über den Haufen geworfen. Die Folge war, dass die Milchkommission bereits Mitte 1944 einen gewaltigen Schuldenberg angehäuft hatte und sich wenig später gezwungen sah, die Arbeiten an den verschiedenen Bauprojekten aus Mangel an Liquidität vorläufig einzustellen.[54] Noch schwerer wog allerdings die Tatsache, dass die Inflationskrise auch die Milchversorgung der Hauptstadt in Mitleidenschaft zog. Dabei mag auch die Preispolitik der Milchkommission eine Rolle gespielt haben. Trotz rasch steigender Betriebskosten ent-

---

50 Vgl. *Brito*, Realizações (wie Anm. 47), 37.

51 Zum Vergleich: In Mexiko eröffnete die staatliche Nahrungsmittelagentur während des Krieges landesweit mehr als 800 Lebensmittelgeschäfte. Vgl. *Ochoa*, Mexico (wie Anm. 25), 83 f.

52 Vgl. *Eulalia Maria Lahmeyer Lobo*, História do Rio de Janeiro (Do capital comercial ao capital industrial e financeiro). Vol. 2. Rio de Janeiro 1978, 872 und 907.

53 Vgl. *Saboia*, Salário (wie Anm. 23), 31–45.

54 Vgl. *Alberto de Paulo Rodrigues*, Relatório apresentado pelo Snr. Dr. Alberto de Paula Rodrigues, Interventor na Comissão Executiva do Leite, em 16 de Janeiro p. p., in: Boletim da Comissão Executiva do Leite 5, 1946, Nr. 50, 25–31, hier 30 f.

schloss sich die Kommission jedenfalls nur zu moderaten Anpassungsschritten, um so das ernährungspolitische Ziel einer Erhöhung des allgemeinen Milchkonsums nicht zu gefährden. Bis zum Ende des „Estado Novo“ im Oktober 1945 stieg der Milchpreis demnach lediglich um 50 Prozent[55], während sich zugleich der Trend eines allmählichen Anstiegs des täglichen Pro-Kopf-Verbrauchs ungebrochen fortsetzte. Die Kehrseite bestand allerdings in rasch sinkenden Renditen für die Erzeuger. Zwar hatten diese durch die Vergenossenschaftlichung des Versorgungssystems zunächst von einer Verdoppelung der Rohmilchpreise profitieren können. Es dauerte jedoch nicht lange, bis die allgemeine Teuerung auch im Hinterland die Gewinne der Milcherzeugung auffraß, während die Fleischnachfrage auf dem Weltmarkt unaufhörlich anstieg. Und da es sich bei den meisten Milchkühen zudem nicht um spezialisiertes Zuchtvieh, sondern um unproduktives und leicht ersetzbares Mischvieh handelte – ein Ergebnis der viehwirtschaftlichen Entwicklungsdefizite –, erlagen offenbar viele der neuen Genossenschaftler den Verlockungen des Fleischhandels. Und so endete die vom „Estado Novo“ in Gang gesetzte Milchreform in den Schlachthäusern der Hauptstadt, während sich vor den Milchgeschäften lange Schlangen bildeten. Im Januar 1945 schätzte der Veterinärmediziner José Assis Ribeiro die tägliche Fehlmenge in der Bundeshauptstadt auf 80000 Liter.[56]

IV. Schlussbetrachtung

Gemessen an internationalen Entwicklungen erfolgte die Rezeption der „Newer Knowledge of Nutrition“ in Brasilien mit der beträchtlichen Verzögerung von mehr als einer Dekade[57], um dann allerdings wenig später umso rascher in Expertenzirkeln und Gesundheitsämtern zum neuen sozialmedizinischen Paradigma der Epoche aufzusteigen. Maßgeblich für diese spezifisch brasilianische Chronologie waren zweifellos die Revolution von 1930 und der von ihr eingeläutete wirtschaftliche und gesellschaftspolitische Aufbruch. In einem geistigen Klima, das geprägt war von

55 Vgl. *Henrique Blanc de Freitas*, Relatório apresentado pelo Snr. Dr. Henrique Blanc de Freitas, Interventor na Comissão Executiva do Leite, em 2 de abril de 1946, in: Boletim da Comissão Executiva do Leite 5, 1946, Nr. 52, 61–72, hier 72.

56 Vgl. *José Assis Ribeiro*, Consumo de leite, in: Revista dos Criadores 1945, Nr. 1, 25–30, hier 25.

57 Das maßgebliche Werk des US-amerikanischen Biochemikers *Elmer Verner McCollum* (1879–1967), The Newer Knowledge of Nutrition, erschien in seiner ersten Fassung bereits 1918.

Fortschrittsoptimismus, Industrialismus und Produktionseffizienz, Sozialreform und nationaler Mobilisierung, entfaltete das biopolitische Versprechen der Ernährungswissenschaft, die Bevölkerung qua Rationalisierung der Ernährung gleichsam den Fesseln ihrer semikolonialen Existenz zu entreißen und zu ihrem eugenischen Optimum zu führen, eine geradezu unentrinnbare Anziehungskraft. Anstelle der noch in den zwanziger Jahren vorherrschenden Fixierung auf sanitäre Defizite und tropische Infektionskrankheiten[58] rückten nun allein Hunger und Mangelernährung mit ihrer zweifellos mannigfaltigen Symptomatik als Inbegriff der brasilianischen Gebrechen in den Mittelpunkt der Aufmerksamkeit und eröffneten zugleich die reformpolitische Aussicht auf eine umfassende Vitalisierung des nationalen Lebens.

Interesse und Engagement des Staates wiederum waren garantiert durch dessen programmatische Neuausrichtung nach der Revolution von 1930, die für Brasilien den entscheidenden Schritt in Richtung eines modernen, nach sozialem Ausgleich strebenden Interventionsstaates darstellte. Im Gegensatz zur nationalen Hygienebewegung von 1918, die einst als rein zivilgesellschaftliche Initiative die öffentliche Hand zu Reformen im Gesundheitsbereich angehalten hatte, übernahm der Staat im Falle der Ernährungswissenschaft von Anfang an die Rolle des Schirmherrn, indem er nicht nur die empirische Forschung und Wissensverbreitung gezielt unterstützte, sondern in Gesundheitsämtern und Ministerien auch entsprechende Anstellungsmöglichkeiten schuf und so die Institutionalisierung der neuen Disziplin auf den Weg brachte. Weit weniger überzeugend ist die Bilanz des „Estado Novo" hingegen bei der praktischen Umsetzung der ernährungswissenschaftlichen Reformagenda. Auch unter Berücksichtigung des kurzen Zeitraumes lässt die ernährungspolitische Intervention des Vargas-Staates – dessen autoritär-zentralistischen Prinzipien folgend – eine beinahe exklusive Privilegierung der brasilianischen Hauptstadt erkennen. Das größte Defizit aber bestand offenkundig in dem Fehlen bzw. der mangelhaften Implementierung einer landwirtschaftlichen Produktions- und Diversifizierungsstrategie als Voraussetzung für eine verbesserte Versorgung der rasch wachsenden urbanen Ballungsräume. Anders als etwa im nachrevolutionären Me-

58 Zur nationalen Hygienebewegung vgl. *Nísia Trindade Lima/Gilberto Hochman*, Condenado por la raza, absuelto por la medicina. El Brasil descubierto por el movimiento médico-higienista de la primera república, in: Diego Armus (Ed.), Avatares de la medicalización en América Latina (1870–1970). Buenos Aires 2005, 145–169.

xiko, wo die Landbevölkerung bereits einen ernstzunehmenden Machtfaktor darstellte und den Staat nicht nur zu einer umfangreichen Bodenreform, sondern – mit Blick auf den Interessenausgleich mit der Stadt – auch zum Aufbau eines staatlichen Handels- und Verteilungsnetzes für Grundnahrungsmittel nötigte[59], griff der Reformeifer der Vargas-Regierung kaum über die Ränder der urbanen Räume hinaus. Eine Ausnahme bildete hier lediglich das hauptstädtische Milchversorgungssystem, dessen überschaubare Produktionsstruktur im Verein mit der herausragenden Rolle, die die Experten der Milch im Rahmen der Volksernährung zuwiesen, den Staat zu einer exemplarischen, sowohl Verbraucher und Produzenten umfassenden Intervention veranlassten, die sogar Enteignungen mit einschloss. Die durch den Weltkrieg ausgelöste Teuerungs- und Versorgungskrise aber beendete nicht nur das ehrgeizige Projekt der Milchreform, sondern entlarvte die Versorgungsversprechen des Regimes insgesamt als leere Propaganda.

59 Vgl. *Ochoa*, Mexico (wie Anm. 25), 39–64.

Verspätete Erfolgsnachrichten

Zur Geschichte der Jodmangelprophylaxe in Deutschland im 20. Jahrhundert

von Uwe Spiekermann

Belated Success Stories: Iodine Deficiency Prophylaxis in Twentieth Century Germany

Although iodine deficiency is still a relevant health issue in today's Germany, the number of affected people was reduced significantly by new prevention policies from the late 1980s. According to nutritionists and endocrinologists, this was the result of their continuous public pressure. A historical evaluation, however, comes to a very different result: Germany did not follow successful prevention policies implemented in many other western nations in the 1920s and 1930s. Even after World War II, most German experts rejected WHO recommendations to supply salt with small doses of iodine. This article analyzes the reasons behind the German „Sonderweg" in health prevention.

Essen ist eine Illusion des Einzelnen. Naturwissenschaftler, die Grundgaranten heutiger Wissensgesellschaften, verbinden die individuelle Praxis des Essens daher stets mit der allgemeinen Notwendigkeit der Ernährung. Sie reduzieren Essen auf seinen materiellen Kern: Menschen führen sich Stoffe zu, organische und anorganische. Was den Essenden schmeckt, ihnen Genuss bereitet, das erklären sie physiologisch aus der Interaktion von Stoffen und Körperrezeptoren.[1] Speisen und Lebensmittel mögen kulturellen und wirtschaftlichen Einflüssen folgen, doch der Teller lügt: Für Naturwissenschaftler bilden Stoffe die wahre Welt. Sie aber sind chemisch definiert und entziehen sich dem Alltagsblick. Experten verbinden die Welten der Stoffe und die der Aufnahmekörper. Essende sollten auf sie hören, denn nur so vermögen sie dem Schein des Alltags und der Gewohnheit zu entgehen.

Die Engführung des Essens auf die Ernährung verlangt dem Einzelnen viel ab, besagt sie doch, dass sich Menschen ohne das Wissen der Experten nur zufällig richtig ernähren können. Hier könnte und müsste man fortfahren. Festzuhalten ist jedenfalls, dass Essen eine stetig von Experten beobachtete und kommentierte Handlung

1 Umfassend zu dieser in der Mitte des 19. Jahrhunderts vollzogenen Umdeutung vgl. *Uwe Spiekermann*, Künstliche Kost. Ernährung in Deutschland, 1840 bis heute. Göttingen 2018 (im Erscheinen).

DOI 10.1515/9783110574135-008

ist. Das hat Folgen: Nicht die Essenden, sondern Experten schaffen die Rahmenbedingungen für Essen – und für das damit immer einhergehende Nicht-Essen. Sie schaffen eine wissenschaftlich begründete Moral für den Teller, die dank der Verankerung des wissenschaftlichen Wissens in Staat und Wirtschaft unmittelbare Konsequenzen für jeden hat. Essen und Nicht-Essen finden in einem wissenschaftlich definierten und vorkonfigurierten Raum statt, der auch dann prägt, wenn man andere Vorstellungen von Essen und vom Essen hat.

Derart abstrakte Aussagen müssen geerdet werden, um die Kulturbedeutung der Wissenschaften zu verstehen und um die Folgen der Selbsterhöhung ihres Wissens zu analysieren. Es macht daher Sinn bei essenziellen Nährstoffen empirisch anzusetzen. Sie sind qua Definition unverzichtbar für das Essen, doch zugleich – anders als Eiweiß, Fett oder Kohlenhydrate – nicht sichtbar. Wissenschaftler nehmen diese Spuren auf, erkunden deren Stoffwechsel und benennen minimale, optimale und auch toxische Zufuhrmengen. Jod ist dafür ein Paradebeispiel. Es handelt sich um ein Anfang des 19. Jahrhunderts „entdecktes" chemisches Element, das im Körper vorhanden ist und weitreichende physiologische Wirkungen hat. Es kann vom Körper nicht gebildet werden, und Jodmangel führt zu Krankheiten bis hin zum Tod. Der Kropf ist davon die bekannteste, doch auch Taubstummheit und Kretinismus lassen sich auf Unterversorgungen zurückführen.

Glaubt man den üblichen innerwissenschaftlichen Heroengeschichten, so erlaubte wissenschaftliches Wissen in den 1920er Jahren nicht nur die Integration des Spurenelements Jod in die Biochemie des Körpers, sondern es gelang auch, die Kropfbildung kausal mit Jodmangel zu verbinden.[2] Damals begann eine rasch wachsende Zahl von Staaten, Kochsalz mit Jod anzureichern – und schon nach wenigen Jahren sank die Zahl der Kropfträger und der Folgekrankheiten beträchtlich. Es ist daher überraschend, dass in den 1980er Jahren etwa 30 Prozent der Deutschen Kröpfe besaßen und beide deutsche Staaten endemische Jodmangelgebiete waren.[3] Erst Anfang der 1990er Jahre wurden in der Bundesrepublik Deutschland die gesetzlichen Rahmenbedingungen für eine wirksame Jodmangelprophylaxe geschaffen,

2 *Elmer V. McCollum*, A Decade of Progress in Nutrition, in: Annals of the American Academy of Political and Social Science 151, 1930, 82–91, hier 82.

3 Vgl. etwa *Franz-Adolf Horster/Peter Pfannenstiel/Dieter Hötzel*, Häufigkeit der Jodmangelstruma und ihre Prophylaxe, in: Deutsches Ärzteblatt 82, 1985, 3349–3352; *Peter C. Scriba/C. Renate Pickardt*, Jodprophylaxe in Deutschland. Gibt es ein Risiko?, in: Deutsches Ärzteblatt 92, 1995, 1529–1531.

nachdem die 1990 eingestellte Präventionspolitik der DDR zu einem neuerlichen Anstieg des Jodmangels in Ostdeutschland geführt hatte.[4] Heute ist die Jodversorgung in Deutschland zufriedenstellend. Wie schon ihre Vorgänger in den 1920er Jahren verkünden Endokrinologen und Ernährungswissenschaftler Erfolge ihres Kampfes gegen Jodmangelkrankheiten, fordern zugleich aber intensivere Maßnahmen, um die Zahl von mehr als 20 Millionen grundsätzlich behandlungsbedürftigen Jodmangelfällen, von jährlich 90000 Schilddrüsenoperationen und 60000 Radiojodtherapien weiter zu reduzieren.[5]

Diese verspäteten Erfolgsnachrichten führen gewiss nicht nur bei Historikern und Historikerinnen zu Rückfragen. Warum folgte Deutschland nicht den in den 1920er Jahren in vielen westlichen Staaten einsetzenden Prophylaxemaßnahmen? Warum wurden diese immer auch mit eugenischen Argumenten begründeten Gesundheitspolitiken nicht während des Nationalsozialismus eingeführt? Warum hat die Bundesrepublik – und bis in die 1980er Jahre auch die DDR – ihre Zurückhaltung nicht aufgegeben, obwohl die World Health Organization entsprechende Maßnahmen seit den frühen 1950er Jahren empfahl? Warum wurde der deutsche Sonderweg einer unzureichenden Versorgung mit Jod und Jodsalz erst seit den 1980er Jahren infrage gestellt und auch durchbrochen, obwohl dieser Sonderweg millionenfaches Leid und eine hohe Zahl von Todesfällen mit sich gebracht hat?

Die Nichtzulassung einer allgemeinen Jodmangelprophylaxe war die Konsequenz von Auseinandersetzungen innerhalb von Expertensystemen. Es waren Wissenschaftler, die sich mit ihren Forschungsfragen selbst blockierten und ihre Standesinteressen höher gewichteten als die Nöte der als hilfsbedürftig definierten „Laien“. Experten beantworteten Kernfragen nach dem Stellenwert von Jod bei der Krankheitsbekämpfung, nach dem menschlichen Grundbedarf und den Therapie- und Prophylaxemöglichkeiten höchst unterschiedlich. Das führte in unterschiedlichen Staaten zu ganz unterschiedlichen Maßnahmenbündeln, um aus Jod eine Waffe für die Gesundheit zu schmieden, um durch Interventionen eine von der Natur

4 *Arbeitskreis Jodmangel* (Hrsg.), Fakten zur Jodversorgung in Deutschland. Derzeitige Situation und zukünftiger Handlungsbedarf. Groß-Gerau 1997; *Henry Völzke/Michael Thamm*, Epidemiologie von Schilddrüsenerkrankungen in Deutschland, in: Prävention und Gesundheitsförderung 2, 2007, 149–152.

5 *Arbeitskreis Jodmangel* (Hrsg.), Jodmangel und Jodversorgung in Deutschland. Aktuelles zum derzeitigen Versorgungsstand und Handlungsbedarf, 5. Aufl. O. O. 2016, 6.

nicht mehr gewährleistete neue Balance im Sinne der Essenden zu schaffen.[6] Um das zu verstehen, ist ein Blick in das 19. Jahrhundert erforderlich. Denn die grundsätzlichen Rahmenbedingungen für eine effektive Präventionspolitik bestanden schon damals.

I. Medizinische Deutungswelten: Der lange Weg zur ersten erfolgreichen Welle der Jodsupplementierung in den 1920er Jahren

Die Mineralstoffe – also Kalzium, Natrium, Schwefel, Phosphor, Jod und andere – waren teils seit dem späten 18. Jahrhundert bekannt und benannt. Die chemische Struktur war relativ einfach zu ermitteln, nicht aber ihre Physiologie. Mineralstoffe waren Körperbestandteile, waren an nahezu allen „Lebensprozessen" beteiligt. Mitte des 19. Jahrhunderts galten sie als „Baustoffe" des Körpers. Der heutige Dachbegriff Mineralstoffe kam erst in den 1890er Jahren auf, zuvor sprachen Physiologen von Asche, denn es handelte sich um eine Restgröße der quantitativen Stoffbestimmung durch Verbrennung. Der Nährstoffwechsel von Eiweiß, Kohlehydraten und Fetten fand offenbar unabhängig von ihnen statt, doch Tierversuche ergaben in den 1870er Jahren, dass ohne sie Fehlfunktionen der Organe unvermeidlich seien.[7] Die Ernährungswissenschaftler dieser Zeit wussten somit um die Essenzialität der Mineralstoffe; doch anders als bei den Nährstoffen vertrauten sie darauf, dass eine normale Mischkost, also die „Natur", eine genügende Menge dieser Stoffe enthalten würde. Bis ins frühe 20. Jahrhundert waren Bedarfszahlen höchst unsicher, schwankten um mehr als 100 Prozent.[8] Erst die damaligen methodischen Fortschritte der Vitaminforschung führten zu präziseren Ergebnissen.

Das Spurenelement Jod war anders als die Mengenelemente Kalzium, Phosphor und Schwefel nicht Teil der Düngemittellehre, die seit Mitte des 19. Jahrhunderts als Teil der neuen Stoffwechsellehre Pflanzen, Tiere und Menschen miteinander ver-

6 Vgl. allgemein *Mark Lawrence*, Food Fortification. The Evidence, Ethics, and Politics of Adding Nutrients to Foods. Oxford 2013, insbes. 93–128.

7 *Joseph Forster*, Versuche über die Bedeutung der Aschebestandtheile in der Nahrung, in: Zeitschrift für Biologie 9, 1873, 297–380.

8 Vgl. etwa *Friedrich Schilling*, Mineralstoffwechsel, in: Therapeutische Monatsschrift 21, 1907, 351–356.

band. Der chemische Stoff wurde 1811 durch den französischen Chemiker Bernard Courtois entdeckt und schon früh mit dem in den alpinen Gebieten und in Mittelgebirgslagen weit verbreiteten Kropf verbunden. Die vergrößerte Schilddrüse führte zu Atemproblemen, minderte die körperliche und insbesondere geistige Leistungsfähigkeit. Die Folgen für die Betroffenen waren erheblich: Stoffwechselprobleme und Atemnot kennzeichneten das Fortleben, Kretinismus die Auswirkungen auf die geistigen Fähigkeiten, eine hohe Zahl von Taubstummen die Sinnestrübungen. Die Mediziner, zumal im französisch-schweizerischen Grenzgebiet, zielten auf eine kausale Ätiologie und dann eine Therapie des Kropfes. Diese wurde schon im frühen 19. Jahrhundert mit Jod verbunden, konnte es doch 1819 in Schwammasche nachgewiesen werden, dem seinerzeit üblichen therapeutischen Mittel gegen den Kropf. 1820 wurde der Stoff von dem Genfer Arzt Jean-François Coindet explizit als Heilmittel empfohlen, aber seine Stoßtherapie setzte sich aufgrund immenser Nebenwirkungen nicht durch. Reisebeobachtungen, insbesondere die des Physiologen Jean Baptiste Boussingault in Bolivien, unterstrichen jedoch eine Korrelation zwischen Jodkonsum und Kropfinzidenz.[9]

Auf Basis epidemiologischer Beobachtungen verband der französische Naturforscher Adolphe Chatin 1850 die Einzelaspekte zu einer umfassenden Deutung: Kropf und Kretinismus seien in Gebieten mit normalem Jodgehalt des Bodens unbekannt, doch da diese Krankheiten zunähmen, wenn der Jodgehalt abnehme, sei Jod demnach zentral für den Kampf gegen den Kropf. Auf dieser Wissensgrundlage setzten in den frühen 1850er Jahren in drei französischen Departements zugleich kurative und präventive Aktivitäten ein: Jodkali wurde mittels der Trägersubstanz Kochsalz Teil des Ernährungsalltags, Schulprophylaxe erfolgte durch Jodkaliumtabletten, jodhaltige Luft diente zur Kur von Betroffenen. Wiederum waren die Heilerfolge beträchtlich, ebenso aber die nicht intendierten Folgen: Spezifische Krankheiten traten auf, wurden 1860 als „iodisme constitutionell" bezeichnet, in deutschsprachigen Gebieten als „Jodbasedow". Diese Autoimmunkrankheit, 1840 erstmals vom Merseburger Arzt Carl Adolph von Basedow beschrieben, zerstörte nicht nur das Schilddrüsengewebe, sondern führte zu Hautfärbungen, Gelenkschmerzen, Pulsbeschleunigungen und charakteristischen Glupschaugen. Sie wurde auf eine zu hohe Dosierung des Jods zurückgeführt: Mit bis zu fünf Dezigramm lagen die Mengen mindestens

9 Vgl. *Frederick W. J. McCosh*, Boussingault. Chemist and Agriculturist. Dordrecht 1984, 30–33.

fünfundzwanzigfach über den üblichen Dosen der frühen 1920er Jahre.[10] Der Einsatz von Jod war offenkundig ein zweischneidiges Schwert. Nach wenigen Jahren wurden Chatins Maßnahmen eingestellt und galten vielen Ärzten seither als Warnung vor dem therapeutischen Einsatz von Jod. Sie müssen zugleich vor dem Hintergrund eines sich verändernden Umgangs mit Krankheit im 19. und frühen 20. Jahrhundert gesehen werden. Kröpfe waren vielfach normal, charakteristisch für bestimmte Gebiete, für die Ordnung der dortigen Welt. Mit ihnen arrangierte man sich, ebenso wie man Kretins und „Idioten" einen Platz in der Dorfökonomie einräumte. Der therapeutische Einsatz von Jod zielte nicht nur auf die Gesundheit vieler Betroffener, sondern war eine zentrale Maßnahme für eine neue moderne Ordnung der Welt, die seit den 1870er Jahren die Staatlichkeit im Westen grundlegend veränderte.[11]

Teil dieser Neuformierung war der durch staatliche Finanzmittel unterstützte Siegeszug der bakteriologischen Forschung, der seit den 1870er Jahren einen Paradigmenwechsel in Medizin und Bakteriologie bewirkte. Sie versprach, Krankheiten wirkungsvoll zu bekämpfen und die Leistungsfähigkeit der Nation zu steigern. Auch der Kropf wurde nun vornehmlich als Infektionskrankheit verstanden, entsprechend suchten Experten vergeblich nach verursachenden Bakterien, nach Krankheitserregern. Die praktische Behandlung der Kropfkranken setzte weniger auf Prävention als auf Chirurgie, nahm doch infolge verbesserter Operationstechniken die Zahl der Schilddrüsenextraktionen im späten 19. Jahrhundert immens zu.[12] Emil Kochers Methode der Teilextraktion reduzierte die Todesrate bei derartigen Eingriffen Mitte der 1880er Jahre auf etwa 5–7 Prozent. Die Schilddrüsenchirurgie unterstrich die Bedeutung des Organs für das Wachstum, die geistige und sexuelle Entwicklung. Doch derartige Tatsachen waren im Rahmen des dominanten bakteriologischen Denkstils schwierig zu deuten. Auch der im Nachhinein zentrale Nachweis, dass die Schilddrüse Jod enthalte, konnte die Wissensmode Ende des 19. Jahrhunderts nicht brechen.[13] Zahllose Theorien entstanden, die die Kropfentstehung

---

10 Zur Frühgeschichte vgl. *Fritz de Quervain*, Schilddrüse und Jod mit Rücksicht auf die Kropfprophylaxe, in: Schweizerische Medizinische Wochenschrift 3, 1922, 857–862, hier 857 f.; *Franz Merke*, Geschichte und Ikonographie des endemischen Kropfes und Kretinismus. Bern/Stuttgart/Wien 1971.

11 Vgl. *Charles S. Maier*, Leviathan 2.0. Inventing Modern Statehood. Cambridge 2012, Kap. 2.

12 Vgl. *Sigmund Bornhauser*, Zur Geschichte der Schilddrüsen- und Kropfforschung im 19. Jahrhundert (unter besonderer Berücksichtigung der Schweiz). Aarau 1951, 44–162.

13 Zentral war *Eugen Baumann*, Ueber das normale Vorkommen von Jod im Thierkörper, in: Zeitschrift für physiologische Chemie 21, 1895, 319–330, 481–493.

mit Wasser, Boden, Luft, Vererbung, sozialen Umständen, Lebensmittelverunreinigungen und vielem mehr verbanden: Der Deutungskult der Naturwissenschaftler stand dem der Feuilletonisten keineswegs nach. Wer Freude am Phantasievorrat „objektiver" Wissenschaftler hat, wird von der Kropfdebatte begeistert sein; zumal die Mehrzahl der Theorien auch dann noch weiter vertreten wurde, als experimentelle Forschung sie schlicht falsifiziert hatte. Und das galt nicht nur für das 19. Jahrhundert, sondern wurde just im 20. Jahrhundert evident.

II. Gebremster Vormarsch: Vollsalzprophylaxe zwischen Risikokalkülen und kalkulierten Interessen

Die Deutungshoheit der Bakteriologie wurde erst nach der Jahrhundertwende systematisch infrage gestellt. Es war die Vitaminforschung, die nicht nur die Wissensgrundlagen der damaligen Ernährungswissenschaften neu definierte, sondern auch Physiologie und Biochemie in neue Bahnen lenkte. Kleinste Lebensstoffe waren kausal mit spezifischen Vitaminmangelkrankheiten verbunden – und entsprechend verschafften sich in den 1910er Jahren neuerlich Wissenschaftler Gehör, die Mineralstoffe und Gesundheit kausal miteinander verbanden. Im Nachhinein kann man eine Vielzahl von deutschen, italienischen und schweizerischen Forschern nennen, die schon damals den Jodmangel durch fortifiziertes Salz bekämpfen wollten. Bis heute werden, je nach Nationalität, unterschiedliche Traditionslinien aufgezeigt, nach der einerseits schweizerische, anderseits amerikanische Forscher als Pioniere der Jodmangelprophylaxe gelten und gefeiert werden.[14] Im Grundsatz aber war das Vorgehen in den westlichen Staaten recht ähnlich: Am Anfang standen regionale Maßnahmen einzelner Ärzte, teils im Rahmen der Schulgesundheitspflege, teils für kleinere Gruppen von Patienten. Die ermutigenden Ergebnisse ermöglichten es, dann auch lokale und regionale Gesundheitsämter, Parlamente sowie Unternehmen für eine Jodsalzsupplementierung zu gewinnen, Prävention und auch Therapie damit zu institutionalisieren. Dies war gesundheitliche Fürsorge, schien zugleich aber auch macht- und wirtschaftspolitisch geboten.

14 Vgl. beispielhaft *Hans Jakob Wespi*, Die Kropfprophylaxe mit jodiertem Salz in der Schweiz, in: Appenzellische Jahrbücher 108, 1980, 3–9; *Kenneth J. Carpenter*, David Marine and the Problem of Goiter, in: Journal of Nutrition 135, 2005, 675–680.

In den USA gab es erste Stoßtherapien für Schulkinder seit 1917 in Ohio. Den Kindern wurden hohe Joddosen verabreicht und ihre Entwicklung wurde über einige Jahre mit Kontrollgruppen verglichen.[15] Der beträchtliche Rückgang der Kropfhäufigkeit schien auf den Einsatz von sehr hohen Dosen von 100 mg/kg Salz zurückzugehen.[16] Die hohen Dienstunfähigkeitsraten im Kropfgürtel entlang der Großen Seen bei den Musterungen der Kriegsjahre 1917/18 wirkten hierbei nach.[17] 1922 begannen, begünstigt von parallelen Entwicklungen in der Schweiz, Vorbereitungen für die Einführung von mit 100 mg NaJ/kg dosiertem Jodsalz, das 1924 im Staat Michigan eingeführt wurde. Salzproduzenten wie der U.S.-Marktführer Morton unterstützten diese neuartige Gesundheitspolitik, die ab Ende 1924 auf die gesamte USA übertragen wurde. Das neue Produkt wurde offensiv beworben, parallel blieb Standardsalz verfügbar. 1930 lag die Menge des verkauften Jodsalzes achtmal höher als die des Standardsalzes. Die Zahl der Kropffälle konnte massiv reduziert werden, und parallel wurde über einen beträchtlichen Anstieg der Durchschnittsintelligenz berichtet.

In der Schweiz, dem weltweit am stärksten von Jodmangel betroffenen Land, begannen die Testläufe früher, doch gesundheitspolitische Maßnahmen wurden hier langsamer und auf Basis deutlich niedrigerer Dosen eingeführt. Angesichts von mehr als 1500 unmittelbaren Kropftoten in den 1910er Jahren, 3000 jährlichen Kropfoperationen und bis zu 50000 Fällen von Kretinismus war in der Schweiz eugenisches Denken noch stärker verankert als in den USA.[18] Bezugspunkt der schweizerischen Debatte war eine Bekenntnisschrift des Arztes Heinrich Hunziker, der 1915 neuerlich die Theorie vom Kropf als Jodmangelkrankheit formuliert und den Einsatz von Jodsalz als Therapie und Prophylaxe gefordert hatte.[19] Familien- und Dorfstudien im Kanton Wallis bildeten die Grundlagen für weitergehende Maßnah-

15 *Oliver P. Kimball*, History of the Prevention of Endemic Goitre, in: Bulletin of the World Health Organization 9, 1953, 241–248.

16 *Angela M. Leung/Lewis E. Braverman/Elizabeth N. Pearce*, History of U.S. Iodine Fortification and Supplementation, in: Nutrients 4, 2012, 1740–1746.

17 Iodine Deficiency and the Prevalence of Simple Goiter in Michigan, in: Public Health Reports 39, 1924, 1568–1571.

18 *Robert Olesen*, Endemic Goiter in Switzerland. A Review of Recent Contributions to its Etiology, Incidence, and Prevention, in: Public Health Reports 48, 1933, 651–665, hier 652.

19 *Heinrich Hunziker*, Der Kropf, eine Anpassung an jodarme Nahrung. Bern 1915.

men.[20] Wichtiger, weil modellbildend, wurde die 1922 einsetzende und gut dokumentierte Jodsalzprophylaxe im Schweizer Kanton Appenzell Ausserrhoden. Sie ging vom Herisauer Arzt Hans Eggenberger aus, der eine erfolgreiche Volksinitiative für eine staatliche Vollsalzprophylaxe initiierte, nachdem diese 1921 von der regionalen Gesundheitsbehörde noch abgelehnt worden war. Die Mehrzahl der 3480 Wahlberechtigen stimmte für einen kantonal geregelten Salzverkauf in Kooperation mit den Rheinsalinen. Die Umbenennung des fortifizierten Mineralstoffs in „Vollsalz" bettete die Maßnahme in die Degenerationsvorstellungen seit der Jahrhundertwende ein. Damals sollten bereits Vollmehl und Vollkornbrot die Gaben der Natur gänzlich darbieten, Vollmilch einen Kontrapunkt zum Abrahmen und zur Magermilch setzen.[21] Wurde vor dem Ersten Weltkrieg damit noch auf eine tradierte Produktwelt verwiesen, stand „Vollsalz" im Kontext von Neologismen wie Vollbier, Vollsoja oder auch Vollwaschmittel, die Verbesserungen in einer industriell geprägten Welt bewirken wollten. Es galt, den vermeintlichen Volkskörper zu sanieren:

> „Verwerft das alte Salz! Dann wird ein kropffreies, starkes Appenzellergeschlecht heranwachsen. Ihr erspart eurem Volk jährlich etwa 100 Kropfoperationen, vermindert die Zahl der kretinisch-schwachsinnigen Kinder und die Zahl der daraus entstehenden idiotischen Armenhausinsaßen und manches Ungemach in der Nachkommenschaft eurer eigenen Familie."[22]

Der „freie Schweizer"[23] konnte nun bei gleichem Preis zwischen Standardsalz und Vollsalz entscheiden. Ab 1924 begann in einzelnen Kantonen, zuerst in Vaud und Nidwalden, auch eine „stumme" Jodprophylaxe, also der kennzeichnungslose Komplettersatz des Standardsalzes durch Vollsalz. Wurden 1922 200 Tonnen Jodsalz verkauft, waren es 1924 bereits 7500 Tonnen und 1929 dann 14482 Tonnen.[24] Koordiniert und kontrolliert durch die 1922 gegründete Schweizerische Kropfkommission traten Kröpfe bei Kindern zunehmend seltener auf und bildeten sich bei vielen Erwachsenen signifikant zurück.[25]

---

20 *Otto Bayard*, Ueber das Kropfproblem, in: Schweizerische Medizinische Wochenschrift 2, 1921, 703–707, 732–737.

21 Vgl. zum Wortfeld *Uwe Spiekermann*, Vollkorn für die Führer. Zur Geschichte der Vollkornpolitik im „Dritten Reich", in: 1999 16, 2001, 91–128, hier 92–94.

22 Vollsalz für die Kropfbekämpfung, in: Das Rote Kreuz 31, 1923, Nr. 1, 3f., hier 4.

23 *Steinlin*, Zur Kropfbekämpfung, in: Das Rote Kreuz 30, 1922, 73–76, 92–95, hier 94.

24 *Olesen*, Goiter (wie Anm. 18), 661.

25 *Hans Eggenberger*, Die Kropfprophylaxe in der Schweiz, in: Münchner Medizinische Wochenschrift 71, 1924, 972–977; *ders.*, Die Jodmangeltheorie und ihre Erfolge, in: Otto Stiner (Hrsg.), Zweite Internatio-

In Österreich vollzog sich Ähnliches. Schon Anfang der 1920er Jahre setzte eine regionale Schulprophylaxe zumeist mit Jodostatintabletten ein, auch wenn diese aus Kostengründen an vielen Orten wieder aufgegeben wurde.[26] Auf nationaler Ebene wurde Vollsalz – dieser Begriff wurde aus der Schweiz übernommen – aufgrund einer Initiative des späteren Medizinnobelpreisträgers Julius Wagner-Jauregg 1923 vom Volksgesundheitsamt eingeführt, ebenso eine österreichische Kropfkommission gegründet. Mit 5 mg Kaliumjodat/kg Salz lag die Dosierung niedrig, die höheren Produktionskosten wurden staatlich getragen, die Konsumenten konnten dank Kennzeichnung wählen. Stärker als in anderen Staaten setzte man in Österreich auf eine mittelfristig wirksame Prävention, um die Kropfentstehung zu verhindern und damit Kretinismus und Taubstummheit zu unterdrücken.[27] Vollsalz wurde seit 1923 in Krankenhäusern und öffentlichen Gesundheitseinrichtungen verbindlich eingesetzt.[28] Da nur Teile Österreichs Kropfgebiete waren, setzte es sich hier dennoch deutlich langsamer durch als in den USA und der Schweiz. Während in der stark betroffenen Steiermark der Vollsalzanteil 1924 bei 40 Prozent lag, wurde diese Marge im gesamten Staatsgebiet erst 1931 erreicht.[29] Trotz einer gewissen Grundskepsis innerhalb der Ärzteschaft sanken die Kropfraten in Österreich in den späten 1920er Jahren deutlich ab.

All diese Maßnahmen und Diskussionen strahlten auch auf Deutschland aus. Hier wurden in Württemberg seit 1921 Schulkindern Pastillen mit 3 mg Jodkali verabreicht. Obwohl öffentlich durchaus gefordert, wurde eine Vollsalzprophylaxe jedoch allein in Bayern institutionalisiert. Seit 1924 gab es dort in gelben Packungen angebotenes Vollsalz, das mit 5 mg KJ/100 kg niedrig dosiert und zudem um ein Drittel bis die Hälfte teurer war als das Standardsalz.[30] In den besonders betroffenen

---

nale Kropfkonferenz in Bern 10.–12. August 1933. Verhandlungsbericht. Bern 1935, 454–468. Medizinhistorische Überblicke konzentrieren sich auf erfolgreiche Beispiele, so etwa *Michael B. Zimmermann*, Research on Iodine Deficiency and Goiter in the 19th and Early 20th Centuries, in: Journal of Nutrition 138, 2008, 2060–2063. Gegenläufige Tendenzen werden demgegenüber ignoriert, der Überblick damit faktisch verfälscht.

27 *Julius Wagner-Jauregg*, Die Kropfbehandlung und die jodhältigen Heilwässer, in: Wiener Medizinische Wochenschrift 81, 1931, 83–86, hier 84.

28 Kropfprophylaxe (Vorbeugungsmittel) in Oesterreich, in: Der Bauernbündler, 23.11.1923, 1.

29 Kropfbehandlung mit jodiertem Salz, in: Arbeiterwille 3.7.1925, 7; *Viktor Gegenbauer/Karl Gottlieb*, Beitrag zur Wirksamkeit der Vollsalzprophylaxe der Strumen, in: Wiener klinische Wochenschrift 40, 1937, 292–294, hier 293.

30 *Josef Trumpp*, Ueber den gegenwärtigen Stand der Kropfbekämpfung insonderheit der sog. Vollsalzprophylaxe, in: Münchner Medizinische Wochenschrift 75, 1928, 1663–1667, hier 1667.

Allgäu-Bezirken Sonthofen und Kempten erfolgte die Einführung stumm, dort wurde auch das Milchvieh mit Jodsalz gefüttert.[31] Ansonsten überließ man dem Verbraucher die Wahl.

Jodsalz konnte man auch außerhalb von Bayern kaufen. Das Angebot blieb aber Salinen und Handelsbetrieben überlassen. Der Reichsgesundheitsrat hatte sich 1925 in einer Sonderberatung nur auf die Finanzierung statistischer Erhebungen einigen könnten, empfahl ansonsten die zumal in Württemberg, Baden und Preußen breiter umgesetzte Schulprophylaxe, um so „Zunahmen an Intelligenz"[32] zu bewirken. Kritiker monierten, dass diese zu spät einsetze, also Schädigungen im Kleinstkinderalter nicht bekämpfen könne und ihre Erfolge von dem Engagement von Lehrern und Schulärzten abhängig sei. Doch insgesamt bewirkten diese Interventionen einen deutlichen Rückgang der Kropffälle.

Das vorsichtigere Vorgehen in Deutschland resultierte nicht nur aus der deutlich geringeren Kropfhäufigkeit im gesamten Staatsgebiet. Sie war auch die Folge steter Kritik in der Schweiz, in Österreich und auch in Deutschland an dem Einsatz des Jodsalzes. Die Frühgeschichte der Jodprophylaxe wurde von Beginn an instrumentalisiert, denn sie galt nicht mehr nur als Vorläufer einer nun erfolgreich umgesetzten Gesundheitspolitik, sondern auch als Beleg für den „Jodunfug"[33] früherer und gegenwärtiger Zeiten.

Die Diskussion kreiste dabei kaum um die offenkundigen Erfolge der Jodsalzprophylaxe, also den deutlichen und raschen Rückgang der Kropfinzidenz. Stattdessen monierten viele Experten, dass angesichts einer großen Vielzahl konkurrierender Theorien die Jodmangeltheorie keine ursächlichen Antworten geben könne: „Ohne eine wirkliche Kenntnis der Ursachen läßt sich aber keine zuverlässige Prophylaxe gegen dieses verbreitete Volksübel durchführen."[34] Da es nach dem Ersten Weltkrieg offenbar eine „Kropfwelle"[35] gab, deren Höhepunkt spätestens 1925/26 er-

31 Vollsalz und Viehzucht, in: Vorarlberger Tagblatt, 19.11.1924, 4.

32 Ueber die gegen die Verbreitung des endemischen Kropfes zu ergreifenden Maßnahmen, insbesondere über die mit Jodsalzprophylaxe gewonnenen Erfahrungen. Berlin 1927, 37 (Mennicke) bzw. ähnlich ebd. 50 (Kolle).

33 *Eugen Bircher*, Die Jodtherapie des endemischen Kropfes und ihre Geschichte, in: Schweizerische Medizinische Wochenschrift 3, 1922, 713–720, hier 719.

34 *Friedrich Müller*, Zur Therapie der Schilddrüse, in: Die Therapie der Gegenwart 66, 1925, 1–5, 49–56, 97–105, hier 1.

35 *Julius Wagner-Jauregg*, Kropfverhütung, in: Die Naturwissenschaften 14, 1926, 1141–1147, hier 1141.

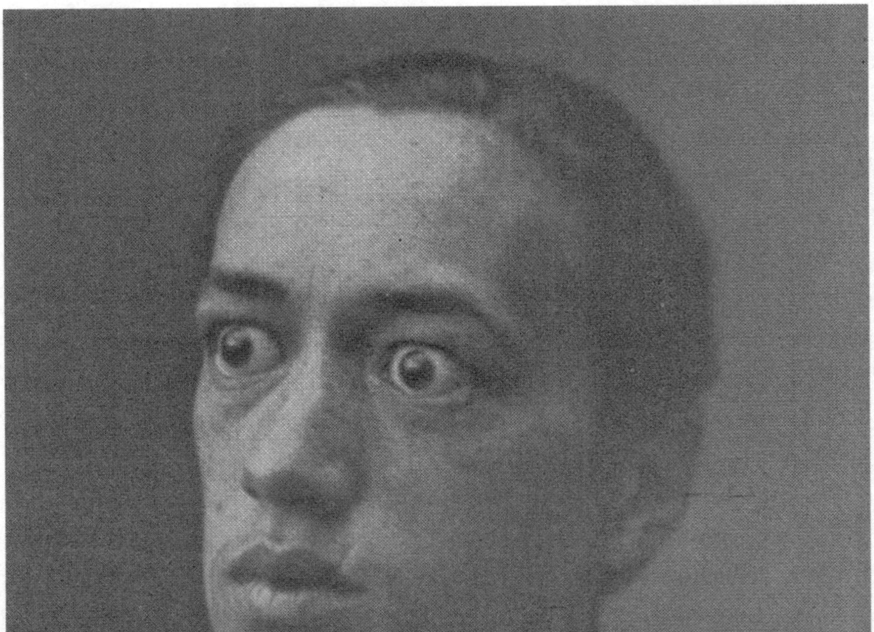

Abb. 1: Jodschädigungen: Typischer Fall von Jodbasedow, c. 1934. Quelle: *Ilse Mühe*, Über Jodschäden, unter besonderer Berücksichtigung von Vollsalzschäden, in: Deutsches Archiv für klinische Medizin 177, 1934, 345–367, hier 361.

reicht war, war es denkbar, dass der Rückgang der Kropffälle nicht zwingend auf den Jodsalzeinsatz zurückzuführen war. Die weiter verbesserte Kropfchirurgie und die in Schule und Einzelfall erfolgreiche ärztliche Therapie durch Jodtabletten boten zudem erweiterte therapeutische Möglichkeiten, die anders als bei der wahllosen Jodsalzprophylaxe gezielt und unter Kontrolle von Experten eingesetzt werden konnten.

Wurde hier schon auf den hippokratischen Grundsatz „primum nil nocere" verwiesen, also der Vermeidung jeglicher Schädigungen Dritter durch medizinische Maßnahmen, so durchzog dieser die folgenreichen Debatten über die „Jodschädigungen". Sie setzten schon vor Beginn der eigentlichen Jodsalzprophylaxe ein und konzentrierten sich faktisch auf die „wilde" Jodtherapie der Laien. Der Schweizer Mediziner Eugen Bircher monierte schon 1922:

> „Wenn man heute medizinische Zeitschriften, politische Tagesblätter, Heimatblätter, mögliche und unmögliche Annoncenfelder durchstöbert, so könnte der Glauben aufkommen, daß [...] die Jodtherapie des Kropfes die bedeutendste Entdeckung der letzten Jahrzehnte gewesen sei, und daß mit der in Szenesetzung des Jodostarins die goldene ‚kropflose' Zeit angebrochen sei, und sämtliche Kröpfe der Welt unter dem Siegeszug des Jodes dahinschmelzen wie frische Butter an der Sonne. Aerzte, Schulmeister, Pfarrherren, Politiker aller Schattierungen, Samariter, Redaktoren, Staatsbeamte und Postangestellte, Apotheker und Droguisten, chemische Fabriken etc. wetteifern in allo- und homoeopathischen Dosen, Kröpfe nicht aufkommen zu lassen, vorhandene zu vertreiben. [...] Die Sache wäre leichthin zu nehmen, wenn nicht eine ganz ernste Seite dabei zu verzeichnen wäre, und das sind die jetzt langsam, aber nun auch rapide zunehmenden Schädigungen, durch diese geradezu leichtfertige – um nicht zu sagen verbrecherische – Anpreisung des Jods und seiner Präparate."[36]

Jod sei ein metallisches Gift, nicht aber ein elementarer Bestandteil der Ernährung – und entsprechend müsse es mit größter Vorsicht eingesetzt werden. 1925 sah Bircher nicht nur keine Erfolge der schweizerischen Vollsalzprophylaxe, sondern eine immens anschwellende Zahl von Basedowfällen, von denen 1000 direkt auf Jodgebrauch zurückzuführen seien.[37] Der Teufel sei mit dem Beelzebub ausgetrieben worden, an die Stelle unmittelbarer Kropfschädigungen seien zahllose Überemp-

---

36 *Bircher*, Jodtherapie (wie Anm. 33), 713.

37 *Eugen Bircher*, Zur Jodbehandlung des Kropfes, in: Klinische Wochenschrift 4, 1925, 742–746, hier 743.

findlichkeiten getreten. Die Zahlen wurden hinterfragt und empirisch widerlegt, doch Bircher riet angesichts einer generellen Unsicherheit im Umgang mit dem Kropf zur Vorsicht. Das Gegenargument, dass durch Nichtstun die bestehenden Gesundheitsschädigungen fortgeführt würden, galt dagegen weniger. 1925 gab es entsprechende Kritik an der Jodprophylaxe auch in Österreich, ohne dass dadurch aber die begonnenen Maßnahmen gestoppt wurden.[38] In Deutschland führten diese Debatten 1927 dazu, dass sich die preußischen Gesundheitsexperten mit Verweis auf die Gefahren einer zu offensiven Jodwerbung einer allgemeinen Jodsalzprophylaxe versagten.[39] Der Schutz der Wenigen erschien wichtiger als der Nutzen der Vielen. Ihre Entscheidung gegen eine allgemeine Jodprophylaxe kombinierten die Experten mit Ausgaben für weitere statistische Erhebungen und Grundlagenforschung. Öffentlichen Protest dagegen gab es kaum, in den Zeitschriften dominierten die Sicherheitsbedenken der Experten.[40] Trotz „verblüffender" Erfolge der Vollsalzverwendung im Allgäu lag 1930 der Jodsalzanteil in Südbayern nur bei etwa 10 Prozent.[41] Und auch Befürworter staatlicher Intervention konzedierten, dass Vollsalzpolitiken nur dort erforderlich seien, „wo der Kropf ein Volksübel ist."[42]

In Deutschland wurde von den Experten die „wilde" Therapie besonders betont. Jod war in Form von Jodsalz zu höherem Preis grundsätzlich erhältlich, Jodtabletten waren in Apotheken zu kaufen, zahlreiche Lebensmittel, etwa Bier oder Bonbons, wurden mit Jod angereichert, Jodwasser zielte auf Kunden. Auch viele Kosmetika, von Shampoos bis hin zu Hautcremes, enthielten vielfach nicht deklarierte Mengen von Jod. Jodzahnpasta gab es in Drogerien, und zudem wurden Lebensmittel mit überdurchschnittlichem Jodgehalt, etwa Seefische und Algen, öffentlich propagiert. Diese einsetzende Selbsthilfe der Betroffenen führte zu teils zu hohem Jodkonsum und auch zu Unverträglichkeiten. Das hatte zwar nichts mit dem Vollsalzkonsum zu tun – in der Schweiz kam in den späten 1920er Jahren ein Vollsalzgeschädigter

38 Massenvergiftung oder falscher Alarm, in: Der Morgen, 2.11.1925, Nr. 44, 7.

39 Verbreitung (wie Anm. 32), 13 (Sommerfeld), 45 (Gersbach). Man wusste, dass die Bircher'schen Zahlen durch die Schweizerische Kropfkommission widerlegt worden waren, ebd. 66 (Kolle).

40 Vgl. etwa Die Internationale Kropfkonferenz, in: Badische Presse, 31.8.1927, 3.

41 ‚Vollsalz' gegen Kropf, in: Salzburger Chronik, 7.12.1927, 10; *Benno Bleyer/Franz Fischler*, Zur Beurteilung der ‚Jodfrage' und des sogenannten Vollsalzes, in: Münchener Medizinische Wochenschrift 78, 1931, 742–744, hier 743.

42 Naturforscher- u. Aerztetagung, in: Karlsruher Tagblatt, 1.10.1926, 10 (Wagner-Jauregg).

Abb. 2: Werbung für Jod-Kaliklora Zahnpasta, 1932. Quelle: Die Woche 34, 1932, Nr. 12, VII.

auf 100 000 Konsumenten[43] –, doch die Mediziner sahen sich selbst als Garanten, um mögliche Exzesse zu begrenzen. Bei der Jodsalzprophylaxe ging es immer auch um Entscheidungsgewalt über Essen und Ernährung. In Deutschland wurde dies zugunsten der Mediziner entschieden, Laien wurden als Selbstgefährder betrachtet, die vor den möglichen Folgen ihres Tuns geschützt werden müssten. Dagegen unterblieb die Frage, ob die nur rudimentäre Regulierung angereicherter bzw. diätetischer Lebensmittel und Gebrauchsgegenstände nicht doch ein wichtiger Faktor für die „wilde" Jodtherapie war.

III. Ärztliches Primat: Das Eindämmen der Jodprophylaxe in der Zwischenkriegszeit

Trotz offenkundiger Erfolge setzte sich die Vollsalzprophylaxe nicht allgemein durch, zumal nicht in Deutschland. Die heute gängige Kausalverbindung von Jod und Schilddrüse, von Mineralstoffzufuhr und Krankheitsbildung schien vielen Experten in den 1920er Jahren eben nicht eindeutig. Zum einen bestand angesichts einer intensiven epidemiologischen Forschung eine beträchtliche Konkurrenz von Deutungsmustern. Die Jodmangeltheorie wurde durch systematische empirische Untersuchungen infrage gestellt, nach denen der Kropf auch in Gebieten mit relativ hohen Jodbodenwerten „epidemisch" war und sich anderseits in Jodmangelgebieten nicht durchweg nachweisen ließ. Auf der anderen Seite hatten die immer wieder auftretenden Nebenwirkungen zu einem Sicherheitsdenken geführt, dem sich auch viele Befürworter des Einsatzes von Vollsalz nicht entziehen konnten. Klinische Forschung konnte zudem zeigen, dass es immer auch Unverträglichkeiten gab, die unabhängig von der Dosierung waren.[44] Der „Kampf für oder gegen das Jod"[45] spaltete die Experten und gab den Gesundheitsbehörden letztlich Entscheidungshoheit.

Seit den späten 1920er Jahren stagnierte die institutionelle Verankerung der Jodsalzprophylaxe in Mitteleuropa, in den frühen 1930er Jahren kam es dann zu

43 *Trumpp*, Kropfbekämpfung (wie Anm. 30), 1665. Dies wurde von Kritikern schlicht nicht zur Kenntnis genommen, so etwa *Erwin Liek*, Das Kropfrätsel. München 1929, 50.

44 Die wesentlichen Argumente der intensiven Debatten finden sich in: *Schweizerische Kropfkommission* (Hrsg.), Bericht über die Internationale Kropfkonferenz in Bern 26.–28. August 1927. Bern 1928.

45 *Max Edwin Bircher*, Die Jodtherapie unter wissenschaftlicher Kontrolle, in: Schweizerische Medizinische Wochenschrift 3, 1922, 862.

einer Gegenbewegung. Das lag auch an den zu pointierten Versprechen der Vollsalzpropagandisten. In Merkblättern hieß es: „Kann diese geringe Menge Jod einem Menschen, der keinen Kropf hat, schaden? Nein, gewiß nicht!“[46] Kritische Rückfragen aus der Ärzteschaft wurden als unbegründet zurückgewiesen und zudem kontrafaktisch betont, dass alle ärztlichen Gutachten darin übereinstimmten, „daß das dem menschlichen Körper in kleinsten Mengen zugeführte Jod absolut unschädlich ist“.[47]

Dies gab der an sich geringen Schar von Jodsalzkritikern eine gute Plattform für Widerhall. Völkische Ärzte, etwa Erwin Liek, begrüßten die Erfolge der Präventionsmaßnahmen, sahen hierin aber keine Ursachenbekämpfung. Sie sprachen stattdessen von „der seelischen Not unseres Volkes“ als ein Element verstärkter Kropfbildung, verwiesen auf die „Schäden der Zivilisation“, empfahlen anderes und besser zubereitetes Essen. Die Jodmangeltheorie werde den Weg alles Irdischen nehmen, nämlich „Anfang, Aufstieg, Blüte, Abstieg“.[48] Der neue Arzt lasse sich nicht auf technische Maßnahmen reduzieren, sondern „führe“ im Wissen um die Nöte der Patienten. Klinische Empiriker stimmten mit solchen Denkmustern häufig überein, konzentrierten sich jedoch auf die Durchsicht und Analyse ihres „Menschenmaterials“. Auch wenn die beträchtlichen ätiologischen und auch elementar methodischen Fehler ihrer Arbeiten schon von den Zeitgenossen korrekt benannt wurden, blieb die Kernbotschaft haften: „Vollsalz der Schadenstifter“.[49] Patienten seien im Umgang mit der Jodfülle überfordert, wären ohne ärztlichen Beistand den Verheißungen der Werbung und den Überbürdungen der modernen Zivilisation schutzlos ausgeliefert.

Die Vollsalzpropagandisten kritisierten den „Sturm gegen das Vollsalz“[50] scharf, doch die nach 1930 an sich geringe Zahl klinischer Studien hinterließ Spuren. Auch sie wandten sich gegen die „wilde“ Jodtherapie, wobei die vermeintlich ökonomische Gier „der pharmazeutischen Industrie“ und die scheinbar beliebige Lenkbarkeit der Patienten dankbare Projektionsfolien boten. Trotz unterschiedlicher Bewertungen in der Sache wurde die Debatte über den Jodmangel und seine Bekämpfung

46 Gegen den Kropf, in: Allgemeiner Tiroler Anzeiger, 20.12.1923, 3.

47 Der Kropf und seine Heilung, in: Der Volksfreund [Karlsruhe], 4.1.1928, 5.

48 *Liek*, Kropfrätsel (wie Anm. 43), 39, 40, 18.

49 *Heinz Zimmermann*, Zur Häufigkeit von Jod-Thyreotoxikosen und Vollsalzschädigungen, in: Münchener Medizinische Wochenschrift 78, 1931, 52–55, hier 54.

50 *Julius Wagner-Jauregg*, Die angeblichen Schilddrüsenschädigungen durch Vollsalz, in: Wiener klinische Wochenschrift 44, 1931, 317–320, hier 318.

von eugenischen, nationalistischen und völkischen Ärzten dominiert, die durchaus ähnliche Vorstellungen über Wirtschaft, Gesellschaft und die Stellung von Experten hatten. München und Wien wurden ab 1930 die eigentlichen Orte des wissenschaftlichen Dissenses. In der österreichischen Hauptstadt waren damals 75–80 Prozent des Haushaltsalzes jodiert, während der Anteil im gewerblichen Bereich bei einem Neuntel lag. Anfang der 1930er Jahre gab es aber zugleich 299 zugelassene jodhaltige Pharmazeutika, von denen 54 ohne ärztliches Rezept erhältlich waren.[51] Es war schwierig, diesen Markt zu regulieren. Vollsalz konnte dagegen einfacher in enge Kanäle gelenkt werden. Dies geschah in Österreich ab Anfang 1933. Vollsalz wurde nun verschreibungspflichtig, konnte allein in Apotheken gekauft werden. Aus dem Lebensmittel wurde ein Heilmittel. Gerade die Salinen waren damals nicht mehr bereit, die negative Berichterstattung über ihr Produkt hinzunehmen und sich gar mit möglichen Schadensersatzprozessen auseinanderzusetzen.

Entsprechende Debatten gab es auch in der Schweiz. Die Vollsalzprophylaxe wurde dort fortgeführt, aber auch nicht ausgebaut. Höhere Dosen waren angesichts der stetig diskutierten Jodschäden nicht vermittelbar.[52] Auch im Deutschen Reich befassten sich die Gesundheitsbehörden neuerlich mit der Jodmangelprophylaxe.[53] 1932 empfahl das Reichsinnenministerium den zuständigen Ländern, „der Jodprophylaxe auch künftig ihre Aufmerksamkeit zuzuwenden“[54], hob den Erfolg der bisherigen Maßnahmen in der Schule und das Fehlen von Schädigungen hervor. Diese seien aber Folge der ärztlichen Oberaufsicht, von der nicht abgegangen werden dürfe.

Für Gesundheitsbehörden und viele Ärzte war die Schulprophylaxe auch ein Mittel, um Erwachsene auf die Kropffrage aufmerksam zu machen und sie zu Arztbesuchen zu ermutigen. Da diese Selbstmobilisierung nach einiger Zeit abebbte, schien sie den Vollsalzaktivisten zu langsam und ineffektiv. Sie plädierten seit Mitte der 1920er Jahre nicht nur für eine Vollsalzprophylaxe, sondern propagierten vermehrt

---

51 *Ders.*, Das Ende der Kropfprophylaxe durch Vollsalz, in: Wiener klinische Wochenschrift 46, 1933, 5–9, hier 7.

52 Eingabe des Vorstandes an die Sanitätsdirektion des Kantons Aargau, in: Mitteilungen der aargauischen Naturforschenden Gesellschaft 19, 1932, 6–12.

53 *Dietrich Jahn*, Jodschaden und Vollsalzprophylaxe, in: Münchener Medizinische Wochenschrift 78, 1931, 744–747, hier 744.

54 *Erich Hesse*, Kropfvorkommen und Kropfprophylaxe in Deutschland, in: Reichs-Gesundheitsblatt 7, 1932, 539–541, hier 541.

eine „stumme“ Prophylaxe oder ein Zurückdrängen des Standardsalzes in die Apotheken. Da durch das Haber-Bosch-Verfahren das jodhaltige Chilesalpeter durch das synthetische Natriumnitrat verdrängt worden sei, gab es außerdem breite Debatten um die Fortifizierung der Düngemittel.[55] Derartige Ausweitungstendenzen trafen jedoch auf Skepsis, zumal der Einsatz von Jodtabletten bei einer geringen Zahl von Schülern keine Rückbildungen des Kropfes hervorgerufen hatte. Die Gesundheitsbehörden zielten darauf, den vor allem durch die „wilde“ Jodierung hervorgerufenen Wildwuchs einzudämmen, um dann gezielter gegen die schwereren Fälle von Jodmangel vorgehen zu können. Diese Akzeptanz moderater Gesundheitsschädigungen lässt sich in vielen Bereichen nachweisen, etwa der nur begrenzten Rachitisbekämpfung oder aber den fehlenden Maßnahmen gegen die Rindertuberkulose.[56]

Die ersten legislativen Maßnahmen betrafen gleichwohl das Jodsalz.[57] Im Oktober 1933 schränkte eine württembergische Verordnung seine Verwendung deutlich ein. Die Dosierung wurde auf 5 mg KJ/kg Salz begrenzt, eine Kennzeichnungspflicht festgeschrieben, dem Handel Grenzen auferlegt und der Vertrieb unter ärztlichen Vorbehalt gestellt: „Nur nach Empfehlung durch den Arzt und unter ärztlicher Kontrolle zu verwenden!“, prangte seither auf den Verpackungen. Auch wenn andere Bundesstaaten keine eigenständigen Verordnungen erließen, so fixierte die württembergische Regelung doch die Stellung von Jodsalz im Deutschen Reich.

Obwohl die „wilde“ Jodierung weiter beredt kritisiert wurde, erfolgte erst im November 1938 durch einen Sondererlass des Reichsinnenministeriums eine auch Jodsalz umfassende offizielle Warnung vor dem „wahllosen Gebrauch jodhaltiger Arzneimittel und mit Jod angereicherter Lebensmittel“.[58] Ein Jahr später wurden – zumindest bis 1940 – Jodzubereitungen dann allesamt rezeptpflichtig. Trotz weiterer Einschränkungen für die Werbung von Arzneimitteln im Jahre 1941 durfte für Jodsalz aber weiter geworben werden. Dies war nicht nur Folge des nun enger regu-

55 Verbreitung (wie Anm. 32), 61 (Zadek).

56 Vgl. hierzu *Spiekermann*, Künstliche Kost (wie Anm. 1), Kap. 5.14, sowie *ders.*, Die Normalität des (Lebensmittel-) Skandals. Risikowahrnehmungen und Handlungsfolgen im 20. Jahrhundert, in: Hauswirtschaft und Wissenschaft 52, 2004, 60–69, hier 63–65.

57 *Bernhard Weber*, Entwicklung der Gesetzgebung zur Jodsalzprophylaxe in Deutschland. Marburg 1981, insbes. 15–17.

58 Warnung d. RMdI. v. 17.11.1938 [...] vor dem wahllosen Gebrauch jodhaltiger Arzneimittel oder mit Jod angereicherter Lebensmittel, in: Ministerialblatt des Reichs- und Preußischen Ministeriums des Innern 1938. Berlin o. J., Sp. 1912. Einen Marktüberblick gibt *Ilse Mühe*, Über Jodschäden, unter besonderer Berücksichtigung von Vollsalzschäden, in: Deutsches Archiv für klinische Medizin 177, 1934, 345–367, hier 357.

lierten Bereichs von Jodpräparaten und jodierten Lebensmitteln, sondern auch der während des Zweiten Weltkrieges rasch steigenden Kropffälle. Im Oktober 1944 wurde dagegen in den österreichischen Kropfgebieten eine stumme Vollsalzprophylaxe mit 5 mg KJ/kg Salz eingeführt, während Standardsalz apothekenpflichtig wurde.[59] Größere Folgen hatte dieser Politikwechsel aber nicht. In Deutschland blieb der Vertrieb von Jodsalz und auch Jodpräparaten Teil der Verordnungspraxis der Ärzte. Laien konnten sie frequentieren, ansonsten aber eigenständig ihre Ernährung umstellen, etwa durch Verzehr des aufgrund seines hohen Jodgehaltes intensiv beworbenen Seefisches.[60]

Der restriktive Umgang mit Jodsalz im Deutschen Reich verwies auch auf dessen unsichere lebensmittelrechtliche Stellung. Das Essen oder Nicht-Essen des Konsumenten war für die Ernährungsexperten ein rechtlich nur schwierig zu handhabendes Problem. War Jod – und entsprechend auch Jodsalz – aufgrund seiner Essenzialität ein Lebensmittel, eine Nahrungsergänzung, ein diätetisches Lebensmittel[61], ein „in Form eines Nahrungsmittels in den allgemeinen Verkehr gebrachtes Arzneimittel"[62] oder aber ein körperfremder Giftstoff? Je nach Definition gab es andere Kennzeichnungspflichten und andere Absatzwege. Lebensmittelrechtlich konnte man den Jodzusatz als Verfälschung im Sinne des Lebensmittelgesetzes verstehen, Kennzeichnung und Verpackungspflicht waren daher unverzichtbar; doch es fehlte an reichseinheitlichen Vorgaben.[63] Das 1927 novellierte Lebensmittelrecht bot Handhaben, um den Absatz von fortifizierten Lebensmitteln, wie Jodbier, Jodbrot und Jodzwieback einzuschränken. Doch der indirekt wirksame Einsatz von jodhaltigem Tierfutter war ungeregelt. Die Freigabe von jodierten Lebensmitteln hätte nach Ansicht von Juristen eminente Folgen für die gesamte Architektur des deutschen Lebensmittelrechtes gehabt. Entsprechend rieten sie zur Zurückhaltung, zumal diätetische Lebensmittel rechtlich noch nicht definiert waren.

59 *Julius Wagner-Jauregg*, Lebenserinnerungen. Hrsg. u. ergänzt v. K. Schönbauer u. M. Jantsch. Wien 1950, 142–143.

60 Vgl. *Spiekermann*, Künstliche Kost (wie Anm. 1), Kap. 4.54.

61 Lebensmittel mit arzneilich wirkenden Stoffen, in: Deutsche Nahrungsmittel-Rundschau 1934, 199f., hier 199.

62 *Mühe*, Jodschäden (wie Anm. 58), 349.

63 *Ernst Merres*, Lebensmittel oder Arzneimittel?, in: Deutsche Nahrungsmittel-Rundschau 1935, 27–30, hier 27.

Trotz moderater Schädigungen, dem Wunsch der Behörden nach Bekämpfung der „wilden" Prophylaxe und der rechtlichen Probleme der Einordnung des Jodsalzes ist die restriktive Jodmangelprophylaxe des NS-Staates mehr als überraschend. Publikationen über Jodschäden gab es weiterhin, „Jodvergiftung" blieb ein Topos, auch in Zeitschriften.[64] Doch für NS-Ärzte war die Vollsalzprophylaxe eine „eugenische Forderung allerersten Ranges".[65] Neugeborene und Schüler blieben kleiner, kränklicher und weniger intelligent, Vollsalzprophylaxe sei praktizierte „Volkseugenik".[66] Sie forderten entsprechend eine Abkehr von der „Vollsalzsabotage".[67] Mit „Beunruhigung und Sorge" nahmen sie den Rückgang der Vollsalzverwendung von knapp 90 Prozent von 1925 bis 1932 auf 35 Prozent 1934 im bayerischen Allgäu zur Kenntnis.[68] Rassehygieniker wie der später in der T4-Aktion aktive Werner Gloël formulierten die Folgen drastisch:

> „Die Totgeburten steigen, die Todesfälle an Lebensschwäche der Neugeborenen fallen im endemischen Kropfgebiet zu 80 % dem Jodmangel zur Last; die Konzeptionsfähigkeit der Frauen sinkt [...]; das Schlimmste ist die geistige Entartung, Häufung von Schwachsinn, Idiotie, Kretinismus als stärkste Einzelformen, Unmännlichkeit des Charakters, schizoide Züge, Neigung zur Trunksucht und anderen Lastern in weiter Verbreitung machen die Rasse minderwertig, sie vertrottelt."

Vollsalzprophylaxe wurde aus militärpolitischen Gründen gefordert, Rücksichtnahme auf mögliche Gesundheitsgefährdungen Weniger sei abzulehnen.[69] Während die Vollsalzpropagandisten die öffentliche und fachliche Debatte dominierten, blieben deren Auswirkungen gering. Die Preisdifferenz zwischen Voll- und Stan-

64 *Mühe*, Jodschäden (wie Anm. 58), 367. Vgl. auch *Eugen Bircher*, Das Kropfproblem. Dresden/Leipzig 1937; Badische Presse, 29.4.1934, 9.

65 Neues vom Kampf gegen den Kropf, in: Lienzer Zeitung, 29.4.1939, 5.

66 *Franz Fischler*, Ueber die Notwendigkeit der Kropfverhütung durch Vollsalzanwendung in Deutschland und ihre Beziehungen zur Eugenik, in: Münchener Medizinische Wochenschrift 81, 1934, 1756–1758.

67 Kropfgefahr wieder akut, in: Der Morgen, 10.3.1934, 6.

68 *Franz Fischler*, Über das Problem der Kropfprophylaxe durch Vollsalzverwendung, in: Hippokrates 8, 1937, 681–686.

69 *Werner Gloël*, ‚Jodiertes Salz', in: Zeitschrift für Medizinalbeamte 47, 1934, 22–25, hier 25 bzw. 23 (vorheriges Zitat). Diese „Gemeinnutz geht vor Eigennutz"-Position findet sich auch bei *Hans Jakob Wespi-Eggenberger*, Die Kropfprophylaxe, in: Ergebnisse der inneren Medizin und Kinderheilkunde 61, 1942, 489–585, hier 570, der sich für eine „diktatorische Art der Einführung der Prophylaxe" aussprach (ebd. 572).

dardsalz wurde nicht verringert, und der Konsum der teureren Ware sank tendenziell.[70]

Nicht vergessen werden darf allerdings, dass während der NS-Zeit weiterhin unterschiedliche Jodmangeltheorien diskutiert und erforscht wurden. Fragen von Vererbung nahmen dabei beträchtlichen Raum ein, ebenso solche der Strahlenbelastung, der psychischen Traumata, der rein individuellen Empfindlichkeiten oder aber des Boden- und Wohnraumklimas.[71] Dies hinderte führende Vollsalzaktivisten nicht, die restriktive Jodmangelpolitik während der NS-Zeit als jüdische Verschwörung zu deuten.[72] Vollsalz war jedoch bis Kriegsende im Deutschen Reich erhältlich, und gegen Kriegsende stand das NS-Regime der Vollsalzprophylaxe durchaus wohlwollend gegenüber.[73]

IV. Versäumte Chancen: Die ärztliche Hege des Jodmangels in der Bundesrepublik und der DDR

Nach dem Zweiten Weltkrieg gab es abermals eine „Kropfwelle"[74] in Deutschland, nun auch abseits der bisherigen Kropfregionen. Flucht, Vertreibung und Wanderungsbewegungen veränderten die bisher recht klaren regionalen Zuordnungen. Es schien offenkundig, dass Kälte und Hunger wichtige Auswirkungen hatten, wodurch die Jodmangeltheorie weiterhin infrage gestellt wurde. Im bayerischen Allgäu litten Anfang der 1950er Jahre teils mehr als 90 Prozent der untersuchten 9–13-jährigen Mädchen an Kropf. Der Anteil war seit dem Ende der regionalen Vollsalzprophylaxe 1932 bis 1939 moderat, danach aber rapide gewachsen. Die Behandlung wurde nach wie vor den Ärzten überlassen, auch wenn Mitte der 1950er Jahre eine Neuaufnahme der Vollsalzprophylaxe empfohlen wurde.[75]

70 *Franz Fischler*, Der Kropf nimmt zu, der Vollsalzverbrauch nimmt ab, in: Münchener Medizinische Wochenschrift 84, 1937, 261–262.

71 Vgl. etwa *J. Eugster*, Neue Gesichtspunkte in der Prophylaxe gegen den endemischen Kropf, in: Die Therapie der Gegenwart 76, 1935, 115–119; *Mühe*, Jodschäden (wie Anm. 58), 348.

72 *Franz Fischler*, Wann wird die Jodprophylaxe gegen die Kropfbildung in Deutschland eingeführt?, in: Hippokrates 16, 1945, 1–4, hier 3.

73 Vorbeugende Behandlung gegen Kropf, in: Völkischer Beobachter, 5.7.1944, Nr. 187, 8.

74 *Paul Habermann*, Kropf und Landschaft. Leipzig 1956, 9.

75 *Schmelz*, Kropfprophylaxe, in: Bayerisches Ärzteblatt 10, 1955, 10f.

Dies war nicht überraschend, denn anders als die internationalen Kropfkonferenzen der Zwischenkriegszeit, die sich in einer Vielzahl teils widersprüchlicher Einzelergebnisse und den durch die Vitaminforschung neu aufgeworfenen Stoffwechselfragen verloren[76], bezog die 1948 gegründete Weltgesundheitsorganisation eine klare Position zugunsten der Jodsalzprophylaxe. 1953 forderte eine Studiengruppe eine tägliche Supplementierung von 100 µg in endemischen Kropfgebieten.[77] Dieses Plädoyer für eine stumme und hochdosierte Jodsalzprophylaxe wurde in der Folgezeit wiederholt, fand aber in Mitteleuropa kaum Gehör.

In der Schweiz blieb man, scharfen internen Debatten zum Trotz, bis 1962 bei der niedrigen Dosierung von 3,75 mg KJ/kg Salz, verdoppelte diesen Wert danach bis 1980, vervierfachte ihn zwischen 1980 und 1988, ging dann auf 20 mg KJ/kg Salz über und fortifiziert seit 2014 mit 25 mg KJ/kg Salz.[78] In Österreich wurde die kurz vor Kriegsende wieder eingeführte regional begrenzte Jodsalzprophylaxe in der Nachkriegszeit auch mangels Jodkali wieder eingestellt.[79] Von 1963 bis 1989 führte der Alpenstaat 10 mg KJ/kg Salz zu, ab 1990 wurde die Marge auf 20 mg/kg Salz verdoppelt. Außerdem wurden dem Viehsalz 75 mg KJ/kg Salz zugefügt.[80] Diese Eckdaten standen im Einklang mit entsprechenden Kampagnen der Weltgesundheitsorganisation, so dass hier von einem erst zurückhaltenden, sich dann jedoch beschleunigenden Einschwenken auf eine internationale Prophylaxepolitik gesprochen werden kann. Die beiden deutschen Staaten aber konnten sich über viele Jahrzehnte nicht zu entsprechenden Schritten durchringen, wenngleich der Übergang zur Jodsalzprophylaxe in den 1980er Jahren dann mit WHO-Forderungen begründet wurde. Nicht thematisiert wurde dagegen die jahrzehntelange Ablehnung derartiger Forderungen.

Dabei gab es relevante Bestrebungen, die deutschen Staaten an die internationale Entwicklung anzubinden. Dies galt in erster Linie für die Gruppe eugenisch denkender Mediziner, die ihre Bestrebungen der NS-Zeit weiterführten. Eingaben an den bayerischen Landtag im Jahre 1949 blieben unbeantwortet bzw. mündeten in Prü-

---

76 Vgl. *Fritz de Quervain/C. Wegelin*, Zusammenfassung der Verhandlungen der II. Internationalen Kropfkonferenz, in: Stiner (Hrsg.), Kropfkonferenz (wie Anm. 25), xxxii–xxxxi.

77 Study-Group on Endemic Goitre. Final Report, in: Bulletin of the World Health Organization 9, 1953, 293–301, hier 295.

78 *Schweizerisches Departement des Innern* (Hrsg.), Fachinformation zu Jod. O. O. o. J., 3.

79 *Wagner-Jauregg*, Lebenserinnerungen (wie Anm. 59), 143.

80 *Barbara J. Füger* u. a., Jodstoffwechsel, in: Journal für Ernährungsmedizin 2002, Nr. 2, 7–9, hier 8.

fungsrituale ohne Ergebnisse.[81] Auch die eugenisch geprägte Gesellschaft für Ernährungsbiologie – eine der Gründungsorganisationen der anfangs von führenden NS-Experten geprägten Deutschen Gesellschaft für Ernährung – trat für staatliche Prophylaxemaßnahmen ein.[82] Gegenüber Befürchtungen von Jodschädigungen wurden abermals gefragt, ob nicht einige Fälle von Jodbasedow hinnehmbar seien, um der Mehrzahl zu helfen.[83] Innerwissenschaftlich wurden aber auch andere Themen diskutiert, etwa der Zusammenhang von Kropf und Vitamin-A- bzw. Phosphor-Stoffwechsel. Zugleich versuchten vor allem Vertreter biologistisch-alternativer Ansätze, die Kropfbekämpfung durch eine „naturgemäßere" Ernährung und eine „vitamin- und jodbezogene" Landwirtschaft zu erweitern.[84]

Die geringe Resonanz derartiger Bestrebungen für eine staatliche Jodmangelprophylaxe ist offenkundig und wurde durch führende Ernährungswissenschaftler unterstützt, namentlich die früheren NS-Wehrmediziner Konrad Lang und Hans Diedrich Cremer. Sie wurde gleichsam institutionalisiert durch die Definition von Jodsalz als ein diätetisches Lebensmittel – wobei man einschlägige Debatten der NS-Zeit fortführte und zu einem vorläufigen Ende brachte.

Noch Mitte der 1950er Jahre fand sich Jodsalz nicht unter den vorgesehenen Gruppen diätetischer Lebensmittel, die vorrangig um Säuglings- und Krankenkost, Stärkungsmittel und Diabetikernahrung kreisten.[85] Doch schon die von den Herstellern 1953 vorgeschlagenen Definitionsvorschläge, nach denen diätetische Lebensmittel solche seien, „die nach ihrer Natur, Herstellung oder Zusammensetzung für besondere Ernährungszwecke geeignet sind und vom Hersteller dafür bestimmt sind"[86], ebneten den Weg für eine Integration von Jodsalz in die Diät-Fremdstoff-Verordnung von 1959, die schließlich in die Verordnung über diätetische Lebensmittel von 1963 mündete.[87] Jodsalz wurde zwischen Lebens- und Heilmittel eingeordnet, Werbung und Vertrieb wurden deutlich begrenzt. Damit einher ging eine

81 *Franz Fischler*, Die Vollsalzprophylaxe des Kropfes, in: Die Heilkunst 65, 1952, 92f.

82 *Kurt Saller*, Das Kropfproblem, in: Die Heilkunst 65, 1952, 77.

83 *Jakob Bauer*, Fragekasten, in: Münchener Medizinische Wochenschrift 93, 1951, Sp. 936–938, hier 937f.

84 *M. Richard*, Die Struma als Mangelkrankheit, in: Die Heilkunst 65, 1952, 83–91, hier 87 (beide Zitate).

85 *Volker Hamann*, Die diätetischen Lebensmittel, in: Ernährungs-Umschau 2, 1955, 75–77, 106f., 130f.

86 *Wilhelm Schultheiß*, ‚Diätetische Lebensmittel' sind keine Arzneimittel, in: Die Ernährungswirtschaft 2, 1955, 88–90, hier 89.

87 Vgl. umfassend *Wilhelm Schultheiß*, Diätetische Lebensmittel. Zum gegenwärtigen Stand der Diskussion, in: Deutsche Lebensmittel-Rundschau 58, 1962, 157–164; *ders.*, Verordnung über diätetische Lebensmittel, in: Die Ernährungswirtschaft 10, 1963, 757–762.

Begrenzung des Jodgehaltes auf 5 mg KJ/kg Salz, eine Kennzeichnungspflicht, der Absatz vorrangig über Apotheken, Reformhäuser und Drogerien sowie eine ärztliche Voruntersuchung. Die Jodsalzprophylaxe blieb individualisiert und de facto unter fachlicher Kontrolle. Über diese Maßnahmen wurde öffentlich überraschend wenig diskutiert, auch die Verbraucherverbände hatten keine Einwände.[88]

Die fachliche Diskussion in den 1960er Jahren verwies – in Kontrast zu den Veröffentlichungen der WHO – immer wieder auf die mangelnde kausale Kenntnis der Kropfursachen und die möglichen Gesundheitsfolgen unkontrollierter Jodzufuhr. In Publikationen der Deutschen Gesellschaft für Ernährung wurden Kombinationspräparate mit Joddosen von 25 bis 150 µg als „unverantwortlich hoch"[89] bezeichnet und abgelehnt. Die Hersteller waren dagegen überzeugt, dass Nebenwirkungen oder Jodbasedow außerordentlich unwahrscheinlich seien.[90]

Während Bundesrepublik und DDR in vielen Bereichen darum rangen, ein besseres und erfolgreicheres Deutschland zu repräsentieren, blieb der Systemwettbewerb in der Jodmangelprophylaxe aus. Kropf war im Osten Deutschlands kein zentrales Gesundheitsproblem, auch wenn die Kropfraten im Grenzgebiet zwischen Thüringen und Sachsen teils an die alpiner Regionen heranreichten. Auch hier stiegen die Quoten nach dem Zweiten Weltkrieg wieder an – und dies wurde zumeist mit der schlechten Grundversorgung erklärt.[91] Eine Vollsalzprophylaxe schien wirksam, doch angesichts konkurrierender Erklärungsansätze nicht wirklich effektiv zu sein. Dabei blieb es bis Mitte der 1970er Jahre.

88 Forderungen der Verbraucher zum Entwurf einer Verordnung über diätetische Lebensmittel, in: Verbraucher-Politische-Korrespondenz 9, 1962, Nr. 4, 3–5.

89 *Gertrud Rehner*, Spurenelemente, Spurenelementpräparate und ihre Bedeutung in der Ernährung, in: Ernährungs-Umschau 9, 1962, 39–44, hier 43.

90 Ernährungsprobleme in der modernen Industriegesellschaft, in: Die Ernährungswirtschaft 11, 1964, 699–709, hier 708 (R. Wenger, Wien).

91 *Herbert L. Schrader*, Kropf und Rohstoffmangel, in: Berliner Zeitung 3, 1947, Nr. 220, 3.

V. Erfolgsnachrichten ohne Rückbesinnung: Jodmangelprophylaxe seit den 1980er Jahren

Die zunehmende internationale Isolation der deutschen Staaten, kontinuierlich hohe Kropfraten und die wachsenden Kosten im Gesundheitswesen führten seit Mitte der 1970er Jahre zu einem langsamen Umdenken bei Experten und staatlichen Instanzen. Es war die DDR, die voranschritt. 1976/77 wurde dort erstmals ein landesweites Jod-Monitoring durchgeführt. 46 Prozent der 13–15-jährigen Schüler wiesen eine Schilddrüsenkrankheit auf, 5 Prozent der Jungen und 15 Prozent der Mädchen erforderten grundsätzlich Behandlungen. Etwa 10 Prozent der Erwachsenen hatten einen Kropf, ebenso aber 5–12 Prozent der Neugeborenen.[92] In den südlichen Bezirken waren teils mehr als ein Drittel der Erwachsenen betroffen. 1979 wurden schließlich die Konturen einer Jodmangelprophylaxe ausgearbeitet, auch um die gemeinsame Initiative der WHO, des Welternährungsrates und von UNICEF zur Bekämpfung endemischen Kropfes aufzugreifen.[93] 1983 setzte die Jodprophylaxe in den südlichen Bezirken ein und wurde 1985 auf die gesamte DDR ausgeweitet.[94] Eine sich interdisziplinär nennende Kommission von Endokrinologen, Humanmedizinern, Veterinärmedizinern und Agrarwissenschaftlern, des Gesundheitsministeriums und der Kaliindustrie plante und steuerte die Maßnahmen, zu denen seit 1986 auch die Tierfutterjodierung gehörte. Öffentlich wurden sie als Teil der sozialistischen Gesundheitsfürsorge propagiert, zugleich die finanziellen Einsparungen und die Freisetzung medizinischer Kader für andere Zwecke hervorgehoben. Die Dosierung war mit 32 mg KJ/kg Salz recht hoch, zugleich setzte man eine Quote von 84 Prozent „Kristall-Speisesalz jodiert" am Haushaltssalz fest. Das stark ausgebaute Kantinenwesen wurde auf Jodsalz umgestellt. Mögliche Gesundheitsgefahren wurden öffentlich nicht thematisiert, stattdessen hieß es: „Jodiertes Salz ist für jedermann zu empfehlen, auch denen, die gegen Jod besonders empfindlich sind."[95] Erfolgsnachrichten begleiteten die Prophylaxepolitik. In diesem Fall funktionierte der

---

92 *Volker Hesse*, Gute Erfolge durch die Salzjodierung, in: Berliner Zeitung 45, 1989, Nr. 189, 11.

93 Zusammenarbeit zur Bekämpfung des Kropfes, in: Neue Zeit 35, 1979, Nr. 238, 5; *E. M. DeMaeyer/Frank W. Lowenstein/C. H. Thilly*, The Control of Endemic Goitre. Genf 1979.

94 *Karlheinz Bauch* u.a., Iodine Deficiency Diseases and Interdisciplinary Iodine Prophylaxis in the Eastern Part of Germany before and after the German Reunification, in: F. Delange/J. T. Dunn/D. Glinoer (Eds.), Iodine Deficieny in Europe. New York 1993, 335–340, hier 336.

95 *Fritz von Kozierowski*, Jodiertes Salz dient der Gesundheit, in: Berliner Zeitung 41, 1985, Nr. 298, 3.

Plan. Auch wenn die Hyperthyreose-Inzidenz leicht anstieg, sank die Zahl der Kropffälle deutlich.

Die Vereinigung der deutschen Staaten bedeutete einen Bruch, denn die verpflichtende und vielfach stumme Jodsalzprophylaxe wurde durch das derweil auf Freiwilligkeit beruhende westdeutsche System abgelöst. In der Bundesrepublik begegnete man dem endemisch verbreiteten Kropf mit individuellen ärztlich betreuten Therapien, mit dem als diätetischem Lebensmittel käuflichen Jodsalz, mit vereinzelter Schul- und Schwangerenprophylaxe, mit einer bis zu sechsstelligen Zahl jährlicher Operationen und seit den späten 1970er Jahren auch breiter gestreuter wissenschaftlicher Aufklärung. 1970 wurde eine Jodsupplementierung des Tierfutters mit 40 mg/kg Salz beschlossen, um Gesundheitsschäden der Nutztiere zu reduzieren. Die Menschen dagegen hatten selbst aktiv zu werden.

Als zentrale Lobbygruppe für eine freiwillige Jodsalzprophylaxe entwickelte sich Mitte der 1970er Jahre die 1964 gegründete Deutsche Gesellschaft für Endokrinologie, angetrieben vor allem durch den Mediziner Peter C. Scriba. 1976 wurde eine freiwillige Jodierung des Salzes mit 10 mg/kg Salz empfohlen, um so den endemischen Kropf – 15 Prozent der Bevölkerung befanden sich in behandlungsbedürftigem Zustand – in Westdeutschland zu bekämpfen.[96] Diese Forderung wurde auch in den von der Deutschen Gesellschaft für Ernährung herausgegebenen Ernährungsbericht 1976 aufgenommen. Mögliche Gesundheitsschädigungen wurden angesprochen, doch es galt als ausgemacht, dass diese durch eine Reduktion der behandlungsbedürften Kröpfe von 15 Prozent auf 3 Prozent oder weniger „um ein Vielfaches aufgewogen"[97] werden würden. Offensiv zielten die Experten auf Kostenreduktionen im Gesundheitswesen. Die Kosten von ca. 750 Millionen DM für Schilddrüsenbehandlungen wurden mit den geringen Kosten der Jodsalzprophylaxe kontrastiert, Kropf als „die am leichtesten zu verhindernde aller Krankheiten" dargestellt und die aktivierende Frage gestellt: „Wann werden wir diesen Anachronismus beseitigen?"[98] 1981 wurde daraufhin die Diätverordnung novelliert. Jodsalz konnte nun ohne den generellen Warnhinweis „nur bei ärztlich festgestelltem Jodmangel" an-

---

96 *J. Habermann/K. Horn/Peter C. Scriba*, Alimentary Iodine Deficiency in the Federal Republic of Germany, in: Nepomuk Zöllner/Günther Wolfram/Ch. Keller (Eds.), Second European Nutrition Conference. Basel u.a. 1977, 289–291.

97 *Peter C. Scriba*, Jodsalzprophylaxe, in: Therapiewoche 27, 1977, 4687–4693, hier 4690.

98 *Peter C. Scriba*, Kropf und Jodmangel in Europa, in: Deutsches Ärzteblatt 82, 1985, 3352 f., hier 3353.

geboten werden, und die Dosierung wurde auf 15–25 mg Natrium- oder Kaliumjodat/kg Salz im Haushalt erhöht. Da dies nur geringe Folgen hatte, schlossen sich 1984 Mediziner und Ernährungswissenschaftler zum wesentlich von Salz- und Pharmaproduzenten finanzierten „Arbeitskreis Jodmangel" zusammen, seither die wichtigste Lobbygruppe einer Jodmangelprophylaxe. Die Öffentlichkeitsarbeit zielt auf Wissenstransfer an Laien, nicht auf Diskussion mit Bürgern. Die eigentliche Arbeit erfolgt im gesundheitspolitischen Raum. Nachdem die DDR vorangeschritten war, und auch unter dem Eindruck der dort erzielten Erfolge, gelang es 1989, Jodsalz aus der Diätverordnung herauszulösen und in die Zusatzstoff-Zulassungsverordnung zu überführen. Damit war dessen Verwendung in Großküchen und bei der Lebensmittelproduktion möglich. Nun wurden auch internationale Vorschläge aufgegriffen – und die Bundesrepublik verpflichtete sich 1990 gegenüber der UNICEF, den heimischen Jodmangel bis zum Jahr 2000 erfolgreich zu bekämpfen.

Dieses Ziel wurde angesichts der Ergebnisse des ersten umfassenden Jod-Monitorings 1996 auf 2005 verschoben, temporär aber erreicht. Das wäre kaum möglich gewesen, wäre nicht durch die Vereinigung deutlich geworden, dass das westdeutsche System der Freiwilligkeit die Kropfinzidenz in Ostdeutschland rasch wieder hochschnellen ließ. Dabei ging es insbesondere um die in der DDR etablierte stumme Prophylaxe bei Tierfutter, Lebensmittelproduktion und in der Gemeinschaftsverpflegung.[99] Bis 1991 war die Menge des Jodsalzes im Osten dramatisch von 8500 Tonnen auf 2500 Tonnen heruntergegangen.[100] Das führte zu einfach vermeidbaren Kosten im Gesundheitswesen. Die Konsequenz der Experten war klar: „Die Verwendung von Jodsalz lediglich im Haushalt bietet keine prophylaktische Wirkung, Jodsalz müsse in die Nahrungskette eingebracht werden."[101] Der autoritäre Charme der DDR hatte beträchtlichen Lockreiz. 1993 wurden die Kennzeichnungsverpflichtungen für Jodsalz gelockert und damit insbesondere der Einsatz in der Lebensmittelproduktion ermöglicht, zumal bei Back-, Fleisch- und Milchwaren. Bis 1995 stieg der Anteil von Jodsalz am Gesamtumsatz des Haushaltsalzes auf etwa 70 Prozent, nachdem die Werte 1983 noch deutlich unter 10 Prozent gelegen hatten. Der Anteil von Jodsalz im gewerblichen Bereich schnellte seit 1989 von praktisch null auf fast

99 *Helga Lindner*, Ein Spurenelement von Gewicht: Jodprophylaxe als Medizin, in: Neue Zeit 47, 1991, Nr. 131, 27.

100 Erfolge durch Jodprophylaxe, in: Berliner Zeitung 47, 1991, Nr. 198, 9.

101 *Renate Ross*, Probleme durch Jodmangel, in: Neue Zeit 50, 1994, Nr. 150, 21.

40 Prozent hoch.[102] In den Folgejahren wurden vorrangig auf Basis der stummen Prophylaxe in Lebensmittelproduktion und Gastronomie, kaum jedoch durch die Verwendung von Jodsalz im Haushalt, die Mengen des zugeführten Jods in den unteren von der WHO definierten Optimalbereich heraufgeschraubt. Parallel betriebene Empfehlungen für höheren Konsum stark jodhaltiger Lebensmittel blieben ohne breiteren Effekt. Diese Erfolge wurden seitens des Arbeitskreises Jodmangel als Ergebnis vorrangig ihrer Arbeit gefeiert. Dass dennoch etwa 10 Prozent der deutschen Bevölkerung einen moderaten und 3 Prozent einen schweren Jodmangel aufweisen, hat zu neuerlichen Forderungen nach höheren Joddosen und einer vermehrten stummen Prophylaxe geführt.[103] Nicht erwähnt wird, dass die nach wie vor hohen und in den letzten Jahren teils wohl wieder wachsenden Kropfinzidenzen unmittelbare Folgen der verlorenen sechs Jahrzehnte von den 1920er bis zu den 1980er Jahren waren. Durch den deutschen Sonderweg in der Gesundheitspolitik wurde letztlich eine einfach vermeidbare Mangelkrankheit billigend in Kauf genommen. Immense persönliche und wirtschaftliche Kosten waren die Folge.

VI. Ausklang: Verkehrte Fronten und die Entsorgung der Vergangenheit

Es steht heute wohl außer Zweifel, dass eine Jodsalzprophylaxe in Deutschland erforderlich ist und dass die in den letzten Jahrzehnten getroffenen Maßnahmen positive Veränderungen für Millionen von Menschen gebracht haben. Das Beispiel der Jodmangelprophylaxe unterstreicht zugleich die hohe Bedeutung von Experten für das Essen und Nicht-Essen Aller. Sie finden sich als Patienten, als Laien, als Last, als Kostenträger stetig in den Argumentationen der Experten. Doch während der letzten hundert Jahre boten die Essenden vor allem eine fast beliebig zu variierende Folie für allgemeine Forderungen. Fragen nach den Konturen eines sinnvoll strukturierten Gesundheitswesens, der Stellung von akademischen Wissensträgern in Staat und Wirtschaft, von Gesellschaftmodellen und wissenschaftlichen Krankheits- und

102 *Arbeitskreis Jodmangel* (Hrsg.), Verwendung von Jodsalz bei der Herstellung von Lebensmitteln. Fakten, Argumente, Entscheidungshilfen. Groß-Gerau 1996.

103 *Rainer Hampel/Gundolf Bennöhr/Ansgar Gordalla/Harald Below*, Jodidurie bei Erwachsenen in Deutschland im WHO-Zielbereich, in: Medizinische Klinik 104, 2009, 425–428.

Präventionsvorstellungen wurden so diskutiert. Die Langzeitanalyse erlaubt und erfordert damit vielfältige Rückfragen an die Struktur moderner Wissensgesellschaften, in denen (Natur-)Wissenschaftler führende Positionen einnehmen.

Die Geschichte der Jodsalzprophylaxe verdeutlicht innerhalb der Wissenschaft, dass zwischen den gängigen Zuschreibungen wissenschaftlicher Arbeit und den realen Handlungen der Wissenschaftler strikt zu unterscheiden ist. Die Beteiligten kannten im Regelfall nicht die laufende Forschung, pickten sich meist die Studien heraus, die den eigenen, schon vorher bestehenden Standpunkt bestätigten. Wissenschaftler folgten der herrschenden Meinung, so dass die Jodmangeltheorie gleich mehrfach neu entdeckt wurde, nachdem andere Interpretamente den ärztlichen Blick fortlenkten. Berechtigte Bedenken und Rückfragen wurden zu Grundsatzproblemen umgedeutet, ein abwägendes Maß war bei den meisten Kämpfern des Unbedingten kaum zu erkennen. Die wissenschaftlichen Arbeiten zeichneten sich vielfach durch elementare methodische Fehler aus, durch bewusstes Missverstehen und den Unwillen, die eigene Position in Frage zu stellen. Forschung wurde vielfach zur Selbstbeschwörung, zur immer neu, immer anders begründeten Unterfütterung des von Beginn an Gesetzten. Selbstkritik kommt in der Fachliteratur praktisch nicht vor, Rückfragen an die eigene Rolle bzw. die Einbettung der eigenen Forschung fehlen.

Der Staat hat seine Aufgabe in der Gesundheitsfürsorge an Wissenschaftler und Wissenschaftlerinnen delegiert, hat recht beliebig die ihm opportunen Positionen gestützt, hat keine eigenständige Wissensproduktion betrieben und war lange Zeit nicht willens, die bestehenden Problemlagen anzugehen und die Kropfhäufigkeit zu reduzieren. Man kann die zurückhaltende und mögliche Gesundheitsschädigungen durch Jodunverträglichkeiten hoch gewichtende Politik der Weimarer Zeit, des Nationalsozialismus, der Bundesrepublik und der DDR durchaus verteidigen. Doch es sollte Anlass zu Rückfragen geben, wenn heutzutage alternative Verschwörungstheoretiker Positionen vertreten, die ehedem wichtige Repräsentanten des medizinischen Establishments einnahmen.[104] Die in Deutschland über viele Jahrzehnte unterlassene Jodmangelprophylaxe erfordert jedenfalls deutliche Rückfragen an die Rationalität und Effizienz staatlicher Gesundheitspolitik.

104 Vgl. prototypisch die Arbeiten von *Dagmar Braunschweig-Pauli.*

Auch Verbraucher waren – allen Quellenproblemen zum Trotz – in dieser Geschichte keineswegs die am eigenen Essen und Nicht-Essen interessierten Subjekte. Es gab keinen Aufruhr gegenüber den Restriktionen von Experten und Staat, stattdessen fand sich die große Mehrzahl mit der eigenen leidenden Rolle röchelnd ab. Angebote der Wirtschaft wurden gerne wahrgenommen, doch über mögliche Folgen kaum nachgedacht. Millionenfaches Leid und vielfacher Tod führten nicht zu politischen Forderungen, zur Artikulation der eigenen Interessen. Auch das Mediensystem hat diese Aufgabe nicht wahrgenommen.

Die Geschichte der Jodmangelprophylaxe in Deutschland ist aber nicht nur aufgrund der realhistorischen Rollen und der rhetorischen Strategien aller Beteiligten hochspannend. Sie zeigt zugleich Naturwissenschaftler als Mythenproduzenten, als eine treibende Kraft der historischen Deutung. Auf die nationalen und personenbezogenen Heroengeschichten wurde bereits hingewiesen. Doch es geht um mehr. Wer etwa in der von der Deutschen Gesellschaft für Ernährung herausgegebenen Fachzeitschrift „Ernährungs-Umschau" nach Informationen zur Geschichte der Jodsalzprophylaxe in Deutschland sucht, wird beispielsweise erfahren, dass Jodsalz hierzulande erst ab 1959 verfügbar war.[105] Die vielfach mit kleinen „historischen" Herleitungen versehenen Überblicksartikel haben keinen informativen, sondern einen legitimatorischen Charakter. Sie zielen nicht allein darauf, heutige Politiken als logische und rationale Konsequenzen von substanziellen Lernprozessen darzustellen. Sie dienen nicht allein gängiger Wissenschafts-PR, um so die Erfolge eigener Forschung, eigener Maßnahmen besser präsentieren zu können. Sie dienen vor allem der geschichtspolitischen Entsorgung komplexerer Geschichtsbilder, die Rückfragen und Selbstkritik erfordern würden – und so den Sauerteig für erfolgreiche Präventionspolitiken bieten könnten.

105 *Richard Lux/Ulla Walter*, Präventionsstrategien durch Anreicherung von Grundlebensmitteln mit Iod, Flourid und Folsäure. Eine Chronologie, in: Ernährungs-Umschau 52, 2005, 444–447, hier 445. Es ist bezeichnend, dass diese Fehlinformation im einschlägigen Wikipedia-Artikel „Jodmangel" enthalten ist und derart ihren Weg in viele Printmedien findet.

III. Sinnsysteme

Weißes (Nicht-)Essen im Kongofreistaat und in Deutsch-Ostafrika (1884–1914)

von Diana M. Natermann

‚White' (Non-)Eating in the Congo Free State and German East Africa (1884–1914)

This article analyses, reconstructs, and presents how food cultures are linked to the establishment and implementation of power within colonies by analysing white habits of not-eating. By juxtaposing white with sub-Saharan cultures, the aim is to show how rejecting indigenous foods represented European political and cultural elitism. Culinary rejection was a means of segregation and vital for (re-)enforcing whiteness amongst Europeans in Africa. The analytical source base consists of ego-documents by Belgians, Germans, and Swedes who while in Africa, practiced a 'civilised' dining culture and turned eating into a status symbol. By combining whiteness studies with food, colonial, and visual history I provide a refined understanding of imperial lives in Africa and its links to post-colonial theories.

> „Man, it has been said, is a dining animal. Creatures of the inferior races eat and drink; man only dines. It has also been said that he is a cooking animal; but some races eat food without cooking it."[1]

Die koloniale Essensgeschichte gehört zu einem noch jungen Forschungsfeld, das sich zumeist auf die Analyse und Erforschung von Kochbüchern, Memoiren, Reiseheften und Büchern zur Haushaltsführung beschränkt. Der Fokus liegt auf der Recherche von Lebensmitteln, die zur Kolonialzeit gegessen wurden, und nicht auf dem Aspekt des Nicht-Essens. Hinzukommt, dass, sobald sich in den letzten zwei Dekaden der analytische Blick auf das subsaharische Afrika richtete, das Interesse entweder auf ökonomisch relevante Themen, wie den Zucker- und Kaffeehandel[2], fiel oder Anthropologen die Esskulturen dortiger Ethnien untersuchten. Ein weiterer häufiger Ansatz beschäftigte sich mit der Analyse von Gütertransportwegen.[3] Da-

1 *Isabella Beeton*, The Book of Household Management. London 1861, Kap. 40.

2 *Sidney W. Mintz*, Sweetness and Power. The Place of Sugar in Modern History. New York 1985.

3 *Diane Kirkby/Tanja Luckins/Barbara Sanitch*, Of Turtles, Dining and the Importance of History in Food, Food in History, in: Diane Kirby/Tanja Luckins (Eds.), Dining on Turtles. Food Feasts and Drinking in History. New York 2007. Es begann mit einer Gruppe Essenshistoriker, die von Jean-Louis Flandrin (École des Haute Études en Sciences Sociales) geleitet wurde. Nachfolger waren Theodore Zeldin und Alan Davidson, die gemeinsam das „Oxford Symposium on Food and Cookery" gründeten. Die wichtigsten Werke zur

DOI 10.1515/9783110574135-009

ran knüpft auch die Meinung mancher heutiger Forscher an, dass Europas Kolonialismus und sein hegemoniales Streben direkte Resultate der höfischen Gier nach Zimt, Muskatnuss und anderen exotischen Gewürzen waren.[4] Anstatt eine weitere Episode darüber zu schreiben, wie diverse Nahrungsmittel wohin gelangten, verfolge ich die These, dass der Verzicht auf lokale Lebensmittel in subsaharischen Kolonien in direktem Zusammenhang mit der Schaffung und Wahrung einer ‚weißen' Identität im ‚nicht-weißen' Ausland stand.

Konträr zu den üblichen Forschungsansätzen wird dieser Artikel anhand postkolonialer Ansätze die Esskulturen weißer Imperialisten auf den Verzicht hin untersuchen. Auf eine Einführung in die kolonial-subsaharische Essensgeschichte folgt die Auseinandersetzung mit *Whiteness Studies* und die Rolle des ‚Weißseins' als Identitätsmarker unter europäischen Kolonisierenden. Im Folgenden wird dargelegt, wie belgische, deutsche und schwedische Kolonisierende bewusst auf kongolesische und tansanische Lebensmittel bzw. Gerichte verzichteten, um so ihre selbst wahrgenommene ‚weiße' Überlegenheit zu leben und sie vor afrikanischen – also ‚nicht-weißen' – Einflüssen zu beschützen. In diesem Sinne lehne ich mich an Fernand Braudels Appell für die Etablierung und Professionalisierung der Essensforschung im kulturhistorischen Sinne an, statt sie nur aus öknomischer Sicht zu betreiben. Wissenschaftler sollten ihren Blick auf die Essgewohnheiten der Massen lenken, statt sich nur um jene der Eliten zu kümmern.[5] Da meine Analyse auf Egodokumenten belgischer, deutscher und schwedischer Frauen und Männer basiert, die zwischen 1884 und 1914 entweder im Kongofreistaat oder Deutsch-Ostafrika lebten, beschäfigt sich dieser Artikel nicht mit den Gewohnheiten der Elite, sondern mit den Hinterlassenschaften von Zeitakteuren, die keine Mitglieder der europäischen Oberschicht, sondern vielmehr Menschen aus der Mitte der Gesellschaft waren.[6]

Kochbuchgeschichte sind: *Steven Kaplan*, Provisioning Paris. Merchants and Millers in the Grain and Flour Trade During the Eighteenth Century. Ithaca 1984; *Stephen Mennell*, All Manners of Food. Eating and Taste in England and France from the Middle Ages to the Present. Champaign 1985; *Michael Symons*, One Continuous Picnic. Merlbourne 1983.

4 *Diane Kirby* et al. vertreten dieselbe Ansicht zur Motivation der europäischen Expansion nach Amerika: *Kirkby/Luckins/Sanitch*, Dining on Turtles (wie Anm. 3).

5 *Fernand Braudel*, Histoire de la vie matérielle, in: Annales 16, 1961, 723–728.

6 Teile der Forschung (vor allem Quellen) zu diesem Artikel stammen aus meiner Dissertation, deren Publikation gerade vorbereitet wird.

Egodokumente sind visuelle und schriftliche Quellen, die die Selbstwahrnehmung und Darstellung historischer Subjekte in deren Umfeld zum Ausdruck bringen. Beispiele können direkte Zeugnisse wie Autobiografien, Briefe und Tagebücher sein oder auch indirekte Quellen, die nicht zur Überlieferung geplante Äußerungen festhielten, wie man sie in Fotografien oder Beobachtungen anderer Mitmenschen findet.[7] Kolonisierende führten in der Ferne häufig Tagebücher, sie schrieben Briefe an ihre Verwandten und Freunde in Europa, und seit dem späten 19. Jahrhundet kam die Kolonialfotografie als neues Medium hinzu. Die Verwendung von Egodokumenten erlaubt daher eine mikrohistorische Analyse von unten statt der traditionellen Top-down-Vorgehensweise, wodurch ein differenzierterer Blick auf koloniale Esspraktiken entsteht. Die Erzeuger der verwendeten Egodokumente (publizierte wie auch unpublizierte Quellen) waren entweder koloniale Militärs, Beamte, Missionare, Krankenschwestern oder Ehefrauen von Kolonialadminstratoren.

Im Kongofreistaat und in Deutsch-Ostafrika führte eine ,weiße' Kultur zur Ablehnung lokaler ,nicht-weißer' Nahrung, da der Zivilisationsgrad eines Zentralafrikaners unter anderem anhand des Vorhandenseins oder Fehlens einer gelebten Tischkultur gemessen wurde. Aus den Egodokumenten der Kolonialisierenden geht hervor, dass afrikanische Essgewohnheiten von Europäern abgelehnt wurden, weil sie als Ausdruck der niederen afrikanischen Zivilisation gelesen wurden. Die in subsaharischen Regionen gelebte Esskultur, die eine Mahlzeit täglich vorsah, wurde der europäischen Sitte des Drei-Mal-am-Tag-Essens gegenübergestellt und von Kolonialisierenden als zivilisatorisch unterentwickelt bewertet.

In diesem Aufsatz wird ,weiß' im Sinne der post-kolonialen *Whiteness Studies* definiert und betrifft judäo-christlich geprägte Europäer aus Zentral- und Westeuropa, die im späten 19. und frühen 20. Jahrhundert als Kolonisierende in Zentralafrika lebten. Die aus den USA stammenden *Whiteness Studies* untersuchen transdisziplinär die soziale Konstruktion einer ,weißen' Identität basierend auf kulturellen, historischen und sozialen Erfahrungen. Dabei steht das ,Weißsein' als Statuszeiger oft im Vordergrund und dient als Rechtfertigung für rassistisches Verhalten. Die Anwendung von *Whiteness*-Ansätzen zur Analyse kolonialer Essensgeschichte ermöglicht den absichtlichen Essensverzicht nach rassistischen Merkmalen zu untersuchen, wobei sich Letztere auf die Idee einer ,weißen' Überlegenheit bezogen.

---

7 *Jacques Presser*, Ashes in the Wind. The Destruction of Dutch Jewry. London 1968; *Winfried Schulze* (Hrsg.), Ego-Dokumente. Annäherung an den Menschen in der Geschichte. Berlin 1996.

I. Koloniale Essensgeschichte und ‚weiße' Identitäten

Die koloniale Essensgeschichte zeugt von Momenten der Entdeckung, Anpassung, Erforschung, aber auch Ablehnung und Negierung. Cecilia Leong-Salobiro beschreibt die Neuerschaffung einer kolonialen Küche in Indien, Malaysia und Singapur, die auf der Kollaboration britischer Kolonisierender und asiatischer Kolonisierten basierte. Eine interkulturelle ‚fusion kitchen' war entstanden, die gegensätzliche Kulturen vereinte, bestehende Rezepte änderte und neue erschuf. Laut Leong-Salobir, Donna Gabaccia und Jeffrey Pilcher war die Kreierung neuer kolonialer Esskulturen zudem identitätsstiftend für Kolonisierende weltweit.[8]

Manche nach Europa exportierte Kolonialrezepte sind noch heute beliebt. Insbesondere die indonesisch-niederländische *Rijstafel*[9] ist das Resultat einer Fusion niederländisch-christlicher und indonesisch-muslimischer Esskulturen, die in Indonesien erfunden und später in die Niederlande eingeführt wurde.[10] Bis heute sind indonesische Gewürze Standardprodukte in dortigen Supermärkten. Ähnliche lukullische Kolonialeinflüsse lassen sich in Belgien (*moambe*), Frankreich (*couscous*), Großbritannien (*tikka massala*) und Portugal (*galinha à Xanti*) finden. Deutschland stellt hier die Ausnahme von der Regel dar, was auf die Kürze seiner Kolonialzeit zurückzuführen ist: Es lassen sich keinerlei tansanische, namibische, kamerunische, togolesische und asiatische Einflüsse in der deutschen Ess- und Trinkkultur finden.

Die Kolonialzeit beeinflusste aber nicht nur europäische Küchen, sondern veränderte auch afrikanische Nahrungsmittelgegebenheiten nachhaltig. James McCann legt eindrücklich dar, wie die afrikanische Esskultur dauerhaft durch den transatlantischen Dreieckshandel (Europa-Afrika-Amerika-Europa) verändert wurde[11], und wie europäische Küchen seit dem 16. Jahrhundert neue Produkte wie Kakao, Kaffee und Zucker in ihr Repertoire aufnahmen, die später zu Alltagszutaten wur-

8 *Cecilia Leong-Salobir*, Food Culture in Colonial Asia. A Taste of Empire. London 2011; *Donna Gabaccia*, We Are What We Eat. Ethnic Foods and the Making of Americans. Cambridge 1998; *Jeffrey M. Pilcher*, Que Vivan Los Tamales! Food and the Making of Mexican Identity. Albuquerque 1998.

9 Die *Rijsttafel* besteht aus einer großen Reisschale mit ca. 40 Nebengerichten; *Kenneth F. Kiple*, A Movable Feast. Ten Millenia of Food Globalization. Cambridge 2007.

10 *Samuela Etossi*, Indonesian and Moroccan Eating Cultures at the Dutch Table. A Culinary History of Adaptation and Authenticity (1950–2000). Leiden 2000; *Fadly Rahman*, Rijsttafel: The History of Indonesian Foodways 1870–1942. Jakarta 2011.

11 *James C. McCann*, Stirring the Pot. A History of African Cuisine. Athens 2009.

den.[12] Gleichzeitig wurden in Zentralafrika neue Getreide- und Gemüsearten eingeführt (z. B. neue Reisarten, Maniok und Chilischoten), die lokale Kochkulturen veränderten. Es kam somit zu mehrfachen transkontinentalen, intendierten und unbeabsichtigten Veränderungen von Essgewohnheiten.

In den Kolonien angelangt, diente Essen nicht nur der Vermeidung von Hunger, sondern es war ein sozialpolitisches Instrument geworden, das als Identitätsstifter fungierte und zugleich der Segregierung diente. Das Studium von Essen als Kultursymbol erlaubt „dem Historiker, versteckte Abstufungen zu enthüllen, die sich in gesellschaftlichen Beziehungen wiederfinden und so zu neuen Erkenntnissen gelangen lassen".[13] Vor allem mit Blick auf die Erschaffung nationaler Identitäten und die Entwicklung nationalistischer Ideen wurden im 19. Jahrhundert Landesnarrative gestaltet, die erstmals lokale Standardgerichte zu Nationalgerichten deklarierten (z. B. *moules et frites* und *Ghent waterzooi à la poularde* in Belgien).[14] Je weiter man sich von der Heimat entfernte, umso wichtiger wurde ‚essbare Heimat' für die Wahrung der eigenen Identität in der Fremde. Im kolonialen Kontext kam noch der Aspekt der Zelebrierung einer vermeintlich höher entwickelten, zivilisierteren ‚weißen' Kultur hinzu.[15]

Die folgenden Seiten zeigen, welche indigenen Esskulturen im Kongofreistaat und in Deutsch-Ostafrika existierten und welche Hürden Kolonialisierende auf sich nahmen, um im tropischen Ausland an einem gedeckten Tisch zu sitzen, mit Messer und Gabel zu essen und Wein aus Gläsern zu trinken. So wie Sarah Black Kochbücher analysiert, um Esskulturen ‚weißer' Siedler in Australien seit dem späten 19. Jahrhundert zu untersuchen, verwende ich Egodokumente zur Identifizierung kolonialer Momente des Essens und insbesondere des Nicht-Essens.[16] Dabei geht es um

---

12 Mintz analysiert u. a., wie sich in Großbritannien Zucker zwischen 1650 und 1900 vom Luxus- zum Alltagsgut wandelte; *Mintz*, Sweetness and Power (wie Anm. 2).

13 *John C. Super*, Food and History, in: Journal of Social History 36/1, 2002, 165–178, hier 165.

14 *Peter Scholliers*, Food Culture in Belgium. Westport 2009.

15 Die Nahrungsmittelgesetze des Apartheidregimes Südafrikas kreierten einen Kulturrassismus, der annahm, dass Afrikaner selbst Schuld trügen, wenn sie Hunger litten. Die ‚weiße' Ansicht war, dass Afrikaner zu dumm seien, um sich selbst zu ernähren, was ein Apartheidregime rechtfertige; vgl. *Diana Wylie*, Starving on a Full Stomach. Hunger and the Triumph of Cultural Racism in Modern South Africa. Charlottesville 2001.

16 *Sarah Black*, Community Cookbooks, Women and the ‚Building of the Civil Society' in Australia, 1900–38, in: Kirby/Luckins (Eds.), Dining on Turtles (wie Anm. 3), 154–170.

die Einsicht in kulturell wie auch politisch bedingte Identitäten im Rahmen eines ‚weißen' Schauplatzes.

Wegen ihrer prominenten Rolle eignet sich Nahrung zur Untersuchung von kulturellen Einstellungen, die in Verbindung mit Ängsten, Werten und Vorurteilen stehen. Gemeinsames Essen nimmt eine zentrale Rolle bei Festen, Zeremonien und Traditionen ein.[17] Traditionell waren Kulturen eng mit lokalen Pflanzen und geografischen Gegebenheiten verbunden, weswegen einstige Esstraditionen meist von lokal verfügbaren Lebensmitteln abhingen. Essgewohnheiten erzählen dem Betrachter einiges über den Essenden und den Verzicht, sei er religiös wie das Verbot von Schweinefleisch und Alkohol oder ideologisch-politisch wie ein auf Tierschutz begründeter Veganismus. Essen ist ein nach innen wie außen hin wirkender kultureller, religiöser oder politischer Marker. Im späten 19. und frühen 20. Jahrhundert wurde Nahrung – speziell der Verzicht – zu einem wichtigen Bestandteil von Nationalismus, Rassentheorie und der kolonialen Zivilisierungsmission.

II. Subsaharische Ess- und Trinkkulturen

Das Produkt der einheimischen Küche definiert Priscilla Parkhurst als „formelle und symbolische Anordnung kulinarischer Praktiken".[18] McCann fügt für den afrikanischen Kontext hinzu, dass zu einer indigenen Küche immer „eine stärkehaltige Zutat, einige Gewürze, eine gewisse Konsistenz, komplimentäre Geschmäcker, Rituale und [...] Fleisch"[19] gehören. Eine ortsabhängige Küche hilft ebenso bei der Identifizierung und Unterscheidung zwischen Kulturen wie Trachten, Musik und Tanz.

Als die europäischen Besatzer seit den 1880er Jahren ankamen, bestand die übliche Tagesmahlzeit aus einem Hirse- oder Federährenbrei mit einem Überguss aus Gemüse-, Fleisch- oder Fischsoße.[20] Hirse- und Federährenfelder säumten in manchen Gebieten ganze Landschaften, wie Dr. Oscar Baumann am 21. Juli 1892 an die Antisklavereikommission schrieb:

17 *Jeffrey M. Pilcher*, Food in World History. Oxford 2005.

18 *Priscilla Parkhurst Ferguson*, Accounting for Taste. The Triumph of French Cuisine. Chicago 1994, 3.

19 *McCann*, Stirring the Pot (wie Anm. 11), 5.

20 Laut Kiple entstand das Zubereiten von warmen Gerichten zufällig, da die Domestizierung von Feuer und gegartem Essen gleichzeitige Zufallsentdeckungen waren, die Humankulturen für immer änderten. Ungenießbares und Giftiges wurde durchs Kochen essbar; siehe *Kiple*, A Movable Feast (wie Anm. 9), 11 f.

„[Wir] gelangten am 12. Juni nach der von Masukuma bewohnten Landschaft Ututwa. Diese, sowie der sich südwestlich anschließende Distrikt Tuzu ist von leichten Bodenschwellungen durchzogen [...]. Man durchzieht ununterbrochen Sorghumfelder der rötlichen Varietät.“[21]

Eine geplante und effektive Feldwirtschaft war also schon vor über 150 Jahren in Deutsch-Ostafrika vorhanden.

Im subsaharischen Kontext ist McCanns Analyse des stärkehaltigen Nahrungsmittels wichtig, da dortige Kulturen eine Mahlzeit nur dann als solche betrachten, wenn sie ein nachhaltig füllendes Gefühl hervorruft, wie Getreide- oder Reisbrei. Nebst den aus Lateinamerika eingeführten Getreide- und Reissorten gelangten im 18. Jahrhundert auch asiatische Kochbananen durch Händler nach Ost- und Zentralafrika.[22] Bis heute prägen diese Veränderungen die afrikanische Esslandschaft. Eine ideale zentralafrikanische Mahlzeit besteht somit aus einer Portion Brei, die mit einer scharfen Fleisch-, Fisch- oder Gemüsesoße übergossen wird.[23] Das Gericht wird weder dekoriert noch per se am Tisch serviert und entsprach daher zur Kolonialzeit nicht den bürgerlich-europäischen Vorstellungen einer zivilisierten Mahlzeit. Stattdessen war es ein Gemisch aus transkontinentalen Zutaten und innerafrikanischen Traditionen.[24] Da Kolonisierende ein reges Interesse an den Essensritualen der Kolonisierten zeigten, wurden sie schriftlich festgehalten, wenn auch nicht gewürdigt, wie in den Berichten von Baumann.[25]

Wie andernorts auch, gab es in Afrika eine Verbindung zwischen sozialem Stand und dem Zugang zu Lebensmitteln, vor allem Fleisch. Für Zenralafikanerinnen und Zentralafrikaner hing der Fleischkonsum von drei Punkten ab: Jahreszeit, Jagdkenntnisse und Reichtum. Im Kongofreistaat und Deutsch-Ostafrika gab es kaum Viehhütergemeinschaften, weswegen der Verzehr von Fleisch ebenso wie in Europa vom sozialen Stand und der Finanzkraft eines Individuums abhing.[26] Im Gegensatz zu den indigenen Jägern war es für Europäer Dank ihrer Schusswaffen ein Leichtes,

---

21 *Oscar Baumann*, Die Expeditionen des Antisklaverei-Komitees. Ein Bericht des Dr. O. Baumann, Mwanza, 12.7.1892, in: Bundesarchiv Berlin-Lichterfelde, Antisklavereibewegung, R 1001/259.

22 *McCann*, Stirring the Pot (wie Anm. 11).

23 *Fran Osseo-Asare*, Food Culture in Sub-Saharan Africa. Westport 2005.

24 *Linda Civitello*, Cuisine and Culture. A History of Food and People. New York 2003.

25 *Baumann*, Die Expeditionen des Antisklaverei-Komitees (wie Anm. 21), Mwanza, 8.11.1892.

26 Der Statistiker Edouard Ducpétiaux dokumentierte in 1855, dass der Fleischverbrauch pro Person in Belgien direkt mit sozialer Klasse, Kaufkraft und Überfluss zusammenhing; *Danielle De Vooght*, The King Invites. Performing Power at a Courtly Dining Table. Brüssel 2012.

die Jagd für sich zu entscheiden. Soziale Klasse und Essen gingen auch in den Kolonien miteinander einher. Allerdings waren in Zentralafrika im 19. Jahrhundert eher Essens- und Vorratsmassen ein Marker für Reichtum – was direkt mit der Großfamilienstruktur verbunden war[27] –, während im damaligen Europa die Art des Essens mit Wohlstand und sozialer Schicht einherging.

Das wohl einzige Produkt, das unabhängig von Schicht, Wohlstand, Geschlecht und Ethnie zu sich genommen wurde, war *Pombe*: ein aus Bananen oder Sorghum hergestelltes Bier, das damals in Korbkaraffen serviert und bei Feierabend oder Festlichkeiten getrunken wurde.[28] Ursprünglich tranken mehrere Leute aus derselben Karaffe, doch mit der Abfüllung in Flaschen verschwand diese Tradition größtenteils.[29] Für ledige und verwitwete Frauen war das Bierbrauen die einzige unabhängige und respektable Einnahmequelle. Im Zuge der Kolonisierung Zentralafrikas und des zahlenmäßigen Anstiegs der Europäer stieg auch der Pombekonsum stetig an und war den Kolonisierenden ein vertrauter Anblick im Stadtbild.

Trotz allgemeiner Beliebtheit wurde das Bierbrauen, welches eine Frauenangelegenheit war, sogar in Zeiten des Mangels nicht von Männern übernommen, wie die folgende Beobachtung von Tom von Prince während einer der deutschen Militäraktionen gegen afroarabische Aufständische zeigt:

> „Die [indigenen] Leute hatten es [...] gut, da sie nicht so der Fleischnahrung bedurften wie unser einer. Nur der Mangel an Pombe störte sie anfangs sehr; zur Herstellung konnte ich sie jedoch nicht bewegen, da ihnen die Arbeit als Weiberarbeit zuwider war, und ich gab bald meine Vorstellungen auf. Das war uns beiden aber sehr unangenehm, denn Pombe ist immer besser als nichts."[30]

Alkohol war für Europäer auch in den Kolonien ein Muss und eines der wichtig-

27 Laut J. Goody sind in Afrika Essen und Geschlechtsverkehr miteinander verbunden, da sie wichtige Aspekte des soziokulturellen Systems sind. Reichtum und Fruchtbarkeit sind in präkolonialen und präindustriellen afrikanischen Gesellschaften untrennbar; *Jack Goody*, Cooking, Cuisine and Class. A Study in Comparative Sociology. Cambridge 1982.

28 *Tom von Prince*, Gegen Araber und Wahehe. Erinnerungen aus meiner ostafrikanischen Leutnantszeit 1890–1895. Berlin 1914, 194.

29 Wegen neuer Abfüllanlagen verloren im 20. Jahrhundert viele Frauen ihre Haupteinkommensquelle; *Pilcher*, Food in World History (wie Anm. 17). Je nach Gegend gab es im Regenwald Bananenbier, in Wäldern Palmwein, Hirsebier in der Savanne und Met in Äthiopien. Eine Liste beliebter Getränke in Deutsch-Ostafrika enthält: *Rochus Schmidt*, Deutschlands Kolonien. Ihre Gestaltung, Entwicklung und Hilfsquellen. Berlin 1894, 88–94.

30 *Prince*, Gegen Araber und Wahehe (wie Anm. 28), 164.

sten Importgüter: Wein, Likör, Sekt und Champagner wurden nicht nur als Genussmittel verstanden, sondern auch als Medizin. Es gab kaum einen Treck und keine Station ohne Alkohol. Er war zudem ein Bindeglied: Trotz der weit verbreiteten Antipathie gegenüber einheimischen Esskulturen, wurde beim *Pombe* eine (pragmatische) Ausnahme gemacht, auch wenn das belgische oder deutsche Bier stets bevorzugt und als deutlich besser empfunden wurde.

Egodokumente aus dem Kongofreistaat und Deutsch-Ostafrika nehmen daher wiederholt Bezug auf *Pombe.* So auch Leutnant Meyer, der im Auftrag der Deutschen Antisklavereikommission durch Deutsch-Ostafrika reiste. Eine besondere Begebenheit trug sich zu, als er mit seiner Karawane eine Region durchquerte, in der jedes Dorf Bier braute. Überall wurde ihm *Pombe* angeboten, und fast alle Begegnungen waren alkoholisiert:

> „4.9. Im Dorfe gerade Pombe gebraut. Häuptling angeheitert, Weiber ebenfalls angeheitert, tanzen und singen uns was vor. [...] 5.9. [...] Fast bei jeder Tembe wird uns Pombe gebracht, und nicht selten sind die Ueberbringer in mehr oder weniger berauschtem Zustand."[31]

Bei anderer Gelegenheit beschrieb Meyer, wie er seinen Mitarbeitern Besuche in der Muanza-Station verbot, da dort Frauen *Pombe* brauten, die vom britischen Händler Stokes zurückgelassen wurden. Meyer hielt die Kombination von Brauerinnen und Soldaten für keine gute Idee.[32] *Pombe* und die Brauerinnen gehörten zu den seltenen Bestandteilen zentralafrikanischer Ess- und Trinkkultur, die von den Kolonisierenden akzeptiert wurden.[33]

III. Europäische Essmodernisierungen

Mit der Industrialisierung und Urbanisierung Europas entstand die Distanzierung des Konsumenten von der Nahrungsquelle. Lebensmittelproduzenten und -verarbeiter (z.B. Schlachter, Bäcker, Metzger) verlagerten ihre Produktionsstätten vermehrt ins außerstädtische Umland, und die Massenproduktion wurde eingeleitet. Dadurch verloren Konsumenten den direkten Kontakt zur Essensquelle und waren

31 *Lt. Meyer*, Antisklaverei, Bundesarchiv Berlin-Lichterfelde, R 8023/824.

32 Ebd.

33 *Prince*, Gegen Araber und Wahehe (wie Anm. 28).

gezwungen, sich auf neue Art und Weise ein Bild davon zu machen, ob das Gegessene gesund war oder nicht.[34] Diese Tatsache ist wichtig für die hier vorgenommene Analyse, denn sie beeinflusste auch Kolonisierende im Kongofreistaat oder in Deutsch-Ostafrika. Dort sahen sich Männer und Frauen mit zwei Realitäten konfrontiert: Zum einen profitierten sie von eingedosten Lebensmitteln aus der Heimat[35]; andererseits mussten sich Europäer in Afrika auf örtlich vorhandene und saisonabhängige Nahrungsmittel beschränken. Es dauerte nicht lange, bis Europäer im subsaharischen Afrika eine Verbindung zwischen dem dortigen Mangel an technischem Fortschritt und primitiver Kultur herstellten. Dieses Modernitätsverständnis stand in engem Kontakt mit einer sich langsam etablierenden feministischen Prägung in Europa. Aufgrund der Industrialisierung, der Schwächung des Adels und des Aufstiegs des Bürgertums konnten Europäerinnen (z. B. Dienstmädchen und Arbeiterinnen in Fabriken) selbständig Geld verdienen und verließen vermehrt den heimischen Herd. Die Emanzipierung von Arbeitern und Frauen, der ländliche Exodus in Richtung Stadt und ein erhöhtes Aufkommen an urbanen Garküchen brachten ein Modernitätsverständnis mit sich, das neue Essgewohnheiten erzeugte.

Im Laufe des 19. Jahrhunderts gab es erhebliche Veränderungen in der Lebensmittelindustrie, die bis heute die Essgewohnheiten der Massen beeinflussen. Technische Neuerungen wie der Bau von Eisenbahnen, Dampfschiffen und die Dosenkonservierung von Obst, Fleisch und Gemüse erhöhten die Verfügbarkeit und Reichweite von Lebensmitteln in alle Richtungen: Der Import exotischer Güter nach Europa nahm ebenso zu wie länger halt- und besser transportierbares Essen den Weg in die Kolonien überlebte und für die Kolonisierenden zu ‚essbarer Heimat' in der Ferne wurde.

Einmal in den Kolonien angekommen, mussten Kolonisierende sich mit der dortigen Küche ebenso wie den ungewohnten Geräten und Geschlechterrollen auseinandersetzen. Im Kongofreistaat und in Deutsch-Ostafrika gab es noch keine Produktions- und Transportinfrastruktur für Konservennahrung, ganz zu schweigen von Kühlmöglichkeiten. Neben der Zurschaustellung von Gruppenzugehörigkeit anhand von Essen gab es auch praktische Gründe, Dosenessen zu bevorzugen. Konserven standen symbolisch für europäischen Fortschritt, sie verschafften den Koloni-

34 *Pilcher*, Food in World History (wie Anm. 17), 51.

35 Ab den 1880er Jahren wurden Fleisch, Fisch, Würste und manchmal Gemüse eingedost; *Scholliers*, Food Culture in Belgium (wie Anm. 14).

sierenden Zugang zu ihnen bekannten Gerichten, und sie waren einfach zu transportieren. Der Nachteil war, dass oft Monate vergingen, bevor die beliebten Fleisch- und Obstkonserven in Afrika ankamen, und das tropische Klima machte die Essensaufbewahrung schwierig. Was also aßen Kolonisierende vor Ort? Und wie beeinflusste das eigene ‚Weißsein' die Bewertung lokaler Esskulturen? Was die Absichten der Zivilisierungsmission betraf, so war ein Ziel das Europäisieren indigener Essgwohnheiten, die als unhygienisch und ungesund galten. Verglichen mit der europäischen gehobenen Tischkultur mit mehreren Gängen, Silberbesteck, Gläsern und Tischtüchern wirkte die afrikanische Essart kultur- und anspruchslos. Hier stimme ich mit Brett L. Shadle überein, dass ein gewisses Prestigeempfinden und Rollenverhalten der Kolonisierenden grundlegend für die Mitnahme europäischer Tischkultur in die Kolonien war.[36]

Während im 16. bis 18. Jahrhundert europäische Nutztiere in die Kolonien transportiert wurden, um dort neue Lebensgrundlagen aufzubauen, so wurde dies im Kongofreistaat und Deutsch-Ostafrika kaum getan. Denn im Gegensatz zu den Briten und Buren, die ihr Vieh auch des Überlebenswillens wegen z.B. mit nach Australien und Südafrika nahmen, so war dies im Zeitalter des Hochimperialismus nicht mehr im selben Maße nötig. Einerseits gab es vor Ort bereits ausreichend einheimisches Vieh. Andererseits, und das ist hier ausschlaggebend, verringerte sich aufgrund des Vorhandenseins von Konservenessen und schnelleren Transportmöglichkeiten die Abhängigkeit der Kolonisierenden von lokalen Gegebenheiten. Im Gegensatz zu früheren Jahrhunderten vereinfachten die technischen Weiterentwicklungen der Lebensmittelindustrie im 19. Jahrhundert eine ‚rassisch' bedingte Esskultur in den Kolonien.

IV. Gegenüberstellung subsaharischer und europäischer Essweisen

Allgemein betrachtet, war es im Kongofreistaat und in Deutsch-Ostafrika damals typisch, eine große Mahlzeit am Tag zu sich zu nehmen, die reich an Kohlenhydraten war und mit einem pikanten Eintopf serviert wurde. Ferner lässt sich feststellen,

36 Vgl. *Brett L. Shadle*, The Souls of White Folk. White Settlers in Kenya, 1900–1920s. Manchester 2015.

dass der subsaharischen Küche aus bürgerlicher Sicht weder Eleganz noch Abwechslung innewohnte und es für gewöhnlich lediglich Kaffee, *Pombe* und manchmal Kolanusssaft zu trinken gab. Da Letzerem mutbringende Nebenwirkungen nachgesagt wurden, überprüften die deutschen Schutztruppen diese Aussage und kauften schließlich über dreißig Tonnen davon für ihre Soldaten.[37] Die Offenheit gegenüber *Pombe* und Kolanusssaft stellte eine absolute Ausnahme im Verhalten gegenüber lokalen Nahrungsmitteln dar. Die Quellenlage zeigt, dass *Pombe* als alkoholische Alternative zu europäischen Getränken aus rein pragmatischen Gründen anerkannt wurde; ähnlich wie der Kolanusssaft, der genutzt wurde, um im Kontext der Kolonialkriege den indigenen Soldaten nicht unterlegen zu sein. Insbesondere Letzterer wurde oft mit Kaffee verglichen und ähnelte somit einem in Europa bereits bekanntem Lebensmittel. Er war in gewisser Hinsicht schon europäisiert worden.

Trotz der vermeintlich kultivierteren europäischen Essgewohnheiten und moderneren Lebensmittelproduktionstechnologien war aus kolonialherrschaftlicher Sicht eine Akkulturierung mit örtlichen Nahrungsmitteln aus folgenden Gründen unerlässlich: erstens, um zu wissen, welche Lebensmittel es vor Ort gab, und zweitens, um jenes Wissen als politisches Mittel zur Abhängigmachung der Kolonisierten im Kongofreistaat und in Deutsch-Ostafrika von den Europäern einzusetzen. Die Kolonisierten sollten abhängig sein von den Großwildjagderfolgen der Europäer, deren Dosenessen sowie Plantagen- bzw. Agrarerzeugnissen. Christliche Missionare und koloniale Autoritäten praktizierten das Verteilen von Lebensmitteln, um Arbeiter in Schach zu halten.[38] So gesehen waren ‚weiße' Macht und Essen eng miteinander verbunden.

‚Weiße' Überlegenheit – wenn auch nur die Vorstellung dessen – und eine gepflegte Esskultur waren ineinander verwobene Wahrnehmungen. Die Verbindung von Essen und Ethnie mag auch das geringe europäische Interesse an afrikanischer Kochkunst erklären (im Gegensatz zum Interesse an der damaligen ostasiatischen Küche). Leistungssteigernde Lebensmittel wie die Kolanuss stellten hierbei die Ausnahme dar. Wenn Reiseberichte über afrikanische Lebensmittel und Agrarkultur berichteten, dann geschah dies meist aus ökonomischem und wissenschaftlichem, nicht aber aus kulturellem Interesse.

---

37 *Edmund Abaka*, Kola Nut, in: Kenneth F. Kiple / Kriemhild Coneè Ornelas (Eds.), The Cambridge World History of Food. Cambridge 2000, Vol. 1, 684–691.

38 *Pilcher*, Food in World History (wie Anm. 17), Kap. 8.

V. Europäische Essenshierarchie in Zentralafrika

Die Verknüpfung von ‚weißer' Kultur im Kongofreistaat und Deutsch-Ostafrika mit kolonialer Macht und Identitätsgestaltung bietet einen tiefgründigeren Blick in den Kulturrassismus[39] als die traditionellen Forschungsansätze der Rechts-, Arbeits- oder Wirtschaftsgeschichte. Mit der Migration von europäischen Frauen und Männern aus der bürgerlichen Mittelschicht (es gab ein paar Ausnahmen aus der oberen Arbeiter- und der wohlhabenden Oberschicht) nach Zentralafrika im späten 19. Jahrhundert gelangte auch die Idee einer klassenbedingten Essenshierarchie in den globalen Süden. Zum Klassenkonstrukt kam im kolonialen Verständnis ein rassistisches Überlegenheitsempfinden hinzu. Die europäische Ess- und Trinkkultur wurde zum Erkennungszeichen von Ethnie und kolonialsozialer Macht.

Koloniale Quellen legen dar, wie wichtig Essen war, wenn es um Identitäten und kulturelle Wurzeln ging. Kolonisierende aus Belgien, Schweden und dem Deutschen Kaiserreich legten Wert darauf, sich anhand ihrer Tischkultur innerlich wie äußerlich von den Indigenen des Kongofreistaats und Deutsch-Ostafrikas abzugrenzen. Die offensichtlichen äußeren Unterschiede reichten dabei nicht aus. Kulturrassismus diente als Werkzeug, um den unterschiedlichen Entwicklungsstand zwischen Europäern und Afrikanern zu erklären, zu begründen und ‚weiße' Errungenschaften und Tugenden im Alltag zu betonen.[40]

Um der eigenen Gruppenidentität treu zu bleiben, aß man ‚kultiviert'. Der Glaube, weiterentwickelt zu sein, war auch ein Produkt des Christentums, seiner Traditionen und der inhärent damit verbundenen Zivilisierungsmission des 19. Jahrhunderts. Praktizierte Traditionen wie das freitagliche Fischessen, das Fasten zur Osterzeit und die Weihnachtsgans waren religiöse und nationale Esstraditionen, die als Säulen des Gruppengefühls fungierten.

> „Food, like religion, [...] is a potent index of group identity because we incorporate it into our bodies, it addresses private needs; as William James observed [...], religion has the capacity to affect one's sense of security at the most

39 Im Englischen wird zwischen „racism" und „racialism" unterschieden: „racism" diskriminiert aufgrund des Äußeren und „racialism" diskriminiert andere Kulturen. Vgl. *Kwame Anthony Appiah*, Racisms, in: David T. Goldberg (Ed.), Anatomy of Racisms. Minneapolis 1990, 3–17; *A. Dirk Moses*, Race and Indigenity in Contemporary Australia, in: Manfred Berg/Simon Wendt (Eds.), Racism in the World. Historical Perspectives on Cultural Transfer. New York 2011, 329–352.

40 *Wylie*, Starving on a Full Stomach (wie Anm. 15), Kap. 1.

basic and individual level, and food shares that ultimately reassuring power."[41]

Zu einer Zeit, in der nationale Identität und Religionszugehörigkeit (z. B. römisch-katholisch oder protestantisch) oft untrennbar waren, waren auch nationale und religiöse Identität und Esstraditionen untrennbar. Essensverzicht in den Kolonien beruhte oft gleichzeitig auf rassistischen, religiösen und nationalistischen Identitätsmarkern.

Zur gelebten Tischkultur kamen Luxusgüter und deren Besitz als Symbol von Zivilisation hinzu. Vor allem für die Eliten war das Streben nach kostbarem Besitz Zeichen der Existenz von höher entwickelten Kulturen.[42] Wenn man bedenkt, welche Qualen und Anstrengungen Europäer seit dem Mittelalter auf sich nahmen, um fremdländische Gewürze zu ergattern, überrascht das Desinteresse des frühen 20. Jahrhunderts an eben jenen fremden Küchen. Das Nicht-Essen fremdländischer Gerichte wurde dadurch zu einer aus dem Rahmen fallenden und aussagekräftigen Botschaft an die eigene soziale Umgebung. Dabei ging es nicht nur um die Vermeidung von Unbekanntem, sondern um eine absichtliche Negierung. Exotische Gewürze und Güter galten nur dann als würdig, wenn sie in europäische Kochtraditionen integriert werden konnten. Erst eine Europäisierung machte diese Ingredienzen zu respektablen Luxusgütern. Gehobenes und aufwendiges Essen, das aus exotischen Zutaten bestand, wurde als Säule der ‚weißen' Kultur verstanden. Die Eliten waren willens, viel Geld für ‚zivilisiertes' Essen auszugeben und sich auf diese Weise als Mitglied der Oberschicht zu verstehen und zu präsentieren. Daher wurde der Mangel an teuren Ingredienzen in der subsaharischen Küche auch von bürgerlichen Kolonisierenden als Zeichen des niedrigen Zivilisierungsgrads gedeutet.[43]

---

41 Ebd. 38.

42 Ebd.

43 *Edvard V. Sjöblom*, I palmernas skugga. Själfbiografi. Sundbyberg 1907.

VI. Eine Hierarchie des Essens, die fünf Sinne und seltene Ausnahmen

Wie eine zivilisierte Ess- und Trinkkultur auszusehen hat, führt zu den fünf Sinnen. Die Idee, dass Zivilisation mit Geschlecht und Ethnie zu tun hat, lässt sich bis ins Mittelalter zurückverfolgen, als Männer generell mit dem Geist und der Seele und Frauen mit dem Körper und seinen Sinnen assoziiert wurden.[44] Während in der Antike die sogenannten niederen Sinne (Tastsinn, Geruch und Geschmack) noch Frauen zugeschrieben wurden, sollte sich diese Ansicht ändern. Im Zeitalter des Hochimperialismus wurde dieses Ideenkonstrukt weiterentwickelt: ‚Weiße' Menschen wurden mit Geist und Seele assoziiert und ‚Nicht-Weiße' mit dem rein Körperlichen. Der moderne Mensch war aufgeklärt, zivilisiert und technisch fortgeschritten, zu geistigen Errungenschaften fähig und weniger abhängig vom Körperlichen und Emotionalen. Es folgten zuerst generelle Assoziierungen mit Nichtadligen, dann mit den Unterschichten und zu guter Letzt mit ‚nicht-weißen' Menschen. Vor allem Letztere bekamen den Stempel verpasst, einer unterwickelten Spezies anzugehören, die folglich den niederen Sinnen zugeordnet waren.[45]

Während des 19. Jahrhunderts hatte der Sehsinn in Europa an Wertschätzung innerhalb der Sinneshierarchie erheblich zugenommen. Zugleich wurde der Tastsinn zunehmend als Merkmal von Unterwicklung und Unzivilisiertheit verstanden. Sehen wurde korreliert mit Lese- und Analysefähigkeit, während das Tasten mit Analphabetismus, Emotionen und irrationalem Benehmen verbunden wurde. Der Wissenschaftler Lorenz Oken schuf eine Skala der Sinne, die den zivilisierten europäischen ‚Augenmenschen' (der sich auf die visuelle Welt fokussierte) an der Spitze und den afrikanischen ‚Hautmenschen' (der die Welt mit seinem Tastsinn erlebte) ganz unten positionierte.[46] Da der Hochimperialismus ein vom Rassismus getriebener Mechanismus war, veranlasste er damalige Wissenschaftler dazu, physische

44 *Constance Classen*, The Deepest Sense. A Cultural History of Touch. Chicago 2012, 73; *Tine van Osselaer*, The Pious Sex. Catholic Constructions of Masculinity and Femininity in Belgium, c. 1800–1940. Leuven 2014.

45 *Martina Tißberger*, Die Psyche der Macht, der Rassismus der Psychologie und die Psychologie des Rassismus, in: dies. (Hrsg.), Weiß – Weißsein – Whiteness. Kritische Studien zu Gender und Rassismus. Frankfurt am Main 2006.

46 Der Historiker Lorenz Oken schuf die Sinnesskalatheorie: *Classen*, The Deepest Sense (wie Anm. 44), xii.

Gründe für die postulierte Unterlegenheit des ‚nicht-weißen' Menschen zu finden und so den eigenen Kolonialismus zu rechtfertigen.[47]

Mit der Skala der Sinne und der Lobpreisung des Sehens kam auch die Wichtigkeit der Präsentation von Mahlzeiten hinzu. Der Wert eines Gerichts war abhängig von dessen dekorativer Herrichtung geworden, womit die Wertschätzung einer Mahlzeit schon vor dem ersten Bissen beeinflusst wurde. Diese Wahrnehmung beruhte nicht nur auf der Anwendung von Geschirr und Besteck, denn jene waren bis zu einem gewissen Maße vordergündig Utensilien und eher nachrangig Dekorationsgegenstände, sondern auf einer visuell ansprechenden Präsentation. Daher kann davon ausgegangen werden, dass der Mangel solcher Dekorationskünste im Kongofreistaat und in Deutsch-Ostafrika ein weiterer Grund für die Herabschätzung und Distanzierung von der indigenen Küche und Ernährungsweise war. Gerichte mussten nicht nur gut schmecken, sondern vor allem schön aussehen, um Teil einer höher entwickelten Zivilisation sein zu können.

Neben der Präsentation von Speisen, wie sie am Besten in Kolonialfotografien zu sehen ist, wurde in den Kolonien auch eine Dinierkultur aufrechterhalten.[48] Gabrielle Sillye (geb. Demans), die Ehefrau des belgischen Kolonialoffiziers Albert Sillye, war 1904 gemeinsam mit ihrem Mann in den Kongofreistaat gereist.[49] In ihren acht Tagebüchern beschreibt Gabrielle ihre Zeit dort. Der Großteil ihrer Einträge ist stichwortartig, es sei denn, die Sillyes empfingen Gäste zum Essen. Dann wurden ihre Einträge länger und detailreicher. Im Vergleich mit anderen Themen in Gabrielles Tagebuchaufzeichnungen nahmen gesellschaftliche Begegnungen mit anderen Weißen die erste Stelle ein, häufig erwähnte Worte sind *manger* (20-mal), *repas* (Mahlzeiten, 68-mal), *diner* (Mittagessen, 59-mal), *souper* (Abendessen, 50-mal).

Wenn das Ehepaar Sillye Gäste zum Essen in ihr Haus in Stanleyville[50] einlud, bastelte Gabrielle eine aufwändige Menükarte.[51] In einem besonderen Fall, einem

47 *Kiple*, A Moveable Feast (wie Anm. 9), 225.

48 Siehe u. a. Fotografien des Ehepaars Sillye im Musée Royal de l'Afrique Centrale, Tervuren (künftig: MRAC) und Reiseberichte von *Frieda von Bülow*, Reiseskizzen und Tagebuchblätter aus Deutsch-Ostafrika. Berlin 1889; *dies.*, Tropenkoller. Episode aus dem deutschen Kolonialleben. Berlin 1896; *Adolf Friedrich zu Mecklenburg*, Vom Kongo zum Niger und Nil. Berichte der deutschen Zentralafrika-Expedition 1910/11. Leipzig 1912.

49 *Gabrielle Sillye*, MRAC, Archives Albert Sillye, 6371.115.34.

50 Stanleyville heißt seit 1960 Kisangani.

51 Das Schreiben von Menükarten war einst Adelshäusern vorbehalten. Mit dem Aufstieg des Bürgertums erreichte diese Tradition auch die Mittelschicht; *De Vooght*, The King Invites (wie Anm. 26); *Fabio Pa-*

Abschiedsessen der Sillyes, bevor sie im Sommer 1907 wieder nach Belgien reisten, stellte Gabrielle ein besonderes Menü zusammen. Am Abschiedsessen nahmen teil: Pater Roelent, Herr van Acker, Commandeur Colin und Herr Dohet.[52] Jeder Gast erhielt eine Menükarte, auf der folgende Speisen aufgeführt waren:

1. *Hors d'œuvre* (Vorspeisen)
2. *Potage bisque d'écrevisse* (Krabbensuppe)
3. *Poisson aux aubergines* (Fisch mit Aubergine)
4. *Côtelettes et epinards* (Kotlett mit Spinat)
5. *Poulet rôti et petits pois* (Hühnchen und Erbsen)
6. *Flan aux fruits* (Obstkuchen)[53]

Das Zelebrieren einer gepflegten Tischkultur war für Gabrielle ebenso wichtig wie für ihre männlichen Zeitgenossen. Trotz traditioneller Geschlechterrollen war es auch den Männern wichtig, in Afrika eine gehobene Ess- und Trinkkultur zu praktizieren, europäische Gerichte zu essen und Wein oder gar Champagner zu trinken, denn diese Rituale waren ein wichtiger Bestandteil ihrer ‚weißen' Identität, zu der auch die Negierung afrikanischer Lebensmittel gehörte.[54]

Es gab aber auch Ausnahmen, wo aus Neugierde oder aus Notwendigkeit nicht komplett auf einheimische Produkte verzichtet wurde. Manchmal beschrieb Gabrielle in ihren Tagebüchern Momente, in denen sie lokale Lebensmittel und Getränke ausprobierte, wie man gewisse Gerichte zubereitete oder wie sie im Einbaum einen Fluss hinunterfuhr und neue Tierarten erspähte. Es gab also genügend Gelegenheiten, sich auf Einheimische einzulassen und von ihnen zu lernen. Einmal erzählt Gabrielle, wie sie und Albert im Einbaum durch den Kongofreistaat reisten und in Kisenge übernachteten. Sie probierte dort zum ersten Mal *malafu* (Palmwein) und verglich es mit belgischem Cidre.[55] Sie schrieb in ihren Tagebüchern auch über kulinarische Ereignisse und Entdeckungen. Dieses Interesse reichte aber nicht aus, um

rasecoli, Food, Identity and Diversity, in: Darra Goldstein/Kathrin Merkle (Eds.), Culinary Cultures of Europe. Identity, Diversity and Dialogue. Straßburg 2005, 11–37.

52 *Gabrielle Sillye*, Tagebuch 13, MRAC, Archives Albert Sillye, DMN: 2012.03.30 11.29.43.

53 Ebd. Sig. 6371.115.34.

54 Die Priorität, die europäische Ess- und Trinkkultur für Kolonisierende hatte, lässt sich in schriftlichen Egodokumenten und Fotografien finden. Eine kleine, bedeutende Auswahl sind die Nachlässe von Léon Rom, Albert und Gabrielle Sillye sowie Hugo Magnus Kjellgren im MRAC sowie Bücher von Tom von Prince, Edvard V. Sjöblom, Hermann von Wissmann und Frieda von Bülow.

55 „On loge à Kisenge. Je bois du vin de Palme (‚Malafu' ressemble un peu au cidre)"; *Sillye*, Tagebuch 1 vom 20.10.1904, MRAC, Archives Albert Sillye, DMN: 2012.03.30 10.16.10.

europäische durch kongolesische Gerichten zu ersetzen. Eine Woche, nachdem sie *malafu* probiert hatte, endete ihr Treck in Kasongo, wo eine Lieferung mit frischer Kuhmilch, Butter, Käse und Gemüse für sie angekommen war, was Gabrielle höchst erfreute.[56] Das Privileg, sich, wie in diesem Fall, seine Essensart auszusuchen, entsprach dem Vorrecht des Kolonisierenden.[57]

Eines der wenigen nichteuropäischen Gerichte, das eine gewisse Beliebtheit unter Kolonisierenden genoss, war indisches Curry mit Reis, auch wenn es sich hier um ein Gericht handelte, das durch langjährige britische Veredelung innerhalb der kulinarischen Hierarchie höher angesiedelt war als zentralafrikanische Gerichte. Curry wurde anfangs nur zögerlich angenommen, und es bedurfte gewisser Überzeugungsarbeit, aber letzen Endes eroberte es die Gaumen der Deutschen in Deutsch-Ostafrika, wie sich nachfolgend bei Tom von Prince nachlesen lässt:

> „Mittags [...] hatten alle einen Bärenhunger. Innerhalb von 10 Min. drängte alles an einen langen Tisch [...]. Ich führte ein wahrhaft schlechtes Leben [als Koch] bis zu einem gewissen Zeitpunkt. Dieser kam, als ich damals den am wenigsten genehmen Reis und Curry auf die Tafel brachte. In schweigender Wut ließen alle bis auf Wissmann die Schüssel ganz ungerührt ziehen. [...] Ich liebte aber Reis und Curry und gab es gleich wieder. Das Geschrei war schrecklich! Da aber Wissmann es auch gern aß, gab ich's auch den nächsten Tag wieder. Dreimal hintereinander macht den Wildesten zahm."[58]

Wie so oft, haben Wiederholung und Not die Fähigkeit, Missgefallen in Gefallen umzuwandeln. Da das Currygewürz ein unkompliziertes, günstiges und starkes Geschmacksmittel ist, wurde es gerne auf Militärtrecks mitgenommen. Zudem mussten jene, die im Hinterland lebten, lange auf Transportgüter warten, und der Mangel an Wein, Zucker und Kaffee konnte unter Europäern schlechte Stimmung erzeugen, wie es durch den belgischen Kolonialoffizier Louis de Walsche geschildert wurde: „Das einzige, was in unserer Station fehlte, war Wein. Es sind schon 4 Monate vergangen seit der letzten Wein-, Zucker- und Kaffeelieferung."[59]

---

56 „Lait frais–beurre frais–fromage blanc–Legumes etc. = C'est tout-à fait la plaine"; *Sillye* Tagebuch 1, 29.10.1904, MRAC, Archives Albert Sillye, DMN: 2012.03.30 10.16.10.

57 *De Vooght*, The King Invites (wie Anm. 26), 25.

58 *Prince*, Gegen Araber und Wahehe (wie Anm. 28), 43.

59 „Une seule chose qui faisait défaut c'était le vin. Il y a plus de 4 mois, que la station n'a plus été ravitaillée en vin, ni en sucre, ni en café." *Louis De Walsche*, Brief an die Geschwister, 24.7.1893, MRAC, 56.4/13.47.12.

Nach Durchsicht etlicher Egodokumente wird klar, dass bei Reisen im Kongofreistaat und in Deutsch-Ostafrika Konserven, Zucker, Kaffee und Alkohol zu den beliebtesten Nahrungsmitteln der Europäer gehörten, umso mehr wenn sie erkrankten oder lange Zeit unterwegs waren. Je schlechter der Gemütszustand, desto wichtiger wurden Dinge mit Heimatbezug. So auch bei zwei Mitgliedern der deutschen Antisklavereikommission, dem Unteroffizier Studier und Kapitän zu See Spring, die sich in der Nähe von Makata sprichwörtlich in die Arme liefen:

> „Der Unteroffizier Studier ist mir ca 16 Km östlich von Makata von Candua mit ca 10 Trägern kommend ziemlich elend aussehend begegnet, derselbe erhielt von mir auf sein Bitten von meinem Proviant einige Dosen Fleisch, zwei Flaschen Wein und 1 Flasche Cognac.“[60]

Solche Begebenheiten waren nichts Außergewöhnliches. Allerdings bat man wie im obigen Fall nach Produkten aus der Heimat, auch wenn man noch Munition hatte und eigentlich hätte jagen gehen können. Auch wenn kein Proviantmangel bestand, teilte man Produkte aus Europa, um sich so Identität und Wohlgefühl zu sichern und von den Kolonisierten abzugrenzen. Dabei sollte nicht unerwähnt bleiben, dass „die koloniale Mythologie oft vergisst, den langen Trägerzug zu erwähnen, die die Reisenden mit Dosenfleisch, Keksen, Bierflaschen, Wein, Vichywasser und anderen Produkte der europäischen Zivilisation mit sich schleppten. Und das Verlangen nach einem bekannten Essen trotz allem den Spaß an der Großwildjagd nichts antat.“[61]

Entsprechend häufig besprechen die Quellen die Großwildjagd. Diese Berichte trugen zum Männlichkeitsbeweis ebenso bei wie zur Klassenzugehörigkeit, denn häufig ging es darin um Überlebenskämpfe, die durch Hunger und mangelnde Jagderfolge verursacht wurden. Aus der Ferne mag das Essen von Jagdwild luxuriös klingen, doch in den Kolonien nahmen Dosenessen und Alkohol diese Position ein, da sie ‚weiße‘ Güter waren, während die Jagdbeute indigenes Essen darstellte. Westliche Güter wurden als Mittel zum Zweck verstanden, um sich vom Afrikaner zu distanzieren. So wie ein „alimentärer Nationalismus“[62] im späten 18. und frühen 19. Jahrhunderts in Schottland populäre Gerichte wie Haggis und Whiskey zu Natio-

60 *Albert Spring*, Berichte des Kapt. Spring an die Ausführungskommission der deutschen Antisklavereibewegung zu Coblenz, Condua, 26.2.1892, Station Kilossa, Bundesarchiv Berlin-Lichterfelde, Sig. R 1001/979.

61 *Pilcher*, Food in World History (wie Anm. 17).

62 *Patricia Hill/Diane Kirkby/Alex Tyrell*, Feasting on National Identity. Whisky, Haggis and the Celebra-

nalgerichten stilisierte, existierte im späten 19. Jahrhundert ein alimentärer Kulturrassismus.

Weitere Momente kulinarischer Segregierung zeigten sich bei deutschen Festen in Daressalam. Man trank dort deutsches und belgisches Bier, genoss französischen Wein, Cognac, Brandy und Champagner und verzehrte dazu Konservenfleisch. Industriell gefertigte Produkte aus der Heimat wurden gar als Schätze bezeichnet.[63] Heinrich Fonck schrieb in seinen Memoiren, dass es recht einfach war, Lebensmittel wie Kartoffeln, Reis, Gemüse und Fleisch aus Europa zu erhalten, solange man sich an der ostafrikanischen Küste oder an einer großen Kolonialstation befand. Bei Inlandtrecks empfahl er, Konservenessen und Alkohol mitzunehmen, um so der eigenen Heimat kulinarisch gewogen zu bleiben und nicht von der Essensbeschaffung der Indigenen abhängig zu sein.[64]

Ebenso wie indisches Curry genoss die afroarabische Esskultur einen Ausnahmestatus: Im Gegensatz zum indigenen Afrikaner wurde der muslimische Einfluss mit seiner Einbuchreligion und Schriftkultur sowie filigranen Handwerksfähigkeiten kulturell und zivilisatorisch von den Europäern respektiert, wie es unter anderem in den Egodokumenten von Léon Rom, Adolf Friedrich Herzog zu Mecklenburg und Seekapitän Max Prager nachzulesen ist. Prager, der vor seiner Tätigkeit in Deutsch-Ostafrika (seit 1889) über zehn Jahre lang Südseemänner zu Matrosen trainiert hatte, lobte in seinen Beiträgen die hohe Esskultur des Sultans in Daressalam. Folgende Szene ereignete sich wenige Tage nach seiner Ankunft in Deutsch-Ostafrika bei einem Empfang am Hof des Sultans von Sansibar:

> „Das Gefolge des Sultans, aus vornehmen Arabern [...] bestehend, [hatte] Platz gefunden. Entsprechend der orientalischen Sitte, wurden von der Dienerschaft Süßigkeiten und Scherbet gereicht, [...]. Kurze Zeit darauf [...] wurde jedem Gaste eine kleine goldene Tasse mit schwarzem Mokkakaffee präsentiert. Als diese geleert war [...], nahmen die Diener die werthvollen Schalen sofort wieder ab. Tassen und Löffel, aus reinem Golde hergestellt, sind mit kunstvoller orientalischer Arbeit geschmückt. Sodann geht der Ober-Eunu-

---

tion of Scottishness in the Nineteenth Century, in: Kirkby/Luckins (Eds.), Dining on Turtles (wie Anm. 3), 46–63, hier 46.

63 Tom von Prince beschrieb die Lieferung von Wein, Würsten und Brot als Schätze; *Prince*, Gegen Araber und Wahehe (wie Anm. 28), 28.

64 *Heinrich Fonck*, Deutsch-Ost-Afrika. Die Schutztruppe, ihre Geschichte, Organisation und Tätigkeit. Wolfenbüttel 1907, 61 f.

che mit einem Fläschchen echten Rosenöls zu jedem und benetzt mit einem Tropfen dieses theuren Parfüms das bereit gehaltene Taschentuch, und sobald diese Arbeit [...] beendet war, erhob sich der Sultan als Zeichen, daß die Audienz beendet sei."[65]

Prager genoss die Aufmerksamkeiten des Sultans und das schöne Ambiente. Zwar erzeugt die Präsenz von Reichtum oft einen guten Eindruck bei Mitmenschen, aber Prager schien weniger vom Prunk als von der Eleganz der Gastgeber, des Raumes und der Artefakte beim Empfang beeindruckt zu sein. Die sonst despektierlich betrachtete ‚schwarze' Kultur war abwesend, und das obige Phänomen der Hierarchisierung von ‚nicht-weißen Rassen' lässt sich in vielen anderen Kolonialquellen nachlesen.

VII. Essbare Heimat und Tischkultur

Kolonisierende in Zentralafrika waren darum bemüht, wie in ihren Herkunftsländern zu essen und zu trinken. Essen ging speziell in der kolonialen Situation weit über Energiegewinnung hinaus: Es war die Aufrechterhaltung ihrer Identität, und wie bei jedem Verdauungsprozess war auch diese Form der Internalisierung stets zu wiederholen. In der Ferne wurden alltägliche Nahrungsmittel zu Luxusgütern, und etliche Europäer brachten ein hohes Maß an Energie und Geld auf, um in Afrika der Herkunft treu zu bleiben und die eigene ethnische Identität öffentlich kundzutun. Ethnische Identität war essbar geworden und wurde in manchen Fällen auch mit zentralafrikanischen Würdenträgern gemeinsam zelebriert, wie es sich unter anderem in den Reiseberichten und Tagebüchern von Herzog Adolf Friedrich zu Mecklenburg nachlesen lässt.[66]

Während des späten 19. Jahrhunderts entstanden nicht nur neue Essgewohnheiten (wie der zunehmende Verzehr von Konservenkost), sondern europäische Migranten reisten mit ihren Rezepten in neue Länder. Ein Nebenprodukt der Migration und des Nationalisierungsprozesses war ein alimentärer Nationalismus, der Nationalgerichte schuf und sie exportierte. Europas diverse Staaten und Menschen in-

65 *Max Prager*, Der Araber-Aufstand in Ost-Afrika, in: Deutsche Marine Zeitung, 1898, 74f.

66 *Adolf Friedrich zu Mecklenburg*, Ins innerste Afrika. Bericht über den Verlauf der wissenschaftlichen Zentral-Afrika-Expedition 1907/08. Leipzig 1909; *ders.*, Vom Kongo zum Niger und Nil (wie Anm. 48).

vestierten Geld und Zeit in die eigene nationalidentitäre Abgrenzung von dem ‚Anderen', indem sie (kulturelle) Unterschiede zu ihren Nachbarländern hervorhoben und die Existenz von Nationalgerichten betonten.[67] Durch den Imperialismus reisten jene neu gekürten Nationalgerichte um den Erdball, so wie im Fall schottischer Kolonisierender, die in Indien und Australien den berühmten Robert Burns feierten, indem sie im tropischen Ausland Haggis aßen und Whiskey tranken.[68] Das öffentliche Zelebrieren einer schottischen Nationalkultur schuf im britischen Empire ein gewisses Muster[69], das langfristig sogar dazu führte, dass Europäer verschiedener Herkunft in den Kolonien ihre Nationalgerichte als Spitznamen erhielten: Franzosen wurden zu ‚Fröschen', Briten zu ‚Limeys' und Deutsche zu ‚Krauts'.

Aus diesem Anlass erhielten Standardgerichte in den Kolonien einen höheren Stellenwert als zuhause, da sie den Kolonistengemeinden dabei halfen, im Ausland ihre Heimat zu betonen.[70] Der Verzehr ausgesuchter Gerichte war ein politisches und patriotisches Statement, das daran erinnerte, was Heimat war, so wie Daniel Rouven Steinbach und Hermann Bausinger den Begriff anfangs interpretierten: nämlich als ein „konservatives Konzept von Gesellschaft, das sich um eine ländliche und sichere Sesshaftigkeit dreht".[71] Dank der Industrialisierung und Urbanisierung wurde der Begriff Heimat aber zeitgenössischen Gegebenheiten angepasst: Heimat war nun ein Ort, der in verschiedenen Größen zur Verfügung stand und gar in einem einzigen kleinen Zimmer bestehen konnte, wo er symbolisch für Wohlbefinden und Selbstbestätigung stand.[72]

Koloniale Gesellschaften waren fragile Konstrukte und basierten auf dem Wunschideal einer homogenen ‚weißen' Gemeinde.[73] Auch wenn die Mehrheit der

---

67 *Kiple*, A Movable Feast (wie Anm. 9), 215.

68 In Schottland hing die Schaffung von Nationalgerichten oft mit Robert Burns zusammen; siehe *Hugh Trevor-Roper*, The Invention of Tradition. The Highland Tradition of Scotland, in: Eric Hobsbawm/Terence Ranger (Eds.), Invention of Tradition. Cambridge 1983, 15–41.

69 *Hill/Kirkby/Tyrell*, Feasting on National Identity (wie Anm. 62), 51.

70 Ebd. 57.

71 *Daniel R. Steinbach*, Carved out of Nature. Identity and Environment in German Colonial Africa, in: Christina Folke Ax/Niels Brimnes/Niklas Thode Jensen/Karen Oslund (Eds.), Cultivating the Colonies. Colonial States and Their Environmental Legacies. Athens 2011, 47–77, hier 48.

72 *Hermann Bausinger*, Auf dem Weg zu einem neuen, aktiven Heimatverständnis. Begriffsgeschichte als Problemgeschichte, in: Hans-Georg Wehling (Hrsg.), Heimat Heute. Stuttgart 1984, 11–27, hier 15f.

73 *Ann Laura Stoler*, Rethinking Colonial Categories. European Communities and the Boundaries of Rule, in: Comparative Studies in Society and History 31/1, 1989, 134–161, hier 136f.

Kolonisierenden im Kongofreistaat und in Deutsch-Ostafrika aus Belgiern und Deutschen bestand, so waren imperiale Gemeinden reinste (‚weiße') Schmelztigel. Was sie allerdings gemeinsam hatten, waren ihre christlich geprägten Kulturen und die helle Hautfarbe. Der Minderheitenstatus der Kolonisierenden machte jene beiden Marker wichtiger als den gesellschaftlichen Stand. Die Hautfarbe entschied eher über Privilegien als die soziale Herkunft. Sie vermochte, was die Abgrenzung zum ‚Afrikaner' überlebenswichtig machte und die Anwendung rassistischer Taten rechtfertigte.

‚Weiße' Solidarität legte daher großen Wert auf die Bewahrung europäischer Werte und stellte diese auch anhand der Esskultur zur Schau, die eine Trennungslinie zog zwischen ‚weißem' und ‚nicht-weißem' Essen. Während gemeinsamer Abendessen waren die Gäste ‚weiß' und die Bediensteten nicht. Auch die servierten Mahlzeiten waren europäisch bzw. europäisiert. Esstische waren ‚weiß-gedeckt', wie in der Erzählung des Tom von Prince. Als Mitglied der Schutztruppe unter General Wissmann fand sich von Prince auf dem Weg zum Kilimandscharo. Gemeinsam mit der Truppe feierte er 1891 den Geburstag Kaiser Wilhelms II., bei dem eine Parade sowie tagelange Spiele und aufwendiges Essen organisiert wurden. Von Prince beschrieb „Wissmanns Grundsatz, daß alles von der Offiziersmesse an einem Tische speisen mußte, [dies] machte jeden Teilnehmer der Expedition lebhafter, als sonst möglich gewesen wäre [in der afrikanischen Wildernis]."[74]

Da damals alle Offiziere kulturell und von der Hautfarbe her ‚weiß' waren, lässt sich der Wissmann'sche Grundsatz als einer für ‚Weiße' verstehen, der sicherstellte, dass während der Militärtrecks alle ‚Weißen' am Tisch und die ‚Nicht-Weißen' auf dem Boden aßen. Wissmann hätte sich keine offensichtlichere Art und Weise ausdenken können, um sich während der eigenen Nahrungszufuhr physisch von den Kolonisierten zu distanzieren und die Wichtigkeit der deutschen Tischkultur zu betonen. Laut Wissmann sollte dieser Grundsatz unter seinen Offizieren ein wohliges Gefühl von Vertrautheit schaffen. Letztere stand in Verbindung mit einer räumlichen und emotionalen Distanzierung vom sogenannten unhygienischen ‚Anderen'.[75]

---

74 *Prince*, Gegen Araber und Wahehe (wie Anm. 28), 44.

75 *Hermann von Wissmann*, Unter deutscher Flagge quer durch Afrika von West nach Ost. Von 1880–1883 ausgeführt von Paul Pogge und Hermann Wissmann. Berlin 1888; *ders.*, Meine zweite Durchquerung Aequatorial-Afrikas vom Congo zum Zambesi während der Jahre 1886–1887. Frankfurt an der Oder 1890.

Ein weiteres Beispiel ist eine Fotoserie des Belgiers Lefèvre und seines schwedischen Kollegen Hugo Magnus Kjellgren. Beide waren als Kolonialoffiziere im Kongofreistaat tätig und ließen sich gerne gemeinsam bei Tisch ablichten, wo sie an einem gedeckten Esstisch mit weiß-rot-karierter Tischdecke, Porzellanteller, Besteck und Trinkgläsern saßen.[76] Der beidseitige Wunsch, sich bei Tisch fotografieren und sich in Afrika als kultivierte Wesen darstellen zu lassen, zeigt, wie wichtig europäisch-bürgerliche Tischsitten auch für männliche Kolonisierende im Kongofreistaat waren. Denn auch wenn weiße Männer und Frauen in Afrika eine Minderheit waren, so praktizierten sie dort die bürgerliche Esskultur Europas. Gemeinsam mit jener Esskultur wurden auch Geschlechterrollen exportiert, die vorsahen, dass Frauen für Heim und Herd zuständig waren, während der Mann seiner Karriere nachging. Lebensmittel wurden somit nicht nur im ethnischen, gesellschaftlichen und berufsbedingten Sinne verstanden, sondern auch in Bezug auf Geschlecht und Alter unterschiedlich gehandhabt.[77] Männerarbeit mag einen höheren Stellenwert als die der Frauen gehabt haben, aber Letztere waren mittels ihrer Kochkünste für die tägliche Versorgung ihrer Gemeinde zuständig und hatten damit eine andere Version von Macht inne.[78] Eine Macht, die von Europäerinnen nicht nur gelebt und eingefordert, sondern auch an neue Generationen weitervererbt wurde. Dadurch war das Praktizieren und die Beibehaltung einer ‚weißen' Ess- und Trinkkultur zum einen eine Frage der eigenen Identitätswahrung in Afrika und andererseits wichtiger Bestandteil der den (vor allem deutschen) Kolonistinnen zugeschriebenen Rolle als Kulturträgerinnen.[79] Es war die Aufgabe der Frauen, die europäische Kultur an die kommenden Generationen weiterzugeben.

Im Kongofreistaat und in Deutsch-Ostafrika waren Europäerinnen eine Seltenheit, weswegen die wenigen weißen Frauen, in der Regel handelte es sich um Ehefrauen, die ihren Männern nach Afrika gefolgt waren, einen Sonderstatus bei ihren Mitmenschen genossen. Durch ihre Präsenz und Funktion als nationale Kulturträgerinnen kamen heimatverbundene Memorabilia und gewöhnliche Hausgegenstände in die Kolonien, die die europäische Wohn- und Esskultur verstärkten. Sie

---

76 1959 hinterließ *Kjellgren* seine Sammlung mit Fotografien und Briefen dem MRAC, Archives Scandinaves au Congo, DMN: 2012–03–26 13.27.31.

77 *Black*, Community Cookbooks (wie Anm. 16).

78 *Pilcher*, Food in World History (wie Anm. 17), 4.

79 *Lora Wildenthal*, German Women for Empire, 1884–1945. Durham 2001.

veranlassten ein aktives Aufrechterhalten von europäischer Identität in Afrika, indem sie ‚weiße' Haushalte schufen, wie z.B. Magdalene von Prince (geb. von Massow), die im Jahre 1896 mit ihrem Ehemann Tom nach Deutsch-Ostafrika umsiedelte und vorerst in Iringa ansässig wurde. Nur einen Tag nach ihrer Ankunft im neuen afrikanischen Zuhause empfingen die von Princes die Herren Leutnant Stadlbauer und Dr. Reinhard zum Abendessen. Die Gäste konnten kaum an sich halten vor Begeisterung über die angebotene gepflegte Tischkultur im Hause von Prince:

> „Am anderen Tage ging's ans Auspacken und Einrichten; besonders das Wohnzimmer sah recht nett aus mit seinen Dekorationen an Gehörnen, Speeren, Gardinen und Felldecken. Als wir die Herren bei uns zu Tische sahen, waren sie freudig, alles so ‚europäisch' zu finden. Sie empfanden es als eine lang entbehrte Wohltat, endlich wieder einmal an einem Tisch, mit wirklichem Tischzeug, mit vollständiger Gläser- und Serviergarnitur und Silberzeug speisen zu können."[80]

Diese Szene ist nur eines von vielen solcher Beispiele. Sie beschreibt die Begeisterung der eingeladenen Gäste über die zelebrierte deutsche Tischkultur, die durch die Gastfreundlichkeit einer deutschen Frau ermöglicht worden war. Manch einer mag argumentieren, dass die Deutschen einfach nur Heimweh hatten, da sie nicht wussten, wann sie wieder heimkehren konnten. Vielleicht genossen sie auch einfach nur die gegenseitige Gesellschaft. Nichtsdestotrotz scheint mir der Hauptgrund ihrer Euphorie, das Erleben von ‚zivilisierter' europäischer Kultur in ‚wilder' afrikanischer Umgebung zu sein. Mit dieser Euphorie war auch der bewusste Verzicht auf afrikanisches Essen verbunden.

Dennoch ließen sich Vermischungen nicht verhindern: Manche Kolonisierten gewöhnten sich an Dosenwurst und Tee.[81] Und manche Europäer mochten auch indigene Speisen, wie General Wissmanns Vorliebe für Curry zeigt oder Magdalene von Princes positive Überraschung, als sie ein ostafrikanisch gewürztes Grillhühnchen probierte, was sie zu der Aussage verleitete: „Ich will dem Koch unsere [deutsche] Kochkunst lieber nicht beibringen."[82] Hierbei sollte bemerkt werden, dass sich diese Szene kurz nach ihrer Ankunft in Deutsch-Ostafrika abspielte, nachdem sie monatelang von ihrem Ehemann getrennt gelebt hatte und sich augenscheinlich in

80 *Magdalene von Prince*, Eine deutsche Frau im Innern Deutsch-Ostafrikas. Elf Jahre nach Tagebuchblättern erzählt. Berlin 1903, 53.

81 *Pilcher*, Food in World History (wie Anm. 17).

82 *Prince*, Eine deutsche Frau (wie Anm. 80), 9.

einer euphorischen Phase befand. Denn als sie und Tom ihre Plantage Sakkarani beim Kilimandscharo bezogen, ließ sie sofort Samen für Kartoffeln, Äpfel, Birnen, Pfirsiche, Kirschen und Pflaumen aus Deutschland kommen. Bei der ersten Ernte war sie außer sich vor Freude. Anstatt also den lokalen Agrarerzeugnissen zu vertrauen, bestellte, bezahlte, pflanzte, fertilisierte und erntete sie ‚weißes' Obst und Gemüse, das es dort zuvor nie gegeben hatte.[83]

Diskussionen, die sich mit Themen wie Lebensmitteln, Tischkultur und Agrarwirtschaft beschäftigten, konnten thematisch ebenso rassistisch geprägt geführt werden wie jene zu Hautfarbe, Bildungsniveau und Lebenstil. Diana Wylie fand heraus, dass Apartheidsysteme auch großen Einfluss auf nährstoffbezogene Politiken hatten, wodurch eine direkte Verbindung zwischen Kulturrassismus und Kolonialpolitik entstand, die dem ‚weißen' Supremat Einlass in die Häuser von ‚nicht-weißen' Südafrikanern aufzwang.[84]

Vor einem Jahrhundert wurden die ‚weiße' Vormacht und der (Kolonial-)Rassismus noch (pseudo-)wissenschaftlich begründet: Je nach Ethnie war man weiter entwickelt und intelligenter als andere oder eben nicht; im Laufe des 20. Jahrhunderts entwickelte sich der Rassismus von einem biologischen zu einem kulturellen (unter anderem, weil der Biorassismus die Existenz armer Weißer in Südafrika nicht zu erklären vermochte), wodurch beide Rassismusformen denselben Ursprung haben.[85]

Im Kongofreistaat und in Deutsch-Ostafrika fühlten sich die Kolonisierenden daher durch den Fortschritt und die Kulturen Europas bestärkt. Gleichzeitig wurde das Wissen der indigenen Bevölkerungen in den Kolonien ignoriert: Das ‚weiße' Patronat war wichtiger als ‚schwarzes' Wissen. Natürlich nahmen Europäer anfangs aus überlebenswichtigen Gründen das lokale Wissen an, aber sobald man örtliche Navigations- und Jagdtechniken gelernt hatte, wurden sie dem ‚weißen' Wissen unterstellt. Kulturrassismus war keine Erfindung ab den 1945er Jahren, sondern er hatte seinen Ursprung im Kolonialismus des späten 19. Jahrhunderts und wurde im Kongofreistaat und in Deutsch-Ostafrika beständig am Esstisch praktiziert.

83 *Magdalene von Prince*, Vom Schreibtisch und aus dem Atelier. Wie unsere Plantage in Deutschostafrika entstand, in: Velhagen & Klasings Monatshefte 21, 1906, 89–101.

84 *Wylie*, Starving on a Full Stomach (wie Anm. 15), xii.

85 Siehe *Saul Dubow*, Scientific Racism in Modern South Africa. Cambridge 1995.

VIII. Fazit

Dieser Artikel hat dargelegt, wie belgische, deutsche und schwedische Kolonisierende bewusst auf zentralafrikanische Lebensmittel und Gerichte verzichteten, um so ihre eigene ‚weiße' Überlegenheit mittels aktivem Essensverzicht vor afrikanischen Einflüssen zu bewahren. Da Essgewohnheiten instabile Konstrukte sind und in der Regel Entwicklungsströmungen unterliegen, passen sich Heimatküchen stets neuen ausländischen Einflüssen an, wodurch einst lokale Spezialitäten anderen Gerichten weichen. Als typischer Europäer des späten 19. Jahrhunderts aß und trank man seiner sozialen Schicht entsprechend, eigene Vorlieben spielten dabei eine sekundäre Rolle. Die übliche Tischkultur sah ein Drei-Gänge-Menü (Vor-, Haupt- und Nachspeise) vor, und an Feiertagen oder bei Festivitäten wurde das Menü nach vorne und hinten erweitert (z.B. Hors-d'œuvres, Käseplatte) und mit zum Menü passenden alkoholischen Getränken abgerundet.

Was seit der Kolonialzeit teils unverändert blieb, ist die Idee, dass eine vermeintlich höher entwickelte Kultur unmittelbar von der Superiorität einer Ethnie abhängig war. Dazu gehörte im europäischen Essenskontext auch die visuelle Darstellung von Mahlzeiten (das Auge isst bekanntlich mit), die von der Kunstfertigkeit und der Rafinesse des Kochs zeugte. Das Auge war wichtiger als der Tastsinn und die Präsentation wichtiger als eine gehaltvolle Ernährung. Im Kongofreistaat und in Deutsch-Ostafrika war eben jener Mangel – sei er absichtlich oder nicht – an indigenen Dekorationskünsten eine weitere Bestätigung für die ‚Weißen', dass sie es in Afrika mit weniger entwickelten Menschengruppen und Kulturen zu tun hatten. Weitere Materialien, deren Mangel in den indigenen Küchen die europäische Ess- und Trinkkultur emporhob, waren Tischtücher, Servietten, Porzellan, silbernes Besteck und Kerzenständer.

Mit der Industrialisierung Europas im 19. Jahrhundert waren neue Transportwege und Verpackungen für Lebensmittel geschaffen worden, die langfristig den Esshabitus veränderten. Diese Neuerungen dockten an bereits anderweitig vorhandene Überlegenheitsgefühle an, und sie erlangten im kolonialen Afrika sogar eine noch größere Bedeutung. Die direkte Nähe zu Lebensmittelquellen – egal ob Tiere, Tierprodukte, Gemüse- und Obstsorten – nahm zusehends ab und stand sinnbildlich für eine aussterbende und unterwickelte Welt. Symbolisch entstand ein Modernitätsanspruch, der die Konservendose (‚weiß') dem ländlichen Lebensstil (‚nicht-weiß') entgegenstellte.

Im kolonialen Kontext waren Essens- und Verzichtspraktiken aufgrund ihrer alltäglichen Wiederholung wichtig für die Herstellung von Differenz zwischen Kolonisierenden und Kolonisierten. Eine solche Abgrenzung war Teil des alltäglichen Überlebens und Sich-Behauptens. In einer Welt, die immens von einer artifiziell kontruierten Rangordnung der Völker und Zivilisationen abhing, konnte das gemeinsame Essen mit Menschen anderer Gruppen aus hierarchischen Gründen gefährlich sein. Das Nicht-Essen in Zentralafrika diente der Organisation einer sozialen Ordnung. Ausschlaggebend war, dass die ,Weißen' sich aussuchen konnten, was sie essen oder worauf sie verzichten wollten. Dieses Aussuchen verlieh ihnen die Definitionsmacht darüber, was richtiges Essen war und was nicht. (Nicht-)Essen wurde zum Machtsymbol.

Es hat sich gezeigt, dass die Art zu essen und der Essensinhalt Teil der Identitätsbildung von Kolonisierenden waren. Das aus der Bibel bekannte gemeinsame Brotbrechen – eine Metapher zum Kennenlernen neuer Menschen – hatte in den Kolonien eine andere Bedeutung. Anstatt Essen als Mittel der Verbrüderung einzusetzen, wurde es basierend auf der Hautfarbe zur gegenseitigen Segregierung verwendet.[86] Es diente somit einer Selektion und dem ,Othering'. Das ,weiße' Nicht-Essen ist eine simultane Geschichte der ethnischen Inklusion und Exklusion. Essen wurde nicht nur zum Füllen des Magens praktiziert, sondern auch als Mittel zum Zweck der eigenen Darstellung und Schaffung einer eigenen Gemeinschaft eingesetzt. Die bewusste Entscheidung, subsaharische Lebensmittel nicht zu essen, war eine Widerspiegelung kolonialer Hierarchien im Kongofreistaat und Deutsch-Ostafrika. Die Prozedur des Nicht-Essens war eine tägliche Notwendigkeit, die der Erhaltung der eigenen ,weißen' Macht – politisch wie auch kulturell – diente, denn jene Praxis des Nicht-Essens verhalf Belgiern, Deutschen und Schweden dazu, ihre Kolonialgesellschaften von innen wie auch nach außen zu strukturieren.

---

86 In der Analyse zu Europas Esskultur und dessen Verbindung zu Identität und Diversität schrieb Parasecoli, dass Mahlzeiten Menschen trennten oder vereinten. De Vooght fügte als Fallstudie den belgischen Königshof hinzu; *De Vooght*, The King Invites (wie Anm. 26); *Parasecoli*, Food, Identity and Diversity (wie Anm. 51). Zum Thema deutsche Kolonialidentiät und Heimatgefühl siehe *Renate Bridenthal/Krista O'Donnell/Nancy Reagin* (Eds.), The Heimat Abroad. The Boundaries of Germanness. Ann Arbor 2005.

Körper, Moral, Gesellschaft

Debatten über Vegetarismus zwischen Europa und Indien, ca. 1850–1914

von Julia Hauser

Body, Morality, Society: Debates on Vegetarianism between Europe and India, c. 1850–1914

Vegetarianisms in Europe and Asia have long been treated as separate phenomena. Upon closer examination, however, there was an overlap in motives from the late nineteenth century onwards. Particularly in Europe and India, debates on vegetarianism became intertwined. Health was an important argument for vegetarianism in Europe, though always as part of a larger agenda understood in terms of a thorough bodily and moral reform of society. India, where vegetarianism seemed to be embraced for ethical reasons, played a pivotal role in this context. During the colonial encounter, Europeans and Indians engaged in dynamic conversations on vegetarianism. Thus, notions of spiritual purity began to influence European authors while Indian sources began appropriating Western arguments for health.

Wie der Anthropologe Jakob A. Klein feststellt, wurde Vegetarismus in Europa und Asien lange als ein voneinander getrenntes Phänomen betrachtet: europäischer Vegetarismus als modern, freiwillig sowie ethisch und gesundheitlich orientiert; Vegetarismus in Asien als Aspekt der Tradition, als kollektive und religiös bedingte Praxis. Diese Wahrnehmung, so Klein, sei problematisch, hätten sich doch Vegetarismus in Europa und Asien seit geraumer Zeit im Austausch miteinander befunden – und dies in einem solchen Maß, dass eine Beleuchtung dieser Verflechtungen unerlässlich sei, um die sozialen Dimensionen des Vegetarismus überhaupt verstehen zu können.[1]

1 *Jakob A. Klein*, Afterword. Comparing Vegetarianisms, in: Journal of South Asian Studies 31, 2008, 199–212; *Colin Spencer*, The Heretic's Feast. A History of Vegetarianism. Hanover 1995; *Tristram Stuart*, The Bloodless Revolution. Radical Vegetarians and the Discovery of India. London 2006. Zwar gibt es mittlerweile einige Untersuchungen, die indische Einflüsse auf Vegetarismus in Europa untersuchen, jedoch meist in diachroner statt in synchroner und verflechtungsgeschichtlicher Perspektive, und der Annahme der Zeitgenossen von Indien als rein vegetarischem Land folgend: *Spencer*, Feast, 69–86; *Stuart*, Revolution. James Gregory untersucht Begegnungen zwischen britischen Vegetariern und Indern, jedoch ohne den notwendigen historischen Hintergrund, den entstehenden Hindu-Nationalismus in Indien und den dafür zentralen Stellenwert des Kuhschutzes mit einzubeziehen. Dieser Aspekt fehlt auch in Leela Gandhis ansonsten nuancierter Analyse der Begegnung zwischen Gandhi und britischen Kolonialkritikern. *James*

DOI 10.1515/9783110574135-010

Dieser Beitrag zeigt, dass im späten 19. und frühen 20. Jahrhundert Debatten über Vegetarismus in Europa und Indien ungeachtet ihrer unterschiedlichen Ursprünge und sozialen Kontexte einen hohen Grad der Verflechtung erreichten. Europäische Autoren bezogen sich zunehmend auf das, was sie für indische Spiritualität und Ethik hielten; indische Autoren rekurrierten zunehmend und ebenfalls in Prozessen selektiver Aneignung auf Erkenntnisse der entstehenden Ernährungswissenschaft und gesundheitliche Argumente für Vegetarismus. Beiden Seiten war zudem gemeinsam, dass sie Vegetarismus mit utopischen Entwürfen für eine neue Menschheit verbanden. Obwohl gesundheitliche Argumente im Vegetarismus eine wichtige Rolle spielten, so das Kernargument dieses Aufsatzes, waren sie weder in Indien noch Europa allein ausschlaggebend. Vielmehr wurde Vegetarismus stets als ein Programm gedacht, das körperliche und moralische Reform als sich gegenseitig bedingende Aspekte umfasste.

Die Geschichte des Vegetarismus ist im deutschen und englischen Sprachraum seit einigen Jahrzehnten behandelt worden. In Großbritannien und den USA überwogen lange populärwissenschaftliche Darstellungen.[2] Für Deutschland und die Schweiz hingegen wird Vegetarismus seit den 1970er Jahren als Teil der sogenannten Lebensreformbewegung wissenschaftlich untersucht.[3] All diese Forschungen eint, dass sie Vegetarismus aus nationalgeschichtlicher Perspektive betrachten, ob-

---

Gregory, British Vegetarianism and the Raj. 2005 (revised 2013), https://www.academia.edu/3837521/British_Vegetarianism_and_the_Raj (Zugriff 9.12.2017); *Leela Gandhi*, Affective Communities. Anticolonial Thought, Fin-De-Siècle Radicalism, and the Politics of Friendship. Durham 2006.

2 *Janet Barkas*, The Vegetable Passion. A History of the Vegetarian State of Mind. London 1975; *Spencer*, Feast (wie Anm. 1); *Karen Iacobbo/Michael Iacobbo*, Vegetarian America. A History. Westport 2004; *Stuart*, Revolution (wie Anm. 1). Allerdings gibt es auch einige Untersuchungen mit dezidiert wissenschaftlichem Anspruch. Hervorzuheben sind vor allem die Studien von Julia Twigg und Mieke Roscher, wobei Letztere sich der Tierschutzbewegung im weiteren Sinne widmet: *Julia Twigg*, The Vegetarian Movement in England, 1847–1981. PhD Thesis London 1981; *Mieke Roscher*, Ein Königreich für Tiere. Die Geschichte der britischen Tierrechtsbewegung. Marburg 2009. Siehe außerdem für Großbritannien *James Gregory*, Of Victorians and Vegetarians. The Vegetarian Movement in Nineteenth-Century Britain. London 2007, und für die USA *Adam D. Shprintzen*, The Vegetarian Crusade. The Rise of an American Reform Movement, 1817–1921. Chapel Hill 2013.

3 *Wolfgang R. Krabbe*, Gesellschaftsveränderung durch Lebensreform. Göttingen 1974; *Judith Baumgartner*, Ernährungsreform – Antwort auf Industrialisierung und Ernährungswandel. Ernährungsreform als Teil der Lebensreformbewegung am Beispiel der Siedlung und des Unternehmens Eden seit 1893. Frankfurt am Main 1992; *Albert Wirz*, Die Moral auf dem Teller. Zürich 1993; *Hans Jürgen Teuteberg*, Zur Sozialgeschichte und Soziologie des Vegetarismus, in: Vierteljahrschrift für Sozial- und Wirtschaftsgeschichte 81, 1994, 33–65; *Eva Barlösius*, Naturgemäße Lebensführung. Zur Geschichte der Lebensreform um die Jahr-

gleich sich die vegetarische Bewegung, wie unten ausgeführt wird, durch einen hohen Grad transnationaler Vernetzung und ein großes Interesse für Ernährungsmuster in anderen Teilen der Welt auszeichnete. Vegetarismus erscheint in diesen Arbeiten als genuin westliches, genauer: englisches, amerikanisches, deutsches Phänomen, das in Reaktion auf Industrialisierung und Urbanisierung entstanden sei.[4] Die gleichzeitig zu beobachtenden transnationalen Dynamiken hingegen bleiben unbeachtet, obgleich sie, wie im Folgenden deutlich werden wird, für den europäischen Vegetarismus wesentlich waren. Vegetarismus in Indien wird häufig im Rahmen religiöser Traditionen untersucht[5] oder in Darstellungen für ein breites Publikum behandelt[6], kaum hingegen in seiner historischen Entwicklung analysiert. Dass er seit der kolonialen Herrschaft Großbritanniens eine ganz neue Bedeutung erlangte, thematisieren nur wenige Studien.[7]

Der vorliegende Aufsatz bedient sich der Methodik der Wissens- und der Verflechtungsgeschichte. Verflechtungsgeschichtlich orientierte Arbeiten gehen davon aus, dass Kultur keine hermetisch abgeschlossene Untersuchungseinheit darstellt. Sie untersuchen kulturelle Begegnungen unter dem Blickwinkel, wie diese Begegnungen alle darin involvierten Seiten tangiert und ihre Deutungsmuster verändert haben. Zentral für verflechtungsgeschichtliche Ansätze ist ferner die Annahme, dass diese Prozesse nicht von einem definitiven Beginn und Ende gekennzeichnet waren und sich daher eher als zirkulär denn als linear erweisen. Auf diese Weise

hundertwende. Frankfurt am Main 1997; *Florentine Fritzen*, Gesünder leben. Die Lebensreformbewegung im 20. Jahrhundert. Stuttgart 2006.

4 *Twigg*, Movement (wie Anm. 2), 92–99; *Gregory*, Victorians (wie Anm. 2), 37.

5 *Om Prakash*, Food and Drinks in Ancient India. Delhi 1961; *Ravindra S. Khare* (Ed.), The Hindu Hearth and Home. Culinary Systems Old and New in North India. New Delhi 1976; *ders.* (Ed.), The Eternal Food. Gastronomic Ideas and Experiences of Hindus and Buddhists. Albany 1992; *K. T. Achaya*, Indian Food. A Historical Companion. Delhi 1994.

6 *Chitrita Banerji*, Eating India. An Odessey into the Food and Culture of the Land of Spices. London 2007; *Colleen Taylor Sen*, Feasts and Fasts. A History of Food in India. London 2015. Beide betonen allerdings auch die regionale und soziale Diversität indischer *foodways*, die sich eben nicht im Vegetarismus erschöpf(t)en.

7 *Parama Roy*, Alimentary Tracts. Appetites, Aversions, and the Postcolonial. Durham 2010; *dies.*, Meat-Eating, Masculinity, and Renunciation in India. A Gandhian Grammar of Diet, in: Gender & History 14, 2002, 62–91; *dies.*, A Dietetics of Virile Emergency, in: Women's Studies International Forum 14, 2014, 255–265; *Utsa Ray*, Eating ‚Modernity'. Changing Dietary Practices in Colonial Bengal, in: Modern Asian Studies 46, 2012, 703–729; *dies.*, Culinary Culture in Colonial India. A Cosmopolitan Platter and the Middle-Class. Delhi 2015.

produziertes Wissen hat letztlich keinen klar anzugebenden Ursprungsort: Es ist, mit Harald Fischer-Tiné gesprochen, „pidgin knowledge".[8]

Eben jene Dynamiken sind auch in Publikationen über Vegetarismus seit dem späten 19. Jahrhundert in Europa und Indien zu erkennen. Aus der Vielzahl der Veröffentlichungen zu diesem Thema berücksichtigt dieser Beitrag Periodika vegetarischer Vereine[9] und Monographien vegetarischer Autoren, auf indischer Seite hingegen Publikationen der Theosophical Society, der Europäer und Inder angehörten, sowie die Publikationen des 1911 gegründeten Jiva Daya Gnan Prasarak Fund (Bombay Humanitarian Fund; später Bombay Humanitarian League), einer Organisation, die nach dem Vorbild der britischen Humanitarian League Vegetarismus als gesundheitlich und ethisch vorteilhafte Lebensform propagierte – wenngleich sich darin ihre Agenda nicht erschöpfte.

I. Europa: Vegetarismus, Gesundheit und Gesellschaftsreform

Wenngleich Fleischverzicht aus religiösen, ethischen und medizinischen Gründen in Europa bereits früher propagiert und vereinzelt praktiziert wurde, entstand Vegetarismus als breitere organisierte Bewegung erst seit der Mitte des 19. Jahrhunderts im Kontext der sozialen und wirtschaftlichen Umbrüche, die mit der Industrialisierung einhergingen. Diese wurden nicht zuletzt vom Bürgertum als existenzielle gesellschaftliche Krise wahrgenommen. Doch nur wenige gingen, wie der zeitgenössisch entstehende Kommunismus, so weit, eine Veränderung der wirtschaftlichen Verhältnisse zu fordern. Stattdessen deuteten die meisten bürgerlichen Beobachter die Krise als eine moralische, wobei sie das Hauptdefizit bei den Unterschichten lokalisierten: Ihre Armut und vermeintliche Degeneration (und damit das gesamte Phänomen des sogenannten Pauperismus) wurden als Resultat unmoralischer Lebensweise – Geldverschwendung, Alkohol und sexueller Exzess – begriffen. Doch auch Bürgern schien die Degeneration zu drohen, wenn sie sich diesen

8 *Harald Fischer-Tiné*, Pidgin-Knowledge. Wissen und Kolonialismus. Zürich 2013.

9 The Vegetarian Messenger and Health Review 1847; The Vegetarian Messenger 1849–1875; The Dietetic Reformer and Vegetarian Messenger 1863–1886; The Vegetarian Messenger 1887–1897; The Herald of the Golden Age and British Health Review (ca. 1902–1913). Da die Zeitschrift in verschiedenen Bibliotheken weltweit jeweils nur unvollständig erhalten ist, wurden für diesen Aufsatz die auf archive.org vorhandenen Ausgaben (Januar 1902–April 1913) verwendet.

Verführungen der Moderne hingaben. Ein Weg aus der Krise erschien von diesem Standpunkt einzig durch eine Hinwendung oder Rückkehr zu einer bürgerlich definierten Moral, durch eine Zügelung der Triebe möglich. Eine Ernährung, die vermeintlich den Körper nicht stimulierte, aber auch preisgünstig und hygienisch war, schien hierzu einen wesentlichen Beitrag leisten zu können. In diesem Kontext entstand der organisierte Vegetarismus.

Vereine bildeten sich zunächst auf lokaler, später auf nationaler Ebene, wobei Großbritannien ebenso wie in der Tierschutzbewegung eine Vorreiterrolle zukam.[10] In diesem Artikel wird aufgrund der imperialen Verbindung zu Indien vor allem Großbritannien betrachtet. Hier entstand der erste vegetarische Verein 1846 im Austausch mit Gleichgesinnten in den USA in einer der wichtigsten Industriestädte des British Empire, die zudem durch ein hohes Maß an sozialer Ungleichheit und sozialer Segregation gekennzeichnet war: Manchester.[11] Der organisierte Vegetarismus war damit von Beginn an ein urbanes Phänomen, das inhaltlich und personell eng mit evangelikaler Frömmigkeit und sozialen Bestrebungen wie der Temperenzbewegung[12] verbunden war, bald aber auch Überschneidungen mit der Anti-Vivisektions- und Tierschutzbewegung[13], der Frauenbewegung[14], dem Humanitarismus[15] sowie Sozialismus und Anarchismus[16] aufwies.

---

10 *Roscher*, Königreich (wie Anm. 2), 11, 14.

11 Friedrich Engels bemerkte zur sozialen Geographie Manchesters, dass hier Bürger „Jahre lang […] wohnen und täglich hinein und hinaus gehen [können], ohne je in ein Arbeiterviertel oder mit Arbeitern in Berührung zu kommen"; *Friedrich Engels*, Die Lage der arbeitenden Klasse in England. Leipzig 1845, 63.

12 *Twigg*, Movement (wie Anm. 2), 66–84, 88–89; *Gregory*, Victorians (wie Anm. 2), 5, 20–30, 46; *ders.*, „A Lutheranism of the Table". Religion and the Victorian Vegetarians, in: David Grumett / Rachel Muers (Eds.), Eating and Believing. Interdisciplinary Perspectives on Vegetarianism and Theology. London 2011, 135–151. *Roscher*, Königreich (wie Anm. 2), 34, 63–68, 96–107, 174–193.

13 Ebd.

14 Ebd. 124–173, untersucht eingehend die Überlappungen zwischen britischer Tierschutzbewegung bzw. Feminismus bzw. 158–166 zwischen Vegetarismus und Feminismus. Siehe zu diesen Zusammenhängen auch *Joanna Bourke*, What it Means to be Human. Reflections from 1791 to the Present. London 2011, 67–70, 94–108.

15 Der Humanitarismusbegriff der Jahrhundertwende schloss sowohl Menschen als auch Tiere ein, was in der heutigen Forschung zum Humanitarismus häufig übersehen wird (vgl. etwa *Anna Clark*, Humanitarianism, Human Rights and Biopolitics in the British Empire, 1890–1902, in: Britain and the World 9, 2016, 96–115), während Forschungen aus dem Bereich der Human-Animal-Studies für das späte 19. Jahrhundert diesen erweiterten Humanitarismusbegriff betonen, so z. B. *Elisa Aaltola*, Animal Suffering. Philosophy and Culture. London / New York 2012, 80f.

16 Jedoch waren Vegetarismus und Anarchismus keineswegs deckungsgleich. Vielmehr befürworteten

Plädoyers für Vegetarismus zeichneten sich durch eine deutliche Kritik an der Gesellschaft und Kultur der Gegenwart aus. Durch die Industrialisierung habe sich der Mensch von der Natur entfernt. Das moderne Leben mache ihn krank: die überwiegend sitzende Tätigkeit, eine allzu reichhaltige und überkochte Nahrung, der Genuss von Alkohol und Tabak – all dies schade dem menschlichen Körper.[17] Doch Fleisch sahen Verfechter des Vegetarismus als die Hauptrisikoquelle für die Gesundheit. Schon vor der Veröffentlichung der Evolutionstheorie Charles Darwins verwiesen Autoren wie John Oswald auf Parallelen zwischen der Anatomie des Menschen und der frugivorer Säugetiere und leiteten daraus ab, dass auch der Körper des Menschen für den Verzehr von Fleisch nicht geeignet sei – ein Argument, das bis ins frühe 20. Jahrhundert und darüber hinaus angeführt wurde.[18]

Hinzu traten im späteren 19. Jahrhundert Argumente aus der entstehenden Ernährungswissenschaft. Autoren argumentierten mit dem durchschnittlichen Nährstoffbedarf des Menschen und versuchten zu zeigen, dass dieser ohne ein Übermaß tierischen Proteins gedeckt werden könne oder aber, dass pflanzliches und tierisches Protein gleichermaßen wertvoll seien, wobei sie sich auf Distanz zur Mehrheitsmeinung in der Medizin begaben.[19] Vor allem aber hoben Autoren den Konsum von

---

nur einige Vegetarier anarchische Gesellschaftskonzepte, so etwa der französische Geograph Elisée Reclus; *John P. Clark/Camille Martin* (Eds.), Anarchy, Geography, Modernity. The Radical Social Thought of Elisée Reclus. Lanham 2004. Auch für den britischen Vegetarismus betonen Gregory und Twigg, dass sozialistische und anarchistische Positionen nur von einem Teil der Anhänger geteilt worden seien: *Twigg*, Movement (wie Anm. 2), 134–136; *Gregory*, Victorians (wie Anm. 2), 157–160.

17 Reasons for a Vegetarian Diet, in: The Vegetarian Messenger 7, 1857, 76.

18 *John Oswald*, The Cry of Nature, or, An Appeal to Mercy and to Justice on Behalf of the Persecuted Animals. London 1791, 12–14; A Letter to a Friend, in Reply to the Question, What is Vegetarianism? London 1849, 22–24; Second Annual Meeting of the Vegetarian Society, in: Vegetarian Messenger 1, 1851, 4–14, 12–14; *William Horsell*, The Vegetarian Armed at All Points; In Which the Theory is Explained; The Chief Arguments Advanced; And the Principal Objections Answered. London 1859, 8–13. Mr Villiers on Vegetarianism, in: The Vegetarian Messenger and Review. Fifth Series 1, 1898, 50f. Auch die später in diesem Beitrag behandelten indischen AutorInnen brachten dieses Argument vor. Siehe z. B. *Shewantibai K. Dhurandhar*, The Advantages of „A Vegetarian Diet", in: Essays on the Advantages of a Vegetarian Diet. Being a Collection of the Essays of Successful Candidates in its Price Essay Scheme No. 4. Bombay 1914, 16, 3.

19 Siehe z. B. The Best Food of Man, in: The Vegetarian Messenger 2, 1852, 33–40; *Charles D. Hunter*, Fruits and Muscular Power, in: The Vegetarian Messenger. Third Series 1, 1872–1873, 121; Vegetable Soups, in: The Dietetic Reformer and Vegetarian Messenger. Third Series 12, 1885, 267–269. Wie Detlef Briesen zeigt, maß die Schulmedizin dem Proteinbedarf in der zweiten Hälfte des 19. Jahrhunderts zentrale Bedeutung zu und setzte ihn vergleichsweise hoch an; *Detlef Briesen*, Das gesunde Leben. Ernährung und Gesundheit seit dem 18. Jahrhundert. Frankfurt am Main 2010, 34f. Auf das gespannte Verhältnis zwischen Schulmedizin

Fleisch als Risiko für Erkrankungen hervor. Fleisch galt als Nahrungsmittel, das den Körper überhitzte und so das Risiko für Entzündungen steigerte.[20] Auch hoben viele Autoren seine Belastung mit anderen Organismen hervor, die zu Folgeerkrankungen beim Menschen führe.[21] Ebenso wurde argumentiert, dass der Verzehr von tierischem Eiweiß beim Menschen zu einer erhöhten Produktion von Harnsäure führe und das Risiko für diverse schwere Erkrankungen, unter anderem Cholera, Tuberkulose und Krebs, erhöhe.[22] Darüber hinaus führe der Konsum von Fleisch unweigerlich zu Durst, den Fleischessende angeblich vorwiegend mit Alkohol stillten.[23] Beides wiederum rufe eine Überreizung der Nerven hervor und bringe, neben der

---

und Vegetarismus verweist auch James Gregory, betont dabei aber, dass sich Vegetarier dennoch oft auf aktuelle Forschungen aus Medizin und Chemie beriefen: *Gregory*, Victorians (wie Anm. 2), 78–87. Dies war auch bei den zu Beginn dieser Anmerkung zitierten Beiträgen aus dem Vegetarian Messenger der Fall, die sich auf Justus Liebig beriefen, wenn sie die Gleichwertigkeit pflanzlichen und tierischen Eiweißes postulierten.

20 A Letter to a Friend (wie Anm. 18), 22 f.

21 Siehe z. B. Diseases in Meat, in: The Dietetic Reformer and Vegetarian Messenger 3, 1866, 80 f.; The Communicability to Man of Diseases from Animals Used as Food, in: The Dietetic Reformer and Vegetarian Messenger 3, 1884, 39 f.; *Anna Kingsford*, The Perfect Way in Diet. A Treatise Advocating a Return to the Natural and Ancient Food of our Race. London 1887 (erstmals London 1881), 71–75.

22 What Food to Eat? Dr Ireland's Reply, in: The Dietetic Reformer and Vegetarian Messenger 3, 1866, 100–103; A Conclusive Reply, in: The Dietetic Reformer and Vegetarian Messenger. Third Series 4, 1878, 203 f. Wie bisweilen hervorgehoben wurde, waren derartige Vermutungen schon im 18. Jahrhundert von verschiedenen Medizinern geäußert worden; The Predisposing Causes of Disease, in: The Dietetic Reformer and Vegetarian Messenger. Third Series 4, 1854, 43–49; *E. Hare*, The Life of Dr William Lambe, the Vegetarian, in: Vegetarian Messenger 1, 1847, 81–84. Zu Fleischkonsum als Cholera- und Tuberkuloserisiko und Vegetarismus als Heilmittel gegen beide Krankheiten siehe *C. O. Groom Napier*, Vegetarianism the Cure for Consumption. Dunfermline 1879; *William Horsell*, Cholera Prevented by the Adoption of a Vegetarian Diet, and Cured, by a Judicious Application of the Hydropathic Treatment. London 1849; *Kingsford*, Way (wie Anm. 21), 76 f.

23 *William A. Alcott*, Vegetable Diet. As Sanctioned by Medical Men, and by Experience in All Ages. Boston 1838, 240; *John Smith*, Fruits and Farinacea the Proper Food of Man. Boston 1854, 260; The Influence of Diet on Man's Usefulness and Happiness, in: The Vegetarian Messenger 8, 1858, 72–74; *J. H. Longstaffe*, Fifteen Reasons for Abstaining from the Use of the Flesh of Animals as Food. London 1860; *Henry S. Salt*, A Plea for Vegetarianism, and Other Essays. Manchester 1886, 26. Zum Teil wurde der vermeintlich mit Fleischkonsum einhergehende Drang, alkoholische Getränke zu sich zu nehmen, auch als Ausgleich für die in einer fleischreichen Nahrung angeblich zu wenig vorkommenden „carbonic elements" interpretiert; The Vegetarian and Temperance Principles, in: The Vegetarian Messenger 4, 1854. Doch auch die umgekehrte Wirkung wurde konstatiert: Vegetarier, die wieder Alkohol zu sich nahmen, liefen Gefahr, erneut Fleisch zu konsumieren. Banquet of the Glasgow Vegetarian Association, in: Supplement to The Vegetarian Messenger 6, 1858, 59–65.

Neigung zum Konsum weiterer sogenannter Stimulantien wie Tabak, Schokolade oder Kaffee, einen verstärkten Hunger auf Sexualität mit sich.[24]

Zweifellos lässt sich der vegetarische Diskurs im Europa des 19. Jahrhunderts nicht auf den Aspekt der Gesundheit beschränken. Schon eine Untersuchung dieses Aspekts zeigt jedoch, dass Befürworter des Vegetarismus stets holistisch argumentierten.[25] Eine Kritik am vermeintlich kranken Individuum der Gegenwart war stets mehr als das, stets eine Kritik der westlichen Kultur als solche – und doch nie eine vollständige. Denn Vertreter des Vegetarismus kritisierten zwar einerseits die Gesellschaft der Industrialisierung, ließen andererseits jedoch ihr Herzstück, das disziplinierte Selbst, nicht nur unangetastet, sondern rückten es gar ins Zentrum ihres Programms. Ähnlich wie in der Armenfürsorge engagierte Zeitgenossen sahen sie das Individuum als selbst verantwortlich für seine gesellschaftliche Stellung an und schrieben sich in eine Agenda der „self-help" ein.[26] Denn verzichtete man auf Fleisch, so argumentierten sie, ließen sich die oben beschriebenen moralischen und gesundheitlichen Schäden aufhalten, wenn nicht revidieren. Auch schien eine Hinwendung zum Vegetarismus Körperkraft und Ausdauer und damit körperliche Leistung sowie die Lebensdauer insgesamt beträchtlich zu steigern.[27]

---

24 The Vegetarian Treasury, in: Vegetarian Messenger 2, 1852, 1–22; Experience of an American Physician, in: Vegetarian Messenger 2, 1855, 52–54; *Smith*, Fruits (wie Anm. 23), 259–266; *Horsell*, Vegetarian (wie Anm. 18), 46; *Longstaffe*, Reasons (wie Anm. 23), 4; An Argument for Total Abstinence from the Flesh of Animals, in: The Dietetic Reformer and Vegetarian Messenger 3, 1866–68, 103–105; *Kingsford*, Way (wie Anm. 21), 58f.

25 So resümierte schon 1838 der auch in Großbritannien stark rezipierte William A. Alcott, in dessen Traktat „Vegetable Diet. As Sanctioned by Medical Men, and by Experience in All Ages" gesundheitliche Argumente eine durchaus wichtige Rolle einnahmen: „Nearly every argument, which can be brought to show the superiority of a vegetable diet over one that includes flesh or fish, is a moral argument"; *Alcott*, Diet (wie Anm. 23), 266. Alcott führte in seiner Streitschrift für den Vegetarismus gesundheitliche, moralische und ökonomische Aspekte an, eine argumentative Bandbreite, die alle im 19. Jahrhundert veröffentlichten Traktate über Vegetarismus beibehielten. Keine einzige dieser Veröffentlichungen konzentrierte sich ausschließlich auf gesundheitliche Aspekte.

26 *Rachel G. Fuchs*, Gender and Poverty in Nineteenth-Century Europe. Cambridge 2005, 198. Als der bekannteste zeitgenössische Entwurf des Konzepts der Selbsthilfe gilt das Traktat des schottischen Reformers *Samuel Smiles*, Self-Help. With Illustrations of Character and Conduct. London 1859.

27 Zu diesem außerordentlich häufig vorgebrachten Argument siehe etwa The Vegetarian System, in: Vegetarian Messenger 3, 1853, 56–61, 64–67, hier 66; John Wesley's Endurance and Uninterrupted Health, in: Vegetarian Messenger 6, 1856, 33f.; *T.S. Nichols*, How to Live on Six-Pence a Day. Vegetarian Meal Planning. London 1878, 21. In diesem Sinne wurde Vegetarismus in Verbindung mit Körperpraktiken wie Tanz, *body building* und Leistungssport Teil eines neuartigen Körperverständnisses; *Ina Zweiniger-Bargie-*

Die grundlegende Kritik an der Moderne, die das vegetarische Schrifttum kennzeichnete, ging eng mit einer Idealisierung außereuropäischer Gesellschaften einher, in denen vermeintlich weniger oder gar keine Tiere für die menschliche Ernährung getötet wurden. Britische Vegetarier blickten vor allem nach Indien, wo sich seit Ende des 18. Jahrhunderts zunächst im Kontext der East India Company koloniale Herrschaftsstrukturen ausbildeten, bevor sich seit der Mitte des 19. Jahrhunderts die britische Herrschaft formalisierte.[28] Dort waren Indologen, westliche EsoterikerInnen und Brahmanen damit beschäftigt, für ein westliches Publikum jene religiösen Lehren zu erschließen, die sie unter dem Namen Hinduismus zusammenfassten.[29] Die als primär hinduistisch wahrgenommene Bevölkerung Indiens, so glaubten viele Vegetarier in Großbritannien, ernährte sich ausschließlich vegetarisch, und das vermeintlich kohärente Glaubenssystem des Hinduismus verpflichtete sie dazu, Tieren weit mehr Mitgefühl entgegen zu bringen, als dies in Europa der Fall sei.[30] Aus diesem Grund erschien britischen Vegetariern das, was sie als die indische Gesellschaft wahrnahmen, als moralisch integrer, und die Bevölkerung Indiens als gesünder und stärker[31] – ein deutlicher Gegensatz zu anderen Strängen des kolonialen Diskurses.[32]

Ab der zweiten Hälfte des 19. Jahrhunderts fand eine immer stärkere Rezeption Indiens im britischen Vegetarismus statt. Seit der sogenannten „Indian Mutiny"

lowska, Managing the Body. Beauty, Health, and Fitness in Britain, 1880–1939. Oxford 2011, 2, 9, 17, 34, 52, 100, 109, 124, 178, 202, 211.

28 Zur Wahrnehmung Indiens im britischen vegetarischen Diskurs in der zweiten Hälfte des 19. Jahrhunderts siehe auch *Gregory*, British Vegetarianism (wie Anm. 1), 7–10.

29 Die koloniale „Erfindung" des Hinduismus betonen etwa *Barbara Daly Metcalf/Thomas R. Metcalf*, A Concise History of Modern India. 2nd Ed. Cambridge 2009, 231, und *John Stratton Hawley*, Naming Hinduism, in: Wilson Quarterly 15, 1991, 20–34.

30 *Oswald*, Cry of Nature (wie Anm. 18), 1–9, 78 f.; *Kingsford*, Way (wie Anm. 21), 19 f. Kingsford behauptete hier, dass die obersten drei Kasten in Indien keinerlei Fleisch konsumierten und dass Buddhisten genau denselben Verhaltensregeln folgten. *Francis William Newman*, Essays on Diet. London 1883, 30. Zur Indien-Wahrnehmung im britischen Vegetarismus siehe auch *Gregory*, British Vegetarianism (wie Anm. 1), 7–10.

31 *Smith*, Fruits (wie Anm. 23), 179, 287; *Frederick Richard Lees*, An Argument on Behalf of the Primitive Diet of Man. London 1855, 29.

32 Wie Mrinalini Sinha gezeigt hat, wurde generell die vermeintliche körperliche Schwäche der Einwohner Indiens als Legitimation für die britische koloniale Herrschaft über den Subkontinent angeführt; *Mrinalini Sinha*, Colonial Masculinity. The ‚Manly Englishman' and the ‚Effeminate Bengali' in the Late Nineteenth Century. Manchester 1995.

(1857), für deren Ausbruch angeblich mit Tierfett eingeriebene Patronenhülsen der unmittelbare Auslöser waren, häufte sich die Kritik am Kolonialismus im „Vegetarian Messenger", dem wichtigsten Organ des britischen Vegetarismus.[33] Für den Aufstand wurden die Kolonialherren verantwortlich gemacht, da sie in ihrer Unbedachtheit die religiösen Empfindungen ihrer Untertanen verletzt hatten. Letztlich aber lief die Kritik darauf hinaus, die vermeintliche Überlegenheit der englischen Kultur insgesamt in Zweifel zu ziehen. So wunderte es die Autoren des „Vegetarian Messenger" kaum, dass britische Missionare keine nennenswerten Erfolge in Indien erzielen konnten: Musste nicht das Christentum vegetarisch lebenden Hindus als eine Religion des Mordens erscheinen?[34]

II. Indien: Vegetarismus im Zeichen von Reinheit und Tradition

Auch wenn europäische Beobachter in Indien vorkommende vegetarische Ernährungsweisen homogenisierten und idealisierten, konnten Formen des Verzichts auf tierische Nahrungsmittel und andere Substanzen dennoch auf eine wesentlich längere, wenn auch keineswegs lineare Geschichte zurückblicken, allerdings nur bei einem Teil der Bevölkerung, nämlich primär bei den oberen Kasten der Hindus und den Anhängern des Jainismus. Niedrigkastige, Kastenlose, Angehörige der indigenen Bevölkerung (Adivasis) sowie Muslime, Christen, Juden und Parsen aller Schichten, aber auch die Angehörigen der Herrscher- und Kriegerkaste hingegen lebten selten vegetarisch. Doch selbst unter denjenigen, die ihn praktizierten, war Vegetarismus, so Parama Roy, „a matter of considerable contestation and of historical and regional variation".[35]

In den Veden (1700–800 v.Chr.) wurden verschiedenste Tiere als für Opfer und menschlichen Konsum legitim genannt, wobei auch Kühen als Opfertieren eine

33 The Bengal Mutiny, in: The Vegetarian Messenger 8, 1858, 114–117; The Revolt in India, in: The Vegetarian Messenger 8, 1858, 92f., 106f.; The Indian Difficulty, in: The Vegetarian Messenger 8, 1858, 102f.

34 *Mohini Mohun Chatterji*, Vegetarianism and Christianity in India, in: Almonds and Raisins 4, 1885, 18–21; *John Heywood*, Foreign Missions Helped by Vegetarianism, in: The Vegetarian Messenger, New Series 6, 1892, 228–232.

35 *Parama Roy*, Vegetarianism, in: Gita Dharampal-Frick / Monika Kirloskar-Steinbach / Rachel M. Dwyer / Jahnavi Phalkey (Eds.), Key Concepts in Modern Indian Studies. New York 2015, 272–275, hier 272.

wichtige Funktion zukam.[36] Epen wie z.B. das Mahabharata und das Ramayana bezeugen ebenfalls die weite Verbreitung des Fleischkonsums.[37] In ayurvedischen Kompendien wurde Fleisch als Heil- und Stärkungsmittel bei bestimmten Krankheiten empfohlen.[38] In normativen Schriften, so im Buch des Manu (Manu Smrti, 1. Jahrhundert n.Chr.), wurde die Frage des Fleischverzehrs bereits ambivalenter behandelt. Einerseits wurden hier bestimmte Bedingungen aufgeführt, unter denen er für Brahmanen, die Angehörigen der obersten Kaste, erlaubt war. Andererseits wurde das Nicht-Verletzen (*ahimsa*) als Tugend dargestellt.[39]

Bereits im 3. und 4. Jahrhundert v.Chr., als Buddhismus und Jainismus immer stärkeren Einfluss in Indien gewannen, waren Tieropfer und Schlachtungen zusehends in die Kritik geraten. Fleisch galt nun als Lebensmittel, das die Leidenschaften anheizte, und war daher zu meiden. *Ahimsa* etablierte sich fortan unter Jains, Buddhisten und Hindus als Ideal – jedoch nicht unbedingt oder nur graduell in der sozialen Praxis.[40] Seit der Regierungszeit Ashokas, der zum Buddhismus konvertierte und Gesetze zum Schutz mancher Tiere erließ, ersetzten Brahmanen allmählich Tier- durch Speiseopfer.[41] Angehörige der Jain-Religion, deren Umgang mit Ernährung auch auf Brahmanen einen gewissen Einfluss haben sollte, verzichteten nicht nur auf Fleisch, sondern auch auf Fisch, Eier, unter der Erde wachsendes Gemüse, Honig, samenhaltige Früchte, ungefiltertes Wasser sowie Knoblauch, Zwiebeln, Ingwer, Kurkuma und andere Gewürze, da sie als entweder künftiges Leben enthaltend bzw. belebt oder sexuell stimulierend galten.[42] Auch die meisten Brahmanen

---

36 *Ludwig Alsdorf*, Beiträge zur Geschichte von Vegetarismus und Rinderverehrung in Indien. Mainz 1962.

37 *Roy*, Vegetarianism (wie Anm. 35), 272 f.; *Renate Syed*, Das heilige Essen – Das Heilige essen. Religiöse Aspekte des Speiseverhaltens im Hinduismus, in: Perry Schmidt-Leukel (Hrsg.), Die Religionen und das Essen. München 2000, 97–144, hier 133 f.

38 *Francis Zimmermann*, The Jungle and the Aroma of Meats. An Ecological Theme in Indian Medicine. Berkeley 1987, 98–115. Einige Beispiele für diese Meinung finden sich in *Dominik Wujastyk*, The Roots of Ayurveda. London 2003, XX f.; Caraka's Compendium, in: ders. (Ed.), The Roots of Ayurveda. London 2003, 1–60, hier 16; Caraka Samhita. 2nd Revised Ed. Translated by A. Chandra Kaviratna and P. Sharma. Delhi 1996, 5, 7, 53, 58, 63, 156.

39 *Peter Berger*, Art. „Food", in: Knut A. Jacobsen/Helene Basu/Angelika Malinar/Vasudha Narayanan (Eds.), Brill's Encyclopedia of Hinduism. Vol. 3. Leiden/Boston 2011, 68–75, hier 69.

40 *Wendy Doniger*, On Hinduism. Oxford 2014, 415–417.

41 Ebd. 417 f. Einzelne Kulte, z.B. jener der u.a. in Bengalen verehrten Göttin Kali, beruhten jedoch unter Umständen auch weiterhin auf Tieropfern; *Syed*, Essen (wie Anm. 37), 102, 134.

42 *Roy*, Vegetarianism (wie Anm. 35), 273 f.; *P. S. Jaini*, Fear of Food. Jaina Attitudes on Eating, in: ders.

konsumierten nun kein Fleisch mehr (während Angehörige anderer Kasten dies weiterhin taten).[43] Als zunehmend tabuisiert galt das Fleisch von Kühen, die als heilige Tiere und Mutter aller Gottheiten verehrt wurden, während Milch, Joghurt, geklärte Butter (Ghee) und die Exkremente von Kühen als besonders reine und daher für den menschlichen Konsum ratsame Substanzen erachtet wurden.[44] Die hohe Wertschätzung von Kühen fand auch in der Errichtung von Asylen für kranke und alte Tiere Ausdruck.[45]

Vegetarismus war eng an die soziale Herkunft und den Lebenszyklus gebunden.[46] Für männliche Individuen im ersten und letzten Lebensstadium sowie für Witwen wurde er, gemeinsam mit sexueller Enthaltsamkeit, zunehmend als verpflichtend angesehen.[47] Für Krieger und Herrscher hingegen, die in der Regel keine Askese üben sollten, galt Fleischkonsum als angemessen.[48] Auch über den Aspekt der Sexualität hinaus hing Vegetarismus eng mit Vorstellungen von Reinheit zusammen. Nicht nur galten bestimmte Nahrungsmittel und -kombinationen per se als unrein: Durch den Konsum verunreinigten sie auch dauerhaft diejenigen, die sie verzehrten. Auch konnte ein prinzipiell reines Nahrungsmittel durch den bloßen Kontakt mit dem Blick oder dem Schatten einer unreinen Person kontaminiert wer-

---

(Ed.), Collected Papers on Jaina Studies. Delhi 2000, 281–296, hier 284 f. Paul Dundas verweist allerdings darauf, dass frühe Jain-Asketen durchaus Fleisch verzehrten, wenn es ihnen geschenkt wurde; *Paul Dundas*, The Jains. London 1992, 177.

43 *Romila Thapar*, Early India. From the Origins to AD 1300. London 2002, 381.

44 *Alsdorf*, Beiträge (wie Anm. 36), 619.

45 *Deryck O. Lodrick*, Sacred Cows, Sacred Places. Origins and Survivals of Animal Homes in India. Berkeley 1981, 1–70. Wie D. N. Jha in seinem kontrovers rezipierten Buch argumentiert, ist jedoch auch die Verehrung der Kuh in Indien nicht als ungebrochene Tradition zu sehen; *Dwijendra Narayan Jha*, The Myth of the Holy Cow. London 2002.

46 *Syed*, Essen (wie Anm. 37), 109 f.

47 *Martha Alter Chen*, Art. „Satī and Widowhood", in: Jacobson/Basu/Malinar/Narayanan (Eds.), Brill's Encyclopedia of Hinduism, Vol. 3 (wie Anm. 39), 164–176, hier 174 f.; *Lourens P. Van den Bosch*, The Ultimate Journey. Satī and Widowhood in India, in: Jan Bremmer/Lourens P. Van den Bosch (Eds.), Between Poverty and the Pyre. Moments in the History of Widowhood. London/New York 1995, 171–203, hier 191 f.; *Henrike Donner*, New Vegetarianism. Food, Gender and Neo-Liberal Regimes in Bengali Middle-Class Families, in: South Asia. Journal of South Asian Studies 31, 2008, 143–169, hier 148. Siehe aus populärwissenschaftlicher Perspektive auch *Chitrita Banerji*, The Hour of the Goddess. Memories of Women, Food, and Ritual in Bengal. New Delhi 2006, 95–105. Chitrita Banerji danke ich auch für einen hilfreichen Austausch per E-Mail.

48 *Syed*, Essen (wie Anm. 37), 110.

den.[49] Angehörige von Religionen, in denen Fleischverzehr nicht tabuisiert war, sowie Gemeinschaften, die außerhalb des Kastensystems standen, galten umso mehr als körperlich und moralisch unrein.[50] Idealiter konnte man mit der Wahl der Nahrung seine moralischen Dispositionen beeinflussen, wie beispielsweise im Bhagavad Gita ausgeführt wurde: Reine Nahrung half nach Wahrheit und Reinheit (*sattva*) strebenden Personen, ihr Ziel zu erreichen; Personen reinen Charakters wiederum bevorzugten reine Nahrung.[51] Im weiteren Sinne symbolisierte Reinheit daher die wünschenswerte soziale Ordnung.[52]

Mit dem britischen Kolonialismus seit dem späten 18. Jahrhundert begann sich auch die kulturelle Bedeutung von Ernährung zu ändern. Viele Briten in Indien verzehrten demonstrativ Rindfleisch und führten die vermeintliche körperliche Schwäche der Hindus (angeblich Resultat ihrer vegetarischen Ernährung) als Argument für deren koloniale Unterwerfung an. Im späten 19. Jahrhundert übernahmen indische Nationalisten dieses Argument. Manche von ihnen argumentierten, dass Fleischverzehr unumgänglich sei, um dem Kolonialismus ein Ende zu setzen: Nur durch Fleisch könne der Körper der Nation in spe erstarken, und nur ein starker Körper könne den Kolonialismus überwinden.[53] Anderen Hindus der oberen Kasten war daran gelegen, Modernität und Kosmopolitismus zu artikulieren, indem sie

---

49 Ebd. 110–113; *B. A. Holdrege*, Body Connections. Hindu Discourses of the Body and the Study of Religions, in: Indian Journal of Hindu Studies 2, 1998, 341–386, hier 368. Dabei wurden Nahrungsmittel als unterschiedlich anfällig für Verunreinigung erachtet. Wasser oder in Wasser gekochte Lebensmittel galten als besonders anfällig, in Ghee frittierte hingegen als eher unbedenklich und somit als über Kastengrenzen hinweg konsumierbar; *Louis Dumont*, Homo hierarchicus. Le système des castes et ses implications. Paris 1966, 182 f.

50 *Aloka Parasher-Sen*, Art. „Foreigner (Mleccha)", in: Jacobsen/Basu/Malinar/Narayanan (Eds.), Brill's Encyclopedia of Hinduism, Vol. 3 (wie Anm. 39), 76–81, erläutert das Konzept des kulturell Anderen im Hinduismus und geht dabei zwar nur am Rande auf den Muslimen und Niedrigkastigen bzw. Kastenlosen zugeschriebenen Aspekt der rituellen Unreinheit ein, erwähnt aber immerhin, dass in manchen indischen Sprachen das Wort für „unrein" als Synonym für „Moslem" galt.

51 *Ravindra S. Khare*, Food with Saints. An Aspect of Hindu Gastrosemantics, in: ders. (Ed.), Eternal Food (wie Anm. 5), 27–52, hier 29.

52 *Syed*, Essen (wie Anm. 37), 112. Siehe auch Anm. 121 dieses Beitrags. Dies alles war zumindest auf normativer Ebene bedeutsam. Über die Geschichte von Ernährung als kultureller und sozialer Praxis zwischen Angehörigen verschiedener Religionen hingegen gibt es für Indien für die Zeit vor dem 19. Jahrhundert bislang kaum Untersuchungen.

53 In diesem Sinne beschrieb auch Mohandas Karamchand Gandhi in seiner Autobiographie „Experimente" mit dem Konsum von Fleischgerichten in der Gesellschaft eines nationalistisch und antikolonial eingestellten muslimischen Freundes; *M. K. Gandhi*, An Autobiography or The Story of My Experiments

Fleisch konsumierten, und westliche Restaurants und Hotels ermöglichten dies jenseits der sozialen Kontrolle durch die Familie.[54]

Kasten, die an sozialem Aufstieg interessiert waren, bedienten sich andererseits oft des Vegetarismus, dem Distinktionsmittel der konservativen Angehörigen der obersten Kaste, ein Prozess, den der Soziologe M. N. Srinivas als „sanskritization" bezeichnet hat.[55] Auch Teile der entstehenden nationalistischen Bewegung riefen zur Rückbesinnung auf den Vegetarismus auf, um moralische Überlegenheit sowohl über Briten als auch Muslime, Niedrigkastige und Kastenlose zu demonstrieren.[56] Im Unterschied zu den Verfechtern des Fleischkonsums unter den Nationalisten argumentierten sie, dass nur ein reiner, also ohne Fleisch, Fisch, Eier und Stimulantien ernährter Körper ein gesunder und starker Körper sein und nur ein solcher dem Kolonialismus Widerstand leisten könne. Dieses nationalistische Werben für den Vegetarismus ging mit einer immer militanteren Artikulation des Kuhschutzes und mit gewaltsamen Ausschreitungen gegen diejenigen einher, die man der Schlachtung und des Verzehrs von Fleisch bezichtigte – vor allem Muslime.[57] Nationalisti-

with Truth. Translated from the Original Gujarat by Mahadev Desai, with an Introduction by Sunil Khilnani. London 2001, 33–39.

54 *Rosinka Chaudhuri*, Freedom and Beef Steaks. Colonial Calcutta Culture. Delhi 2012, 17–40; *Ray*, Eating ‚Modernity' (wie Anm. 7).

55 *M. N. Srinivas*, The Cohesive Role of Sanskritization and Other Essays. Delhi 1989, 42.

56 So etwa der *Arya Samaj*, eine 1875 gegründete Hindu-Reformorganisation, die breitere Teile der Gesellschaft als bislang zu den vermeintlichen Grundlagen vedischer Religion zurückführen wollte und dabei, wie ein breit rezipiertes Traktat des Gründers der Organisation zeigt, dem Vegetarismus zentrale Bedeutung beimaß; *Dayānanda Sarasvatī*, The Light of Truth or an English Translation of the Satyarth Prakash. New Delhi 1975. Zur Geschichte des *Arya Samaj* siehe *Kenneth Jones*, Arya Dharm. Hindu Consciousness in 19th-Century Punjab. New Delhi 1976. Auch Gandhi erachtete den Vegetarismus als Rückkehr zu den angeblichen Wurzeln hinduistischer Glaubenspraktiken und Mittel antikolonialen Widerstands; *Roy*, Meat-Eating (wie Anm. 7). In beiden Fällen handelte es sich um das, was Eric Hobsbawm und Terence Ranger als „invention of tradition" bezeichnet haben; *Eric Hobsbawm*, Introduction. Inventing Traditions, in: ders./Terence Ranger (Eds.), The Invention of Tradition. Cambridge 1994, 1–14.

57 Zur Bedeutung des Kuhschutzes für den entstehenden Hindu-Nationalismus siehe *Gita Dharampal-Frick/Sudha Sitharaman*, Cow Protection, in: Dharampal-Frick / Kirloskar-Steinbach / Dwyer / Phalkey (Eds.), Key Concepts (wie Anm. 35), 49–51; *Elizabeth Thomas*, Communities in Conflict. Fighting for the „Sacred Cow", in: International Journal of Social Sciences and Humanities 2, 2013, 131–147; *Cassie Adcock*, Sacred Cows and Secular History. Cow Protection Debates in Colonial North India, in: Comparative Studies of South Asia, Africa and the Middle East 30, 2010, 297–311; *Therese O'Toole*, Secularizing the Sacred Cow. The Relationship between Religious Reform and Hindu Nationalism, in: Anthony Copley (Ed.), Hinduism in Public and Private. Reform, Hindutva, Gender, and Sampraday. New Delhi 2003, 84–109; *Gyanendra Pandey*, Rallying Around the Cow. Sectarian Strife in the Bhojpuri Region, c. 1888–1917, in: Ranajit Guha (Ed.),

sche Aufrufe zu Kuhschutz und Vegetarismus richteten sich auch gegen die britische Kolonialregierung, die sich mit dem Argument, nicht in religiöse Angelegenheiten intervenieren zu wollen, weigerte, Gesetze gegen Kuhschlachtungen zu erlassen.[58]

III. Vegetarismus, Reinheit und Spiritualität: die Theosophical Society

Einige wenige Europäer in Indien wandten sich ebenfalls dem Fleischverzicht zu: entweder aus klimatischen und gesundheitlichen Gründen oder um sich die Sympathien der auf Fleisch verzichtenden Teile der Bevölkerung zu sichern.[59] Viele dieser Europäer gehörten der Theosophical Society an, einer esoterischen Gemeinschaft, die Mitte der 1870er Jahre in den USA entstanden war. Ziel der Theosophical Society war es unter anderem, die gemeinsame Botschaft aller vermeintlich großen religiösen Traditionen und ihrer esoterischen Lehren herauszuarbeiten, wozu die Theosophen Buddhismus, Hinduismus, Jainismus, Zoroastrismus, Judentum, Christentum und in geringerem Maße den Islam rechneten. Mit diesen Zielen galt es zudem, übernatürliche Phänomene wie z. B. Spiritismus und schließlich Erkenntnisse der Naturwissenschaften, allen voran die Evolutionstheorie, in Einklang zu bringen. Schließlich wollte die Organisation den „nucleus of a Universal Brotherhood of Humanity, without distinction of race, creed and colour"[60] bilden.[61]

Da die Gründer der Gesellschaft, Helena Petrovna Blavatsky und Henry Steele

---

Subaltern Studies II. Writings on South Asian History and Society. Delhi 1983, 60–129; *Sandria Freitag*, Sacred Symbol as Mobilizing Ideology. The North Indian Search for a „Hindu" Community, in: Comparative Studies in Society and History 22, 1980, 597–625

58 *Dharampal/T. M. Mukundan*, British Origin of Cow-Slaughter in India. Mussoorie 2002, 24, 51 und passim.

59 Für das frühe 19. Jahrhundert siehe dazu *E. M. Collingham*, Imperial Bodies. The Physical Experience of the Raj, c. 1800–1947. Cambridge 2001, die allerdings betont, dass dies ein seltenes Phänomen gewesen sei, da die meisten Briten in Indien – wie sie mutmaßt, im Anschluss an die Moguln und damit, um ihren Herrschaftsanspruch zu demonstrieren – eher demonstrativ ihren Fleischkonsum hervorgekehrt hätten.

60 *Helena Blavatsky*, The Key to Theosophy. Being A Clear Exposition, in the Form of Question and Answer, of the Ethics, Science and Philosophy, for the Study of which the Theosophical Society has been Founded. Pasadena 2002, 24.

61 *Gauri Viswanathan*, Art. „Theosophical Society", in: Knut A. Jacobson (Ed.), Brill's Encyclopedia of Hinduism. Vol. 5. Leiden/Boston 2013, 679 f.

Olcott, in Asien die Region sahen, in der sich die Traditionen der vermeintlichen Weltreligionen – Hinduismus, Buddhismus, Christentum, Judentum und Islam – am stärksten überschnitten, siedelten sie 1879 nach Indien über.[62] Dort gelang es der Theosophical Society in der Folge, einige Brahmanen, Jains und Parsen[63], laut bisheriger Forschung jedoch keine Muslime oder Dalits, als Mitglieder zu gewinnen.[64]

Zentral für die Lehre der Theosophen war die Ablehnung der binären Opposition von Materie/Körper und Geist (für Theosophen durchdrang sich beides gegenseitig)[65] sowie das aus hinduistischen und buddhistischen Schriften übernommene Konzept der Wiedergeburt, aufgrund dessen viele Mitglieder der Gesellschaft den Konsum von Fleisch ablehnten.[66] Fleischverzehr, so argumentierte der aus einer jüdischen Familie in Wien stammende und in Kalkutta ansässige Homöopath und Theosoph Leopold Salzer in seiner Schrift „The Psychic Aspect of Vegetarianism", hatte drastische Konsequenzen.[67] Er war imstande, den Prozess der Evolution – hier verstanden nicht als die fortschreitende körperliche Entwicklung der menschlichen Spezies, sondern als die spirituelle Entwicklung des Einzelnen[68] – umzukehren:

---

62 *Maria Moritz*, Globalizing „Sacred Knowledge". South Asians and the Theosophical Society, 1879–1930. Diss. phil. Bremen 2012, 43.

63 Aus dem Gebiet des heutigen Iran seit dem 7. Jahrhundert nach Indien ausgewanderte Zoroastrier, die sich seit der englischen Niederlassung in Bombay im 17. Jahrhundert vermehrt dort niederließen und vielfach prominente Positionen als Händler und *cultural intermediaries* erlangten. Zu den Parsen in Indien siehe *John R. Hinnells/Alan Williams* (Eds.), Parsis in India and the Diaspora. London/New York 2007.

64 *Moritz*, Globalizing „Sacred Knowledge" (wie Anm. 62), 54. Bei dem ein Anm. 66 genannten Autor H. N. Vakil dürfte es sich allerdings um ein muslimisches Mitglied der Theosophical Society gehandelt haben.

65 *Viswanathan*, Theosophical Society (wie Anm. 61), 679 f.

66 Generell auferlegt wurde den Mitgliedern eine fleischfreie Ernährung nicht; *Blavatsky*, Key to Theosophy (wie Anm. 60), 231. Jedoch wurde darauf verwiesen, dass Fleischverzehr sowie Verzicht auf Alkohol und Sexualität für ein „development of occult knowledge" unbedingt notwendig seien. Siehe z. B. *H. N. Vakil*, Pertinent Questions: What is a Yogi? Is Vegetarianism Necessary for Advancement in Occultism?, in: Theosophist 4, 1883, 231.

67 Zu Salzers Biographie siehe *Walter Leifer*, Indien und die Deutschen. 500 Jahre Begegnung und Partnerschaft. Tübingen 1969, 224.

68 *Leopold Salzer*, The Psychic Aspect of Vegetarianism. A Lecture Delivered by L. Salzer at the Inaugural Meeting of the Calcutta Vegetarian Society, in March 1887. Calcutta 1888, 2–6. Zum Evolutionsverständnis der Theosophen siehe auch *Olav Hammer*, Claiming Knowledge. Strategies of Epistemology from Theosophy to the New Age. Leiden/Boston 2001, 257–258. Für eine detailliertere Auseinandersetzung mit den Evolutionskonzepten der Theosophen siehe *Meena Nanda*, Madame Blavatsky's Children. Modern Hindu Encounters with Darwinism, in: James R. Lewis/Olav Hammer (Eds.), Handbook of Religion and the Authority of Science. Leiden 2012, 279–344, hier 303–310.

„animal cells and tissues preserve, while materially changing, their psychic capacities intact [...]. And now you go and feed upon flesh, and you mean to build up thereby the structure of your body; to build it up out of materials, that preserve along with the nutritious capacities, all the previous instincts of animal life; a life that is far behind your own, had you even been born a savage or a monkey!"[69]

Die Folge des Fleischkonsums war für Salzer eine Verrohung des seiner Ansicht nach edleren Menschen durch die Aufnahme des Fleischs niederer Organismen. Konsumierte der Mensch Tierisches, so drohte die innerliche Metamorphose des Menschen zum (als absoluter Gegensatz des Menschen gedachten) Tier: Die vermeintlich ausschließlich menschliche Moral, das Reine, wich dem Unreinen, den angeblich nur Tieren eigenen Trieben.[70] Evolutionstheorie und Spiritismus gingen hier mit dem Konzept des *samsara*[71] eine kreative Synthese ein oder liefen doch zumindest auf eine Deutung hinaus, die mit eben diesen Vorstellungen kompatibel war: der Kontakt mit toten Tieren verunreinigte und erniedrigte den direkt oder indirekt Berührten irreversibel; der Mensch wird, was er isst – „Tier".[72]

---

69 *Salzer*, Aspect (wie Anm. 68), 19. Eine ähnliche Argumentation findet sich in *Blavatsky*, Key to Theosophy (wie Anm. 60), 260. Blavatsky bezieht sich hier auf eine nicht weiter spezifizierte Quelle, „one of the great German scientists".

70 In einem noch viel weitergehenden Sinne argumentierte Annie Besant, Nachfolgerin Helena Petrovna Blavatskys als Präsidentin der Theosophical Society, dass das Schlachten von Tieren eine Auswirkung auf die Umwelt habe: „[...] this constant slaughtering of animals takes on a very serious aspect, apart from all other questions which may be brought to elucidate it; for this continual throwing down of these magnetic influences of fear, of horror, and of anger, and passion, and revenge, works on the people amongst whom they play, and tends to coarsen, tends to degrade, tends to pollute." *Annie Besant*, Vegetarianism in the Light of Theosophy. Adyar 1913, 13. Schlachtungen verursachten so für Besant eine räumlich und sozial kodierte Unreinheit – eine Meinung, die sie mit orthodoxen Hindus geteilt haben dürfte.

71 *Julius Lipner*, Art. „Saṃsāra", in: Knut A. Jacobsen / Helene Basu / Angelika Malinar / Vasudha Narayanan (Eds.), Brill's Encyclopedia of Hinduism. Vol. 2. Leiden / Boston 2010, 848–854.

72 Damit unterschied sich Salzers Evolutionskonzept von dem Helena Petrovna Blavatskys, das eine Regression von Menschen zum Tier nicht vorsah; *Nanda*, Children (wie Anm. 68), 308. Salzers Position war für den vegetarischen Diskurs dieser Zeit nicht ungewöhnlich. Auf die ambivalente Haltung zum Tier als Gegenstand humanitärer Zuwendung einerseits und Metapher für das Triebhafte andererseits im vegetarischen Diskurs des 19. Jahrhunderts hat bereits Julia Twigg verwiesen, die Verflechtungen mit Indien hierbei jedoch außer Acht gelassen; *Julia Twigg*, Food for Thought. Purity and Vegetarianism, in: Religion 9, 1979, 13–35. Auch Joanna Bourke hat herausgestellt, dass selbst im vegetarischen Diskurs „Mensch" und „Tier" stets in Relation zueinander konstituiert wurden, mal als einander ähnlich, dann wieder als trotz grundlegender Ähnlichkeiten als vermeintlich gegensätzlich; *Bourke*, What it Means (wie Anm. 14), 286–293. Wie Mieke Roscher betont, fand sich diese Argumentation ebenfalls bereits bei dem britischen Autor

Über die Theosophical Society hinaus war Leopold Salzer gemeinsam mit lokalen Akteuren, die zum Teil ebenfalls Theosophen waren, an der Gründung zweier vegetarischer Vereine in Kalkutta und Lahore 1887 und 1891 beteiligt[73], deren Ziel es unter anderem war, westliche und lokale Vorstellungen von Vegetarismus zusammenzuführen.[74] Dabei war Salzer nicht der einzige Europäer in der Theosophical Society, der solche Initiativen vorantrieb. Bereits 1882 hatte Allan Octavian Hume, ebenfalls Theosoph, ehemaliger Sekretär der Kolonialregierung und als Mitgründer des Indian National Congress Unterstützer der entstehenden indischen Nationalbewegung, in der „Times of India" dazu aufgerufen, dass sich mehr Engländer dem Vegetarismus zuwenden sollten.[75]

Thomas Tryon im 17.Jahrhundert, während der Begründer der für den organisierten Vegetarismus wichtigen Bible Christian Church, William Cowherd, im 19.Jahrhundert die Unvereinbarkeit von Fleischkonsum und Spiritualität betonte; *Roscher*, Königreich (wie Anm. 3), 52, 104. Es ist jedoch wichtig festzuhalten, dass Salzer dasselbe Argument anders legitimierte, nämlich durch Aneignung nicht nur esoterischen, sondern auch naturwissenschaftlichen Wissens seiner Zeit, u.a. die Forschungen Rudolf Virchows zur Zellpathologie.

73 In der Calcutta Vegetarian Society hielt er den oben zitierten Vortrag, in der Punjab Vegetarian Society einen weiteren, auf dessen Titelblatt erwähnt wird, dass Salzer die Präsidentschaft in diesem Verein innehatte; *Leopold Salzer*, Vegetarianism, Pure and Simple. Calcutta 1892.

74 Dies bezeugt etwa der Eintrag zur Zeitschrift des Vereins in Kalkutta in den Katalogen des in Indien publizierten Schrifttums, welche die britischen Behörden führten. Ahár-tattwa. A Monthly Paper. Vol. 1, No. 1. Calcutta 1888, zitiert nach: Catalogue of Books Published in the Calcutta Presidency, the Quarter Ending 31st December 1888. Calcutta 1888, 74f. Hier ist zu der Zeitschrift vermerkt: „This is an organ of the Calcutta Vegetarian Society. The articles are designed for encouraging vegetarianism and to point out the bad effects of eating meat. They are mostly either translations or Bengali abridgments of articles published in England." – Die in Lahore gegründete und personell mit dem *Arya Samaj* verbundene Organisation hatte einen ähnlichen Ansatz. Auch sie rezipierte in ihrer Zeitschrift „Harbinger of Health" westliche Publikationen zu Vegetarismus und stellte sie einem lokalen Publikum vor, dies allerdings in englischer Sprache, so dass auch Europäer, die keine Kenntnis indischer Sprachen besaßen, die Debatten verfolgen konnten. Auch wurden Europäer in wichtige Ämter dieser Gesellschaft kooptiert, dies zum Teil jedoch, ohne in persona an ihren Sitzungen teilgenommen zu haben, wie z.B. aus einer Publikation Leopold Salzers deutlich wird: *Salzer*, Vegetarianism (wie Anm. 73) 1. Zum „Harbinger of Health" siehe The Punjab Vegetarian Society, in: Vegetarian Messenger. Fourth Series 4, 1892, 259. Beide Vereine werden ansatzweise in *Gregory*, British Vegetarianism (wie Anm. 1), untersucht, jedoch ohne die politischen Konnotationen dieser Kooperationen zu beleuchten. Die Zusammenhänge zwischen europäisch-indischen Kooperationen und Hindu-Nationalismus bzw. *communalism* habe ich in einem Vortrag diskutiert, der in eine Publikation münden wird: *Julia Hauser*, From Spiritual Evolution to the Meat of Colonialism. Debates between Europeans and Indians over Vegetarianism in Late-Nineteenth Century India. Workshop „The Body in Colonial India", Universität Kassel, 9./10.6.2017.

75 Times of India, 6.10.1882, 3. Hume wurde daraufhin als „A. O. Humebogue" und später als „Ass-Ume" zur Witzfigur in der Times of India; Times of India, 3.10.1883, 2. Mr Hume's Circular. To the Editor of the

Humes Aufruf erfolgte zu einer Zeit, als sich in Indien ein hinduistisch gefärbter, antikolonialer Nationalismus auszubilden begann, für den die Berufung auf den Schutz der Kuh zentral war. Zu diesem Zweck wurden seit den 1880er Jahren landesweit, vor allem aber in Nordindien, Kuhschutzvereine (*gaurakshini sabhas*) gegründet. In den entsprechenden Diskursen wurde die Kuh als *gau mata* zur Mutter aller Gottheiten und im übertragenen Sinn zur Mutter der zu begründenden Hindu-Nation stilisiert. Die Tötung einer Kuh wog aus dieser Sicht ebenso schwer wie die Tötung eines Brahmanen, ja gefährdete das Überleben mehr als eines Menschen, konnte doch die Kuh mit ihren Milchprodukten viele Menschen ernähren. Menschen, die Kühe schlachteten, zu töten, war demnach nicht nur legitim: Es war sogar geboten, um das Überleben der Mehrheit zu sichern (und keineswegs sicher war es, ob „Mörder" einer Kuh noch als Menschen gelten durften).[76] Europäer, die sich in Indien für den Vegetarismus engagierten, spielten diesen Argumenten nicht zwingend absichtlich, wohl aber im Ergebnis in die Hände. Mochte auf europäischer Seite bei solchen Kooperationen der Wunsch ausschlaggebend sein, die Kolonisierten doch noch zumindest von der moralischen Ebenbürtigkeit der Europäer zu überzeugen oder gar zu konvertieren, bestand auf Seiten der lokalen Akteure – zumeist Hindus, aber auch Jains und Parsen – das Bestreben, durch Kooperation mit Europäern die Kolonialregierung dazu zu bewegen, eindeutig Position gegen Kuhschlachtungen zu beziehen oder sogar für eine Hegemonie hinduistischer Werte zu sorgen.[77]

Times of India, in: Times of India, 7.04.1892, 5. Hume suchte nicht nur die Sympathien der in Indien lebenden Engländer für den Vegetarismus zu gewinnen, sondern unterstützte zeitgleich auch Bemühungen der Manchester Vegetarian Society, ihre Arbeit in Indien bekannt zu machen, wofür er im Gegenzug zum Vizepräsidenten der Gesellschaft ernannt wurde; siehe „Minutes of the Vegetarian Society 24 Jun 1884 – 28 Sep 1886", in: G 24 The Vegetarian Society, Manchester County Record Office, Manchester. Zu Humes Mitgliedschaft in der Theosophical Society siehe *Edward C. Moulton*, The Beginnings of the Theosophical Movement on India, 1879–1885. Conversion and Non-Conversion Experiences, in: Geoffrey A. Oddie (Ed.), Religious Conversion Movements in South Asia. Continuities and Change, 1800–1900. Richmond 1997, 109–172.

76 In einer bekannten zeitgenössischen Graphik des Künstlers Ravi Varma, „Die Kuh als Mutter aller Gottheiten" (1912), die von der britischen Kolonialregierung verboten wurde, jedoch in Kuhschutz-Kreisen zirkulierte, wurde menschliche Gewalt gegen Kühe ins Monströse gewendet: hier wurde eine Kuh, in deren Körper die wichtigsten hinduistischen Gottheiten zu sehen waren, nicht durch einen Menschen, sondern durch ein übergroßes Ungeheuer mit einem Menschenkörper und einem Tierkopf angegriffen; *Christopher Pinney*, Photos of the Gods. The Printed Image and Political Struggle in India. New Delhi 2004, 109–112.

77 *Dharampal/Mukundan*, British Origin (wie Anm. 58), 24 f., 51. Der Autor, der auch auf die britischen Re-

Von diesen Zusammenhängen und Intentionen, insbesondere von gewaltsamen Ausschreitungen gegen Muslime im Namen des Kuhschutzes, kam, wie ein Blick in die publizierten wie unpublizierten Quellen zeigt, in den vegetarischen Vereinen Großbritanniens nichts an. Das Eintreten der Theosophical Society für den Vegetarismus allerdings hatte auch in Großbritannien Auswirkungen. So reisten indische Mitglieder der Gesellschaft, z.B. der junge Jurist Mohini Mohun Chatterjee aus Kalkutta, nach Großbritannien, um dort Vorträge über Vegetarismus zu halten.[78] Und zwei andere Mitglieder der Theosophical Society, die promovierte Medizinerin, Feministin und entschiedene Gegnerin der Vivisektion Anna Kingsford und ihr Mitstreiter Edward Maitland (beide ebenfalls Mitglieder der London Vegetarian Society), entwickelten nach ihrem Austritt aus der Theosophical Society Konzepte von Vegetarismus und Spiritualität im Sinne eines esoterischen Christentums weiter[79], womit sie in vegetarischen Kreisen innerhalb und außerhalb Großbritanniens Aufmerksamkeit fanden.

IV. Ernährungswissenschaft, Fitness, esoterisches Christentum: Der Order of the Golden Age

So etwa bei dem 1895 gegründeten Order of the Golden Age, einem Verein für gesundheitliche und religiöse Erneuerung durch Vegetarismus, dessen Vorstand Kleriker, Mediziner und Absolventen der Universitäten Oxford und Cambridge angehörten, unter ihnen auch Tennis-Champion Eustace Miles, Josiah Oldfield, prominentes Mitglied der London Vegetarian Society, und der wohlhabende Privatier Sidney H. Beard.[80] Nicht nur die soziale Zusammensetzung der Vorstandsmitglieder,

---

aktionen auf die Proteste eingeht, erwähnt zudem, dass ihnen sich auch „Government servants" anschlossen; ebd. 78; *O'Toole*, Cow (wie Anm. 57), 99.

78 *Mohini Mohun Chatterji*, Hindoo Teaching in Relation to Flesh-Eating. London 1886.

79 *Anna Kingsford/Edward Maitland*, The Perfect Way; or, the Finding of Christ. London 1887.

80 Zur Geschichte des Order of the Golden Age siehe *John M. Gilheany*, Familiar Strangers. The Church and the Vegetarian Movement in Britain (1809–2009). Cardiff 2010, 100–122, und *Rosemary Dellar*, Josiah Oldfield. Eminent Fruitarian. Rainham 2008, 87–93. Die Mitglieder des Vorstandes können den Titelseiten der Vereinszeitschrift, des „Herald of the Golden Age", entnommen werden, die allerdings nur noch unvollständig und zum Teil digitalisiert verfügbar ist. Für diesen Aufsatz wurden die auf archive.org vorhandenen Ausgaben (Januar 1902–April 1913) verwendet. Eustace Miles wird als Vorstandsmitglied erstmals im April 1902 genannt; Herald of the Golden Age 7, 1902, Heft 4. Eines der Vorstandsmitgieder, Josiah Oldfield,

sondern auch die Namensgebung des Vereins – Orden – ließ auf einen elitären und exklusiven Anspruch und religiöse Zielsetzungen schließen. Der Verein setzte sich für Vegetarismus ein „as the prevention of disease, a practical remedy for physical and moral deterioration, and efficacious way of lessening human suffering, and the most essential and valuable means of aiding spiritual development."[81]

In diesem Sinne veröffentlichte und vertrieb der Order of the Golden Age insbesondere seit seinem Umzug ins Zentrum Londons 1909 Bücher und Broschüren, in denen die Zusammenhänge von Fleischverzehr und Krebserkrankungen oder die Bedeutung von Protein in der menschlichen Ernährung diskutiert wurden, aber auch Streitschriften gegen die Vivisektion, für den Tierschutz sowie Ratgeber zu Spiritualität und den Herausforderungen des modernen Lebens.[82] Seine Zeitschrift, der „Herald of the Golden Age and British Health Review", deckte ebenfalls diese Themen ab. Mit der Werbung für den Vegetarismus verband der Order of the Golden Age die Hoffnung auf „a coming Era of peace and happiness, of national and individual health, of systematic physical and spiritual culture, of kindness, unity, and goodwill"[83], eben jenes goldene Zeitalter, das der Verein im Namen trug. Zu seiner Verwirklichung schien den Vereinsmitgliedern eine Erneuerung des Christentums notwendig. Denn wie ließen sich das Töten von Tieren und das Selbstbild des Christentums als einer Religion des Friedens zusammenbringen? Die Amtskirche, so beklagte der Verein, stieß sich kaum an diesem Umstand. Erst ein außerhalb kirchlicher Kontexte erneuertes, auf Vegetarismus basierendes Christentum konnte in Asien Buddhisten und Hindus für sich gewinnen – und dies erschien dem Vereinsvorstand offensichtlich als wünschenswert.[84]

---

war als Mitglied der London Vegetarian Society auch mit Anna Kingsford und Edward Maitland bekannt; *James D. Hunt*, An American Looks at Gandhi. Essays in Satyagraha, Civil Rights, and Peace. New Delhi/Chicago 2005, 117.

81 *Sidney H. Beard*, The Testimony of Science in Favour of a Natural and Humane Diet. London 1906. Die erste Seite dieser Veröffentlichung enthält die Statuten der Organisation.

82 So z.B. *ders.*, A Simple Guide to a Natural and Humane Diet. Ilfracombe 1898; *Robert H. Perks*, Why I Condemn Vivisection. Paignton 1904; *Robert Bell*, The Cancer Scourge and How to Destroy It. London 1903; *Alexander Haig*, Uric Acid. An Epitome of the Subject. London 1904; *William Earnshaw Cooper*, The Blood-Guiltiness of Christendom. (May We Slay for Food?) London 1922. Zur Auflagenhöhe der von der Organisation 1909 publizierten Traktate und Broschüren siehe *Gilheany*, Strangers (wie Anm. 80), 110.

83 *Beard*, Testimony (wie Anm. 81), o. S.

84 The Order of the Golden Age. Its Aims, its Objects and Its Rules. Paignton 1904, 3.

Insbesondere die vermeintlich ausschließlich vegetarisch lebenden Hindus wurden in den Publikationen des Vereins als fleischessenden Europäern moralisch und auch körperlich und gesundheitlich überlegen dargestellt.[85] Gleichzeitig war manchen Mitgliedern des Order of the Golden Age aber bewusst, dass sich nicht alle Hindus vegetarisch ernährten. Einige von ihnen waren trotz dezidierter Verortung im Christentum gelehrige Schüler brahmanisch geprägten Kastenbewusstseins, wenn sie einen Zusammenhang zwischen durch Nahrung hervorgerufener vermeintlicher Unreinheit und Kriminalität konstatierten[86] oder den vegetarisch lebenden und sich daher durch Reinheit an Körper und Seele auszeichnenden Neuen Menschen der Zukunft als Angehörigen der „Highest Caste, the Spiritual Priesthood, the Oligarchy of God" bezeichneten, während die weiterhin dem Fleischkonsum nachgehenden Angehörigen der „lowest caste" mit der Sphäre des Körpers und dem Animalischen gleichgesetzt wurden.[87]

Doch Indien diente nicht nur als fernes Vorbild und Projektionsfläche. Schon 1899 besaß der Order of the Golden Age „Representative Members in twenty-two Countries and Colonies".[88] Mochte schon damals Indien dabei gewesen sein[89], so unterhielt der Order of the Golden Age nachweislich seit 1902 Verbindungen nach Indien. Nicht nur unternahm Josiah Oldfield in diesem Jahr eine Vortragsreise nach Indien, die ihn unter anderem nach Lahore, Ahmedabad, Agra und Bombay führte.[90] Seit 1902 besaß der Verein auch in dem Brahmanen Labshanker Laxmidas aus

85 *William Earnshaw Cooper*, Errors in Eating and Physical Degeneration. Paignton 1905, 53–55; *Lucy Moresby*, Man and Beast in India, in: The Herald of the Golden Age 16, 1913, 146–148.

86 *Eustace Miles*, Avenues to Health. London/New York 1902, 326–337; *Sidney H. Beard*, The Law of Reincarnation, in: The Herald of the Golden Age 8, 1903, 1 f.

87 *John Todd-Ferrier*, Concerning Human Carnivorism. Paignton 1903, 112–115.

88 The Herald of the Golden Age 4, 1899, Heft 10, Titelseite.

89 Immerhin befand sich Josiah Oldfield in den frühen 1890er Jahren in intensivem Austausch mit Mohandas Karamchand Gandhi, der damals in London studierte. Beide waren Mitglied der London Vegetarian Society und organisierten einige Monate gemeinsam einen Vegetarian Dinner Club; *Gandhi*, Autobiography (wie Anm. 53), 69. Darüber hinaus war Oldfield mit Trimbakrai Desai aus Bombay, der in London Medizin studierte, bekannt; *Dellar*, Oldfield (wie Anm. 80), 112 f. Ein weiteres Vorstandsmitglied, Sir William Earnshaw Cooper, war Besitzer einer Firma in Kanpur gewesen und hatte 1889–1900 in Indien erst der Chamber of Commerce der North-Western Provinces und dann dem Legislative Council angehört; British Biographical Archive II, 1403, 076–078.

90 Dr. Oldfield's Indian Tour, in: The Herald of the Golden Age 7, 1902. In Ahmedabad sprach er über „Caste in Relation to Diet", in Bombay vor einer nicht weiter spezifizierten „Jain Association". Zu dieser Reise siehe auch *Dellar*, Oldfield (wie Anm. 80), 122–128.

Junagadh in Gujarat einen engagierten „local councilor", der in der Vereinszeitschrift stolz als „Our Indian Pioneer" bezeichnet wurde. Laxmidas hielt Vorträge über den Order of the Golden Age und sorgte dafür, dass Artikel über dessen Arbeit in unterschiedlichen indischen Sprachen in der lokalen Presse oder als Broschüren erschienen.[91] Ähnlich setzten sich in Bombay[92] der Parse N. F. Billimoria und der Jain Lalubhai Gulabchand Jhaveri, einer der führenden Juweliere der Stadt, für den Order of the Golden Age ein, in dem beide auch Mitglied waren. Das 1906 vom Präsidenten des Vereins herausgegebene „Testimony of Science in Favour of a Natural and Vegetarian Diet", eine Sammlung von Zitaten namhafter Naturwissenschaftler und europäischer und amerikanischer Verfechter des Vegetarismus, wurde 1911 gar in 600000 Kopien in Indien verteilt.[93]

V. Ernährungswissenschaft, Nationalismus, Antikolonialismus: die Bombay Humanitarian League

Dass Jhaveri die Publikation gerade zu diesem Zeitpunkt anforderte, war kein Zufall. 1910 hatte er auf Anregung von Labshankar Laxmidas den Bombay Humanitarian Fund (Jiva Daya Gnana Prasarak Fund) gegründet.[94] Ziel der 1918 in einen Verein (Jivdaya Mandali[95]) umgewandelten Stiftung war es, Wissen darüber, wie sich

91 Our Indian Pioneer, in: The Herald of the Golden Age 8, 1903, 30. Zusätzlich veröffentlichten einzelne Mitglieder des Order of the Golden Age englischsprachige Artikel in der Times of India. Siehe z.B. *Robert H. Perks*, On Vegetarianism. To the Editor of the Times of India, in: The Times of India, 20.9.1904, 5. In diesem Artikel wurde argumentiert, dass die Anatomie des Menschen ihn nicht zum Verzehr von Fleisch befähige, dieser Gicht und Rheuma fördere, die körperliche Ausdauer mindere und zur „exploitation of our lesser brethren", der Tiere, beitrage.

92 Die Hafenstadt Bombay zeichnete sich durch eine religiös ausgesprochen heterogene Bevölkerung mit großen muslimischen und parsischen Minderheiten aus. Bereits zu Beginn der 1890er Jahre war es dort zu gewaltsamen Auseinandersetzungen zwischen Hindus und Muslimen gekommen, wobei den lokalen Kuhschutzverbänden eine zentrale Rolle zukam; *Meena Menon*, Riots and after in Mumbai. Chronicles of Truth and Reconciliation. Los Angeles 2012, 24f.; *Prashant Kidambi*, The Making of an Indian Metropolis. Colonial Governance and Public Culture in Bombay, 1890–1920. Aldershot 2007, 174–181.

93 Our Work in India, in: The Herald of the Golden Age 16, 1911, 199; Our Progress, in: The Herald of the Golden Age 14, 1911, 168; *Beard*, Testimony (wie Anm. 81).

94 The Indian Humanitarian. The Bombay Humanitarian League. Silver Jubilee Number, 1910–1934. Bombay 1935, 1, 5.

95 Ebd. 6.

die Lage von Lebewesen verbessern ließ, zu verbreiten – darauf zumindest ließ der Name schließen, den sich der Verein in Hindi gab.[96] Seine ausformulierte Zielsetzung übernahm der Bombay Humanitarian Fund in den meisten Punkten beinahe wörtlich von jener des Order of the Golden Age. Vegetarismus bzw. „a natural and hygienic dietary" wurde hier als „preventive of disease", „practical remedy for physical and moral degeneration" (der Order of the Golden Age hatte hier noch lediglich von „deterioration" gesprochen) und „efficacious way of lessening human suffering and sub-human pain" empfohlen. Genau wie im Fall des Order of the Golden Age war die Perspektive des Bombay Humanitarian Fund eine auf die Zukunft gerichtete, utopische. Die Satzung hielt das „great ideal [...] of [a] coming era of peace" sowie „physical and spiritual culture" und „kindness, unity and goodwill" hoch. Als dritten maßgeblichen Punkt – und hier wich die Satzung vom Vorbild des Order of the Golden Age ab – enthielt sie das Ziel „to deliver the animal creation from oppression", unter anderem durch Verbreitung der Idee der „universal kinship".[97] Stärker als für die zuvor untersuchten Vereine stand für den Bombay Humanitarian Fund das Wohl von Tieren im Vordergrund.

Seit 1912 schrieb die Stiftung regelmäßig Preisfragen aus.[98] Die Themen umfassten Tierschutz und Vegetarismus. Teilnehmer in ganz Indien erhielten bei diesen Gelegenheiten vom Order of the Golden Age, aber auch der London Vegetarian Society, der American Humane Association und anderen Organisationen Literatur, auf die sie in ihren Beiträgen Bezug nehmen sollten[99] – so auch Beards „Testimony of Science". Sehr viel stärker und systematischer als die zuvor analysierten Organisationen förderte der Bombay Humanitarian Fund daher die Rezeption – oder eher, wie sich weiter unten zeigen wird, die Aneignung – westlicher humanitärer Argumente sowie wissenschaftlicher und populärwissenschaftlicher Literatur, vor allem aus der vergleichenden Anthropologie, Medizin und der entstehenden Ernährungswissenschaft. Doch die Hoffnung des Order of the Golden Age, dass seine Tätigkeit in Indien Sympathien für das Christentum bzw. die britische Mission wecken würde,

96 Ins Deutsche übersetzt bedeutet der Name der Organisation auf Hindi ungefähr „Stiftung zur Verbreitung von Wissen zum Zweck des Mitleids mit Lebewesen".

97 Indian Humanitarian (wie Anm. 94), 2.

98 Ebd. 13.

99 Preface, in: Essays on the Advantages (wie Anm. 18), 1–3, hier 2; Indian Humanitarian (wie Anm. 94), 7. Bis 1934 schrieb die Organisation 102 Preisfragen aus, in späteren Jahren auch für SchülerInnen; ebd. 14.

erwies sich als vergeblich – obgleich der Bombay Humanitarian Fund seine Verbindungen zum Order of the Golden Age intensiv pflegte.[100]

Die Beiträge wurden jeweils von einer aus Europäern, Amerikanern und Indern bestehenden Jury beurteilt.[101] Die Teilnehmer an den Preisfragen – in den ersten Jahren allesamt Universitätsabsolventen und -absolventinnen[102] – gehörten gehobenen gesellschaftlichen Schichten an. Dies traf auch auf die Mitglieder der Jury zu. Ebenso in religiöser Hinsicht waren Preisträger und Juroren des Vereins exklusiv. Weder unter den Mitgliedern der Jury noch unter den Empfängern des ersten Preises oder den Stiftern waren Muslime. Stattdessen fanden sich ausschließlich Jains, Parsen, Hindus und einige wenige Christen in diesen Personengruppen.

Die 1914 erschienene Aufsatzsammlung „Advantages of a Vegetarian Diet", die die Beiträge aller ausgezeichneten Teilnehmer bei der 1913 ausgeschriebenen Preisfrage enthält, bietet einen Einblick in die Perspektiven auf Vegetarismus, die der Bombay Humanitarian Fund befürwortete und vertrat. Der Einfluss des Schriftentauschs mit Organisationen in Europa und Nordamerika, unter anderem mit dem Order of the Golden Age, war dabei deutlich zu erkennen. Dementsprechend wiesen die Beiträge starke Überschneidungen in der Literatur auf, auf die sie sich bezogen.[103]

Alle Autoren – darunter ein ehemaliger Premierminister eines „princely state", ein Pandit (religiöser Gelehrter), ein Schuldirektor und eine Ärztin – nahmen Bezug

---

100 Auch in der Festschrift zum fünfundzwanzigjährigen Jubiläum wurde der Order of the Golden Age mehrfach erwähnt: ebd. 9, 14f.

101 Insgesamt waren von 1902 bis 1934 vierzehn von 41 Jurymitgliedern Europäer und Amerikaner, davon vier aus dem Vorstand des Order of the Golden Age; ebd. 14.

102 Ebd. 12.

103 Fünf Beiträge bezogen sich auf *Bell*, Cancer Scourge (wie Anm. 82): *Pandit Bishen Das*, The Advantages of „A Vegetarian Diet", in: Essays on the Advantages (wie Anm. 18), 1–30; *Girish Chandra Deb*, in: ebd. 1–29; *Mahadev Kanthariaker*, The Advantages of Vegetarian Diet, in: ebd. 1–63; *Rao Bahadur Dullabhji Dharamshi*, The Advantages of „A Vegetarian Diet", in: ebd. 1–54; *Yudhishthir Shridharram Mehta*, The Advantages of „A Vegetarian Diet", in: ebd. 1–54. Elf Beiträge nahmen Bezug auf *Haig*, Uric Acid (wie Anm. 82): *Pandit Bishen Das*, in: ebd. 1–30; *Kathleen Gomes*, in: ebd. 1–32; *Shewantibai K. Dhurandhar*, in: ebd. 16; *Burjor R. Doctor*, in: ebd. 1–24; *S. C. Chatterji*, in: ebd. 1–26; *Girish Chandra Deb*, in: ebd. 1–29; *P. K. Mehta*, Vegetarian Diet, in: ebd. 1–34; *Sitaram M. Phadke*, The Advantages of „A Vegetarian Diet", in: ebd. 1–35; *Mahadev Kanthariaker*, The Advantages of Vegetarian Diet, in: ebd. 1–63. Andererseits bezogen sich aber auch sechs Artikel explizit auf das Buch des Manu: *Rao Bahadur Dullabhji Dharamshi Ved*, in: ebd. 1–54; *Mahadev Kanthariaker*, The Advantages of Vegetarian Diet, in: ebd. 1–63; *Sitaram M. Phadke*, The Advantages of „A Vegetarian Diet", in: ebd. 1–35; *Girish Chandra Deb*, in: ebd. 1–29; *Pandit Bishen Das*, in: ebd. 1–30. Innerhalb des Bandes sind die Beiträge nicht fortlaufend nummeriert, obgleich es sich bei den Beiträgen nicht um selbständige Veröffentlichungen handelt. Die Seitenzählung beginnt mit jedem Beitrag neu.

auf Kategorien der westlichen Ernährungswissenschaft: Kalorien, Proteine, Kohlenhydrate, Fette.[104] Verschiedene Forschungen wurden im Unterschied zueinander diskutiert, etwa im Hinblick auf den vermeintlichen Tagesbedarf an Protein.[105] Gleichzeitig wurde jedoch argumentiert, dass Erfahrungswissen ebenso sehr Beachtung finden müsse wie die heutige Wissenschaft.[106] Dementsprechend distanzierten sich manche Autoren auch von Meinungen westlicher Wissenschaftler, etwa im Hinblick auf den täglichen Proteinbedarf (den sie niedriger ansetzten), in Bezug auf Milchprodukte oder Hülsenfrüchte, die beide für eine vegetarische Ernährung von zentraler Bedeutung seien[107], oder hinsichtlich des Stellenwertes des Kochens, ohne das keine Reinheit gewährleistet werden könne (während Vegetarier in Europa anfingen, den Wert der Rohkost zu betonen).[108] Alle Autoren verwiesen auf die gesundheitlichen Schäden, die der Fleischverzehr hervorrufe: Krebs, aber auch Rheuma und „ovarian disease“[109] sowie Lepra.[110] Fleisch führe zu sichtbarer körperlicher Degeneration und verkürze die Lebensdauer.[111] Auch betonten manche ähnlich wie europäische Autoren, dass pflanzliche Nahrung billiger und daher auch für Arme erschwinglich sei; sie könne sogar soziale Unterschiede nivellieren, da Arme dann mehr Geld für Bildung ausgeben könnten.[112]

---

104 Siehe z.B. *Mahadev Kanthariaker*, The Advantages of Vegetarian Diet, in: ebd. 1–63; *Chatterji*, Advantages (wie Anm. 103).

105 Ebd. 7.

106 Ebd. 8.

107 *Deb*, Advantages (wie Anm. 103), 9f.; *Gomes*, Advantages (wie Anm. 103), 17.

108 *Ved*, Advantages (wie Anm. 103), 8f. Der Order of the Golden Age hingegen propagierte aus gesundheitlichen Gründen Rohkost und schrieb die vermeintliche körperliche Schwäche der Hindus ihrem überwiegenden Konsum gekochter Nahrung zu; A Brahminical Banquet, in: The Herald of the Golden Age 16, 1911.

109 *Dhurandhar*, Advantages (wie Anm. 18), 14–16.

110 *Ved*, Advantages (wie Anm. 103), 15. Als drastischstes Beispiel für angebliche, durch Fleischkonsum hervorgerufene Lepra-Epidemien nannte dieser Autor Norwegen. Zeitgenössische Autoren in Europa sahen im Genuss verdorbenen Fischs die Ursache dieser Epidemien. Siehe *Kajsa Katharina Wennberg-Hilger*, Das seuchenhafte Auftreten von Lepra in einigen Küstenregionen West-Norwegens im 19. Jahrhundert mit einem ergänzenden Bericht über die entsprechende Situation in Schweden. Diss. phil. Bonn 2011, 94. In Indien war Lepra schon früher auf den Konsum von Fleisch, und zwar speziell Rindfleisch, zurückgeführt worden, wobei hindu-nationalistische Autoren die Krankheit aufgrund der kulturell bedingten Vorstellungen von Reinheit und Unreinheit als vor allem als bei Muslimen, Niedrigkastigen und Kastenlosen auftretend ansahen; *Kashi Nath Khattri*, Gau-guhar. Allahabad/Benares 1888, 25f. Ich danke Nandini Roy Choudhury für eine Zusammenfassung dieses Textes.

111 *Kanthariaker*, Advantages (wie Anm. 103), 40.

112 Ebd. 57.

Vor allem aber bemühten sich viele der Beiträger zu zeigen, dass vegetarische Ernährung „[more] hygienic“ und tierisches Protein unrein sei.[113] Diese Unreinheit, so argumentierten einige Autoren mit Bezug auf das Buch des Manu und den Bhagavad Gita, wirke sich unmittelbar auf den Charakter, aber auch auf die kulturelle und soziale Stellung des Essenden aus: „The tamasas (ignorant) – low in the grade of civilization – eat such food as is stale, putrid and corrupt – foods which are leavings (of others) and filthy.“ Dies sei „the food dear to the dark“.[114] Entsprechend dieser Klassifikation wurde Fleischkonsum auch mit Faulheit und Lethargie assoziiert – und damit ein zentrales Argument der Briten für ihre Herrschaft über Indien, die vermeintliche Faulheit der „natives“ aufgrund ihrer Ernährung, implizit gegen die Kolonisatoren selbst gewendet, die an dieser Stelle auf eine Stufe mit den fleischessenden sozialen Gruppen Indiens gestellt wurden: Niedrigkastige, Dalits, Muslime.[115]

Im Lauf der Evolution, so warnte ein anderer Autor, müssten die „ferocious and indolent tribes“ den „more innocent ones“ Platz machen.[116] Wie genau dies geschehen sollte, blieb an dieser Stelle offen. Ein anderer Preisträger argumentierte jedoch, dass eine vegetarische Ernährung nicht nur mehr Energie verleihe, sondern – obgleich sie Friedfertigkeit begünstige – auch zum militärischen Sieg befähige.[117] Andere Autoren, vor allem der Arzt S. C. Chatterji aus Kalkutta, Gewinner des ersten Preises, unterstrichen hingegen, dass Fleischessen im Menschen die Bereitwilligkeit zum Töten auch von Menschen hervorrufe. Erst so habe überhaupt der Militarismus moderner Nationen, aber auch der Kolonialismus entstehen können. Doch sobald sich eine Nation auf diesen Weg der „self-indulgence“ begebe, drohe ihr auch der Verfall.

Insgesamt zeichnete viele der Beiträge, obwohl sie auf einem weitgehend identischen Korpus europäischer und zu geringeren Teilen amerikanischer Literatur ba-

113 Ebd. 6; *Doctor*, Advantages (wie Anm. 103), 9.

114 *Deb*, Advantages (wie Anm. 103), 10. Deb paraphrasiert hier Vers XVII.10 des Bhagavad Gita, der auf die vermeintlichen Nahrungspräferenzen der *tamasic* (der Unreinen, die soziale Ordnung Gefährdenden) eingeht; The Bhagavad Gītā. Twenty-Fifth Anniversary Edition. Translated by Winthrop Sargeant. Edited and with a Preface by Christopher Key Chapple. Albany 2009, 643. Diese Vorstellungen von sozialer Ordnung beschreibenden Begriffe werden auf Sanskrit als die *triguṇa* („drei Eigenschaften“) bezeichnet. Zu diesem Konzept siehe auch *Angelika Malinar*, Art. „Guṇa“, in: Jacobsen / Basu / Malinar / Narayanan (Eds.), Brill's Encyclopedia of Hinduism, Vol. 2 (wie Anm. 71), 758–762.

115 *Chatterji*, Advantages (wie Anm. 103), 16–19.

116 *Das*, Advantages (wie Anm. 103), 15.

117 Ebd. 22 f.

sieren, eine dezidiert nationalistische Perspektive aus.[118] Indem die Autoren westliche Literatur, aber auch vermeintlich traditionelles indisches Wissen rezipierten, schufen sie eine Legitimationsbasis für einen radikalen Antikolonialismus, eine zugleich medizinisch wie moralisch und religiös begründete Ablehnung des Fleischessens und eine Stereotypisierung von Fleischessern, die bestehende soziale Ungleichheiten und kulturelle Unterschiede weitgehend negierte. Indem die Autoren die vermeintliche Kongruenz von Islam und Christentum mit brahmanischen Normen betonten, suggerierten sie, dass für die „coming era of peace" eben diese Normen nicht verhandelbar waren. Zwar wurde die Nation nicht explizit als eine Hindu-Nation imaginiert, jedoch als eine Gemeinschaft, in der die größtmögliche Abweichung, das Fleischessen, als drastischste Gefährdung des Friedens und als greifbarster Ausdruck von „physical and moral degeneration" erschien. Doch die stärkste Spitze zielte explizit gegen die Kolonisatoren, deren fleischhaltige Nahrung sie zur Grausamkeit disponierte, sie den vegetarisch lebenden Kolonisierten in jeder Hinsicht moralisch unterlegen machte und letztendlich zu ihrem Untergang führen musste.

VI. Fazit

Gesundheit, so hat dieser Beitrag gezeigt, war in Europa wie in Indien eine wichtige Begründung für Vegetarismus – jedoch, zumindest im 19. Jahrhundert, nie die einzige. Bereits zu Beginn des organisierten Vegetarismus in Europa ging es seinen Verfechtern vor dem Hintergrund der sozioökonomischen Umbrüche infolge der industriellen Revolution um eine allumfassende körperliche und moralische Erneuerung der Gesellschaft. Vegetarismus sollte als Instrument gesamtgesellschaftlicher

118 In diesem Zusammenhang ist es aufschlussreich, dass die „Advantages of a Vegetarian Diet" Sayaji Rao III Gaekwar, dem Maharaja von Baroda, gewidmet waren, der seit dem frühen 20. Jahrhundert auf zunehmende Distanz zu den britischen Autoritäten ging und als Förderer antikolonialer Akteure auftrat; *Barbara N. Ramusack*, Gaikwar, Sayaji Rao, Maharaja of Baroda (1863–1939), in: Oxford Dictionary of National Biography, May 2006, https://doi.org/10.1093/ref:odnb/30613. Interessanterweise hatte Sayaji Rao noch 1890 seine Patronage der Drucklegung eines Kochbuchs gegeben, das „preparations of meat used by the Hindus, made up according to the European, Mahomedan and Madrasi Hindu methods" zusammenbrachte; Supa Shastra. Poona 1890, zitiert nach: Catalogue of Books Printed in the Bombay Presidency during the Quarter Ending 31st December 1890. Bombay 1891, 6f.

Erneuerung durch die Transformation des Individuums auf der Ebene der Nation wie über sie hinaus dienen. Dabei orientierte man sich auch an Wahrnehmungen außereuropäischer Gesellschaften, in Großbritannien insbesondere an jener Indiens, wo es eine lange, ungebrochene Tradition des Vegetarismus zu geben schien.

In Indien stand Vegetarismus ebenfalls im Zeichen sozialer und religiöser Distinktion, wurde jedoch nicht erst seit dem 19. Jahrhundert praktiziert. Andererseits aber war auch seine historische Tradition nicht so ungebrochen, seine Reichweite nicht so absolut und schließlich die Praxis als solche nicht so uniform, wie es europäischen Beobachtern erschien. Gerade durch den Kolonialismus erhielten Fragen der Ernährung, oder konkret des Fleischverzehrs und -verzichts, politische Bedeutung. Die Kolonisatoren begründeten ihre Herrschaft über das Land mit der vermeintlichen Schwäche der vegetarisch lebenden Hindus; nationalistisch eingestellte Inder hielten dagegen, indem sie entweder demonstrativ Fleisch konsumierten oder diesen Konsum von sich wiesen. Einige Europäer hingegen wandten sich selbst dem Vegetarismus zu. In diesem Kontext kam es vereinzelt zu Kooperationen zwischen Europäern und Indern. Erstere wurden dabei von brahmanischen Konzepten von Reinheit, Kaste und Spiritualität beeinflusst, während Letztere sich gesundheitliche Argumente für Vegetarismus aneigneten, die sie mit eigenen Konzepten von Reinheit und Nation zusammenbrachten.

Doch während in Europa im 20. Jahrhundert im vegetarischen Diskurs eben dieses „pidgin knowledge" – die Verquickung gesundheitlicher, biologisch-rassistischer, religiöser und spiritueller Legitimationen – mitunter zu Überlegenheitsphantasien führte, in denen die vermeintlich überlegenen Europäer durch Vegetarismus ihre körperliche und geistige Überlegenheit noch weiter steigern konnten[119], wurde es in Indien kolonialkritisch gewendet: Fleischkonsum musste zum Fall der Kolonialherren, Vegetarismus zum Sieg der körperlich erstarkten Kolonisierten führen.

119 Vgl. etwa *Ulrich Linse*, Mazdaznan. Die Rassenreligion vom arischen Friedensreich, in: Stefanie von Schnurbein/Justus H. Ulbricht (Hrsg.), Völkische Religion und Krisen der Moderne. Entwürfe „arteigener" Glaubenssysteme seit der Jahrhundertwende. Würzburg 2001, 268–291. Eine ausführlichere Behandlung dieser Thematik wird in einem künftigen Beitrag erfolgen.

Dieser Aufsatz entstand im Rahmen meines in Arbeit befindlichen Habilitationsprojekts zur Verflechtungsgeschichte des Vegetarismus 1850–1960. Für die Aufnahme in diesen Band danke ich Norman Aselmeyer und Veronika Settele. Für ihre Hilfe beim Besorgen von Literatur und Ordnen von Quellen für diesen Aufsatz danke ich Alexandra Keller und Miguel Ohnesorge. Für konstruktive Kritik und hilfreichen Austausch im Rahmen meines Projekts bin ich unter anderem Harald Fischer-Tiné, Razak Khan, Utsa Ray, Shaheed Tayob, Indra Sengupta, Maria Framke, Mieke Roscher, Jana Tschurenev, Hans Martin Krämer, Nitin Sinha, Stefan Tetzlaff und Maria Moritz dankbar.

No Chocolate Creams

Subjektivierung und die Klassenpolitik der Kalorie in den USA der Progressive Era

von Nina Mackert

No Chocolate Creams: Subjectivation and the Class Politics of the Calorie in the US American Progressive Era

The chapter looks at the early history of calorie counting as a dietary method and shows how different practices of calorie counting contributed to the production and shaping of class understandings and boundaries. With the advent of first calorimetric experiments in the United States at the end of the nineteenth century, the calorie gained importance in reformist efforts to teach working class families how to eat on a limited budget. Several decades later, calorie counting developed momentum among the middle class as a dietary method to lose body fat – highlighting less austerity and more the freedom and obligation to choose. I analyze both practices of calorie counting as – differently classed – technologies of subjectivation.

Was essen ArbeiterInnen? Und ist es ausreichend? Mitte der 1880er Jahre führte das Massachussetts Bureau of Statistics of Labor eine Studie durch, die sich diesen Fragen widmete.[1] ForscherInnen zählten über einen bestimmten Zeitraum das, was in insgesamt 61 Familien und Arbeiterwohnheimen in Massachussetts und Kanada gegessen und was für diese Nahrung bezahlt wurde. Anschließend analysierten sie das Gegessene in Bezug auf seinen Gehalt an Nährstoffen.[2] Auf diese Weise wollte die Behörde herausfinden, wie hoch der Nahrungsbedarf der arbeitenden Klasse war. Zu diesem Zeitpunkt waren sowohl der Fokus auf Ernährung als auch auf die Bedarfe von ArbeiterInnen neuartige Phänomene und Ausdruck eines gestiegenen Problemdrucks: Seit den 1870er Jahren hatte sich in den Vereinigten Staaten im Kreise von Ökonomen, SozialreformerInnen, Gewerkschaftsfunktionären und anderen AkteurInnen eine Debatte darüber entwickelt, wie die immer offensichtlicheren Probleme von Industrialisierung, Immigration und Urbanisierung zu lösen sei-

1 *Carroll D. Wright*, Food Consumption. Quantities, Costs, and Nutrients of Food-Materials. Chemical Analyses and Treatment by Prof. W. O. Atwater, in: Seventeenth Annual Report of the [Massachusetts] Bureau of Statistics of Labor. Boston 1886, 237–328, hier 249.

2 Ebd. 255f.

DOI 10.1515/9783110574135-011

en. Hunger und Mangelernährung spielten eine zentrale Rolle in diesen Auseinandersetzungen – nicht zuletzt, weil ArbeiterInnen diese Fragen in einer Welle von Streiks als Begründung für höhere Löhne artikulierten.[3] Der Bericht zur Ernährungsstudie betonte, das Problem der Ernährung habe „a vital connection with the condition of the workingman, and the study of its various branches is essential to a proper understanding of the relative prosperity of industrial periods".[4] Neben der Angst vor Arbeitsunruhen war es also auch die Sorge um die Produktivität und Leistungsfähigkeit der Arbeitenden in einer industrialisierten Gesellschaft, die die Bemühungen antrieb.

Das 1869 gegründete Bureau of Statistics of Labor war nur die erste bundesstaatliche Institution in den USA, die sich dem Problem der Ernährung von ArbeiterInnen ausführlicher widmete.[5] Der Studie in Massachussetts folgten ab den 1890er Jahren zahlreiche weitere Studien, die die Ernährung von unterschiedlichen Gruppen von US-AmerikanerInnen, insbesondere aber auch der arbeitenden Klasse, unter die Lupe nahmen.[6] Sie trugen nicht nur dazu bei, Ernährung als soziale Frage zu thematisieren.[7] Sie brachten auch eine Maßeinheit hervor, die im späten 19. und frühen 20. Jahrhundert von großer Bedeutung für die Frage werden sollte, wer was essen konnte bzw. nicht essen sollte: die Kalorie.

Aus der Fragestellung und der sozialpolitischen Einbettung der Ernährungsstudien, die um Arbeit, Körper und Produktivität kreisten, ergab sich die Notwendigkeit einer Einheit, die es erlaubte, Nahrungsmittel zu vergleichen und die Effizienz von Ernährung zu bewerten. Die Kalorie wurde als Maßeinheit für den Energiegehalt von Nahrungsmitteln in den 1880er Jahren in den USA eingeführt. Federführend dabei war ein Team um den Chemiker Wilbur O. Atwater, der auch die Ernährungsstudie in Massachussetts konzipiert hatte. Ernährungsstudien und Laborfor-

---

3 *Naomi Aronson*, Nutrition as a Social Problem. A Case Study of Entrepreneurial Strategy in Science, in: Social Problems 29, 1982, 474–487, hier 476; *Harvey Levenstein*, Revolution at the Table. The Transformation of the American Diet. Berkeley/Los Angeles 2003, 44 f.

4 *Wright*, Food Consumption (wie Anm. 1), 239.

5 Vgl. *Frank S. Drown*, The Massachusetts Bureau of Statistics, in: The Annals of the American Academy of Political and Social Science 35, 1910, 134–136, hier 134.

6 *Robert Dirks*, Food in the Gilded Age. What Ordinary Americans Ate. Lanham, MD 2016.

7 *Aronson*, Nutrition as a Social Problem (wie Anm. 3); *Elizabeth R. Neswald*, Kapitalistische Kalorien. Energie und Ernährungsökonomien um die Jahrhundertwende, in: Barbara Gronau (Hrsg.), Szenarien der Energie. Zur Ästhetik und Wissenschaft des Immateriellen. Bielefeld 2013, 87–108.

schung waren aufs Engste miteinander verbunden und brachten die Kalorie als Einheit hervor, die den Nahrungsbedarf von Körpern präzise zu messen schien.[8]

Die Forschungen entwickelten sich aus einer spezifischen zeitgenössischen Problemstellung: aus der „Suche nach Ordnung" einer Gesellschaft, die durch ökonomischen Wandel, Klassenkonflikte sowie vielfältige Migrations- und Verdichtungsprozesse in Unwucht geraten schien.[9] Unterschiedlichste Reformbewegungen erhofften sich von wissenschaftlicher Expertise einen wesentlichen Beitrag zu diesen Ordnungsbestrebungen. Dabei gerieten insbesondere die Köper und Lebensweisen von Menschen sowie deren Optimierung in den Fokus politischer Steuerung. Mit Hilfe der Akkumulation statistischer Daten und neuer Expertisen in Disziplinen wie Physiologie und Hauswirtschaftslehre hoffte man, das Leben und die Gesundheit von Menschen zu verbessern. Gerade die moderne Ernährungswissenschaft und verwandte Disziplinen waren in der Lage, viele der Problemfelder miteinander zu verknüpfen, um das zeitgenössische Ideal des effizienten Managements kleinteiliger Abläufe nicht nur in industrielle Betriebe, sondern auch in Ernährung und Körper einzuziehen.[10] Mit dieser Ausweitung des Politischen auf die Steuerung des Lebens nahm in der beginnenden „Progressive Era" eine neuzeitliche Machtform Gestalt an, die Michel Foucault als Biomacht bezeichnet und mit seiner berühmten Formulierung „die Macht, leben zu ‚machen' und sterben zu ‚lassen'" umschrieben hat. Mit ihr wurden die Lebensweisen und Körper von Menschen zu Objekten von Wissen und gesellschaftlicher Steuerung – etwa über Geburts- und Sterberaten, Gesundheitspolitik sowie die Betonung individueller Selbstverantwortung.[11]

In diesem Zusammenhang war die Kalorie besonders attraktiv mit ihrem biopo-

---

8 *Aronson*, Nutrition as a Social Problem (wie Anm. 3), 477; *Nick Cullather*, The Foreign Policy of the Calorie, in: American Historical Review 112, 2007, 337–364; *Neswald*, Kapitalistische Kalorien (wie Anm. 7).

9 *Robert Wiebe*, The Search for Order, 1877–1920. New York 1967; *Jackson Lears*, Rebirth of a Nation. The Making of Modern America, 1877–1920. New York 2009.

10 *Lears*, Rebirth of a Nation (wie Anm. 9); *Charlotte Biltekoff*, Eating Right in America. The Cultural Politics of Food and Health. Durham/London 2013, Kapitel 2; *Philipp Sarasin/Jakob Tanner* (Hrsg.), Physiologie und Industrielle Gesellschaft. Studien zur Verwissenschaftlichung des Körpers im 19. und 20. Jahrhundert. Frankfurt am Main 1999.

11 *Michel Foucault*, In Verteidigung der Gesellschaft. Vorlesungen am Collège de France (1975–76). Frankfurt am Main 1999 (erstmals 1997), 284; *ders.*, Geschichte der Gouvernementalität II: Die Geburt der Biopolitik. Frankfurt am Main 2004; *Ulrich Bröckling/Susanne Krasmann/Thomas Lemke*, Gouvernementalität, Neoliberalismus und Selbsttechnologien, in: dies. (Hrsg.), Gouvernementalität der Gegenwart. Frankfurt am Main 2000, 7–40, hier 20f.

litischen Versprechen, Ernährung quantifizierbar – und mithin regierbar – zu machen.[12] Über sie ließen sich sozialpolitische Auseinandersetzungen führen; und sie erlaubte es, Individuen Handreichungen für die Selbstführung schlanker Körper zu geben: Einige Dekaden nach der ernährungswissenschaftlichen Erfindung der Kalorie gelangte das Kalorienzählen in den USA zu größerer Popularität als Diätmethode – vornehmlich unter Angehörigen einer weißen Mittelklasse, die sich ihrer erst seit kurzem als problematisches „Übergewicht" geltenden Pfunde entledigen wollten und damit gesellschaftlichen Status beanspruchen konnten.[13]

Während eine Reihe von Arbeiten bereits die sozial- und bevölkerungspolitische Produktivität der Kalorienforschung um 1900 diskutiert hat[14], ist eine historische Analyse vom Kalorienzählen als Diätmethode bisher ausgeblieben. Dieser Aufsatz nimmt beide Phänomene in den Blick und zeigt an ihnen auf, wie über die Kalorie Klasse hervorgebracht wurde – in unterschiedlicher Weise. Dazu zeige ich zunächst, wie die Kalorie in Bemühungen entstand, die Ernährung von ArbeiterInnen zu regulieren und sie zur Sparsamkeit anzuhalten. Dann untersuche ich, wie die Kalorie rund dreißig Jahre später als Diätmethode unter weißen Mittelklasseangehörigen ein Momentum entwickelte, das weniger Verzicht, sondern gerade auch die Freiheit der Wahl in den Vordergrund rückte. In diesem Zusammenhang lese ich das Kalorienzählen als Subjektivierungstechnik, also als eine Form des Regierens in liberalen Gesellschaften, das darüber funktioniert, dass die Einzelnen sich selbst regieren und dadurch als Subjekte hervorbringen. Nicht primär Verbote und Zwang sind hier die Modi des Regierens, sondern ein Feld von Möglichkeiten und Normen, in dem Individuen aufgerufen werden, sich selbst zu führen, und in dem sie so als Subjekte hervorgebracht werden und sich selbst hervorbringen.[15] Ausgehend von diesem Verständnis von Subjektivierung bringe ich in einem letzten Teil des Aufsatzes die beiden unterschiedlichen Klassenpolitiken der Kalorie zusammen und frage danach,

12 Zur diskursiven Überzeugungskraft von Zahlen und Statistiken *Theodore Porter*, Trust in Numbers. The Pursuit of Objectivity in Science and Public Life. Princeton 1995.

13 Siehe dazu *Katharina Vester*, Regime Change. Gender, Class, and the Invention of Dieting in Post-Bellum America, in: Journal of Social History 44, 2010, 39–70

14 *Aronson*, Nutrition as a Social Problem (wie Anm. 3); *Neswald*, Kapitalistische Kalorien (wie Anm. 7); *Cullather*, The Foreign Policy of the Calorie (wie Anm. 8).

15 *Michel Foucault*, Subjekt und Macht [1982], in: ders., Schriften in vier Bänden. Dits et Écrits. Bd. 4: 1980–1988. Frankfurt am Main 2005 (erstmals 1994), 269–295; *Bröckling/Krasmann/Lemke*, Gouvernementalität (wie Anm. 11).

inwiefern auch in einem stärker regulierten Feld Subjektivierungstechniken der Kalorie analysiert werden können.

I. Regulierte Ernährung: Dietary Studies und die Entstehung der Kalorie

Das Problem der Ernährungsökonomie wurde im späten 19. Jahrhunderts zu einem zentralen Topos im sozialpolitischen Diskurs in den USA.[16] 1887 und 1888 publizierte Atwater seine Lehren aus der Ernährungsstudie in einer Artikelserie im „Century", einem Magazin, das in weißen, gebildeten Mittelklassehaushalten verbreitet war.[17] In der Einschätzung, wie es um die Arbeiterklasse in den USA bestellt war, fiel sein Urteil ambivalent aus. So fand er die untersuchten ArbeiterInnen durchaus wohlgenährt vor und sah sogar die Gefahr von „overeating" und einem Zuviel an Fleisch und Zucker.[18] Gleichzeitig kritisierte er, dass die Arbeitenden zu viel ihres ohnehin knappen Budgets für Lebensmittel aufwendeten, die einen mangelnden Nährwert hatten: „It is the poor man's money that is the most un-economically spent in the market", schrieb er und bemängelte, dass gerade diejenigen, die am meisten haushalten müssten, es am wenigsten tun würden.[19]

Die Studie in Massachussetts maß den Nahrungsbedarf der untersuchten Individuen und Gruppen noch vor allem im Hinblick auf Nährstoffe – also Proteine, Fette und Kohlenhydrate – und Kosten. Spielte die Kalorie erst in den späteren Ernährungsstudien eine tragendere Rolle, wurde sie hier jedoch schon eingeführt, als ernährungswissenschaftliches Faktum und Desiderat, das zukünftige Studien und Experimente nötig machen würde, um die Effizienz von Ernährung besser bestimmen

16 Auch in Europa und insbesondere Deutschland standen Auseinandersetzungen um die soziale Frage in enger Verbindung mit der Entwicklung der Ernährungswissenschaft. Dies zeigen u.a. *Dietrich Milles*, Working Capacity and *Calorie* Consumption. The History of Rational Physical Economy, in: Harmke Kamminga/Andrew Cunningham (Eds.), The Science and Culture of Nutrition, 1840–1940. Amsterdam/Atlanta 1995, 75–96; *Neswald*, Kapitalistische Kalorien (wie Anm. 7).

17 *Aronson*, Nutrition as a Social Problem (wie Anm. 3), 474.

18 *Wilbur O. Atwater*, The Pecuniary Economy of Food, in: The Century Magazine 35, 1888, 437–446, hier 439, 443. Siehe dazu auch *Wright*, Food Consumption (wie Anm. 1), 316f., 325 – den Bericht hat Atwater höchstwahrscheinlich zumindest mitverfasst.

19 *Atwater*, Pecuniary Economy (wie Anm. 18), 442; *Wright*, Food Consumption (wie Anm. 1), 239, 320.

zu können. Der Report formulierte die Notwendigkeit einer übergeordneten Kategorie des Vergleichs folgendermaßen:

> „Since the people nourished by the dietaries here examined differ in age, sex, and occupation, and hence differ likewise in their demands for nutriment, [...] it is clear that to attain our object we need some standard for estimating the relative demands of people of different classes."[20]

Im Anschluss verwies der Bericht auf jüngste ernährungswissenschaftliche Erkenntnisse, nach denen die Nährstoffe im Körper in gewisser Hinsicht substituierbar seien – nämlich im Hinblick auf ihre Funktion, den Körper mit Energie zu versorgen.[21] Bezog man sich hier auf zeitgleich stattfindende kalorimetrische Experimente in Europa, insbesondere auf die Studien Carl von Voits und Max Rubners, begann Atwater selbst nur einige Jahre später damit, solche Experimente auch in den USA durchzuführen. Seine Begründung für die Notwendigkeit eigener Versuche zeigt, wie sehr die laborwissenschaftliche Kalorienforschung Teil gesellschaftlicher Aushandlungen von Produktivität war[22]: Atwater argumentierte, dass sich amerikanische Körper von europäischen durch andere Nahrung und ein höheres Level an körperlicher Arbeit unterschieden und deshalb gesondert untersucht werden mussten.[23] Im März 1894 stellte sein Team einen Versuchsapparat fertig, mit dem in den folgenden Jahren eine Serie von kalorimetrischen Experimenten an menschlichen Körpern durchgeführt wurde. Die Testsubjekte verbrachten jeweils eine längere Zeit – oft mehrere Tage und Nächte – in einer geschlossenen Kammer, ruhten oder führten leichtere Sportübungen durch und konsumierten genau abgemessene Portionen verschiedener Nahrungsmittel. Unzählige Messinstrumente registrierten, wieviel Wärme, Kohlendioxid und andere Ausscheidungen die Testpersonen produzierten, und Atwater und seine MitarbeiterInnen bestimmten darüber den Kaloriengehalt der Nahrungsmittel und den kalorischen Bedarf von Körpern bei unterschiedlich schwerer Betätigung.[24]

---

20 *Wright*, Food Consumption (wie Anm. 1), 266.

21 Ebd. 266, 262.

22 *Nina Mackert*, Feeding Productive Bodies. Calories, Nutritional Values and Ability in Progressive Era US, in: Peter-Paul Bänziger/Mischa Suter (Eds.), Histories of Productivity. Genealogical Perspectives on the Body and Modern Economy. London 2016, 117–135.

23 *Wilbur Atwater/Charles Woods*, The Chemical Composition of American Food Materials. (USDA Office of Experiment Stations Bulletin, 28.) Washington 1896, 5.

24 *Mackert*, Feeding Productive Bodies (wie Anm. 22), 121; *Jessica Mudry*, Measured Meals. Nutrition in America. Albany 2009, 31–39; *Cullather*, The Foreign Policy of the Calorie (wie Anm. 8), 340.

Für die beteiligten Wissenschaftler waren die Experimente keinesfalls so folgerichtig und eindeutig, wie es später den Anschein hatte. Einer von ihnen sprach in der Retrospektive etwa davon, sich auf einer „wild goose chase" befunden zu haben, von der man wenig erwartet hatte.[25] Stabilisiert wurden die Experimente und ihre Ergebnisse allerdings durch die Nachfrage nach ihnen. Denn das, was die Kalorie leisten sollte, wirkte äußerst vielversprechend in einer Zeit, in der in vielen gesellschaftlichen Feldern neue Mess- und Klassifikationsmethoden Einzug hielten, um ökonomische wie soziale Prozesse zu regulieren.[26] Die Forscher um Atwater verstanden den Körper als angetrieben von prinzipiell der gleichen Energie, die auch Naturprozesse und die Maschinen in den Fabriken versorgte und sahen in der Kalorie ein Mittel, die spezifische Form dieser Energie in Nahrung und Körpern zu messen und Beziehungen zwischen Ernährung und Arbeit quantifizierbar zu machen.[27]

Dieses Konzept von der Kalorie als Treibstoff für die Maschine Mensch war von hoher Produktivität für die zeitgenössischen sozialpolitischen Debatten.[28] Es war Ausdruck und Katalysator einer neuen Tendenz, ArbeiterInnen nicht nur als produzierende, sondern auch als konsumierende Gruppe zu betrachten.[29] Der Historiker

---

25 *Francis G. Benedict*, Autobiographical Statement, September/October 1920, 40, 41, Countway Library of Medicine, Harvard Medical School, Boston, MA, Francis Gano Benedict Papers, Box 1.

26 *Wiebe*, Search for Order (wie Anm. 9); *Patricia Vertinsky*, „Weighs and Means". Examining the Surveillance of Fat Bodies through Physical Education Practices in North America in the Late Nineteenth and Early Twentieth Centuries, in: Journal of Sport History 35, 2008, 449–468.

27 *Wilbur O. Atwater*, How Food Nourishes the Body. The Chemistry of Food and Nutrition II, in: The Century Magazine 34, 1887, 237–251, hier 237; *ders.*, The Potential Energy of Food. The Chemistry of Food and Nutrition III, in: The Century Magazine 34, 1887, 397–405, hier insbes. 398. Siehe dazu *Anson Rabinbach*, The Human Motor. Energy, Fatigue, and the Origins of Modernity. New York 1990; *Maria Osietzki*, Körpermaschinen und Dampfmaschinen. Vom Wandel der Physiologie und des Körpers unter dem Einfluß von Industrialisierung und Thermodynamik, in: Sarasin/Tanner (Hrsg.), Physiologie und Industrielle Gesellschaft (wie Anm. 10), 313–346; *Neswald*, Kapitalistische Kalorien (wie Anm. 7), 88.

28 *Aronson*, Nutrition as a Social Problem (wie Anm. 3), 478. Übrigens funktionierte dies auch andersherum: Naomi Aronson betont, dass die Finanzierung der ernährungswissenschaftlichen Studien und Experimente an die Hoffnung geknüpft war, Lösungen für die soziale Frage zu finden (ebd. 474).

29 *Lawrence B. Glickmann*, A Living Wage. American Workers and the Making of Consumer Society. Ithaca/London 1997, 5. Zur „konsumistischen" Wende siehe auch *Lawrence Birken*, Consuming Desire. Sexual Science and the Emergence of a Culture of Abundance 1871–1914. Ithaca 1989; *Lizabeth Cohen*, A Consumers' Republic. The Politics of Mass Consumption in Postwar America. New York 2003, 21 f. Zu einer Kritik an dieser These siehe *Andreas Wirsching*, From Work to Consumption. Transatlantic Visions of Individuality in Modern Mass Society, in: Contemporary European History 20, 2011, 1–26; für den deutschsprachigen Raum *Peter-Paul Bänziger*, Von der Arbeits- zur Konsumgesellschaft? Kritik eines Leitmotivs der deutschsprachigen Zeitgeschichtsschreibung, in: Zeithistorische Forschungen / Studies in Contemporary History,

Lawrence Glickman argumentiert, dass die Arbeitskämpfe im späteren 19. Jahrhundert Lohnarbeit weniger als zuvor grundsätzlich in Frage stellten und mehr über eine angemessene Höhe der Löhne stritten, um die Bedarfe und Bedürfnisse von Arbeitern als „citizens", KonsumentInnen und Familienversorger zu sichern.[30] Sozialpolitisch war dies eine bemerkenswerte Entwicklung, die einerseits eine progressive Perspektive stärkte: Die Höhe der Löhne mit den Bedarfen von ArbeiterInnen zu verknüpfen, forderte das bürgerliche Modell heraus, das vorsah, sie vom Arbeitsmarkt regulieren zu lassen.[31] Andererseits ermöglichte die Frage nach den Bedarfen der Arbeiterklasse, wie sie in den Ernährungsstudien gestellt wurde, eine Antwort, die die Klassenverhältnisse nicht in Frage stellte.[32] Denn die Kalorie bot eine Möglichkeit, über eine ernährungswissenschaftliche Feststellung dieser Bedarfe Lohnhöhen zu deckeln und die Verantwortung für Hunger und Mangelernährung auf die arbeitenden Individuen zu verschieben.

Parellel zu den Kalorienexperimenten im Labor führten Atwater und andere ErnährungswissenschaftlerInnen vor allem seit etwa Mitte der 1890er Jahre eine breite Serie von Ernährungsstudien in verschiedenen Teilen der USA durch, die meisten im Auftrag des US Department of Agriculture. Obschon sie unterschiedliche Bevölkerungsgruppen studierten, stand auch hier die Ernährung der Arbeitenden im Vordergrund. Ein Gutteil der Studien beschäftigte sich mit weißen und immigrantischen ArbeiterInnen in Städten wie Pittsburgh, New York City, Chicago, Philadelphia und Washington, DC.[33] War die Studie in Massachussetts noch primär dazu da

Online-Ausgabe, 12, 2015, URL: http://www.zeithistorische-forschungen.de/1–2015/id=5179, Druckausgabe: 11–38.

30 *Glickman*, Living Wage (wie Anm. 29), 25, 68.

31 Ebd. 74.

32 *Aronson*, Nutrition as a Social Problem (wie Anm. 3), 477.

33 Z. B. *Isabel Bevier*, Nutrition Investigations in Pittsburgh, PA, 1894–1896, in: Bulletin No. 52 of the U.S. Department of Agriculture, Office of Experiment Stations. Washington, DC 1898; *Wilbur O. Atwater/Arthur P. Bryant*, Dietary Studies in Chicago in 1895 and 1896, in: Bulletin No. 55 of the U.S. Department of Agriculture, Office of Experiment Stations. Washington, DC 1898; *Wilbur O. Atwater/Charles D. Woods*, Dietary Studies in New York City in 1895 and 1896, in: Bulletin No. 46 of the U.S. Department of Agriculture, Office of Experiment Stations. Washington, DC 1898; *Wilbur O. Atwater/Arthur P. Bryant*, Dietary Studies in New York City in 1896 and 1897, in: Bulletin No. 116 of the U.S. Department of Agriculture, Office of Experiment Stations. Washington, DC 1902; *Ellen Richards/Amelia Shapleigh*, Dietary Studies in Philadelphia and Chicago, 1892–93, in: R. D. Milner (Ed.), Dietary Studies in Boston and Springfield, Mass., Philadelphia, PA., and Chicago, Ill., in: Bulletin No. 129 of the U.S. Department of Agriculture, Office of Experiment Stations. Washington, DC 1903, 37–98.

gewesen, Nahrungsbedarfe zu ermitteln, ging es nun mehr darum, mit Hilfe dieses Wissens zu untersuchen, wie effizient sich diese Familien ernährten. „[I]t is generally the very poor who practice the worst economy in the purchase as well as in the use of their food“, hatte Atwater 1892 noch einmal pointiert in einem Bericht über seine verschiedenen Ernährungsstudien für das Department of Labor konstatiert.[34] Die nun in Auftrag gegebenen Studien sollten dies erneut prüfen und ermitteln, wie sich die Ernährung der Arbeitenden optimieren ließ. Die beteiligten Forscherinnen[35] besuchten die Familien über einen bestimmten Zeitraum täglich und dokumentierten, was diese kauften und aßen. Mit Rückgriff auf ernährungswissenschaftliche Experimente bestimmten sie den Nährwert der Lebensmittel in Bezug auf Kohlenhydrate, Fette und Proteine sowie ihren Kaloriengehalt.[36]

Hatte Atwater bei der Studie in Massachussetts ohne eine prominentere Einbeziehung der Kalorie noch größere Schwierigkeiten gehabt, alle Daten auf einen Nenner zu bringen, nutzte er nun die Kalorie als Maßstab für die ultimative Bestimmung der „pecuniary economy of food“. Auf diesen Begriff brachte er die Strategie der Studien, den Kaloriengehalt von Nahrungsmitteln mit dem für sie gezahlten Preis zu verknüpfen, also danach zu fragen, wie viele Kalorien man für 10 oder 25 Cent kaufen konnte.[37] Diese Relation sollte dann ausdrücken, welche Lebensmittel für Arbeiterklassefamilien am ökonomischsten waren, also den größten Nährwert für den kleinsten Preis enthielten: Hier hoben die Berichte der Studien gemäß ihrer Logik diejenigen hervor, die die meisten Kalorien für den geringsten Preis enthielten, also

---

34 *Wilbur O. Atwater*, Methods of Food Investigation, in: Fourth Annual Report of the Storrs School Agricultural Experiment Station. Storrs, CT 1892, 161–171, hier 165. Siehe auch *Biltekoff*, Eating Right (wie Anm. 10), 16–22.

35 Häufig wurde die Arbeit im Feld nicht von Atwater oder seinen direkten Kollegen, sondern von lokal eingebundenen, nicht selten weiblichen Ernährungswissenschaftlerinnen durchgeführt; *Dirks*, Food in the Gilded Age (wie Anm. 6), 9, 76, 82 f.

36 Z. B. *Bevier*, Nutrition Investigations in Pittsburgh (wie Anm. 33); *Atwater/Woods*, Dietary Studies in New York City (wie Anm. 33). Konzise zum Procedere der Studien *Dirks*, Food in the Gilded Age (wie Anm. 6), 11–14.

37 *Atwater*, Pecuniary Economy (wie Anm. 18); *Wilbur O. Atwater*, Methods and Results of Investigations of the Chemistry and Economy of Food, in: Bulletin No. 21 of the U.S. Department of Agriculture, Office of Experiment Stations. Washington, DC 1895, insbes. Kapitel 8; *Atwater/Bryant*, Dietary Studies in New York City (wie Anm. 33), 8. Siehe auch *Mackert*, Feeding Productive Bodies (wie Anm. 22), 124 f.; *Neswald*, Kapitalistische Kalorien (wie Anm. 7), 101; *Biltekoff*, Eating Right (wie Anm. 10), 22.

etwa Haferflocken, Hülsenfrüchte und fettreiches Fleisch.[38] Richtige Ernährung wurde hier zu einer Frage der ökonomischen Effizienz, und Kalorienwerte drängten die Klassifikation von Proteinen, Fetten und Kohlenhydraten in den Hintergrund. Zwar waren diese Nährwerte in den Berichten der Studien allgegenwärtig, und Atwaters Analysen der Ernährung seiner Studienobjekte thematisierten vor allem auch den Proteingehalt der Nahrung immer wieder.[39] Der ultimative Fluchtpunkt dieser Berechnungen war aber die Angabe eines kalorischen Wertes, den ein Körper brauchte, um zu funktionieren und Arbeit leisten zu können. Aus den Daten der Studie in Massachussetts, ähnlichen Bemühungen in Europa und später seinen Versuchen mit dem Kalorimeter extrapolierte Atwater die sogenannten „dietary standards": Tabellen, die Auskunft über den Kalorienbedarf unterschiedlich schwer arbeitender Körper gaben.[40] In der Regel wurde dieser Körper als männlich gedacht, wie die in unzähligen Forschungsberichten, Infobulletins und Studienreporten abgedruckten Tabellen deutlich machen, auf denen etwa der Kalorienbedarf eines „man without muscular work" mit 2700 Kilokalorien, eines „man with light muscular work" mit 3000 Kilokalorien und eines „man with hard muscular work" mit 5700 Kilokalorien beziffert wird.[41]

Wie sehr dieses Modell der „dietary standards" regulierte, wer was essen konnte, zeigen erneut die Ernährungsstudien. In ihren Bemühungen, auf Werte zu kommen, die sich überindividuell vergleichen ließen, zielten die ForscherInnen darauf, die Nährwerte und Kalorienzahl „per man per day" zu ermitteln.[42] Zu diesem Zweck addierten sie die gesamte jeweils von der Familie konsumierte Nahrung und teilten

---

38 *Atwater*, Pecuniary Economy (wie Anm. 18), 437; *Atwater/Bryant*, Dietary Studies in New York City (wie Anm. 33), 59.

39 Z. B. *Atwater/Bryant*, Dietary Studies in New York City (wie Anm. 33), 58–61. Dies lag nicht zuletzt an der bedeutenden Rolle, die Protein für den Muskelaufbau und -erhalt zugeschrieben wurde – sowie an der zeitgenössischen Kontroverse, wie viel Protein ein wie schwer arbeitender Körper benötige. Dazu *Mackert*, Feeding Productive Bodies (wie Anm. 22), 121–123; *Kenneth John Carpenter*, Protein and Energy. A Study of Changing Ideas in Nutrition. Cambridge 1994, insbes. Kapitel 6.

40 *Wright*, Food Consumption (wie Anm. 1), 267; *Wilbur O. Atwater*, Principles of Nutrition and Nutritive Value of Food. Washington, DC 1902, insbes. 32–36.

41 Z. B. *Atwater/Woods*, Dietary Studies in New York City (wie Anm. 33), 7; *Wilbur O. Atwater*, Foods. Nutritive Value and Costs, in: U.S. Department of Agriculture, Farmer's Bulletin No. 23. Washington, DC 1894, 18.

42 Z. B. *Wright*, Food Consumption (wie Anm. 1), 256; *Atwater/Bryant*, Dietary Studies in Chicago (wie Anm. 33), 9.

sie nicht nur durch die Anzahl der Studientage, sondern auch durch eine Zahl von drei täglichen Mahlzeiten pro männlichem Erwachsenen. Die Nahrungsaufnahme von Frauen und Kindern der Familien ging zwar in diese Berechnungen mit ein, ihr Bedarf wurde aber nur mit 80 Prozent und weniger von dem männlicher Erwachsener kalkuliert.[43] In der ersten Studie in Massachussetts hatte Atwater als Ergebnis festgehalten, dass Frauen nur 80 Prozent und Kinder zwischen 25 und 70 Prozent des Energiebedarfes von Männern hatten.[44] Dieser Schlüssel wurde nun – obgleich durchaus arbiträr festgelegt, wie Atwater explizit einräumte – auf die anderen Studien übertragen und als Wert genommen, um die Ernährung von Frauen und Kindern in Werte „per man per day“ umzurechnen, unabhängig davon, ob etwa die Frauen die Hausarbeit übernahmen und auch selbst einer Lohnarbeit nachgingen, wie es in den untersuchten Familien der Arbeiterklasse in der Regel beides der Fall war.[45] Dieser Zugriff trug dazu bei, die Geschlechterdifferenz und vor allem einen ungleichen Zugang zu Nahrung zu stabilisieren. Er wurde nicht nur in den über 500 Ernährungsstudien angewandt, die in den Dekaden um 1900 in den USA durchgeführt wurden[46], sondern entwickelte auch über die USA hinaus Momentum, etwa in Ernährungsstudien der Gesundheitsorganisation des Völkerbundes.[47]

Mit der Linse der Kalorien-Kosten-Vergleiche urteilten die Forschenden darüber, wie ökonomisch effizient sich die Studienobjekte verhielten, sowohl im Einkauf als auch in der Verwendung der Lebensmittel. Unter den in New York City untersuchten Familien befand sich etwa die Familie eines Anstreichers, bestehend aus drei männlichen und einer weiblichen Erwachsenen sowie einem Kind. Der Bericht beschrieb die Familie als „very poor“ und mithin in einer Situation, die eine „utmost economy in expenditure of all kinds“ nötig mache. Nach der gründlichen Untersuchung ihrer Ernährungsweise stellte Atwater in seinem Urteil wenig überraschend fest, dass die Familie sich nicht effizient ernähre. So hätten neben Butter und Beefsteak auch Konservenmais und Radieschen zu den besonders teuren Lebensmit-

---

43 Z. B. *Atwater/Woods*, Dietary Studies in New York City (wie Anm. 33), 6.

44 *Wright*, Food Consumption (wie Anm. 1), 267.

45 *Atwater/Woods*, Dietary Studies in New York City (wie Anm. 33), 6. Zu weiblicher Lohn- und Hausarbeit zum Ende des 19. Jahrhunderts siehe auch *Katherine Leonard Turner*, How the Other Half Ate. A History of Working Class Meals at the Turn of the Century. Berkeley 2014, Kapitel 5.

46 Vgl. *Dirks*, Food in the Gilded Age (wie Anm. 6), 15.

47 *Josep L. Barona*, The Rockefeller Foundation, Public Health and International Diplomacy, 1920–1945. London/New York 2015, 129f.

teln gehört, die die Familie konsumiert habe und die sie sich zugunsten von Hülsenfrüchten, Haferflocken, Reis, Mehl und Brot hätte sparen können. „Had the family spent their money for food [more] wisely, they would not have been so poorly nourished", schlussfolgerte Atwater und prognostizierte damit, dass die Familie bei einer „weiseren" Haushaltsführung ihre Lage bessern könnte.[48] Zu solchen oder ähnlichen Schlussfolgerungen kamen die Berichte wieder und wieder, in einer ganzen Reihe von Studien.[49] Aber auch dort, wo die ForscherInnen einen durchaus effizienten Einsatz des Budgets fanden, verdichteten die Studien ein spezifisches Ideal des Haushaltens, das mit Hilfe der „pecuniary economy of food" vermeintlich objektiv überprüft werden konnte.[50] In der New Yorker Studie wurden die Kosten effizienter Ernährung konkret beziffert:

> „With good management in its purchase and preparation, food sufficient to meet the needs of a man at moderate work for a day can be obtained at a cost ranging from 15 to 20 cents. [...] By the proper expenditure of their money [a] New York family would have been able to buy their food for $ 15 to $ 20 instead of $ 30 per month."

Mit anderen Worten: Wer zwischen 15 und 20 Dollar monatlich zur Verfügung habe und trotzdem nicht zurechtkäme, sei selber schuld und wirtschafte schlicht falsch.[51] Hunger und Mangelernährung wurden zu einer Frage „guten Managements" und damit der persönlichen Verantwortung.

Mit diesem Verdikt intervenierten Ernährungsstudien und Kalorienforschung direkt in den zeitgenössischen Lohndiskurs. In diesem ging es nicht nur um Lohnhöhen, sondern auch darum, welche Bedürfnisse legitim befriedigt werden sollten und konnten. Die neue Perpektivierung auf ein „living wage" eröffnete zunächst einen großen Möglichkeitsraum, in dem die Bedürfnisse nicht prinzipiell begrenzt waren: Was zum Leben gebraucht wurde, war eine Frage der Aushandlung.[52] Über die Kalorie konnte nun neben der Lohnhöhe auch diese Frage reguliert werden.

---

48 *Atwater/Bryant*, Dietary Studies in New York City (wie Anm. 33), 59.

49 Z. B. *Atwater/Woods*, Dietary Studies in New York City (wie Anm. 33), 10f., 14, 20; *Atwater/Bryant*, Dietary Studies in New York City (wie Anm. 33), 10; *Bevier*, Nutrition Investigations in Pittsburgh (wie Anm. 33), 21.

50 Z. B. *Atwater/Bryant*, Dietary Studies in Chicago (wie Anm. 33), 49; *Bevier*, Nutrition Investigations in Pittsburgh (wie Anm. 33), 26, 34f. Siehe auch *Biltekoff*, Eating Right (wie Anm. 10), 22.

51 *Atwater/Woods*, Dietary Studies in New York City (wie Anm. 33), 9 (Zitat); *Atwater*, Pecuniary Economy (wie Anm. 18), 438; *Atwater/Bryant*, Dietary Studies in New York City (wie Anm. 33), 10.

52 *Glickman*, Living Wage (wie Anm. 29), 76.

Denn die Maßeinheit suggerierte, unbestreitbare Daten zu körperlichen Bedarfen bereitzustellen – sogar, wie gezeigt wurde, nach Geschlecht ausdifferenziert. Auf diese Weise konnte der Frage nach legitimen Bedürfnissen, zumindest auf die Ernährung bezogen, machtvermeidend begegnet werden: mit Verweis auf den Kalorienbedarf unterschiedlich schwer arbeitender Körper. Im Gegensatz zu den – begrenzten – Bedarfen schienen die gesellschaftlichen Möglichkeiten von effizient budgetierenden Arbeitern allerdings ausgedehnt. „Wastefulness is the cause of poverty and economy the way to comfort", hatte Atwater schon 1888 im „Century" verkündet.[53] Diese Vision von sozialem Aufstieg durch eine gute „food economy" verlagerte die Verantwortung dafür auf die arbeitenden Individuen und erneuerte eine zeitgenössische Differenzierung von „deserving" und „undeserving poor".[54] Denn wer angesichts dieser vermeintlichen Möglichkeiten nicht ausreichend Mittel zur Verfügung hatte, konnte als „shiftless" und „careless" und daher als selbst schuld abqualifiziert werden.[55] Wenn Hunger nicht mit der Höhe des Lohnes, sondern mit individueller Haushaltsführung zusammenhing, wurde das Verhältnis von Arbeit und Kapital nicht angegriffen.[56] Die Kalorie wirkte in diesem Zusammenhang also als Mittel zur Regulierung nicht nur der Ernährung von ArbeiterInnen, sondern auch der Lohnhöhen und der sozialen Ordnung.

Auseinandersetzungen um Mangelernährung und Hunger blieben auch in den ersten beiden Dekaden des 20. Jahrhunderts ein wichtiges Feld, auf dem die Kalorie Bedeutung erlangte: etwa in der Verwaltung knapper Nahrungsmittel im Ersten Weltkrieg, in der globalen Nahrungsmittelhilfe oder in der Sozialarbeit in den Großstädten.[57] Am Ende der 1910er Jahre allerdings gesellte sich ein weiteres Feld dazu, in dem die Klassenpolitik der Kalorie eine ganz andere war: Statt einem Zuwenig problematisierten ExpertInnen verstärkt ein Zuviel an Nahrung – dem durch Kalorienzählen beigekommen werden sollte.

---

53 *Atwater*, Pecuniary Economy (wie Anm. 18), 444.

54 *Aronson*, Nutrition as a Social Problem (wie Anm. 3), 482. Siehe auch *Nina Mackert*, „I want to be a fat man / and with the fat men stand". US-Amerikanische Fat Men's Clubs und die Bedeutungen von Körperfett in den Dekaden um 1900, in: Body Politics 2, 2014, 215–243, hier 227; *Michael B. Katz*, The Undeserving Poor. America's Enduring Confrontation with Poverty. Oxford/New York 2013 (erstmals 1989).

55 Vgl. z.B. *Atwater/Woods*, Dietary Studies in New York City (wie Anm. 33), 8, 25, 33, 47.

56 *Aronson*, Nutrition as a Social Problem (wie Anm. 3), 477.

57 *Helen Zoe Veit*, Modern Food, Moral Food. Self-Control, Science, and the Rise of Modern American Eating in the Early Twentieth Century. Chapel Hill 2013, insbes. Kapitel 2; *Cullather*, The Foreign Policy of the Calorie (wie Anm. 14).

II. Exklusiver Verzicht: Kalorienzählen als Diätmethode

Nach dem Ersten Weltkrieg gewann die Kalorie Momentum als Methode, den Körper zu formen und Fett auf-, mehr noch aber abzubauen. Zentral in dieser Entwicklung war der erste kommerziell erfolgreiche Diätratgeber, der um die Kalorie kreiste: Das 1918 erschienene „Diet and Health with Key to the Calories" der Ärztin Lulu Hunt Peters wurde zum Bestseller, von dem bis 1939 zwei Millionen Exemplare gedruckt wurden.[58] Dreh- und Angelpunkt des Ratgebers war das Kalorienzählen als Diätmethode zum Abbau von Körperfett. „How any one can want to be anything but thin is beyond my intelligence", erklärte Peters gleich zu Beginn Ihrer Ausführungen und knüpfte damit an ein noch recht junges Phänomen an[59]: Zuvor eher ein Zeichen von Wohlstand und auch Gesundheit, war Dicksein in den ersten beiden Dekaden des 20. Jahrhunderts zu einem neuartigen Problem in der US-amerikanischen Gesellschaft geworden.[60] Ich habe an anderer Stelle bereits die zentrale Rolle der Kalorie und des Kalorienzählens für die Problematisierung von „Übergewicht" hervorgehoben. Über die Kalorie konnte eine direkte, bis dato nicht selbstverständliche Verknüpfung von „übermäßigem" Essen und „Übergewicht" stabilisiert werden, indem das Kalorienzählen versprach, dies exakt quantifizierbar zu machen.[61] Peters sagte ihren LeserInnen voraus, bei einer Ersparnis von 1000 Kalorien am Tag monatlich acht und jährlich 96 Pfund an Gewicht zu verlieren – oder andersherum zuzulegen, sollten sie zuviel essen.[62] Durch diese vermeintlich eindeutige, quantifizierbare Relation von Essen und Körpergewicht wurde „Übergewicht" etwas, das mit Maßlosigkeit und mangelnder Selbstdisziplin assoziiert und problematisiert werden konnte – was zuvor weder *common sense* gewesen noch scheinbar exakt messbar war.[63]

---

58 *Lulu Hunt Peters*, Diet and Health with Key to the Calories. Chicago 1918. Alle hier zitierten Passagen beziehen sich auf die 2. Auflage von 1919. Zur Verbreitung siehe *Sander L. Gilman*, Obesity. The Biography. Oxford 2010, 91.

59 *Peters*, Diet and Health (wie Anm. 58), 11.

60 *Vester*, Regime Change (wie Anm. 13); *Hillel Schwartz*, Never Satisfied. A Cultural History of Diets, Fantasies, and Fat. New York u. a. 1986, insbes. Kapitel 4; *Peter Stearns*, Fat History. Bodies and Beauty in the Modern West. New York 2012 (erstmals 1997), Part I.

61 Siehe für das Folgende auch *Nina Mackert*, „Nature always counts". Kalorienzählen als Vorsorgetechnik in den USA des frühen 20. Jahrhunderts, in: Nicolai Hannig/Malte Thießen (Hrsg.), Vorsorgen in der Moderne. Akteure, Räume und Praktiken. Berlin 2017, 213–231.

62 *Peters*, Diet and Health (wie Anm. 58), 28.

63 *Schwartz*, Never Satisfied (wie Anm. 60), 40–46; *Mackert*, Kalorienzählen als Vorsorgetechnik (wie Anm. 61), 220f.

Besonders bedeutsam ist gerade vor dem Hintergrund der oben diskutierten Funktion der Kalorie in der Regulierung von Sozialpolitik, dass diese Problemfigur weiterhin stark von Klassenvorstellungen durchzogen war. Zwar symbolisierte Dicksein auch im frühen 20. Jahrhundert noch Wohlstand, aber dieser Wohlstand wurde eher mit dem ostentativ verschwenderischen Konsum der Eliten in Verbindung gebracht und kritisiert. Als Gegenbild zum neuen Ideal einer selbstdisziplinierten Mittelklasse markierte Körperfett nach 1900 eher immobile Körper, die nicht genug leisten konnten.[64] Die Ärztin Peters, die sich selbst nicht nur über ihre medizinischen Kenntnisse, sondern auch über eigene Abnehmerfahrungen als Expertin inszenierte, betonte in ihrem Buch etwa, dass Dicke keinesfalls die notwendige Effizienz an den Tag legen konnten. Rückblickend auf ihre Zeit als „Übergewichtige" müsste sie ihrem damaligen Arbeitgeber eigentlich den erhaltenen Lohn zurückerstatten, „for I know I was only sixty-five per cent efficient, for efficiency decreases in direct proportion as excess weight increases. Everybody knows it".[65] Weil nun gerade die Mittelklasse auch als besonders anfällig für „Übergewicht" galt – da sie im Unterschied zur Arbeiterklasse über weniger anstrengende Jobs und ausreichend zu essen verfügte – wurde die Frage des Körpergewichts zu einer Frage, welche Individuen den Anforderungen einer modernen Konsumgesellschaft zu genügen schienen – und welche nicht.[66]

Statt Dicksein wurde nun Schlanksein bzw. die Arbeit an sich zum Distinktionsmerkmal, und die von Peters vorgeschlagenen Maßnahmen zur Einhaltung des strengen Diätplanes zeigen, welch zentrale Rolle Wissen, Selbstdisziplin und Selbstkontrolle in diesem Vorhaben einnahmen. Mangelndes Wissen über die richtige Ernährung war für Peters „die Grundlage" von Abweichungen vom „Idealgewicht".[67] Und so enthielt ihr Buch umfassende Informationen zur Berechnung des Idealgewichts („Multiply number of inches over 5 ft. in height by 5 1/2; add 110."[68]),

64 Zur Kritik an Konsum vgl. *Thorstein Veblen*, The Theory of the Leisure Class. New York 1899; *Daniel Horowitz*, Consumption and Its Discontents. Simon N. Patten, Thorstein Veblen, and George Gunton, in: Journal of American History 67, 1980, 301–317. Zu Konsum und Körperfett *Alan J. Bilton*, Nobody Loves a Fat Man. Fatty Arbuckle and Conspicuous Consumption in Nineteen Twenties America, in: Amerikastudien / American Studies 57, 2012, 51–66; *Mackert*, Bedeutungen von Körperfett (wie Anm. 54).

65 *Peters*, Diet and Health (wie Anm. 58), 14.

66 *Vester*, Regime Change (wie Anm. 13), 40f., 43, sowie *Bilton*, Conspicuous Consumption (wie Anm. 64).

67 *Peters*, Diet and Health (wie Anm. 58), „Read This First", nicht paginiert.

68 Ebd. 11.

zur Funktionsweise des Metabolismus, zu Nährwerten und freilich vor allem zu Kalorien: von Aussprache („Kal'-o-ri") und Definition über die experimentelle Bestimmung kalorischer Werte bis hin zu Kalorienbedarfen und -tabellen.[69]

Die zentrale Funktion des Buches und der Zeitungskolumne sollte die Wissensvermittlung sein. Diesem Wissen kam eine große Bedeutung dabei zu, Dicksein zu etwas Problematischem, weil augenscheinlich Vermeidbarem zu machen. In ihrer Kolumne betonte Peters, Dicksein sei „schandhaft" geworden, weil es darauf hindeutete, dass sich Individuen nicht gemäß dem mittlerweile verfügbaren Wissen verhielten.[70] Daher hielt sie offenbar auch weitere Maßnahmen für nötig, vor allem solche, die die Willenskraft stärkten. „You will need all the aid you can get to strengthen your will, for it is as flabby as weak jello", schrieb sie und bekräftigte mit dieser Analogie von „fatness" und Schlaffheit, warum Dicksein zunehmend als biopolitisches Problem wahrgenommen wurde.[71] Es schien darauf hinzuweisen, dass Individuen keine Selbstkontrolle hatten und sich mithin nicht angemessen führen konnten. Als erste Maßnahme zur Förderung einer solchen besseren Selbstführung, das heißt, zur Unterstützung beim Diäthalten, empfahl Peters allen, ihr Umfeld „loudly and frequently" über das Vorhaben zu informieren sowie sich wöchentlich in Diätgruppen zu treffen und gemeinsam zu wiegen.[72] Teil dieser Bekanntmachung sollte eine unterschriebene Selbstverpflichtung sein, die entweder zu Peters geschickt oder so öffentlich wie möglich aufgehängt werden konnte. Darüber sollten die Diätwilligen nicht nur soziale Kontrolle ihres Umfelds aufbauen, sondern vor allem eine steuernde Kraft des eigenen Unterbewusstseins aktivieren, sich also selbst (besser) führen.[73]

Wie sehr die Selbstführung und mithin der richtige Umgang mit den Freiheiten einer liberalen Gesellschaft im Zentrum dieser Ideale des Diäthaltens standen, wird in einem besonders von Peters hervorgehobenen Charakteristikum des Kalorienzählens deutlich. Sie betonte, die Kalorie räume den Abnehmwilligen große Freiheiten ein. Im Unterschied zu bisherigen „negativen" Diätempfehlungen, die eher auf Verboten basiert hätten und daher nur scheitern konnten, erlaube es das Kalorien-

69 Ebd. 23–24, 26 ff., 40–53.

70 *Lulu Hunt Peters*, A Disgrace to be Fat, in: Los Angeles Times, 30.4.1922, III23. Siehe auch *Mackert*, Kalorienzählen als Vorsorgetechnik (wie Anm. 61), 226.

71 *Lulu Hunt Peters*, Signing the Pledge, in: Los Angeles Times, 27.4.1922, II6.

72 *Dies.*, Diet and Health (wie Anm. 58), 78; *dies.*, Signing the Pledge (wie Anm. 71).

73 *Dies.*, Signing the Pledge (wie Anm. 71).

zählen, grundsätzlich alles zu essen: „[C]ast off your dejection. *You don't have to avoid [your favorite foods]!* Eat what you like and grow thin? Yes; follow me."[74] Entscheidend sei allein, dass der richtige Ausgleich geschaffen werde, betonte Peters und erzählte ihren LeserInnen, dass sie – „gelegentlich" – eine „Orgie" veranstalte und bis zu zehn „chocolate creams" verzehre, dafür dann abends aber nur Brühe und Cracker mit je 25 Kalorien zu sich nehme und so die „Balance" schaffe.[75]

Nach diesem Prinzip sei das Kalorienzählen leicht durchzuführen, versprach Peters: „Soon you will be able to arrange your own menus and choose what you like."[76] Diese Freiheit hatte aber ihren Preis: Nur wer an sich selbst arbeite und das Kalorienzählen dauerhaft aufrechterhalte, werde schlank werden und bleiben.[77] Aus dieser Perspektive betrachtet, entwickelte sich erfolgreiches Diäthalten als Zeichen der Fähigkeit der Einzelnen, die richtige Entscheidung treffen zu können. Diese Fähigkeit war zentral für moderne Ideale der Selbstführung, schien am Körper ablesbar zu sein und sollte beim Kalorienzählen ausagiert werden. Verlockungen würden überall lauern, so warnte Peters:

> „[...] and you will have to choose whether you will enjoy yourself hugely in the twenty minutes or so that you will be consuming the excess calories, or whether you will dislike yourself cordially for the two or three days you lose by your lack of will power."[78]

Hier deutet sich auch bereits an, dass es freilich auch falsche Entscheidungen gab – und dass diese sanktioniert werden sollten. Dabei setzte Peters nur teilweise auf soziale Kontrolle von außen, wenn sie von der „Schande" des Dickseins sprach und ihre LeserInnen aufforderte, Geschichten über ihre „peinlichsten Moment" als Dicke einzusenden, die dann in der Kolumne veröffentlicht wurden.[79] Ein Gutteil dieser sozialen Kontrolle war nämlich auf das dicke Selbst gerichtet, das sich schämen und darüber selbst regieren sollte: „Pledge yourself to yourself, and to someone else, so you will be ashamed to fail", schrieb Peters, und Verweise darauf, sich bei einer Verletzung der Diätregeln selbst nicht mehr zu mögen, tauchen nicht nur in

---

74 *Dies.*, Diet and Health (wie Anm. 58), 22 (Hervorhebung im Original).

75 Ebd. 94.

76 *Dies.*, Counting Calories, in: Los Angeles Times, 6.5.1922, II8.

77 *Dies.*, Diet and Health (wie Anm. 58), 16, 18, 22.

78 Ebd. 86.

79 *Dies.*, A Disgrace to be Fat (wie Anm. 70); *dies.*, My Most Embarassing Moment, in: Los Angeles Times, 2.5.1922, II6; z. B. *dies.*, Answers to Correspondents, in: Los Angeles Times, 10.6.1922, II7.

obigem Zitat, sondern immer wieder in Buch und Kolumne auf.[80] Umgekehrt versprach erfolgreiches Kalorienzählen Anerkennung und Freude. Nach einem vielleicht harten Anfang würde man sich später so gut fühlen, dass man nicht wieder zu alten Gewohnheiten zurück wolle, beteuerte Peters.[81] Und besonders verheißungsvoll wirkte offenbar auch die Aussicht, das Umfeld durch die erfolgreiche Diät zu beeindrucken. „[D]on't be in a hurry to make your clothes smaller now", schrieb Peters: „If they are loose they will show to the world that you are reducing."[82] Dies legt nahe, dass das Kalorienzählen mit gesellschaftlicher Anerkennung verknüpft war, wie es Katharina Vester bereits in Bezug auf Diäten in den USA seit dem späteren 19. Jahrhundert gezeigt hat.[83] Das Kalorienzählen erforderte und erschuf ein erfolgreiches Subjekt, das eigenverantwortlich an sich und seiner Silhouette arbeitete. Nicht nur das tatsächliche Abnehmen, sondern bereits der Prozess des Kalorienzählens konnte bedeuten, den eigenen Status als erfolgreiches Subjekt gleichzeitig aufzuführen und einzufordern. Dies möchte ich beispielhaft an Briefen zeigen, die Lulu Hunt Peters als Reaktion auf ihre Kolumne bekam. Peters' Kolumne erschien täglich, seit April 1922 zunächst in der „Los Angeles Times", im Verlauf der 1920er Jahre dann in zahlreichen weiteren, größeren und kleineren Zeitungen wie „Atlanta Constitution" (Atlanta, Florida), „The Lincoln Star" (Lincoln, Nebraska) und „El Paso Herald" (El Paso, Texas).[84] Sie war explizit als interaktives Forum gedacht[85] und umfasste schon nach einem Monat mindestens einmal wöchentlich, später häufiger, Antworten auf LeserInnenbriefe, von denen nach Peters Aussage schon im Mai 1922 Hunderte am Tag kamen.[86] Diese wurden oft paraphrasiert wiedergegeben, öfter aber zumindest in Auszügen abgedruckt. Ihre Anzahl und ihr Duktus legen nahe, dass es sich um tatsächlich erhaltene Briefe handelt, die einen Eindruck davon ermöglichen, wie Individuen mit dem Subjektivierungswissen der Kalorie umgegangen sind.

80 *Peters*, Diet and Health (wie Anm. 58), 93, 86. Vgl. auch *Lulu Hunt Peters*, Mechanical Exercise, in: Los Angeles Times, 4.5.1922, II8.

81 *Dies.*, Diet and Health (wie Anm. 58), 94.

82 Ebd. 20.

83 Siehe dazu *Vester*, Regime Change (wie Anm. 13).

84 Erste Ausgabe: *Lulu Hunt Peters*, Our Declaration of Principles, in: Los Angeles Times, 25.4.1922, II8. Siehe *Susan Yager*, Lulu Hunt Peters, in: Andrew Smith (Ed.), The Oxford Encyclopedia of Food and Drink in America. Vol. 2. 2nd Ed. Oxford/New York 2013, 816 f., hier 817.

85 *Peters*, Our Declaration of Principles (wie Anm. 84).

86 *Dies.*, Outwitting Our Wrinkles, in: Los Angeles Times, 17.5.1922, II8; *dies.*, Answers to Correspondents, in: Los Angeles Times, 8.7.1922.

Peters erhielt zwar auch Briefe von Personen, die zunehmen wollten, der Kampf gegen die Pfunde stand jedoch, so wie in Peters Buch, auch bei den meisten Briefen im Vordergrund. Dabei blieben die Gründe, warum Menschen abnehmen wollten, häufig unerwähnt. „Fatness" wurde zum Platzhalter für ein Problem und Schlanksein zu einem Ziel, das für sich genommen schon erstrebenswert war. So schrieb ein Mädchen beispielsweise an Peters:

> „I am 16 years old and am 5 feet tall. My weight is 110 pounds; do you think I am too fat? Please tell me how to get tall and to develop a good figure."[87]

Die Ratsuchenden schienen sich in Peters' Ausführungen zu erkennen, etwa in deren Abrechnung mit der Vorstellung, eigentlich würden dicke Menschen gar nicht unbedingt so viel essen. „I am really a very small eater", schrieb eine Frau ironisch: „Seven or eight chocolate creams a day surely could't hurt me!"[88] Briefe wie dieser legten besonderes Augenmerk auf die eigenen Abnehmgeschichten. „I have dieted dozens of times but never dieted intelligently before", schrieb die Leserin, nicht ohne zu berichten, dass sie mit dem Kalorienzählen in einem Monat und sechs Tagen 20 Pfund abgenommen habe.[89]

Solche Geschichten waren nicht nur Lob für Peters' Methode, sondern führten auch ein erfolgreiches Subjekt auf, das die Notwendigkeit erkannt hatte, selbstverantwortlich am eigenen Körper zu arbeiten. Sie schrieben sich mithin ein in das Ideal, Wissen über den rechten Umgang mit Essen bzw. Kalorien zu erlangen und entsprechend zu handeln. Zahlreiche Briefe fragten nach ausführlicheren Informationen zum Kalorienzählen, etwa nach dem Kaloriengehalt bestimmter Nahrungsmittel oder dem richtigen Zeitpunkt des Wiegens.[90] Ein solches Wissen, das legen die Briefe nahe, sollte den Diät Haltenden die (weitere) Arbeit am Selbst ermöglichen. Ein/e LeserIn berichtete etwa, er/sie habe trotz Kalorienzählens seit über einer Woche kein Gewicht mehr verloren und fragte, ob es einen Endpunkt bei der Abnahme gäbe, der weiteren Fettabbau erschweren oder unmöglich machen würde.[91] Solche Äußerungen zeigen überdies, was passieren konnte, wenn es mit dem Abnehmen nicht so klappte, wie Peters es in ihrem Ratgeber vorgerechnet hatte. Für Peters

87 *Dies.*, Answers to Correspondents, in: Los Angeles Times, 21.6.1922, II8.

88 *Dies.*, Answers to Correspondents, in: Los Angeles Times 5.8.1922, II10.

89 Ebd.

90 Z.B. *dies.*, Answers to Correspondents, in: Los Angeles Times, 15.6.1922, II8; *dies.*, Answers to Correspondents, in: Los Angeles Times, 17.6.1922, II6.

91 *Dies.*, Answers to Correspondents (wie Anm. 87).

war in solchen Fällen klar, dass die Diätenden entweder unehrlich oder unwissend waren oder eine kaputte Waage benutzt hatten.[92]

Insgesamt thematisierten die Briefe aber seltener ein Scheitern und viel häufiger Erfolge beim Abnehmen und brüsteten sich mit ihrer Fähigkeit, nicht oder weniger zu essen. Mithin stand hier ein Narrativ des freiwilligen Verzichts im Vordergrund, das sich deutlich von der Logik der Ernährungsstudien unterschied und bedeutsam für die Klassenpolitik des Kalorienzählens war. So berichtete eine Leserin Peters, sie habe in zwei Monaten 20 Pfund abgenommen, indem sie täglich nur 1200 Kalorien zu sich nehme:

> „There hasn't been a day", triumphierte sie, „that I have suffered for the want of more food; in fact, I can't eat more than 1200 now for love nor money. [...] I have 100 calories for breakfast, 150 calories for lunch and the rest for dinner, and it is all I want."[93]

Eine 17-jährige Stenographin berichtete von einem ähnlichen Abnahmeerfolg und beschrieb ihre Selbstdisziplin folgendermaßen: „I've trained myself so that I can pass a window full of the most beautifully tinted, indigestable French pastry, without more than a tiny sigh."[94]

Diese Selbstkontrolle war das zentrale Ideal für Kalorienzählende und verknüpft mit der Vision einer aufstrebenden Mittelklasse, die ihren Weg durch die Gefahren von Konsumgesellschaft und Moderne machen musste und dabei ohnehin von einer gerade auch körperlich gedachten „softness" bedroht schien.[95] In dieser Hinsicht entwickelte sich Kalorienzählen als eine Distinktionspraktik der Mittelklasse. Beim Abnehmen ließ sich zeigen, angesichts eines Überangebots an Speisen die richtige Wahl treffen und sich zurückhalten zu können. Dass dieses Ideal der Mittelklasse eigentlich nahezu exklusiv weiß und männlich konturiert war[96], ist von großer Bedeutung vor dem Hintergrund des Umstandes, dass Peters vor allem Frauen ansprach und auch vor allem von Frauen Zuschriften erhielt. Das Kalorienzählen

---

92 Z. B. *dies.*, The Small Appetite Myth, in: Los Angeles Times, 3.5.1922, II8; *dies.*, Answers to Correspondents, in: Los Angeles Times 7.12.1922, II5.

93 *Dies.*, Answers to Correspondents (wie Anm. 90), 15.6.1922.

94 *Dies.*, Answers to Correspondents, in: Los Angeles Times, 31.8.1922, II8.

95 *Bilton*, Conspicuous Consumption (wie Anm. 64); *David Schuster*, Neurasthenic Nation. America's Search for Health, Happiness, and Comfort, 1869–1920. New Brunswick 2011.

96 *Gail Bederman*, Manliness and Civilization. A Cultural History of Gender and Race in the United States, 1880–1917. Chicago/London 1995, z. B. 11–15.

konnte über die Verknüpfung von Selbstkontrolle und demokratischer Partizipation zu einem Mittel werden, Selbstdisziplin und gesellschaftlichen Status auch für Frauen zu reklamieren. Ein Brief an Peters macht dies explizit. Neben dem obligatorischen Bericht über die eigenen Abnehmerfolge lobte die Verfasserin Peters enthusiastisch und schrieb: „I am proud that you belong to my sex. Women evidently is not the weaker sex in a mental way.“[97] Und auch für die eben zitierte Stenographin war die Demonstration ihrer Fähigkeit, an einem Schaufenster mit (französischem!) Gebäck vorbeizugehen, höchstwahrscheinlich symbolisch aufgeladen mit einem Anspruch auf sozialen Status durch freiwilligen Verzicht.

Mit diesem Fokus auf freiwilligen Verzicht war das Kalorienzählen der Diätenden deutlich anders konnotiert als bei der Regulierung der Ernährung von ArbeiterInnen. Während bei Ersteren zwar ein begrenztes Kalorienbudget, aber eine Fülle an Nahrung und mithin eine prinzipielle Freiheit der Wahl im Vordergrund stand, ging es bei Letzteren um ein begrenztes monetäres Budget und die Gefahr des Hungerns. Gleichzeitig ähnelten sie sich aber auch: Ein nun folgender Rekurs auf die Problematisierung der ArbeiterInnenernährung zeigt, wie auch hier subjektivierende Macht wirkte – wenn auch unter anderen Bedingungen und über die Einschreibung in konfligierende Diskurse.

III. Budgetierende Subjekte: Regulierung und Subjektivierung

Michel Foucault verstand Modi der Subjektivierung bekanntlich als „Art und Weise, wie das Individuum sein Verhältnis zur Regel einrichtet und sich für verpflichtet hält, sie ins Werk zu setzen“.[98] Besonders bedeutsam ist dabei, dass Subjektivierung nicht allein bedeutet, sich Normen zu unterwerfen – etwa denen des Kalorienzählens und Schlankseins, sondern dass dies gleichzeitig mit der Erlangung von Sichtbarkeit, Anerkennung und Agency einhergeht, das Subjekt also immer wieder erst hervorbringt und ermächtigt – wie sich etwa anhand der kalorienzäh-

97 *Lulu Hunt Peters*, Answers to Correspondents, in: Los Angeles Times, 15.7.1922, II6.

98 *Michel Foucault*, Der Gebrauch der Lüste. Sexualität und Wahrheit. Bd. 2. Frankfurt am Main 1986 (erstmals 1984), 38.

lenden Briefeschreiberinnen zeigen ließ.[99] Dieses Verständnis betont eine – wenn auch ergänzende – anders operierende Form der Macht als Disziplinierung: die Regierung durch Freiheit.[100] Im Unterschied etwa zum hospitalisierten Individuum zeichnet sich das erfolgreiche Subjekt durch eine Regierung des Selbst, durch die ‚richtige' Führung des Selbst in einer Ordnung aus, die Freiheiten nicht nur gewährt, sondern produziert.[101] Subjektivierung ist also eng an Freiheit gekoppelt, es stehen das aktive Handeln und ein in Subjektivierungsprozessen hervorgebrachter Handlungsspielraum im Fokus – so sehr dieser auch in normative Muster eingebunden und damit in einem begrenzten Feld situiert ist.[102]

Bei einem solchen Fokus auf die Freiheit der ‚richtigen' Wahl besteht eine Gefahr in der Subjektivierungsanalyse, sich auf solche Subjekte zu konzentrieren, die augenfällig mit genügend kulturellem, sozialem oder ökonomischen Kapital ausgestattet sind[103], um eine Wahl treffen zu können.[104] Die ArbeiterInnen ließen sich anders als bürgerliche Subjekte weniger als freie „Unternehmer ihrer selbst"[105] und mehr als disziplinierte Individuen innerhalb eines stärker institutionell begrenzten Feldes lesen. Und in der Tat machte es in den behandelten Beispielen einen Unterschied, ob genug zu essen da war oder auf eine Schokoladenpraline verzichtet werden sollte. War die direkte Kontrolle über den Erfolg der jeweiligen Unterfangen im

99 *Foucault*, Subjekt und Macht (wie Anm. 14); *Judith Butler*, Psyche der Macht. Das Subjekt der Unterwerfung. Frankfurt am Main 2001, 16–22.

100 *Susanne Krasmann*, Regieren über Freiheit. Zur Analyse der Kontrollgesellschaft in foucaultscher Perspektive, in: Kriminologisches Journal 31, 1999, 107–121.

101 *Susanne Krasmann/Michael Volkmer*, Einleitung, in: dies. (Hrsg.), Michel Foucaults „Geschichte der Gouvernementalität" in den Sozialwissenschaften. Internationale Beiträge. Bielefeld 2015, 7–20, hier 16.

102 *Jürgen Martschukat*, The Pursuit of Fitness. Von Freiheit und Leistungsfähigkeit in der Geschichte der USA, in: Geschichte und Gesellschaft 42, 2016, 409–440; *Thomas Alkemeyer*, Subjektivierung in sozialen Praktiken. Umrisse einer praxeologischen Analytik, in: ders./Gunilla Budde/Dagmar Freist (Hrsg.), Selbst-Bildungen. Soziale und kulturelle Praktiken der Subjektivierung. Bielefeld 2013, 33–68.

103 *Pierre Bourdieu*, Ökonomisches Kapital, kulturelles Kapital, soziales Kapital, in: Reinhard Kreckel (Hrsg.), Soziale Ungleichheiten. Göttingen 1983, 183–198.

104 Zu den Ausnahmen gehören *Felix Krämer*, Schuldendifferenz. Intersektionale Verschränkungen zwischen Geschlecht und Ökonomie in der US-Zeitgeschichte, in: L'Homme. Zeitschrift für Feministische Geschichtswissenschaft 27, 2016, 91–104; *Wiebke Wiede*, Von Zetteln und Apparaten. Subjektivierung in bundesdeutschen und britischen Arbeitsämtern der 1970er- und 1980er-Jahre, in: Zeithistorische Forschungen / Studies in Contemporary History, Online-Ausgabe, 13, 2016, URL: http://www.zeithistorische-forschungen.de/3-2016/id=5398, Druckausgabe: 466–487.

105 *Michel Foucault*, Die Geburt der Biopolitik. Geschichte der Gouvernementalität II. Vorlesung am Collège de France 1978–1979. Frankfurt am Main 2004, 314.

Falle der KalorienzählerInnen eher den Individuen überlassen und weniger öffentlich abprüfbar, zeigen sich im Umfeld der Ernährungsstudien andere, disziplinarische Sanktionierungen vermeintlich schlechter Führung. Durch die Übersetzung von Budgets in legitime Ernährungspraktiken wirkten niedrige Löhne als instutionalisierte Barrieren und beschränkten den Handlungsspielraum der Familien.

Allein eine solche Perspektive einzunehmen würde aber davon ablenken, dass sich Subjektivierungsprozesse auch in unterschiedlich stratifizierten Feldern vollziehen können.[106] Klasse erschiene so als deterministische Kategorie, die Agency der ArbeiterInnen träte in den Hintergrund, und es bliebe unterbelichtet, wie subjektivierende Macht auch im Kontext von Armut funktionieren kann. Ein genauerer Blick auf die Dynamiken der Subjektivierung im Kontext des Kaloriendiskurses verdeutlicht demgegenüber, wie auch die ArbeiterInnen zur Selbstführung angerufen wurden und sich selbst innerhalb regulierender Zwänge auf verschiedene Weise als handelnde Subjekte positionieren konnten. So ist bereits deutlich geworden, dass Responsibilisierung, also die Verlagerung der Verantwortung für Auskommen und Körper, auch in der Regulierung von ArbeiterInnenernährung eine zentrale Strategie war. „We are learning that the best way to help men is to help them to help themselves", postulierte Atwater im „Century" und hob die zentrale Rolle von Wissen in erfolgreicher Selbstführung hervor.[107] Ähnlich wie bei den kalorienzählenden Diätenden wurden auch die Familien der Arbeiterklasse als budgetierende Subjekte angerufen, die sich selbst gemäß dem verfügbaren Ernährungswissen führen und die ‚richtige' Wahl ihrer Nahrungsmittel treffen sollten. Statt Lektüre zur Verfügung zu stellen, wie im Falle von Peters' Buch, gestalteten sich die Interventionen der beteiligten ForscherInnen allerdings direkter, etwa indem sie den Studien ein „offenes Gespräch" folgen ließen, in dem sie der „Hausfrau" beibringen wollten, ihre Haushaltsführung zu verbessern.[108]

Dieser Zusatz verweist auf die Vergeschlechtlichung der Ernährungspolitiken. In den Fokus gerieten hier vor allem die weiblichen Erwachsenen der Familie, denen

106 Vgl. die Konferenz: Das arme Subjekt. Subjektivierungen und sozialer Raum, 3.9.2015 – 5.9.2015, organisiert von *Wiebke Wiede* und *Nina Mackert* an der Universität Trier, in: H-Soz-Kult, 1.9.2015,URL: www.hsozkult.de/event/id/termine-28571.

107 *Atwater*, Pecuniary Economy (wie Anm. 18), 444. Siehe auch z.B. *Wright*, Food Consumption (wie Anm. 1), 239.

108 *Isabel Bevier*, The U.S. Government and the Housewife, in: The American Kitchen Magazine 11, 1898, 77–81, hier 79.

die Verantwortung für Einkauf und Essenszubereitung zugeschrieben wurde. Die Studien erwähnen nur Frauen explizit als diejenigen, die wohlüberlegt einkaufen und das Essen zubereiten sollten.[109] Gerade im Zusammenhang mit der Frage von Subjektivierung ist dieser zeitgenössische Entwurf von geschlechtsspezifischer Arbeits- und Rollenverteilung interessant. Denn wie sich andeutet, konnte er es Arbeiterinnen und Arbeitern erlauben, sich in Diskurse einzuschreiben, die mit der Logik von Budgetierung und unbedingter Sparsamkeit konfligierten.

So taucht im Bericht zur Studie in Massachussetts eine Wäscherin auf, die ihrer Familie trotz knapper Mittel unbedingt Rinderfilet kaufen wollte und auch darauf beharrt habe, als der Kaufmann ihr andere, genauso nahrhafte Fleischstücke angeboten habe. „The advice was rejected", so der Bericht, „with strong signs of resentment, and the tenderloin was bought and paid for."[110] Während der Autor des Reports hier ein typisches Beispiel für mangelnden ökonomischen Sinn vorfand und „Torheit und Stolz" der Wäscherin verurteilte[111], ist es gut möglich, dass ZeitgenossInnen andere Muster erkannten. Denn zu den Anrufungen an Mutterschaft gehörte, das wird in den Studien selbst immer wieder deutlich, das Ideal der sorgenden Mutter, die für ihre Familie nur das Beste wollte, kaufte und kochte.[112] Dabei funktionierte das Beharren auf dem besten Stück Fleisch zum einen innerhalb der Logik von Arbeitermüttern, die die körperliche Gesundheit von Kindern und Arbeitsfähigkeit von Männern sicherstellen sollten.[113] Zum anderen kann es auch als Anspruch auf Ideale von Mutterschaft verstanden werden, die armen Müttern eigentlich aufgrund ihres Klassenstatus verschlossen blieben. Während Atwater

---

109 Z. B. *Atwater*, Methods and Results (wie Anm. 37), 199; *Bevier*, Nutrition Investigations in Pittsburgh (wie Anm. 33), 31; *Atwater/Woods*, Dietary Studies in New York City (wie Anm. 33), 28, 48.

110 *Wright*, Food Consumption (wie Anm. 1), 321.

111 Ebd.

112 Z. B. *Bevier*, U.S. Government and the Housewife (wie Anm. 109); *Atwater/Bryant*, Dietary Studies in Chicago (wie Anm. 33), 29. Zu zeitgenössischen Kodierungen von Mutterschaft siehe *Barbara Antoniazzi*, Mothering the Nation, Unmothering the Self. New Women and Maternal Narratives in the Progressive Era, in: Isabel Heinemann (Ed.), Inventing the Modern American Family. Family Values and Social Change in 20th Century United States. Frankfurt am Main/New York 2012, 82–102; *Molly Ladd-Taylor*, Mother-Work. Women, Child Welfare, and the State, 1890–1930. Urbana/Chicago 1995. Zur Klassenpolitik von Mutterschaft siehe auch *Jodi Vandenberg-Daves*, Modern Motherhood. An American History. New Brunswick u. a. 2014, insbes. Kap. 5.

113 Vgl. zum Beispiel *Atwater*, Pecuniary Economy (wie Anm. 18), 438.

sich im „Century" über einen „mysterious virtue" teurer Lebensmittel wunderte[114], fällt es nicht schwer, die Attraktivität und symbolische Bedeutung teurer und mithin als besonders wertvoll geltender Speisen in einer zunehmend auf Konsum ausgerichteten Gesellschaft nachzuvollziehen.

In ähnlicher Form konnte der „male breadwinner" als Subjektivierungsmodus funktionieren, der quer zu Imperativen von Sparsamkeit und strengster Budgetplanung lag.[115] Atwater zitierte in seiner Abhandlung zur „pecuniary economy" im „Century" zum Beispiel einen Kohlearbeiter mit den Worten: „No one can say that I do not give my family the best of flour, the finest sugar, the very best quality of meat."[116] Was für Atwater ein Paradebespiel ineffizienten Verhaltens war, lässt sich auch als Einschreibung in andere zeitgenössische Ideale erfolgreicher Selbstführung begreifen, die gerade im Kontext des Lohndiskurses aufgerufen wurden. Denn die Gewerkschaften knüpften mit ihren Forderungen nach höheren Löhnen an ein Verständnis von Familien als Keimzellen von Gesellschaft an, in dessen Rahmen das Überleben und Gedeihen von Familien und Gesellschaft gleichermaßen an die Fähigkeit männlicher „breadwinner" gekoppelt wurde, ihre Versorgungspflichten zu erfüllen. Niedrige Löhne waren aus dieser Perspektive eine mehrfache Gefahr: Sie schienen die familiäre (Geschlechter-)Ordnung zu gefährden, indem sie Frauen dazu zwangen, selbst Lohnarbeiten anzunehmen. Und sie stellten den Status des Familienvaters in Frage, für sich sich selbst und seine Familie sorgen zu können.[117] Armut, schreibt Glickman, taucht in diesem Zusammenhang als „loss of the self in the market economy" auf; die Fähigkeit, ein „male breadwinner" zu sein, wurde eng verknüpft mit gesellschaftlicher Ordnung und der Selbstregierung der Individuen.[118] Indem der bei Atwater zitierte Kohlearbeiter sich also auf seine Fähigkeit berief, seiner Familie das Beste zu bieten, schrieb er sich in diese vergeschlechtlichten Narrative und damit in ein etwas anderes Regime der Selbstführung ein, als es der Impe-

114 Ebd. 437.

115 Dazu *Jürgen Martschukat*, Die Ordnung des Sozialen. Väter und Familien in der Amerikanischen Geschichte seit 1770. Frankfurt am Main/New York 2013; *Felix Krämer*, Ernährer, in: Netzwerk Körper (Hrsg.), What Can a Body Do? Figurationen des Körpers in den Kulturwissenschaften. Frankfurt am Main/New York 2012, 60–66.

116 *Atwater*, Pecuniary Economy (wie Anm. 18), 437.

117 *Glickman*, Living Wage (wie Anm. 29), 35, 40–43; *Martschukat*, Die Ordnung des Sozialen (wie Anm. 115), 174.

118 *Glickman*, Living Wage (wie Anm. 29), 35.

rativ der „food economy“ beinhaltete. Der konsumistische Diskurs, so zeigt sich, hatte also einen Bedeutungsüberschuss: Er konnte es ArbeiterInnen auch erlauben, Konsum zu verteidigen und dennoch erfolgreiche Selbstführung für sich zu beanspruchen.

IV. Schluss

Es zeigte sich: Die Kalorie ist nicht nur in Klassenkämpfen entstanden, sondern hat Klasse gerade auch produziert, indem sie Klassengrenzen zog und Vorstellungen von Klasse stabilisierte.[119] In den Ernährungsstudien wirkte die Kalorie als Maßeinheit der Effizienz von Ernährung und erlaubte es, vermeintlich objektiv – weil mit Hilfe von numerischer, ernährungswissenschaftlicher Expertise – darüber zu urteilen, wie ökonomisch effizient sich ArbeiterInnen ernährten. Auf diese Weise intervenierte die Kalorie in zeitgenössische Lohndiskurse und Auseinandersetzungen um die Bedarfe von ArbeiterInnen. Sie trug zur Ordnung des Sozialen bei, indem sie diese Kämpfe auf das vermeintlich machtfreie Terrain der Ernährungswissenschaft verschob und ein Mittel war, sowohl Bedarfe als auch Löhne zu deckeln. Auf diese Weise geschaffene Ernährungsbudgets produzierten Klasse, indem sie regulierten, wer was kaufen und essen durfte.

Klasse wurde aber auch über das Subjektivierungswissen, das die Kalorie transportierte, hervorgebracht. Die vermeintliche Objektivität und Berechenbarkeit der Kalorie war enorm produktiv, weil sie die Verantwortung auf Individuen verlagerte und mit einer moralischen Verpflichtung daherkam, sich selbst um Essens- und Kalorienbudgets zu kümmern. Mit der Kalorie hielt eine neue Form der Selbstführung Einzug, die die Arbeit an der eigenen Ernährung (und am eigenen Körper) zum Fluchtpunkt von Subjektivierung machte. Damit hielt sie Individuen nicht nur zu Unterwerfung und Selbstregulierung an, sondern erlaubte gleichzeitig Anerkennung und Agency. Wenn KalorienzählerInnen an Lulu Hunt Peters schrieben und ihr von ihren Diäten berichteten oder ihr schrieben, wie glücklich sie waren, dass sie abgenommen hatten, dann ging es um mehr als „nur“ schlank zu werden oder zu bleiben bzw. sich normativen Idealen zu unterwerfen. Es versprach gleichzeitig Dis-

119 Dazu auch *Biltekoff*, Eating Right (wie Anm. 10), 33–38.

tinktionsgewinn, zu demonstrieren, dass man sich den exklusiven Verzicht leisten und die nötige Selbstdisziplin aufbringen konnte. Das kalorienzählende Subjekt wurde in diesen Prozessen als Mittelklasse-Subjekt hervorgebracht – und deutlich unterschieden von denjenigen, denen man diese Fähigkeit sowie einen Handlungsspielraum zur Selbstführung (weitgehend) absprach.

Die Unterschiede, die die Klassenpolitik der Kalorie einzog, werden nicht zuletzt in der unterschiedlichen Weise deutlich, in der die Stimmen von Kalorienzählenden und ‚Studienobjekten' in den Quellen artikuliert werden. Während Peters' Kolumne dezidiert als interaktives Medium gedacht war, das den Diätenden Gelegenheit zum Fragen, Erzählen und mithin eine Stimme geben sollte, tauchen Äußerungen von ArbeiterInnen im Rahmen der Ernährungsstudien lediglich als vermittelte und in dieser Vermittlung bereits als ‚schlechte Beispiele' verworfene Stimmen auf. Hier zeigen sich Differenzen im Grad der gouvernementalen Aufforderung, sich zu beteiligen und zu äußern, die einen unterschiedlichen Status der betroffenen Individuen markierten und hervorbrachten. Die Klassenpolitik der Kalorie bestand mithin auch darin, dass über sie unterschiedliche Sichtbarkeiten produziert wurden. So ließen sich ökonomische Unterschiede über differente Subjektanrufungen rechtfertigen und dabei – auf dem vermeintlich machtfreien Terrain von Ernährungswissen – verschärfen.

Dass ArbeiterInnen dies auch zeitgenössisch als politische Auseinandersetzungen wahrnahmen, deutet sich nicht zuletzt am Gegenwind an, der den ForscherInnen entgegenschlug. Atwater etwa berichtete im Zusammenhang mit einer Studie in Chicago von starkem Misstrauen der Familien, das es schwer gemacht habe, genügend Studienteilnehmer zu finden. Während er diesen Argwohn auf mangelndes Verständnis der Studienziele zurückführte[120], zeigt ein anderes Beispiel, dass den ArbeiterInnen durchaus deutlich war, wie über die Studien regiert wurde. Die Haushaltsökonomin Isabel Bevier, die für das US Department of Agriculture eine Studie in Pittsburgh durchführte, schilderte den Fall einer aus England eingewanderten Arbeiterfamilie, die nach nur acht Tagen die weitere Mitarbeit verweigerte – mit der Begründung, die Untersuchung sei „a scheme to see how much it actually cost for a man to live, in order that his wages might be reduced".[121] Der Klassenpolitik der Kalorie konnte also auch etwas entgegengesetzt werden.

120 *Atwater/Bryant*, Dietary Studies in Chicago (wie Anm. 33), 14.

121 *Bevier*, Nutrition Investigations in Pittsburgh (wie Anm. 33), 30f.

Dieser Artikel entstand im Rahmen des Schlüsselthemen-Forschungsprojektes „Ernährung, Gesundheit und soziale Ordnung“. Mein Dank geht an die VolkswagenStiftung sowie all diejenigen, die zu diesem Text durch ihre Anmerkungen und Kritik beigetragen haben, insbesondere Felix Krämer, Veronika Settele und Norman Aselmeyer.

Zeiten des Nicht-Essens

Subjektivierung, soziale Ordnung und Praktiken der Negation

von Paul Nolte

Times of Non-Eating: Subjectivation, Social Order, and Practices of Negation

This essay addresses some fundamental questions in the history of „non-eating", starting from a review of the case studies presented in this volume. In terms of chronology, it suggests taking a broader look at practices of the non-consumption of food in the early modern period and the revolutionary era, and paying more attention to the expansion of subjectivities in recent decades, especially since the 1970s. Methodologically, it offers a critical assessment of the new history of knowledge that resonates in most contributions, as well as in recent cultural history more generally. Finally, the essay proposes a wider perspective on historical patterns of non-acting, on „practices of negation", of refraining or abstaining from doing something (e.g., working, sleeping, speaking) that otherwise is considered common practice.

I.

Die Geschichte des Nicht-Essens zu schreiben, ähnelt dem Versuch, einen Pudding an die Wand zu nageln. Die Beiträge dieses Bandes haben ein weites Gelände der Ernährungsgeschichte vermessen: zeitlich mit einem Schwerpunkt auf der von den Herausgebern postulierten „Sattelzeit" zwischen dem Ende allgemeiner Knappheit und dem Durchbruch zu strukturellem Überfluss; räumlich mit einem Fokus auf dem europäisch-nordamerikanischen Westen ebenso wie im interkulturellen Vergleich. Nicht alle Autorinnen und Autoren haben sich explizit der Herausforderung gestellt, ihre eigene Fallstudie zur „Food History" auf die gewiss auch provokativ vorgegebene Negation des Tuns hin zuzuspitzen. Die Grenzen zwischen der Normierung und Regulierung von sozialem Handeln und dem „Nicht-Handeln" erweisen sich als fließend, zumal in jener zunehmend regulierten und normierten Welt, die den vielfältigen Einzelthemen als *basso continuo* zugrunde liegt: Regulierung vor allem im Zeichen der Verwissenschaftlichung; Normierung im Zeichen einer komplexen Dialektik von Eigenverantwortung und gesellschaftlicher Macht, also einer „Responsibilisierung" des Selbst, die in moderner Individualisierung nicht aufgeht. Doch andererseits: Welche historische Zeit oder welche Kultur hätte Regulierungen und Normierungen des Verhaltens nicht gekannt, erst recht in den Grundtatbestän-

DOI 10.1515/9783110574135-012

den des menschlichen Lebens: bei Ernährung und Kleidung, Sexualität und Familie, Arbeit und Festen?

Einerseits verflüssigt sich so die vermeintlich starre Grenze zwischen Tun und Nicht-Tun, zwischen dem Reich der Notwendigkeit und dem Reich der Freiheit. Sören Brinkmanns Analyse der Milchpolitik im Brasilien der Vargas-Ära ist ein Beispiel dafür. Traditionelle Mangelsituation und moderne Ernährungssteuerung überlappten sich; die scharfen Kontraste zwischen Stadt und Land, die auch andere Übergangsgesellschaften wie die des russischen Zarenreichs vor dem Ersten Weltkrieg prägten (Lutz Häfner), verstärken diese Gleichzeitigkeit des Ungleichzeitigen. Andererseits treten die verschiedenen Varianten des intentionalen Nicht-Handelns auf diese Weise markanter hervor. Wo Regimes der Regulierung und Norm(alis)ierung omnipräsent sind, erzeugt die bewusste Disruption soziale Aufmerksamkeit, und genau das ist ihre strategische Funktion: In einer Zeit, in der das einstmals knappe Fleisch auch den Arbeiterschichten leichter zugänglich wird, verzichten Vegetarier darauf (Maren Möhring, Julia Hauser). Hungerstreikende verweigern die Nahrungsaufnahme und stellen den Staat vor das Dilemma von Freiheit und Lebensschutz (Maximilian Buschmann). Als ein wachsender Teil der Bevölkerung seinen Wohlstand durch Leibesfülle dokumentieren kann, wird die Diät, der kontrollierte Nahrungsverzicht, zur neuen Norm der Mittelklassen (Nina Mackert). Wo Kulturen und Machtverhältnisse aufeinandertreffen wie im kolonialisierten Afrika vor dem Ersten Weltkrieg, wird die Verweigerung der landestypischen Nahrung zum Instrument der Herrschaft und der Vergewisserung sozialer Hierarchie (Diana Natermann).

In einer Gesellschaft des konsumistischen Überflusses, in der modernen „Multioptionsgesellschaft“[1] jenseits der unmittelbaren Sicherung von materieller Existenz und Subsistenz müssen ohnehin Auswahlentscheidungen getroffen werden. Die meisten dieser Auswahlentscheidungen, ob sie nun individuell sind oder soziokulturell geprägt, bleiben weithin unauffällig: Viele Menschen reisen *nicht* zehn Stunden mit dem Flugzeug in den Urlaub, ohne damit ein klimapolitisches Statement abgeben zu wollen. Wo in traditionellen gesellschaftlichen Milieus, jedenfalls in Norddeutschland, Kartoffeln den Pasta- und Reisgerichten der Bildungs- und Avantgardemilieus weiterhin vorgezogen werden, ist das noch kein demonstrativer

1 Vgl. *Peter Gross*, Die Multioptionsgesellschaft. Frankfurt am Main 1994.

Akt des Nichtverzehrs. Oder vielleicht doch, als subtiler Anklang eines Nationalismus der Ernährung, als Nachklang der Vorbehalte gegen „Spaghettifresser“[2] oder das Fremde Asiens? Die moderne Gesellschaft spitzt auf das Verhalten und auf die Freiheit des Individuums zu, und die demonstrativen Akte des Nicht-Essens gewinnen, wie im Extremfall des Hungerstreiks, gerade dadurch ihre besondere Signifikanz und politische Durchschlagskraft.

Aber wo der Geschmack des Einzelnen, nicht nur derjenige des Gaumens, wie wir spätestens seit Pierre Bourdieu wissen, vor allem ein Derivat und Indikator seiner gesellschaftlichen Position ist, löst sich, soziologisch gesehen, die Intentionalität des eigenen Handelns wieder in strukturelle Bedingungen auf.[3] Gerade in diesem Spannungsverhältnis liegt das wichtige Moment, das Erkenntnisfördernde der hier präsentierten Perspektiven auf das Nicht-Essen: Sie werfen Schlaglichter auf die Übergangsmomente, auf die Scharniere zwischen Individuum und Gesellschaft in der Moderne, zwischen individueller Freiheit und kultureller Habitualisierung, zwischen Auswahl und Verweigerung. Im physisch-existentiellen Raum der Ernährung, in dem die Negation zum unmittelbaren Lebensrisiko werden kann, gilt das radikaler als anderswo, und wohl auch deshalb haben Ernährungsfragen in Nachmangelzeiten eine geradezu emblematische Qualität behalten. Doch genauso gilt: Nicht jeder Mann, der keine Krawatte trägt, ist (noch) ein Nonkonformist oder Revoluzzer; und nicht jede, die nicht glaubt, ist eine Atheistin.

Gerade weil das Nicht-Essen erst in seiner Intentionalität, zumindest als ein kommunikativer Akt seine besondere Bedeutung gewinnt, fällt eine Leerstelle in den meisten Aufsätzen umso mehr auf. Dem praktischen Vollzug des Nicht-Essens oder der selektiven Ernährung widmen sie kaum besondere Aufmerksamkeit. Erst in der performativen Dimension, in der „Aufführung“ vor anderen gewinnt das Nicht-Essen seine soziale Bedeutung; erst in der besonderen Inszenierung konstituiert es sich überhaupt als bedeutungsvoller Akt.[4] Thorstein Veblens Analyse der „conspicuous consumption“ wäre insofern durch eine Theorie der „conspicuous non-consump-

---

2 Vgl. *Maren Möhring*, Fremdes Essen. Die Geschichte der ausländischen Gastronomie in der Bundesrepublik Deutschland. München 2012.

3 *Pierre Bourdieu*, Die feinen Unterschiede. Kritik der gesellschaftlichen Urteilskraft. Frankfurt am Main 1982.

4 Vgl. *Erika Fischer-Lichte*, Ästhetik des Performativen. Frankfurt am Main 2004.

tion" zu erweitern.[5] Diana Natermann zeigt, dass zum sozial distinktiven Nicht-Essen mehr gehörte als der bloße Verzicht auf bestimmte Nahrungsmittel. Am weiß gedeckten Tisch zu sitzen, heißt Nicht-Essen auf dem Boden; mit Messer und Gabel zu speisen, bedeutet Nicht-Essen mit den Fingern. Diese Kontexte der Dinge, der Utensilien, der situativen Arrangements der Ernährung gehören zu ihrer Geschichte ebenso dazu wie die Nahrungsmittel selber, die ihrerseits Dinge sind und als solche betrachtet werden müssen: in ihrer Materialität und physischen Präsenz (mit der Besonderheit, dass sie verzehrt und inkorporiert werden), aber auch als Waren, als handelbare Güter, als „commodities".[6]

Und da gerade von Leerstellen und offenen Flanken die Rede ist: Unter den Varianten demonstrativen Nicht-Konsums spielt der in diesem Band nicht repräsentierte Boykott eine besonders wichtige Rolle, ebenso historisch (darauf wird gleich noch zurückgekommen) wie in der jüngeren Praxis zivilgesellschaftlicher Protestformen und der Selbstermächtigung des „citizen consumer".[7] Schwarze amerikanische Studenten versuchten 1960 vergeblich, am weißen „lunch counter" von Woolworth in Greensboro, North Carolina bedient zu werden. Zahnpasta konnten sie „desegregiert" kaufen, aber Nahrung wurde ihnen verweigert; die Bewegung kehrte den Spieß um und boykottierte die segregierten Geschäfte und Restaurants.[8] Zwei Jahrzehnte später und in globalem Maßstab richtete sich Nahrungsmittelboykott gegen das südafrikanische Apartheidregime. Übrigens hatten die „Greensboro Four" zunächst „nur" einen Becher Kaffee an der weißen Theke bestellt. Ob das Nicht-Trinken in das Nicht-Essen eingeschlossen ist und welche besondere Rolle es möglicherweise spielt, verdient durchaus eine Erörterung. Zumal wenn es um Alkohol geht,

---

5 *Thorstein Veblen*, The Theory of the Leisure Class. New York 1899. – Der zunächst ironisch gemeinte Gegenbegriff der „conspicuous non-consumption" hat offenbar in den letzten zehn bis fünfzehn Jahren eine beachtliche Karriere gemacht, wie eine Liste der Google-Treffer zeigt.

6 Vgl. schon *Arjun Appadurai* (Ed.), The Social Life of Things. Commodities in Cultural Perspective. Cambridge 1986; und jetzt: *Frank Trentmann*, Herrschaft der Dinge. Die Geschichte des Konsums vom 15. Jahrhundert bis heute. München 2017; freilich sind „Dinge" und „Konsum" voneinander zu unterscheiden.

7 Vgl. z.B. *Susan Strasser/Charles McGovern/Matthias Judt* (Eds.), Getting and Spending. European and American Consumer Societies in the Twentieth Century. New York 1998; *Martin Daunton/Matthew Hilton* (Eds.), The Politics of Consumption. Material Culture and Citizenship in Europe and America. Oxford 2001; *Lizabeth Cohen*, A Consumer's Republic. The Politics of Mass Consumption in Postwar America. New York 2003; *Kate Soper/Frank Trentmann* (Eds.), Citizenship and Consumption. New York 2008.

8 Vgl. *William H. Chafe*, Civilities and Civil Rights. Greenboro, North Carolina, and the Black Struggle for Freedom. New York 1981.

aber auch für Milch im Veganismus, ist der Zusammenhang offensichtlich. In anderen Konfigurationen bleibt die Flüssigkeitsaufnahme jedoch außen vor, etwa bei den meisten Formen des Hungerstreiks, die das Trinken von Wasser zulassen. Aber es soll hier nicht um ein Mäkeln am Themenportfolio gehen. Zwei Aspekte stehen im Folgenden im Vordergrund: zunächst das historische Narrativ von Ernährung und Nicht-Essen von der Frühen Neuzeit bis in die Gegenwart, einschließlich der Frage nach einer ernährungshistorischen „Sattelzeit"; dann grundlegende konzeptionelle und kulturwissenschaftliche Probleme, die dieser Band und der Denkansatz seiner Beiträge aufwerfen: im Spannungsfeld von Wissensgeschichte und Subjektivierung, neoliberaler Responsibilität und Praktiken der Negation.

II.

Wann war Nicht-Essen? Veronika Settele und Norman Aselmeyer entwerfen ein Narrativ der ernährungshistorischen Moderne, das ergänzungsbedürftig und erweiterungsfähig ist.[9] Die „Ernährungsrevolution" habe (in den westlichen Gesellschaften) massenhafte und strukturelle Hungersituationen, die noch bis in die Mitte des 19. Jahrhunderts reichten und sich im deutschsprachigen Mitteleuropa zum letzten Mal in der Krise von 1846/47 dramatisch zeigten, beseitigt. Erst jetzt, bei grundsätzlich gesicherter Ernährungslage, konnte freiwilliger oder erzwungener Verzicht auf Nahrung eine neue soziale Aussagekraft gewinnen, etwa als politischer Protest oder moralischer Marker. Zwei Berliner Revolten im Jahre 1847 und 1912 „markieren exemplarisch die Eckpunkte einer ernährungshistorischen Sattelzeit", die offenbar in Analogie nicht nur zur Koselleck'schen Sattelzeit der politisch-sozialen Semantik zwischen 1750 und 1850, sondern auch zum „demographischen Übergang" in der modernen Bevölkerungsgeschichte entworfen wird[10]: Aus der vormodernen Normalität des Mangels, bei der Nahrungsaufnahme weithin auf die physiologische Bedürfnisbefriedigung reduziert war, was zusätzliche kulturelle Funktionen des

---

9 Siehe oben S. 20.

10 Vgl. *Reinhart Koselleck*, Einleitung, in: Otto Brunner/Werner Conze/Reinhart Koselleck (Hrsg.), Geschichtliche Grundbegriffe. Bd. 1. Stuttgart 1972, XIII–XXVII, hier XV; zum „demographischen Übergang": *Peter Marschalck*, Bevölkerungsgeschichte Deutschlands im 19. und 20. Jahrhundert. Frankfurt am Main 1984, 41ff.

Nicht-Essens stark limitierte, ging nach einer Schwellenzeit von gut einem halben Jahrhundert, deckungsgleich mit der Epoche von Industrialisierung und Urbanisierung, ein neues, modernes Gleichgewicht der „Vollversorgung" hervor, die Spielräume für den Verzicht und seine symbolische Kommunikation eröffnete. Die meisten Beiträge des Bandes ordnen sich chronologisch, aber ohne explizite Anknüpfung an das Konzept, in die transformative Sattelzeit zwischen etwa 1850 und dem Ersten Weltkrieg ein. Einige gehen darüber hinaus in die erste (Sören Brinkmann) oder zweite Hälfte des 20. Jahrhunderts (Cornelia Reiher) oder diskutieren das 20. Jahrhundert im Längsschnitt (Uwe Spiekermann). Mit Ausnahme einiger langer Rückblenden in die indische Geschichte (Julia Hauser) bezieht keiner der Aufsätze die Zeit vor 1850 ein.

Gewiss ist die Bedeutung der Ernährungsrevolution, die sich global in der „Grünen Revolution" seit den 1960er Jahren fortsetzte[11], auch jenseits ihrer materiellen Dimensionen nicht zu unterschätzen. Aber begann die Sattelzeit um 1850, und war erst das Ende des Hungers eine Voraussetzung für die Politisierung und Moralisierung der Ernährung? Richtig bleibt, dass Massenelend und Hungersterben nach den 1840er Jahren in West- und Mitteleuropa (außerhalb der Weltkriege) nicht mehr auftraten; dieses Ende markiert die irische „Great Famine" freilich klarer als die Berliner Krawalle von 1847. Seitdem lösten die Krisen „neuen Typs", also kapitalistische Konjunkturkrisen, die Ernährungskrisen älteren Typs ab.[12] Zugleich jedoch durchzieht eine Spur der Hungerkrawalle und „Brotunruhen" den europäisch-nordatlantischen Raum im gesamten revolutionären Zeitalter des 18. und 19. Jahrhunderts und ist in der Forschung unter Stichworten wie „crowd action" und „moral economy" breit diskutiert worden.[13] Zumal als Teil des revolutionären Handelns selber wurde Ernährung schon im 18. Jahrhundert, längst vor der Überwindung der strukturellen Mangelernährung, auf neue Weise zum Politikum. Dabei stürmten hungri-

---

11 Vgl. z. B. *H. K. Jain*, Green Revolution. History, Impact, and Future. Houston 2010; für Deutschland vgl. *Frank Uekötter*, Die Wahrheit ist auf dem Feld. Eine Wissensgeschichte der deutschen Landwirtschaft. Göttingen 2010.

12 Klassisch: *Wilhelm Abel*, Massenarmut und Hungerkrisen im vorindustriellen Europa. Versuch einer Synopsis. Hamburg 1974; auch: *ders.*, Stufen der Ernährung. Eine historische Skizze. Göttingen 1981; *Hans-Ulrich Wehler*, Deutsche Gesellschaftsgeschichte. Bd. 2: 1815–1845/49. München 1987, 642 ff.

13 Vgl. *Georges Rudé*, The Crowd in History. A Study of Popular Disturbances in France and England, 1730–1848. New York 1964; *E. P. Thompson*, The Moral Economy of the English Crowd in the Eighteenth Century, in: Past & Present 50, 1971, 76–136.

ge Menschen, nicht zuletzt Frauen, die Märkte und Läden auf der Suche nach Brot ebenso wie nach dem „gerechten Preis". Es gab aber auch die Zerstörung von Nahrungs- und Genussmitteln als Teil eines Boykotts, also Formen des politisch-moralischen „Nicht-Essens", die von manchen Handlungsmustern des späten 20. Jahrhunderts gar nicht so weit entfernt sind.[14] Das prominenteste Beispiel dafür ist die „Boston Tea Party" am 16. Dezember 1773 als Teil des antikolonialen Widerstands in der Amerikanischen Revolution.[15] In ihr spielte Konsumentenpolitik, über das dezidierte „Nicht-Tee-Trinken" hinaus, aber eben auch als Politik der Ernährung und ihrer Verweigerung, eine zentrale Rolle; sie formte politische und soziale Ordnungen ganz in dem Sinne, wie es Settele und Aselmeyer erst für viel spätere Zeiten postulieren.[16]

Doch bereits vor dieser Dynamisierung bzw. unabhängig von ihr entsprach das Ernährungsverhalten in der Frühen Neuzeit nicht dem Bild einer gleichförmigen strukturellen Mangelernährung und Monotonie, von der allenfalls der Luxuskonsum der Höfe, des Adels und anderer Oberschichten signifikant abwich. Zum einen veränderten sich kulturelle Normen und Verhaltensstandards ebenso wie die materiellen Möglichkeiten vom frühen 16. bis zum späten 18. Jahrhundert, und das keineswegs nur im Sinne von Expansion und „Modernisierung". Im 16. Jahrhundert aß man in Mitteleuropa offenbar reichlicher als danach, nicht nur angesichts der komplexen „Krise des 17. Jahrhunderts", sondern auch im Gefolge neuer religiös-kultureller Normierungen des Verzichts, der Askese, der Mäßigung.[17] Zum anderen erschließt sich bei näherem Hinsehen eine reichhaltige räumliche Differenzierung, die sich auf Klima, Topographie und Böden, also quasi naturalistische Determinanten, nicht alleine zurückführen lässt, sondern Ausdruck komplexer sozialer Ordnungen und kultureller Präferenzen war.

---

14 Vgl. dazu auch: *Paul Nolte*, Formen des Protests, Muster der Moderne. Vom 18. zum 21. Jahrhundert, in: Geschichte in Wissenschaft und Unterricht 64, 2013, 584–599.

15 Vgl. *Benjamin W. Labaree*, The Boston Tea Party. Boston 1979; *Alfred F. Young*, The Shoemaker and the Tea Party. Memory and the American Revolution. Boston 1999.

16 Vgl. dazu vor allem die Arbeiten von *Timothy H. Breen*, Baubles of Britain. The American and Consumer Revolutions of the Eighteenth Century, in: Past & Present 119, 1988, 73–104; *ders.*, Marketplace of Revolution. How Consumer Politics Shaped American Independence. New York 2004; außerdem: *Cary Carson/Ronald Hoffman/Peter J. Albert* (Eds.), Of Consuming Interests. The Style of Life in the Eighteenth Century. Charlottesville 1994.

17 Vgl. den Überblick bei *Richard van Dülmen*, Kultur und Alltag in der Frühen Neuzeit. Bd. 1: Das Haus und seine Menschen. München 1990, 68–74; siehe auch: *Christof Dipper*, Deutsche Geschichte 1648–1789. Frankfurt am Main 1991, bes. 10–18.

Für die verschiedenen Regionen des kolonialen Nordamerika seit dem frühen 17. Jahrhundert hat David Hackett Fischer das anschaulich herausgearbeitet. Im puritanischen Neuengland verschmähten die Siedler die Fülle der Natur, besonders der vielfältigen und leicht erreichbaren Meeresfrüchte, zugunsten einer auf schlichte Gerichte aus Erbsen und Brot konzentrierten Diät.[18] Religiöse Muster verknüpften sich dabei mit einer kolonialen Distanzierung von der Nahrung der Einheimischen, wie sie Diana Natermann für das späte 19. Jahrhundert beschreibt. Einen wiederum eigenen Stil brachten die Quäker aus England mit und entwickelten ihn in Pennsylvania weiter. Neben einer Grundhaltung der Mäßigung – „enough is as good as a feast", hieß das sprichwörtlich – gab es moralische Standards des Nicht-Essens, die längst vor der Sattelzeit an moderne Praktiken des Nicht-Essens erinnern: den Verzicht auf den Konsum von Zucker, weil er das Produkt von Sklavenarbeit war; oder auf Salz, weil es mit Steuern belegt war, die das Militär finanzierten; bei radikaleren Quäkern wurde bereits Vegetarismus praktiziert.[19] Im rauen Hinterland der Appalachen wiederum verachteten die Siedler den Konsum von Kaffee und Tee, weil diese Getränke als Ausdruck des verweichlichten Lebensstils nicht handarbeitender Menschen in Küstenstädten galten.[20] Der Blick auf die Vielfalt der Ernährungsstandards in der Frühen Neuzeit – nicht nur der „Eliten", sondern auch des „Volkes" – und auf die ebenso vielfältigen Motivationslagen von Präferenz und Verzicht ebnet die transformative Schwelle des späten 19. und frühen 20. Jahrhunderts mithin ein ganzes Stück weit ein. In der Perspektive einer historischen Anthropologie der Lebensformen Europas vom Spätmittelalter bis in die Gegenwart, wie sie Wolfgang Reinhard vorgeführt hat, tritt ein evolutionäres Phasenmodell mit der Vorstellung eines Umbruchs von der Tradition zur Moderne noch weiter zurück.[21]

Wie stets sollte man auch in dieser Hinsicht nicht das Kind mit dem Bade ausschütten und damit die Kriterien für Umbrüche und säkulare Veränderungen aus dem Auge verlieren. So kann man in die andere zeitliche Richtung fragen, ob die Beiträge dieses Bandes den Veränderungen nach der Sattelzeit und zumal im späteren 20. Jahrhundert genügend Aufmerksamkeit schenken. So wie die Begriffsgeschichte

18 *David Hackett Fischer*, Albion's Seed. Four British Folkways in America. New York 1989, hier 135ff.

19 Ebd. 538–544, hier bes. 539, 541.

20 Ebd. 730.

21 Vgl. *Wolfgang Reinhard*, Lebensformen Europas. Eine historische Kulturanthropologie. München 2004, 138–157.

sich mit der ursprünglichen Unterstellung einer im weiteren Verlauf der Moderne relativ stabil bleibenden Umprägung der Begriffe bald nicht mehr zufrieden gab und nach semantischer Transformation im 20. Jahrhundert zu fragen begann[22], markiert der Übergang zur „Vollversorgung"[23] keine stabile kulturelle Lage, die sich aus den Freiheitsspielräumen einmal erreichter materieller Fülle ergibt. Ohnehin ist „Vollversorgung" ein durchaus problematischer Begriff, weil er einen objektiven Standard genügender Ernährung suggerieren könnte, entgegen der Absicht der Herausgeber und der einzelnen Fallstudien, die eher auf die Variabilität von Aushandlungsprozessen dessen zielen, was in unterschiedlichen Hinsichten genug oder zuviel, das Richtige oder das Falsche sein könnte. Für weite Teile Europas, zum Teil in globaler Erweiterung, ist das Enddatum von 1912 schon deshalb prekär, weil kurz darauf der Erste Weltkrieg, dann die Weltwirtschaftskrise und der Zweite Weltkrieg für mehr als drei Jahrzehnte ein neues Regime der Not und des Mangels etablierten: verbunden mit einer Wiederkehr überwunden geglaubter „moralischer Ökonomien"[24], aber auch mit Ernährung und Hunger als Waffe im Rassenkampf und Klassenkampf, im Holocaust und im ukrainischen Holodomor.[25]

Insofern erreichten selbst die westlichen Gesellschaften eine mindestens mittelfristig stabile, im Generationswechsel tradierbare Ernährungslage erst seit den 1950er Jahren, und es ist kein Zufall, dass materielle „abundance" und „affluence" damals zuerst von amerikanischen Wissenschaftlern wie David M. Potter und John K. Galbraith als historisch-zeitdiagnostische Marker entdeckt wurden.[26] In Westeuropa dauerte die Überwindung der relativen Knappheit noch etwas länger und überlappte sich auf diese Weise mit den neuen Krisenerfahrungen der frühen 1970er Jahre, aber auch der aus der 68er-Bewegung kommenden neuen Sensibilität für die Pre-

---

22 Vgl. *Christian Geulen*, Plädoyer für eine Geschichte der Grundbegriffe des 20. Jahrhunderts, in: Zeithistorische Forschungen 7, 2010, 79–97; *Willibald Steinmetz*, Vierzig Jahre Begriffsgeschichte. The State of the Art, in: Heidrun Kämper/Ludwig M. Eichinger (Hrsg.), Sprache – Kognition – Kultur. Sprache zwischen mentaler Struktur und kultureller Prägung. Berlin 2008, 174–197.

23 *Settele/Aselmeyer*, in diesem Band, 12,20.

24 Vgl. bes. *Martin H. Geyer*, Verkehrte Welt. Revolution, Inflation und Moderne. München 1914–1924. Göttingen 1998.

25 Vgl. exemplarisch: *Christian Gerlach*, Krieg, Ernährung, Völkermord. Forschungen zur deutschen Vernichtungspolitik im Zweiten Weltkrieg. Hamburg 1998, bes. 167–257; *Anne Applebaum*, Red Famine. Stalin's War on Ukraine. London 2017.

26 Vgl. *David M. Potter*, People of Plenty. Economic Abundance and the American Character. Chicago 1954; *John Kenneth Galbraith*, The Affluent Society. New York 1958.

karität von Ernährungslagen im globalen Süden und den westlichen bzw. kolonialistischen Anteil daran.[27] Deshalb würde ich eine Zäsur, in Übereinstimmung mit aktuellen zeithistorischen Ansätzen, eher in den 1970er Jahren sehen.[28] Materielle Sekurität in nunmehr zweiter Generation (also ohne persönliche Erinnerung an Not- und Hungerzeiten) verband sich ebenso mit einem neuartigen globalen Solidarismus der Mittelklassen[29] wie mit der beginnenden Revolution der Subjektivität und individuellen Expressivität. Etwas vereinfacht gesagt: Aus der kollektiv verfassten Gesellschaft der Hochmoderne, in der es – vegetarische Avantgarde um 1910 hin oder her – doch zuerst um das Rundherum-Sattwerden in allen sozialen Schichten ging, um die Euphorie des Mehr und der Menge (in der Ernährung ganz wie in der Fixierung auf das Bruttosozialprodukt[30]), wurde die Gesellschaft der Postmoderne mit ihren individualistischen Dispositionen und ihrem jedenfalls in den Bildungsschichten vehement durchschlagenden Bruch von Selbstverständlichkeiten: Ein neues Zeitalter der „self-consciousness" begann, der kritischen Selbstbeobachtung und Introspektion. Die Konjunktur der Psychoanalyse wendete diesen Blick zunächst auf die Seele[31], aber seit den 1980er Jahren richtete er sich zunehmend auf den (eigenen) Körper und dessen Formung in Fitness- und Ernährungsregimes.

In dieser Ära der Ernährungsgeschichte leben wir heute noch. Natürlich ist es für Historiker methodisch heikel, so etwas zu sagen, aber: Aus der Perspektive dieser phänomenalen Expansion von Wohlstand und Subjektivität seit den 1970er Jahren,

27 Besonders einflussreich: *Frantz Fanon*, Die Verdammten dieser Erde. Frankfurt am Main 1966. – Vgl. jetzt die ausgezeichnete Studie von *Lasse Heerten*, The Biafran War and Postcolonial Humanitarianism. Spectacles of Suffering. Cambridge 2017.

28 Vgl. bes. *Anselm Doering-Manteuffel/Lutz Raphael*, Nach dem Boom. Perspektiven auf die Zeitgeschichte seit 1970. Göttingen 2008; *Anselm Doering-Manteuffel/Lutz Raphael/Thomas Schlemmer* (Hrsg.), Vorgeschichte der Gegenwart. Dimensionen des Strukturbruchs nach dem Boom. Göttingen 2016; *Ulrich Herbert*, Europe in High Modernity. Reflections on a Theory of the 20th Century, in: Journal of Modern European History 5, 2007, 5–21.

29 Vgl. z.B. *Habbo Knoch* (Hrsg.), Bürgersinn mit Weltgefühl. Politische Moral und solidarischer Protest in den sechziger und siebziger Jahren. Göttingen 2007 (aber ohne einen Beitrag zum Thema Ernährung).

30 Vgl. *Philipp Lepenies*, Die Macht der einen Zahl. Eine politische Geschichte des Bruttoinlandsprodukts. Berlin 2013; *Daniel Speich Chassé*, Die Erfindung des Bruttosozialprodukts. Globale Ungleichheit in der Wissensgeschichte der Ökonomie. Göttingen 2013.

31 Vgl. *Paul Nolte*, Von der Gesellschaftsstruktur zur Seelenverfassung. Die Psychologisierung der Sozialdiagnose in den sechziger Jahren, in: Tobias Freimüller (Hrsg.), Psychoanalyse und Protest. Alexander Mitscherlich und die „Achtundsechziger". Göttingen 2008, 70–94.

und mit der Ernährung als einer wichtigen Chiffre für beides und als Brücke dazwischen, sind die Umbrüche der vorletzten Jahrhundertwende, um die es in diesem Band vor allem geht, nur Vorboten – höchst signifikante allerdings. Zugleich ist die „Vollversorgung" sozial ungleich geblieben, nicht nur zwischen Norden und Süden in globalem Maßstab, sondern auch innerhalb von Überflussgesellschaften. Aus der Überlagerung der Überproduktion von Lebensmitteln, einer fortschreitenden Tendenz zur Ethisierung individueller wie kollektiver Lebenspraxis und sozialer Ungleichheit sind im frühen 21. Jahrhundert neue Konfliktzonen des Nicht-Essens entstanden: Das Wegwerfen von Lebensmitteln wird stigmatisiert und zivilgesellschaftlich aufzufangen versucht, um „restlos glücklich" werden zu können[32], doch die Verteilung „übrig gebliebener" Lebensmittel an Tafeln für „Bedürftige" löst weder die ethischen noch die sozialstrukturellen Probleme, sondern produziert neue Dilemmata.[33] Nachwachsende Rohstoffe sollen die Nachhaltigkeitsbilanz verbessern. Aus Raps wird Biodiesel statt Margarine, aber die Verbrennung von Getreide, das auch als Lebensmittel dienen könnte, wird nicht nur aus ethischen Gründen kritisiert, sondern ist in Deutschland (deshalb) verboten.[34] Der Kampf um das (Nicht-) Essen war nie schärfer als in der Gegenwart. Aber gerade deshalb ist eine historische Vergewisserung notwendig.

III.

In der einen oder anderen Weise ist der ganze Band – und sind die meisten der einzelnen Beiträge – einem wissensgeschichtlichen Zugang zur Ernährungsgeschichte und zum Nicht-Essen verpflichtet. Das schließt an den in der deutschen Geschichtswissenschaft seit einigen Jahren dominant – man könnte fast sagen: „hegemonial" – gewordenen Ansatz an, der im Sinne einer älteren Unterscheidung Jürgen Kockas längst von der Sektorwissenschaft zur Aspektwissenschaft geworden ist.[35] Wissens-

32 Vgl. die Website des Berliner Vereins: http://www.restlos-gluecklich.berlin (Zugriff 4.1.2018).

33 Dazu sehr gut: *Stephan Lorenz*, Tafeln im flexiblen Überfluss. Ambivalenzen sozialen und ökologischen Engagements. Bielefeld 2012; *ders.* (Hrsg.), TafelGesellschaft. Zum neuen Umgang mit Überfluss und Ausgrenzung. Bielefeld 2010.

34 Geregelt durch die aktuelle Fassung der 1. Bundesimmissionsschutzverordnung; zu kritischen Positionen siehe: https://de.wikipedia.org/wiki/Getreideverbrennung (Zugriff 4.1.2018).

35 Vgl. *Jürgen Kocka*, Sozialgeschichte. Begriff, Entwicklung, Probleme. Göttingen 1977, bes. 82–111.

geschichte ist nicht (mehr) ein Teilbereich des Faches, sondern diejenige Perspektive, unter der Geschichtswissenschaft überhaupt bevorzugt betrieben wird, übrigens in bemerkenswerter chronologischer Spannweite von der Alten Geschichte bis in die jüngste Zeitgeschichte[36]: Wirtschaftsgeschichte, Kolonialgeschichte, Migrationsgeschichte; ohnehin die verschiedenen Varianten der Diskursgeschichte und „Intellectual History"; und eben die Ernährungsgeschichte oder „Food History".

Das eröffnet dieser zweifellos interessante Perspektiven, ebenso wie es ihr, jenseits einer möglichen Nischenexistenz, den mühelosen Anschluss an den Mainstream der Fachdebatten sichert, was genauso für alle anderen, nun wissensgeschichtlich verhandelten Themen gilt. Wissenschaftssoziologisch gesehen integriert die Wissensgeschichte ein in anderer Hinsicht ja immer bunter, disparater und heterogener werdendes Fach, eine „nomadische Disziplin"[37] in ähnlicher Weise, wie es zuvor „Kultur" und davor „Gesellschaft" getan hat; auch analytisch und heuristisch ist der Wissensbegriff als eine tendenzielle Totalität der Welterfahrung und Weltverarbeitung immer mehr an die Stelle von Gesellschaft und Kultur getreten. Warum dieses mindestens implizite Streben nach Totalisierung ein besonderes Merkmal der deutschen Geschichtswissenschaft[38] in der Ära der „shattered pasts" bleibt[39], ist selber wissen(schaft)ssoziologisch und -historisch erklärungsbedürftig. Anderswo muss erst einmal erklärt werden, was hierzulande mit der neuen Wissensgeschichte gemeint ist, und an einer besonderen Rückständigkeit der amerikanischen, britischen oder französischen Historie wird das kaum liegen.

Zumindest[40] sollte man auf selbstkritische Distanz gehen und sich klarmachen

36 Vgl. für die Alte Geschichte bzw. Altertumswissenschaft überhaupt den Berliner Exzellenzcluster „Topoi: The Formation and Transformation of Space and Knowledge in Ancient Civilizations" (http://www.topoi.org); für die Zeitgeschichte schon früh: *Margit Szöllösi-Janze*, Wissensgesellschaft in Deutschland. Überlegungen zur Neubestimmung der Zeitgeschichte über Verwissenschaftlichungsprozesse, in: Geschichte und Gesellschaft 30, 2004, 277–313; sowie grundlegend: *Lutz Raphael*, Die Verwissenschaftlichung des Sozialen als methodische und konzeptionelle Herausforderung für eine Sozialgeschichte des 20. Jahrhunderts, in: Geschichte und Gesellschaft 22, 1996, 165–193; mit anderen wichtigen Aufsätzen Raphaels jetzt wieder in: *ders.*, Ordnungsmuster und Deutungskämpfe. Wissenspraktiken im Europa des 20. Jahrhunderts. Göttingen 2018.

37 Vgl. *Monika Dommann*, Alles fließt. Soll die Geschichte nomadischer werden?, in: Geschichte und Gesellschaft 42, 2016, 516–534.

38 Einschließlich der deutschsprachigen Schweiz, mit Zürich als einem treibenden Zentrum.

39 Vgl. *Konrad H. Jarausch/Michael Geyer*, Shattered Past. Reconstructing German History. Princeton 2003.

40 Eine intelligente „Kritik der Wissensgeschichte" fehlt, soweit ich sehe, bisher, wie es überhaupt – viel-

können, was man sich mit der Präferenz für die Wissensgeschichte erkauft. Gegen den Vorwurf einer inflationären Aufblähung des Wissensbegriffes könnte eingewandt werden, dass es ja häufig durchaus in einem engeren Sinne um die Konstruktion wissenschaftlichen Wissens geht. Das verbindet sich, immer wieder in diesem Band, mit dem Fokus auf Experten als Akteure, die seit dem späten 19. Jahrhundert – wenn man so will, auch eine Sattelzeit der modernen Wissensgesellschaft – ihre wissenschaftliche Expertise zunehmend in den Dienst der Macht stellen konnten, in liberalen Demokratien ebenso wie in totalitären Diktaturen.[41] Die Experten (und gelegentlich Expertinnen, wie in den Beiträgen von Christa Spreizer und Maximilian Buschmann) zu untersuchen führt jedoch weg von den „Klienten", hier also: den Menschen, die sich selber ernähren, und zwar in zweierlei Hinsicht. Zum einen lenkt es ab von mehr praxeologischen oder kulturanthropologischen Zugängen, die den Vollzug der Nahrungsaufnahme (oder ihre Verweigerung) eher performativ, mit dem Auge des Ethnologen, betrachten würden. Zum anderen droht es die primär Ernährungshandelnden – wenn man die (Nicht-)Essenden einmal so nennen mag – zu Objekten des strategischen Handelns Dritter zu machen, ihnen ihre *Agency* zu nehmen und überhaupt die strategische Dimension von Ernährung und ihren soziokulturellen Mustern zu überschätzen. „Nicht die Essenden, sondern die Experten schaffen die Rahmenbedingungen für Essen und [...] Nicht-Essen"?[42] Gewiss doch wohl beide, und andere Akteure dazu. Dieser *Bias* wurzelt zugleich in der auf Michel Foucault zurückgehenden engen Verknüpfung von Wissen und Macht.[43] Die Ernährung wird, wie andere Lebensvollzüge, bisweilen allzu schnell zu einem Ernährungsregime, dem Menschen unterworfen werden oder dem sie sich in liberalen Gesellschaften auf dialektische Weise selber unterwerfen, um ihre (nur vermeintli-

---

leicht aus Überdruss angesichts der agonalen Phase deutscher Geschichtswissenschaft zwischen den späten 1960er und den frühen 1990er Jahren – unüblich geworden ist, neue Ansätze noch einer grundlegend kritischen Betrachtung zu unterwerfen. Das gilt ebenso für die Erinnerungsgeschichte, für die Globalgeschichte, für die Emotionsgeschichte – die Liste ließe sich verlängern. Vgl. dazu auch: *Paul Nolte*, Hans-Ulrich Wehler. Historiker und Zeitgenosse. München 2015, bes. 149–166.

41 Vgl. nur: *Lutz Raphael*, Radikales Ordnungsdenken und die Organisation totalitärer Herrschaft. Weltanschauungseliten und Humanwissenschaftler im NS-Regime, in: Geschichte und Gesellschaft 27, 2001, 5–40.

42 *Spiekermann*, in diesem Band, 200.

43 Vgl. grundlegend *Michel Foucault*, Archäologie des Wissens. Frankfurt am Main 1973; für die deutschsprachige geschichtswissenschaftliche Rezeption z.B. *Philipp Sarasin*, Michel Foucault zur Einführung. Hamburg 2005.

liche?) Freiheit und subjektive Authentizität zu realisieren. Dabei können die Rollen des Experten und des Klienten zusammenfallen wie in den von Maren Möhring analysierten Selbsttechniken Richard Ungewitters. Hier ist auch die Präsenz des Körpers, der Leiblichkeit unübersehbar, die in anderen Beiträgen eher im Hintergrund bleibt oder überwiegend diskursiv – als möglichst schlanker, gesunder oder arbeitsfähiger Körper – verhandelt wird. Aber es wäre wiederum eine Engführung, die Körpergeschichte, die für jede Ernährungsgeschichte offensichtlich zentral ist, bloß zur Funktion der Wissensgeschichte zu machen, von der zur Floskel geronnenen „Einschreibung in den Körper" einmal abgesehen.[44]

Die Texte dieses Bandes führen auch andere Dilemmata der Wissensgeschichte eindrücklich vor – das ist gar nicht als Vorwurf gemeint. Wie positioniert man sich zwischen kulturellem Konstruktivismus und szientifischem Objektivismus? Gewiss hat Objektivität eine Geschichte, eine spezifisch westliche Geschichte, wie wir etwa durch die Arbeiten von Lorraine Daston wissen.[45] Aber auch die Historisierung der Naturwissenschaften hebelt die Gültigkeit der Kepler'schen Gesetze oder der Newton'schen Mechanik nicht aus. Während Maren Möhring zu einer entschieden konstruktivistischen bzw. relativistischen Position neigt, von „scheinbar objektiven Risikolagen" spricht und mit Ivan Illich Gesundheit als Norm hinterfragen will[46], geben sich andere Beiträge in dieser Hinsicht unentschieden, bisweilen auch widersprüchlich. Manchmal liegt der Teufel im Detail, genauer gesagt: im (Nicht-)Gebrauch des Konjunktivs, wenn etwa Sören Brinkmann brasilianische Experten so zitiert, „dass die täglichen Mahlzeiten mit Blick auf Vitamine, Mineralstoffe und tierische Proteine defizitär und völlig unausgewogen waren" – nicht: „seien".[47] Uwe Spiekermann objektiviert (und dramatisiert) zu Beginn seines Aufsatzes Jodmangelsymptome – jeder vierte in Deutschland behandlungsbedürftig! – auf der „empirischen" Grundlage eines „Arbeitskreises Jodmangel", den er selber später, vollkom-

44 Diese Verbindung von Körpergeschichte, Wissensgeschichte und Foucault-Rezeption war in der deutschen Geschichtswissenschaft schon früh sehr eng; vgl. *Bielefelder Graduiertenkolleg Sozialgeschichte* (Hrsg.), Körper Macht Geschichte – Geschichte Macht Körper. Körpergeschichte als Sozialgeschichte. Bielefeld 1999.

45 Vgl. hier nur die Beiträge in: *Lorraine Daston*, Wunder, Beweise und Tatsachen. Zur Geschichte der Rationalität. Frankfurt am Main 2001. – In der Geschichtswissenschaft war ungemein einflussreich: *Ludwik Fleck*, Entstehung und Entwicklung einer wissenschaftlichen Tatsache. Einführung in die Lehre vom Denkstil und Denkkollektiv (1935). Frankfurt am Main 1980.

46 *Möhring*, in diesem Band, 41.

47 *Brinkmann*, in diesem Band, 174.

men zutreffend, eine „Lobbygruppe" nennt. Einerseits entfaltet er das Narrativ von in Deutschland angesichts eines objektiv schon erreichten Wissensstandes verpassten Möglichkeiten; andererseits war das vermeintliche Wissen bloß „Wissensmode", geboren aus dem „Phantasievorrat ‚objektiver' Wissenschaftler".[48]

In der Ernährungsgeschichte scheint dieser Grat zwischen Konstruktion und Objektivität besonders schmal zu sein, mit einer zumal für die Konsumenten kaum noch nachvollziehbaren Abfolge von Schadensbringern für Gesundheit oder „schlanke Linie": Fett, Fleisch, Kohlehydrate?[49] Aber was ist mit Vitamin C und D und den ihnen zugeordneten Mangelkrankheiten; ist das auch nur Mode und zeitgebundenes Expertenkonstrukt? Diese Fragen sind weder natur- noch kulturwissenschaftlich trivial. Der Kampf um die Homöopathie ist ein Streit um medizinisches Wissen ebenso wie ein Kulturkampf.[50] Die politischen Codierungen solcher Konflikte können dabei wechseln. Während die postmodern-kulturalistische Linke überwiegend den Zweifeln an naturwissenschaftlicher Objektivität und Eindeutigkeit Bahn gebrochen hat – bis an die Grenzen der Legitimation esoterischen Wissens[51], wie das Beispiel der Homöopathie zeigt –, scheint sie sich neuerdings auf die Seite des Objektivismus zu schlagen, wenn die politische Rechte, wie in der Klimadebatte, den Relativismus beim Wort nimmt. Vermutlich ist dieses Dilemma nicht aus der Welt zu schaffen; es sollte deshalb nicht dogmatisch aufgelöst, sondern permanent mitreflektiert werden.

Eine in der Einleitung entwickelte leitende Hypothese des Bandes, die sich in nahezu allen Texten mühelos bestätigt, ist die von der Ernährung und den Praktiken des Nicht-Essens als einem Indikator, als einem „Gradmesser sozialer Ordnung". Das gilt jedenfalls in relativ klassischer sozialgeschichtlicher Hinsicht: Sage mir, wie und was du isst, und ich sage dir, zu welcher sozialen Klasse du gehörst. Das gleiche

48 *Spiekermann*, in diesem Band, 200, 226, 204f.

49 Vgl. für einen anderen Kontext der Konstruktion des „Schädlings": *Sarah Jansen*, „Schädlinge". Geschichte eines wissenschaftlichen und politischen Konstrukts 1840–1920. Frankfurt am Main 2003.

50 Vgl. *Marius Beyersdorff*, Wer definiert Wissen? Wissensaushandlungsprozesse bei kontrovers diskutierten Themen in „Wikipedia – Die freie Enzyklopädie". Eine Diskursanalyse am Beispiel der Homöopathie. Münster 2011.

51 Vgl. zu diesen Grenzbereichen etwa: *Alexander C.T. Geppert/Andrea B. Braidt* (Hrsg.), Orte des Okkulten. Wien 2003 (= Österreichische Zeitschrift für Geschichtswissenschaften 13, 2003, Heft 4); *Alexander C.T. Geppert/Till Kössler* (Hrsg.), Wunder. Poetik und Politik des Staunens im 20. Jahrhundert. Frankfurt am Main 2011; darin bes. *Eva Johach*, Entzauberte Natur? Die Ökonomien des Wunder(n)s im naturwissenschaftlichen Zeitalter, 179–210.

gilt für *Gender* und *Race*, für Geschlecht und Ethnizität, zumal in (post-)kolonialer Perspektive. Deutungen sozialer Ordnung und sozialer Ungleichheit verknüpfen sich eng mit Machtfragen. Immer wieder fallen Schlaglichter auf eine – häufig durch wissenschaftliche Expertise abgesicherte – hierarchische Gesellschaft, in der Eliten, vor allem aber die seit dem frühen 20. Jahrhundert aufsteigenden Mittelschichten, (auch) in Ernährungsfragen eine kulturelle Hegemonie entwickeln und gegenüber den Arbeiter- und Unterschichten geltend zu machen versuchen. In exemplarischer Weise argumentiert so der Beitrag von Nina Mackert über die „Klassenpolitik der Kalorie" in der amerikanischen *Progressive Era*. An die Stelle des Gegensatzes von Kapital und Lohnarbeit setzten die weithin unselbstständigen Mittelklassen ein ingeniöses System aus Wissen und kultureller Distinktion, freilich verbunden mit überlegenen ökonomischen Ressourcen. Seitdem geht es, bis in unsere Zeit, in diesem System so zu wie in der Fabel von Hase und Igel: Der Igel ist immer schon am Ziel und lässt den Hasen sich abhetzen. Kaum hat der es geschafft, dem Hungerelend zu entkommen und sich ausreichend zu ernähren, ist die Leibesfülle verpönt; kaum reicht er, buchstäblich, an die Fleischtöpfe heran, wird das Fleisch stigmatisiert. Industrielle Nahrung wie Liebigs Fleischextrakt können sich die Arbeiter zuerst nicht leisten; als sie das geschafft haben, werden Brühwürfel, Konservengerichte und „H-Milch" kulturell proletarisiert. Heute setzt sich dieser Zyklus, dieses ungleiche Wettrennen in der Arena der „Bio"-Lebensmittel fort.

Erreichen so wenigstens die gebildeten Mittelschichten nicht nur soziale Geltung, sondern auch individuelle Freiheit? Die Frage nach dem Verhältnis von individueller Selbstverantwortung und systemischer Steuerung ist, was die in der Ernährung konstruierten sozialen Ordnungen der Moderne angeht, wohl noch spannender als die Klassenfrage und wird als roter Faden bereits in der Einleitung ausgelegt. Das Ergebnis ist kompliziert – und überwiegend wohl skeptisch, nämlich im Anschluss an die erwähnten Foucault'schen Narrative. Der klassische Liberalismus und Individualismus der Moderne ist, folgt man den hier präsentierten Aufsätzen, weithin tot. Nein, die Moderne erscheint in der Perspektive der „Food History" nicht als ein unerbittliches Zwangssystem; das wäre freilich eine allzu einfache Lesart des großen Meisters. Aber individuelle Freiheit kann – was ohnehin eine ganz unsoziologische Vorstellung wäre – den systemischen Logiken der Gesellschaft nicht entkommen. Subjektivierung heißt auch Selbstkontrolle, und diese Kontrolle ist kein Akt freier Wahl. Sie ist eingebunden in eine gesellschaftliche Struktur der „Responsibilisierung", einer intrinsischen Motivation zur Selbstregulierung. Dieser

Mechanismus der Moderne wird in der Tat in kaum einem anderen Feld, in keiner anderen Selbstpraxis so anschaulich greifbar und so wirkmächtig zugleich wie in der Ernährung. Oder, historisch gesprochen: Vielleicht hat die Selbstregulierung der Ernährung und der Kultivierung des eigenen Körpers in dieser Hinsicht die Arbeit abgelöst, die im protestantischen Verständnis im Zentrum solcher Responsibilisierung stand: jene „Arbeitsaskese", die Max Weber so faszinierte.[52]

David Riesmans klassische Diagnose des Übergangs vom „innengeleiteten" zum „außengeleiteten" Menschen, die sich auf Beobachtungen zur Konsumkultur der amerikanischen Mittelklasse nach dem Zweiten Weltkrieg stützte[53], war insofern verkürzt, oder undialektisch: Die Orientierung nach außen wirkte sofort nach innen zurück; und „außen" standen nicht nur die Nachbarn (im Sinne der konsumistischen Doktrin des „Keeping up with the Joneses"), sondern wirkte ein systemischer Zusammenhang, der zur Selbstkontrolle ermunterte. Was das für ein System ist, wie es wirkt und auf welchen Begriff man es bringt, ist freilich umstritten, und die Texte üben sich dazu in Zurückhaltung. Weithin wird es heute mit dem „Neoliberalismus" identifiziert, einem Konzept, das bekanntlich auch bei Foucault eine wichtige Rolle spielt, das aber (mit den Wurzeln des ursprünglichen deutschen Neo- oder Ordoliberalismus in den 1930er Jahren) nicht bis in die hier diskutierte Sattelzeit zurückreicht.[54] In der jüngeren Sozialwissenschaft und Historiographie bleibt es meist auf die nachkeynesianische Ära und damit die Zeit nach der „Hochmoderne" und dem Strukturbruch der 1970er Jahre beschränkt. Die Parallelen zwischen einer politischen Körpermetaphorik – etwa der Rede vom „schlanken Staat" – und den durch Ernährung verkörperten Selbsttechniken sind dabei wohl nicht zufällig.[55] Und was steht hinter dem Neoliberalismus, auch demjenigen (*avant la lettre*) der vorletzten

52 Vgl. *Max Weber*, Die protestantische Ethik und der „Geist" des Kapitalismus (1904), in: ders., Gesammelte Aufsätze zur Religionssoziologie I. Tübingen 1920, 17–206.

53 Vgl. *David Riesman* (mit *Reuel Denney* u. *Nathan Glazer*), The Lonely Crowd. A Study of the Changing American Character. New Haven 1950.

54 Vgl. *Michel Foucault*, Geschichte der Gouvernementalität II. Die Geburt der Biopolitik. Frankfurt am Main 2004. Der Untertitel ist im Grunde irreführend; „Neoliberalismus" ist viel eher als „Biopolitik" der Kernbegriff dieses Bandes.

55 Vgl. *Wolfgang Fach*, Staatskörperkultur. Ein Traktat über den „schlanken Staat", in: Ulrich Bröckling/Susanne Krasmann/Thomas Lemke (Hrsg.), Gouvernementalität der Gegenwart. Studien zur Ökonomisierung des Sozialen. Frankfurt am Main 2000, 110–130; *Thomas Lemke*, Eine unverdauliche Mahlzeit? Staatlichkeit, Wissen und die Analytik der Regierung, in: Susanne Krasmann/Michael Volkmer (Hrsg.), Michel Foucaults „Geschichte der Gouvernementalität" in den Sozialwissenschaften. Bielefeld 2007, 47–73.

Jahrhundertwende? Nur Maren Möhring führt die Spannungen zwischen hedonistischem und selbstdiszipliniertem Konsum auf „Widersprüche, die der kapitalistischen Logik inhärent sind“, zurück.[56] Leider wird dieses *Amuse Gueule* des Marxismus nicht in einer analytischen Hauptmahlzeit entfaltet.

IV.

Ob man nun von einer Indikatorfunktion für soziale Ordnungen spricht oder die Ernährung als zentrales Aushandlungsfeld neoliberaler (und „spätkapitalistischer“?) Selbstpraktiken analysiert – zu essen und nicht zu essen steht jedenfalls in einem weiteren Kontext, den dieser Band mehr andeutet und herausfordert als schon zu explizieren. Reizvoll wäre es vor allem, der Perspektive auf das „Nicht-Essen“, die nur auf den ersten Blick etwas artifiziell erscheint, in einer kulturwissenschaftlichen Erweiterung auf Praktiken der Negation einen systematischen Ort jenseits der Ernährungsgeschichte zu geben. Denn nicht nur das Tun, auch das Nicht-Tun gehört zu sozialen Ordnungen und zum sozialen Handeln konstitutiv dazu. Die Verweigerung, der Entzug, der bewusste Verzicht auf das, was die anderen tun, was zu tun gesellschaftliche Norm ist oder was, wie bei der Ernährung, basal und anthropologisch zum Lebensvollzug gehört, hat in modernen Gesellschaften auch andere Ausdrucksformen als das Nicht-Essen gefunden. Die Negation des Tuns konnte dort ebenso als kommunikativer, als demonstrativer Akt stilisiert werden.[57]

Dabei ist, von der historischen Bedeutung und der politisch-sozialen Vielschichtigkeit her, wohl zuerst an das Nicht-Arbeiten zu denken. „Wer nicht arbeitet, soll auch nicht essen“: Diese Verknüpfung ist kein Zufall. Wie das Nicht-Essen stößt man hier auf eine breite Palette von Praktiken und Semiotiken der Negation: von der Arbeitsverweigerung im Streik (von dem der „Hungerstreik“ ja abgeleitet ist) bis zur unfreiwilligen Nicht-Arbeit in der Erwerbslosigkeit; vom Recht auf Faulheit, das der französische Sozialist Paul Lafargue 1883 dem „Recht auf Arbeit“ entgegenhielt, über die Durchsetzung der „Freizeit“ bis zu den heutigen Utopien und Dystopien

56 *Möhring*, in diesem Band, 38.

57 Zur Grammatik der Negation vgl. *Wilhelm Köller*, Formen und Funktionen der Negation. Untersuchungen zu den Erscheinungsweisen einer Sprachuniversalie. Berlin 2016.

einer Gesellschaft, der die Arbeit ausgeht.[58] Das Schlaraffenland ist schließlich, zumal in seiner auf den „Faulenzer" verweisenden Etymologie, nicht nur ein Paradies überreichlicher Nahrung, sondern vor allem ein Land der Nicht-Arbeit. Verschiedene Varianten des kulturell bedeutungsvollen Nicht-Handelns in spezifischer historischer Situierung finden sich zu jeder Universalie des menschlichen Verhaltens: Es gab und gibt Nicht-Sprechen (religiöse Schweigepraxis, insbesondere in klösterlichen Gemeinschaften; das Abschneiden der Zunge als Körperstrafe)[59]; Nicht-Schlafen (Schlafentzug als Foltermethode; aber auch: Nicht-Schlafen als Demonstration der Leistungsfähigkeit); dann natürlich: den Verzicht auf oder das Verbot von Sexualität, zwischen religiös motivierter Keuschheit und sozialer Normierung (Eheverbote; Sanktionierung vorehelicher Sexualität).

In einem etwas weiteren Sinne, der kulturelle Praktiken außerhalb der physiologisch-ökonomischen Notwendigkeit einschließt, kommt das Nicht-Glauben hinzu, in vielen Spielarten des Atheismus, des Agnostizismus oder der Konversion, bei der das Abfallen vom Glauben vor allem im 20. Jahrhundert wiederum einen politischen Charakter gewinnen konnte – „The God that failed".[60] Aber nicht nur das Glauben, auch das Wissen lässt sich in Negation denken, womit sich der Kreis zur Wissensgeschichte wieder schließt.[61] Das wiederum führt auf das von Lucian Hölscher thematisierte „Nichtverstehen", das zugleich eine Brücke von der Empirie zur Methodologie, von den Praxisformen zur Hermeneutik des Beobachters schlägt.[62] Und wie der Streik als Verweigerung von (Lohn-)Arbeit zum Modell anderer Negationspraktiken wurde, wird eine traditionsreiche religiöse Praxis des Nicht-Essens,

---

58 Weitgespannt und anregend dazu: *Eckart Pankoke*, Die Arbeitsfrage. Arbeitsmoral, Beschäftigungskrisen und Wohlfahrtspolitik im Industriezeitalter. Frankfurt am Main 1990.

59 Zum politischen Schweigen im 19. Jahrhundert, aber auch im weiteren Sinne zu „Practices of Omission in European Modernity" arbeitet *Theo Jung*; vgl. jetzt: Le silence du peuple. The Rhetoric of Silence during the French Revolution, in: French History 31, 2017, 440–469.

60 *Richard H. S. Crossman* (Ed.), The God That Failed. New York 1949 (als Abrechnung mit dem stalinistischen Kommunismus); vgl. auch: *Heinz-Gerhard Haupt*, Politische Konversion in historischer Perspektive. Methodische und empirische Überlegungen, in: Uta Gerhardt (Hrsg.), Zeitperspektiven. Studien zu Kultur und Gesellschaft. Wiesbaden 2003, 267–304.

61 Vgl. *David Gugerli/Michael Hagner/Philipp Sarasin/Jakob Tanner* (Hrsg.), Nach Feierabend. Zürcher Jahrbuch für Wissensgeschichte. Bd. 5: Nicht-Wissen. Zürich 2009.

62 Vgl. *Lucian Hölscher*, Hermeneutik des Nichtverstehens, in: ders., Semantik der Leere. Grenzfragen der Geschichtswissenschaft. Göttingen 2009, 226–239; vgl. auch *ders.*, Geschichte und Vergessen, in: Historische Zeitschrift 249, 1989, 1–17.

das Fasten, auf andere Verhaltensweisen übertragen: etwa nicht fernzusehen, das Handy wegzulegen oder das Auto stehenzulassen. Diese kulturelle Verallgemeinerung des Nicht-Essens im frühen 21. Jahrhundert ist in den jährlich wechselnden Themen der Fastenaktion der Evangelischen Kirche in Deutschland „7 Wochen ohne" sehr schön greifbar – und führt schließlich zur doppelten Negation. Fasten kann dann auch bedeuten, etwas nicht nicht zu tun: „Zeig dich! Sieben Wochen ohne Kneifen".[63] Das unterstreicht umso eindrucksvoller, dass Nicht-Essen mehr ist als eine obskure Leerstelle.

63 So das Motto der Aktion für 2018. Vgl. die Website: http://www.7wochenohne.evangelisch.de.

Dank

Die Drucklegung eines Buches ist eine Übung in Ausdauer und Genauigkeit. Die Anfänge dieses Bandes reichen zurück auf den 1. Mai 2015, als nach einer eifrigen Diskussion die Idee zu einer veränderten Perspektive auf die Geschichte des Essens aufkam – in einem Café in der Schöneberger Akazienstraße. Erprobt wurde diese Perspektive fast ein Jahr später, im Februar 2016, auf der Tagung „Du bist, was du nicht isst! Gesundheit und Ernährung seit 1850“ im Clubhaus der Freien Universität Berlin. Der Großteil der hier versammelten Beiträge geht auf diese Veranstaltung zurück. Ermutigung und Ermunterung im Nachgang der Tagung waren ausreichend Motivation, den Versuch zu unternehmen, die Beiträge in gebündelter Form der Fachgemeinde und breiten Öffentlichkeit zugänglich zu machen. Dass es nun soweit ist, erfüllt uns mit großer Freude, aber noch mehr mit Dankbarkeit gegenüber all denjenigen, die uns auf dem Weg zum vorliegenden Band tatkräftig unterstützt haben. Ohne sie wäre diese Geschichte des Nicht-Essens nicht geschrieben worden.

Unseren herzlichen Dank möchten wir an erster Stelle den Autorinnen und Autoren des Bandes aussprechen, die mit Engagement und Begeisterung an seinem Zustandekommen mitgearbeitet haben. Das gilt in besonderer Weise für diejenigen, die die Lücken so spontan und professionell aufgefüllt haben, die zwischen Konferenz und Publikation geblieben waren. Zu besonderem Dank verpflichtet sind wir den Herausgebern der Historischen Zeitschrift, Andreas Fahrmeir und Hartmut Leppin, ohne deren Zutrauen und Vertrauen in unsere Idee der Band nicht an dieser Stelle hätte erscheinen können. Ebenso sind wir den anonymen Gutachtern der Historischen Zeitschrift für ihre wohlwollende Kritik, ihre Verbesserungsvorschläge und ihren Zuspruch zur Heftkonzeption sowie zu den einzelnen Beiträgen Dank schuldig. Jürgen Müller und Eckhardt Treichel haben den Band mit genauem Auge und klarem Strich begleitet und seine Publikation so wesentlich vorangetrieben.

Auf dem Weg von der ersten Idee zum gedruckten Buch haben uns viele Hände geholfen. Wir danken insbesondere der Freien Universität Berlin und Paul Nolte dafür, dass sie mit ihrer finanziellen Unterstützung die Konferenz ermöglicht haben.

DOI 10.1515/9783110574135-013

Maßgeblich beigetragen zum Erfolg der Tagung haben Gilda Langkau, Kathrin Kliss, Malte Fischer, Karoline Punke, Sophia Gröschel und, nicht zu vergessen, Hannelore Prüfert. Wir danken weiterhin der Kommentatorin und den Kommentatoren der einzelnen Panels, Dorothee Brantz, Hubertus Büschel und Paul Nolte, für ihr Engagement und ihre zusammenführenden Überlegungen. Ihre Spuren sind im Band unübersehbar. Paul Nolte ist zudem unserem Wunsch nachgekommen, den Band mit einem reflektierenden Kommentar abzuschließen. Dafür haben wir genauso herzlich zu danken wie für Maren Möhrings Bereitschaft, die Eröffnungsrede der Tagung zu halten und sie anschließend für die Publikation bereitzustellen. An verschiedenen Stationen haben uns zudem durch Wort und Tat unterstützt, aufgemuntert und bestärkt: Jana Bruggmann, Tilmann Siebeneichner, Laetitia Lenel, Anne Kwaschik, Peter Scholliers, Claudia Jarzebowski, Jeremy DeWaal, Uwe Puschner, Christina Brauner, Ruth Haake, Francisca Hoyer, Anne Helbig, Norma Ladewig und Stephan Toepper – ihnen allen danken wir sehr.

Zuletzt hoffen wir, dass die Leserinnen und Leser unser Gefühl teilen, mit dem vorliegenden Heft keinen klassischen Tagungsband in den Händen zu halten. Unser Ziel war es, über die Aneinanderreihung von Vortragsmanuskripten hinauszugehen und sowohl anregende als auch unterhaltsame Möglichkeiten einer Geschichte des Nicht-Essens zu erkunden. Ob uns das letztlich gelungen ist, ist dem Urteil der Leserinnen und Leser überlassen. Wenn die hier versammelten Beiträge Diskussion, Austausch und vielleicht sogar weitere Forschung zur Geschichte des Nicht-Essens anstiften, wäre unsere größte Hoffnung erfüllt.

Norman Aselmeyer und Veronika Settele
Dezember 2017

Die Autorinnen und Autoren

Norman Aselmeyer ist Doktorand am Europäischen Hochschulinstitut in Florenz, norman.aselmeyer@eui.eu

Prof. Dr. *Sören Brinkmann* ist DAAD-Langzeitdozent für Europastudien und Direktor des Instituto de Estudios Europeos an der Universidad del Norte in Barranquilla, Kolumbien, sbrinkmann@uninorte.edu.co

Maximilian Buschmann ist wissenschaftlicher Mitarbeiter am Historischen Seminar der Ludwig-Maximilians-Universität München, max.buschmann@lmu.de

Prof. Dr. *Lutz Häfner* ist DFG-Projektleiter am Seminar für Mittlere und Neuere Geschichte der Universität Göttingen, lutz.haefner@phil.uni-goettingen.de

Prof. Dr. *Julia Hauser* ist Juniorprofessorin für Globalgeschichte und Geschichte von Globalisierungsprozessen an der Universität Kassel, julia.hauser@uni-kassel.de

Dr. *Nina Mackert* ist wissenschaftliche Mitarbeiterin am Lehrstuhl für Nordamerikanische Geschichte der Universität Erfurt, nina.mackert@uni-erfurt.de

Prof. Dr. *Maren Möhring* ist Professorin für Vergleichende Kultur- und Gesellschaftsgeschichte des modernen Europa am Institut für Kulturwissenschaften der Universität Leipzig, maren.moehring@uni-leipzig.de

Dr. *Diana M. Natermann* ist Assistant Professor an der Universiteit Leiden, Niederlande, d.m.s.m.natermann@hum.leidenuniv.nl

Prof. Dr. *Paul Nolte* ist Professor für Neuere Geschichte / Zeitgeschichte am Friedrich-Meinecke-Institut der Freien Universität Berlin, paul.nolte@fu-berlin.de

Prof. Dr. *Cornelia Reiher* ist Juniorprofessorin am Institut für Japanologie und der Graduate School of East Asian Studies an der Freien Universität Berlin, cornelia.reiher@fu-berlin.de

DOI 10.1515/9783110574135-014

Veronika Settele ist wissenschaftliche Mitarbeiterin im Arbeitsbereich Neuere Geschichte / Zeitgeschichte am Friedrich-Meinecke-Institut der Freien Universität Berlin, veronika.settele@fu-berlin.de

PD Dr. *Uwe Spiekermann* lehrt als Privatdozent Wirtschafts- und Sozialgeschichte an der Georg-August-Universität Göttingen, uwe.spiekermann@wiwi.uni-goettingen.de

Prof. Dr. *Christa Spreizer* ist Associate Professor im Department of European Languages and Literatures am Queens College, The City University of New York, christine.spreizer@qc.cuny.edu

Register

DOI 10.1515/9783110574135-015